# 晚清法部研究

谢蔚 著

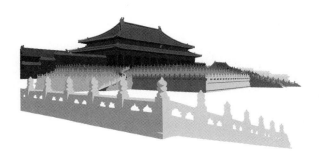

中国社会科学出版社

# 图书在版编目（CIP）数据

晚清法部研究／谢蔚著．—北京：中国社会科学出版社，2014.10
ISBN 978 - 7 - 5161 - 4984 - 3

Ⅰ.①晚⋯　Ⅱ.①谢⋯　Ⅲ.①法制史—中国—研究—清后期
Ⅳ.①D929.2

中国版本图书馆 CIP 数据核字（2014）第 236854 号

| | | |
|---|---|---|
| 出　版　人 | 赵剑英 | |
| 责任编辑 | 吴丽平 | |
| 责任校对 | 闫　萃 | |
| 责任印制 | 李寡寡 | |

| | | |
|---|---|---|
| 出　　版 | 中国社会科学出版社 | |
| 社　　址 | 北京鼓楼西大街甲 158 号（邮编 100720） | |
| 网　　址 | http://www.csspw.cn | |
| | 中文域名：中国社科网　　010 - 64070619 | |
| 发 行 部 | 010 - 84083685 | |
| 门 市 部 | 010 - 84029450 | |
| 经　　销 | 新华书店及其他书店 | |

| | | |
|---|---|---|
| 印　　刷 | 北京市大兴区新魏印刷厂 | |
| 装　　订 | 廊坊市广阳区广增装订厂 | |
| 版　　次 | 2014 年 10 月第 1 版 | |
| 印　　次 | 2014 年 10 月第 1 次印刷 | |

| | | |
|---|---|---|
| 开　　本 | 710 × 1000　1/16 | |
| 印　　张 | 21.5 | |
| 插　　页 | 2 | |
| 字　　数 | 351 千字 | |
| 定　　价 | 59.00 元 | |

凡购买中国社会科学出版社图书，如有质量问题请与本社联系调换
电话：010 - 84083683

# 序　一

　　20 世纪初是中国近代国家转型的重要时期，其重要标志之一就是，从中央到地方都进行了官制改革。法部正是在这一改革过程中成立的司法行政机构。法部的存在前后虽然仅为六年，为时极短，但意义却非常重要，某种程度上标志着中国司法现代化的开始，十分有必要进行深入系统的研究。

　　历史研究，贵在"大处着眼，细部入手"。作者将法部的研究置于中国近代化的大背景下，以近代中国社会变革的动态视野，试图通过对法部设立与运作的考察，集中探讨中国社会的司法近代化，从而从一个方面进一步阐释和展现近代中国国家的转型。这种研究的思路和方法，无疑是难能可贵的。

　　作者坚持"论从史出"的原则，在史料的搜集与整理上用功尤勤，广泛搜集了历史档案、官书、报刊、杂志以及私人著述等各方面有关资料，详细地分析了法部的建立、法部的人事制度、法部的职能与运作，探讨了法部与清末的司法改革。全文史料翔实，言之有据，体现出作者务实求真的精神与学风。

　　如所周知，法部的设立，既是一个政治史的课题，也涉及社会的整体变迁。作者显然注意到了这一点。在研究的过程中，作者除了注重历史学的基本方法外，还参阅了一批法学和社会学的研究成果，力图多角度审视研究对象。这已部分地体现在文中的构架和观点之中。

　　过去，学界对于晚清的官制改革，学部、商部、邮传部等已作了相当的研究，而对于法部则至今尚缺乏系统探讨。谢蔚博士的这部《晚清法部研究》，无疑填补了这项空白，值得肯定与祝贺。

　　谢蔚博士刻苦好学，勤于钻研，有志于史学研究。在完成其博士学位论文《晚清法部研究》后，不以已有创获为止步，2010 年进入云南大学历史学博士后科研工作流动站，与我合作，从事博士后科研工作，计划进一步研究云南的司法现代化问题。从全国性问题研究到地方区域性研究，决不是研究范围的缩小，而是他研究的进一步深入，也是他研究的进一步提升。希望谢蔚博士在认真总结前一阶段研究经验教训的过程中，不断开拓创新，产出新的更多的成果。

　　在谢蔚博士《晚清法部研究》出版之际，谨表祝贺与希望。是为序一。

**林文勋**

2014 年秋于会泽院

# 序　二

　　谢蔚君的《晚清法部研究》即将出版，向我索序，既是看重，也有理由。谢蔚与我相识多年，相交甚深，是师生，更是友朋，先从我研读硕士学位，又随我攻读博士学位，此著正是在其博士学位论文基础上再经数年打磨修改而成。著者有较高的学术素养、深邃的研究目光、谨严的撰写态度、厚重的专业知识，通识英语、法语、日语，长期从事中国近代法制史的研究，有系列相关专业论文发表。为完成此课题，作者心无旁骛，多年不辍，终得大作。论著全面展呈了清末时段法部改革的基本情状，使人们对之的认识从浮泛碎片步入整体堂奥。此论题的相关资料异常零散，著者不遗余力，多方搜检，大量查寻各类官书、档案、笔记、报刊、案卷和抄本等；可以不客气地说，到目前为止，语涉晚清法部的文著中，是著搜胪资料最全，且相当多的材料是首次披露。此书并非急就篇，而是长期沉潜之心得和反复研求之作品，瑰奇卓荦，迥出流俗，戛戛独造，力去陈言，不乏发覆之见和预流之思，提出了许多饶有意趣启人考索的问题。鉴此，特向读者推荐。

　　以序者一孔之见，书稿尤具特色之处在：

　　纵向的研究。将清末法部的改革放置于中国司法体系近代化的演进乃至中国两千多年来传统司法体系新陈代谢的大进程中考察。法律是文明的产物，又是既存文明制度的保障。中国的封建法制体系，从先秦到晚清，经历了两千多年的发展，延绵不绝，不曾间断，非常发达，十分成熟。一般说来，中国古代法系较为重视集体社会的和谐安宁，有一种泛集体主义的特征，进而强调家族亲属的互保连坐；而西方近代法系更关注个人的价值，强调人道，反对株连。中国古代法系更重视道德的因素，所以成文法的规定比较灵活含蓄，着重判例，人为因素较重；而西方近代法系更重视法制的因素，罪与非罪的认定清晰，成文法更趋细密完备，制度因素比人为因素更重要。以今天的后见之明来看，两种法系虽有时代（中世与近世）的差距，却各有优劣。但在近代，由于中国国家地位的下降，中国法系被西方人认为是不人道和野蛮落后，简单说来，就是不民主，那时的国人对这一点也颇具认同感，认为中国旧法系最要害的鄙陋正在不民主、不独立。具体表现在，司法立法和刑法方面：西方奉行司法独立（三权分立），罪在法定（法无明文不为罪），罪及己身（不株连），法权平等（不搞议亲、议贵和刑不上大夫），法不溯及既往，无罪推定，公民不受非法逮捕和处罚；民商法方面：西方强调私有财产神圣不可侵犯，民事权利平等，契约自由；诉讼程序和刑罚制度方面：西方突出严格的步骤和次序，建立审判监督机制和辩护制度，保障民事诉讼当事人意愿自由处分，禁止逼供和残酷刑罚。对于这些，中国的封建法系大多反是。因之而来，旧法系不能适应新时代的种种问题日渐显露，改革法制的呼声愈见高涨。1901年，由两江总督刘坤一和湖广总督张之洞联名提出的"新政"改革张本——《江楚会奏三疏》，首先揭出的便是修订法律问题。法部的成立运作也由此司法改革逶迤而来。丙午年间，为应和司法权的独立，运行千年的刑部改成法部，专掌司法行政；大理寺改成大理院，专掌审判；还成立了与之相配的独立检查机构，使得中国法系近代转型的大要初备。同时，晚清法部亦属传统到近代的过渡性机构，既趋新，又存旧，其主持的各项改革也具"新旧兼营"的特点，突出者如法部对大理院审判职能的干预，其审录、制勘、编置、宥恤四司仍坚持旧式的地域分工；另如把法官升迁纳入行政官体制并与行政官相互迁转，也与近代法制体系中的法官职业化和专门化的精神相悖。法部的新旧并存恰是那样一个新旧转承时代最可能采行的制度变迁形态。晚清法部的工作又为民国司法体制奠定了基础，清季民初，虽有帝制与共和的千年易代，但那是在"顶层"制度界别，而在"中层"制度领域，民国多延承清制，于司法方面的表现尤为显明；甚而影响到今天司法的某些经轨，其应对国家体制的结构性变化所主持的改革，对我们今天屡屡进行的机构变革、司法改易也提供了不少借鉴。是著论述对象在清代晚期，视阈所及却不限于此，而在这追本溯源承前启后继往开来的功夫。

　　横向的研究。对晚清法部的成立运作进行了宽幅梳理；详细剖析法部的内部结构和功能放大，进而延展了清末司法改革的推进历程及其多方面的效果。所堪瞩目者，一是法理变革，自法部成立，中国的法体开始从行政官兼掌司法往司法权、行政权分开体制转变。清末新政，全面施行军事、外交、教育等各领域的改革，各项改革有突破传统的一面，也有继承传统的一面。只有司法独立却是自古所无，并与传统的教理、法理有严重冲突。此前中国，千年帝制，高度专政集权，政刑不分，由政统刑，地方知县、按察道台、总督巡抚，中央刑部、大理寺、都察院，更毋庸说皇帝，都享有审判权。1906 年，中央体制改革，在法理上有大突破，初循三权分立原则，把原来掌管审判的刑部改为专门负责司法行政的法部；把原来掌管复核的大理寺改名大理院，作为全国最高审判机关，并负责释法（释法权的争执也是此间饶是有趣的问题）；同时颁布"法院编制法"等，规定全国审判机关分为初级、地方、高等审判厅和大理院四级，各级审判机关配置独立检察机关（初级、地方、高等、总检察厅），还规定了公审、陪审、预审、回避、起诉、执刑等项制度。中国司法行政的内外离析从此起始，这是法理近代化的推动和结果。二是法律变革，司法改革的重头是修法，即新法系的确立。20 世纪以前，清朝的成文法典只有一部以刑法为主要内容的《大清律例》，其中"律"的部分自 1727 年后便没有再修订，律不载的依"例"解决，按照规定，例须五年一小修，十年一大修，但从 1870 年以后也再未修订。新政的修法方针是删改旧律与制定新律并举，于是在清末就产生了两部刑法。一为《现行刑律》，根据《大清律例》修改而成，1910 年 5 月 15 日颁布，这是一部新旧并用具有过渡性质的法典，它删改了一些不合时宜的旧条文，如酷刑、禁止同姓为婚和良贱为婚等，同时也增加了一些应因时势的新罪名，如破坏铁路和电讯罪等。二为《大清新刑律》，1911 年 1 月朝廷批准，预定 1913 年实行，是中国第一部具近代性质的刑法典，它取消了某些法律特权，采取了罪行法定主义，规定了罪与非罪，遂与未遂，诉讼和执刑时效等界限，还有近代刑法中通行的缓刑和假释制度等。这部法典提出的许多概念名称至今仍在沿用。清末的修法还倾覆了中国传统的法律结构。自古以来，中国实行"诸法合体"，无刑法、民法的区别，民法与商法，实体法与程序法不分。法律改革首先将商法独立出来，制定各项"商律"，陆续出台《奖励公司章程》、《公司律》、《破产律》等；复将诉讼法单列，完成中国第一部独立的诉讼法典《刑事民事诉讼法》；最后将民法独立，1911 年完成《大清民律草案》，虽未及颁行，但于后来的影响自在。三是法务变革，法部遴选和任命了中国历史上第一批最高法院的法官，实行了新的司法官员层级体系，采用了若干国际通行的司法人员的等级称谓，主持了中国历史上第一次法官考试，实现了司法官员的出任由长官甄选到职业统考的转变；法部还推动了近代专业司法警察的出现，统一格式的诉讼文书和诉讼费章程的形成，中国新式法学教育机构和近代监狱学、法医学的奠基，以及在近代影响深远的"模范监狱"的建造；法部还积极参与了万国刑律监狱改良会，此乃中国司法部门和监狱机构开放门户走向世界的尝试。19 世纪末，张之洞经典化的"中体西用"的表述，认定中国传统的政制文教法度良美，无须慕西。几年后，恰好在法度方面，是追步西方最密接的领域，中国法制的近代化，很大程度上是"西化"的过程，按照西方资本主义的价值体系和法定标准来权衡改订中国法系，中国人的学习西方也从前此形而下的"制器"层面演进到形而上的制度层面。凡此种种，都为中国司法近代化奠定了一个决定性的先基，亦为我们研究清末预备立宪乃至中国近代改革史提供了重要范例。

书稿出版在即，回想起来，数年寒窗，甘苦良多，不能道万一。世道沧桑，为学者始终不变的是追求高远深沉学术之心，这委实是心血之作。此序意浅识短，贻友朋羞，不能介绍谢蔚君的大作精髓于小小笔端。大著恰如当下的秋色，层次丰沛内容饱满，或万山红遍，丛林尽染；或绿意依然，郁郁葱茏。诸般景致，各得其所；美文华章，各有所得，留待读者会心体味。

郭卫东
2013 年秋写于北京大学历史学系

# 目 录

# 绪　论

　　中国的封建法制体系，从先秦到晚清，经历了两千多年的发展。但近代以还，旧法系不能适应新时代的种种问题也日渐显露，法制改革的呼声渐高。随着清末新政中刑法和禁止刑讯等方面改革的一步步展开，利用旧有的行政机构及行政程序解决司法审判问题越来越成为法律改革的障碍，实体法的变革呼唤专职司法审判机构的建立，后者又进一步促使掌管司法审判机构创办和管理的司法行政机构的出现。丙午官制改革回应了这一趋势，将刑部改成法部，专掌司法行政。法部的成立既是前期新政司法改革的成果和产物，又对其后中国的司法改革起了引领和推动作用，开启了中国两千多年来整个司法体系的大变革，使中国的整个法制体系开始从基本上行政统领一切的体制往司法权、行政权分开的体制过渡。本书的研究对象是预备立宪过程中法部的设立、自身改革和运作及其对司法体系近代化的推进，从而展现清末司法变革的进程。

## 一　选题缘由

　　光绪三十二年七月十三日（1906 年 9 月 1 日），清廷发布预备立宪上谕，清末的政体改革进入新阶段。八月初一日（9 月 18 日），厘定官制五大臣提出改革的五项宗旨，主张建立三权分立的宪政体制，首先把司法衙门和行政衙门职掌厘清，实现司法独立，为收回法权做预备。其次，从司法行政衙门中析出审判权，使清末法律体系变革从仅仅法律内容的修订进入修律和司法体系变革相互交融的新阶段。这是中国司法近代化的重大转折，司法改革又绝非能够单独进行，而势必牵扯社会生活的各个方面。本书以预备立宪过程中的法部作为研究选题，具有较重要的意义。

最近十几年来，晚清司法改革的研究愈益受到重视，其成果在数量和质量上都有很大进步，但对处于整个清末司法体系改革枢纽的司法部门——法部及其推进清末独立司法审判机构体系从无到有、从小到大的研讨尚未全面深入。关晓红《晚清学部研究》① 为清末预备立宪改革新设机构研究提供了很好的思路和方法，即以单个部门个案为切入点来探讨中央官制改革的进程，以及改制后的政府机构运作及其与整个社会变革方方面面之间的紧密关系。此后苏全有《清末邮传部研究》②、王奎《清末商部研究》③ 等随之而起。笔者以法部为研究选题，一方面是基于该问题尚未有系统深入的研究，因而提供了比较大的研究空间；另一方面是试图通过法部的人事及职能运作来解读司法行政机构改革中的实况，进而考订晚清司法改革的进程。具体而言，法部自丙午官制改革由刑部改设，其内部机构、人事、功能和运作等为适应各项旧司法体系向新司法体系过渡的变迁是清末法制改革的重要内容。探讨法部有三个方面的意义：其一，它是整个清代国家体制向三权分立的宪政体制演变的关键性部门；其二，法部自身变革同样透视出清代中央官制改革的具体情形，以及改革前后清末专门司法审判机构从无到有，其职能在司法改革中逐渐演变的过程；其三，展示在预备立宪背景下，法部主持的近代司法审判机构体系的建立、运作及其对司法独立和宪政的影响。

法部建立之前，清代的司法审判一直由行政官兼掌，其审判程序、法律依据一律纳入行政程序和国家行政管理律文之中。随着清末新政修律活动的深入，行政机关应用行政程序实施司法审判的行为与法律改革的矛盾日益显露，三权分立、司法独立的政体改革思想影响日甚，终于促使了前述改革。就清末政体改革和近代司法审判体系建立来说，丙午官制改革都有着重要意义，对于政体改革来说，改革后的中央机构中出现了两个近代意义的司法机构，司法行政机构法部和司法审判机构大理院，对于近代司法审判体系来说，就是大理院及专门的省府州县等具近代意义的司法审判

---

①　关晓红：《晚清学部研究》，广东教育出版社 2000 年版。

②　苏全有：《清末邮传部研究》，中华书局 2005 年版。

③　王奎：《清末商部研究》，人民出版社 2008 年版。

机构序列的形成。

20 世纪 90 年代以来，法制史学界对于清末司法体系改革倍加重视，出现了许多有分量的作品，其研究集中在清政府颁布的大量法律改革的法律、法令。在中央政体改革中，各项旧有的司法行政权内容从分散的各部门集中到法部，与近代法制相关的各项司法行政权内容如何在法部的职能中逐渐展开。法部将修订法律馆、宪政编查馆等机构制定的各项法律改革的律文转化成一项项事无巨细的具体措施加以实施。法部不断总结现有的国内外经验，规划和建立全国的司法审判体系，推进地方司法行政机构的建立和改革，建立和完善司法人员管理制度，主持狱政改革，从司法审判机构和各项制度建设上为民国的司法提供了宝贵的成果和经验。

总之，从国家的宪政体制改革、司法体系近代化的角度，深入细致地研究法部及其在清末法制改革中所扮演的角色，有助于我们深入了解清末预备立宪的实绩，并为今天的机构和法制改革提供有益的参考。

## 二　研究现状

法部的成立到清朝的覆亡不到 6 年时间，这是清末预备立宪的关键时期，大量的新式法律法规不断出台，整个社会的管理规则规范不断更新。当时日渐发达的报纸、杂志不断追踪改革的最新消息，登载新出台的法令，民间出版机构也定期汇编清廷颁布的法规、章程，供政界、商界、学界、官绅界等以资参考，最主要的要属《大清光绪新法令》、《大清宣统新法令》。作为预备立宪过程中政府公布政令的连续出版物《政治官报》和《内阁官报》，以及法部自行编订的各类统计表，还有法部现存的比较完整的档案等，为研究法部提供了基本资料。以上文献中收录的各项官私文书反映了法部成立、发展及其内部机构的改革变化。但是，此前的政治制度史和法制史的研究都没有关于法部及其主持的司法改革的整体研究。一些相关法部的内容也都十分简略。兹以时间为顺序简述法部相关研究的情形，大致可以分为以下几个阶段。

### （一）拓荒时期——20 世纪初到 1949 年

这一时期法部及清末司法改革的研究基本处于拓荒时期。此时主要的成果有两类，一类是学者的研究性著作，另一类是当事人的回顾性著作。学者的研究性作品，刊发较早的是日本学者织田万于 1905 年写成出版的《临时台湾旧惯调查会第一部报告·清国行政法》第一卷《泛论》，其中依据清代文献对清代的法律制度作了研究，这是较早以近代司法分类体系来分析清代司法机构及其审级和审判过程的书，该书依据《大清会典》对刑部进行了详细的研究。① 1911 年出版的《临时台湾旧惯调查会第一部报告·清国行政法》第五卷《分论·司法行政》，织田万等对清末的司法体制改革做了介绍，收录了《大理院审判编制法》、《法院编制法》、《各省审判厅试办章程》等事关清末司法体系改革的重要法规和章程，对研究清末司法体系变革启发良多。② 中国学者早期的法律研究多注重通史性的研究，对于清末存续时间不长的法部没有专门研究，对于司法审判机构及各项监狱改革等也未见论述。兹略引述几本。程树德《中国法制史》分类研究清末法制改革之前的中国传统法律制度。③ 陈顾远《中国法制史》分门别类地介绍了中国两千多年的司法内容，没有涉及清末法制改革。④ 对法部和清末司法体制加以注意和稍加研究者很少。杨鸿烈《中国法律发达史》在论述刑法部变革时言道："清代自光绪三十二年改刑部为法部专司司法行政，设大理院以下各级审判厅。三十三年颁行《法院编制法》，宣统元年颁布《各省城商埠各级审判检察厅编制大纲》是为司法与行政分立之始。然京师以外，未即推行，即以京师法院而论，当创办伊始，法官多用旧人，供勘则纯取旧式，刑讯方法，实未革除；律师制度尚未采用，虽规模初具，亦徒有其名而已。"⑤ 朱方《中国法制史》设《变动时期之法律》专章介绍清末新政以后的法制改革。其书指出"光绪三

① 织田万撰：《临时台湾旧惯调查会第一部报告·清国行政法》（第一卷，《泛论》），临时台湾旧惯调查会 1905 年印刷。1906 年，上海广智书局出版过陈舆年等翻译的中译本，定名为《清国行政法》。

② 织田万等：《临时台湾旧惯调查会第一部报告·清国行政法》（第五卷，《分论司法行政》），东洋印刷株式会社明治四十四年（1911）六月印刷。

③ 程树德：《中国法制史》，华通书局 1931 年版。

④ 陈顾远：《中国法制史》，商务印书馆 1935 年版。

⑤ 杨鸿烈：《中国法律发达史》下册，商务印书馆 1930 年版，第 919 页。

十一年改刑部为司法部主司法行政事宜，并设大理院以下各级审判厅，以专司审判"，"在各省则设立审判厅，以表示司法独立，在内地各州县未设有审判厅者，则仍由州县官审理"。① 限于材料和篇幅，其书并没有可能研究司法审判体系变革的整体情形，就连法部成立的时间也弄错了。丁元普《中国法制史》研究清代中央官制时提到："法部（即旧之刑部，今为司法部）掌理审核民刑事件及司法官任用等事。"② 当事人作品影响大的要属董康和江庸二人。董康《前清法制概要》、《前清司法制度》、《中国修订法律之经过》等关于清代法律制度的作品，主要集中论述的是刑部、清末司法改革之前的清代法制以及晚清修律。③ 江庸《五十年来中国法制》对清末民初的司法体系变更从过来人的角度做了综述，其对清末司法体系改革的论述被杨鸿烈的前引书中全文引用。④

总之，这一时期对于清末刑法部变更及司法体系改革仅是只言片语的论述，但有学者依据会典和个人历部经验，对刑部进行了较系统的研究。

### （二）积累时期——1949 年到 1999 年

这五十年是清末司法改革各项研究的积累时期。20 世纪 80 年代初，清代的中央国家机关研究取得可喜成果，作者多在中国第一历史档案馆，他们利用官书和档案对清代的中央机关做了分析。张德泽《清代国家机关考略》简要介绍了法部的内部机构。⑤ 李鹏年、秦国经、刘子杨、朱先华、陈锵仪编著的《清代中央国家机关概述》叙述了法部内部机构职掌。⑥ 这为法部的机构研究提供很好的参考。

预备立宪改革的研究推进了中央官制改革的研究。韦庆远、高放、刘

---

① 朱方：《中国法制史》，法政学社 1931 年版，第 267—268 页。

② 丁元普：《中国法制史》，法学编译社 1937 年版，第 182 页。

③ 董康：《董康法学文集》，何勤华、魏琼编，中国政法大学出版社 2005 年版。

④ 申报馆编：《最近之五十年——申报馆五十周年纪念》，申报馆 1923 年印刷。

⑤ 张德泽：《清代国家机关考略》，中国人民大学出版社 1981 年版，第 294 页。

⑥ 李鹏年等：《清代中央国家机关概述》，黑龙江人民出版社 1983 年版，第 393—397 页。

文源所著《清末宪政史》①，侯宜杰《二十世纪初中国政治改革风潮》②，从政治斗争角度对1906年官员内部讨论、中央决策和整个官制改革启动有翔实论述。围绕清末中央官制改革学者们写了许多文章，探讨其性质和内容，不过这些研究所依据的材料多系故宫博物院明清档案部编的《清末筹备立宪档案史料》收录的丙午官制改革的相关档案材料，对于前后各改革方案的详细内容的分析探讨，尚因为关注点和材料所限没能展开，其间异同和相互逻辑关系，也没能展开。③

　　清代的司法审判制度和清末修律的研究取得很大进步。代表性作品有张晋藩主编的《清朝法制史》。该书中华书局1998年版，把清代法制发展分成三段（清入关前、1644年到1900年左右、1900年以后的司法改革），其中包括对清末的司法改革的概略性的介绍。④ 张晋藩总主编、朱勇主编的《中国法制通史》第九卷《清末中华民国卷》第九章简略介绍了"部院之争"——法部与大理院之间分享司法权的争论。⑤ 张培田《中国清末诉讼审判机制转变及其曲折》以诉讼章程为基础简述了清末诉讼机制的变化。⑥ 柴荣《浅析清末司法制度之变革》简述变革的背景、过程

---

① 韦庆远、高放、刘文源：《清末宪政史》，中国人民大学出版社1993年版。

② 侯宜杰：《二十世纪初中国政治改革风潮》，人民出版社1993年版。

③ 赵秉忠：《略论清末的官制改革》，《北方论丛》1985年第1期；吕美颐：《论清末官制改革与国家体制近代化》，《河南大学学报》1986年第4期；徐军：《试论清末官制改革》，《贵州民族学院学报》1992年第9期；朱德明：《略论清末官制改革的实质》，《历史教学问题》1996年第4期；袁亚忠：《丙午官制改革与清末政局》，《山东社会科学》1996年第2期；闫团结：《论清末的官制改革》，《唐都学刊》1997年第3期；牟东篱：《论清末的官制改革》，《山东大学学报》（哲学社会科学版）1999年第3期；成晓军、范铁权：《近20年来晚清官制改革研究述评》，《社会科学辑刊》2000年第1期。

④ 张晋藩主编：《清朝法制史》，中华书局1998年版。其书还有一个版本，由法律出版社1994年出版，与此书内容相差不大。

⑤ 张晋藩总主编、朱勇主编：《中国法制通史》第九卷《清末中华民国卷》，法律出版社1999年版，第297—298页。

⑥ 张培田：《中国清末诉讼审判机制转变及其曲折》，《国家检察官学院学报》第3—4期。

和内容，认为其主要吸收借鉴德国、日本司法机构及审判制度的经验，在一定程度为近代司法独立开了先河。① 就机构来说，对刑部、法部的研究散见于以上的作品中，这些成果为我们研究清末司法机构改革提供了基础。

### （三）　繁荣时期——2000 年至今

法部相关的研究渐次展开，清末司法审判制度变革方方面面的研究都有很大推进。

首先，关于法部相关的研究。与法部成立相关的清末官制又增加不少成果，其中有周小玲、魏琦《清末官制改革》，庄梦兰《试论清末官制改革》，梁严冰《袁世凯与清末官制改革》，三篇文章依然没有突破此前所使用的材料限制。② 张从容《部院之争——晚清司法改革的交叉路口》一书对丙午官制改革过程中的几个方案做了初步对比研究。③ 陈丹《清末考察政治五大臣出洋研究》则对端方、戴鸿慈、载泽等在官制改革中对官制改革方案起草所起的重要作用做了相关研究。④ 但就几个方案中有关各部的详细规划，则缺乏相应的关注。赵俊明《晚清法部的酝酿产生》与《晚清刑部与法部之比较》，利用《申报》和《大公报》的相关内容简述了官制改革前有关刑部改设成法部的争论，并分析比较了前后两部，认为"法部和刑部相比，无论从机构设置、具体职掌还是人员选拔任用等方面都有较大的变动"。⑤

---

① 柴荣：《浅析清末司法制度之变革》，《内蒙古大学学报》（人文社会科学版）1999 年第 5 期。

② 周小玲、魏琦：《清末官制改革》，《安徽警官职业学院学报》2003 年第 5A 期；庄梦兰：《试论清末官制改革》，《贵州社会科学》2003 年第 6 期；梁严冰：《袁世凯与清末官制改革》，《河南师范大学学报》（哲学社会科学版）2004 年第 2 期。

③ 张从容：《部院之争——晚清司法改革的交叉路口》，北京大学出版社 2007 年版。

④ 陈丹：《清末考察政治五大臣出洋研究》，博士学位论文，北京大学，2008 年。

⑤ 赵俊明：《晚清法部的酝酿产生》，《沧桑》2008 年第 6 期，《晚清刑部与法部之比较》，《沧桑》2009 年第 3 期。

对"部院之争"的探讨，依然是一个热点。这个探讨发端于上述法制通史，李贵连《沈家本传》以及李俊《晚清审判制度变革研究》中相关部院之争的论述。① 对此，张从容著《部院之争——晚清司法改革的交叉路口》、《清末部院之争初探》、《试析1910年〈法院编制法〉》等系列专著和论文专门研究清末法制改革中法部同大理院之间对死刑案、重案的复核权、人事权归属的争论。② 韩秀桃《清末官制改革中的大理院》分述了大理院筹设中的问题，考察了司法权限划分中的部院之争。③林盛《晚清激烈的"部院之争"》、胡伟《清末部院之争：改革与惯性的冲突》、李文兰《浅谈清末官制改革中的"部院之争"》、张溪《清末部院之争和礼法之争的反思》、黄学荣《探析清末司法改革中的"部院之争"》探讨了"部院之争"的背景、经过和原因，争论中的礼法之争等内容。④

就法部职能研究较多的是秋审制度。董康对清代秋审做了详细研究，主要集中在《论秋审制度与欧美减刑委员会》、《秋审制度》、《清秋审条例》。⑤ 沈厚铎《秋审初探》对秋审的渊源、发展、形成等内容做了初步探讨。⑥ 郑秦《清代司法审判制度研究》第5章、《论清代的秋审制度》

---

① 李贵连：《沈家本传》，法律出版社2000年版，第234—241页；李俊：《晚清审判制度变革研究》，博士学位论文，中国政法大学，2000年，第81—86页。

② 张从容：《清末部院之争初探》，《近代法学》2001年12月第23卷第6期；《试析1910年〈法院编制法〉》，《暨南大学学报》（哲学社会科学版）2003年第1期。

③ 韩秀桃：《清末官制改革中的大理院》，《法商研究》2000年第6期。

④ 林盛：《晚清激烈的"部院之争"》，《浙江人大》2005年第4期；胡伟：《清末部院之争：改革与惯性的冲突》，《理论界》2007年第8期；李文兰：《浅谈清末改革中的"部院之争"》，《中外企业家》2009年第16期；张溪：《清末部院之争与礼法之争的反思》，《人民论坛》2010年第2期；黄学荣：《探析清末司法改革中的"部院之争"》，《兰台世界》2013年第6期。

⑤ 何勤华、魏琼编《董康法学文集》中所辑的《论秋审制度与欧美减刑委员会》、《秋审制度》、《清秋审条例》。《秋审制度》（第362—418页），1941年辑录的明清两代的关于秋审制度的资料。《清秋审条例》（第419—451页），1942年辑录清代的秋审条例，并做了研究，对研究清代的秋审制度有非常重要的参考价值。

⑥ 《政法论坛》（中国政法大学学报）1998年第3期。

以及《清代秋审制度考析》对清代秋审制度做了翔实的研究。① 孙家红《清代的死刑监候》利用大量秋审文献对秋审做了全面研究。② 李燕华《清代秋审制度探究》对秋审产生、程序、内容、特征进行专门研究。③ 龙山《浅析清代秋审制度》分析了秋审的形成、程序及利弊。④ 董笑寒、孙燕京《秋审个案与清末司法审判》分析了 1903 年一个秋审个案，展示了清末秋审改革前的具体动作。⑤ 这些研究成果中，孙家红对 1906 年中央官制改革后秋审制度变革有所涉及，而此点则是本书研究的重点。

　　总的来说，以往的研究对于法部的内部机构改革、人事制度及职能运作均没有专门研究。

　　其次，司法审判体系变革的研究在这一时期大量涌现，其广度和深度都给予后来研究者以很好的借鉴。

　　有关司法审判制度变革的研究。李俊《晚清审判制度变革研究》从清末旧司法审判体系所遇困境出发，研究了各级审判厅的结构、创办、审判程序等内容。⑥ 周金恋《清末法制改革的现代化特征》主张改革表现出的现代化特征主要有：初步树立了"变法图强"、"以法为治"的现代化法律观念；确立了立宪法、开议院、伸民权，建设君主立宪制国家的基本原则；建立了体系较为完备的现代化法律制度的基本框架；开创了司法制度和法律操作程序现代化的先河。其成果影响了整个 20 世纪中国法制现代化的进程。⑦ 郭志祥《清末与民国时期的司法独立研究》分析清末司法

---

① 郑秦：《清代司法审判制度研究》，湖南教育出版社 1988 年版；郑秦：《论清代的秋审制度》，郑秦：《清代法律制度研究》，中国政法大学出版社 2000 年版，第 170—203 页；郑秦：《秋审制度》，苏亦工主编：《中国法制史考证·甲编·第七卷》（历代法制考·清代法制考），中国社会科学出版社 2003 年版，第 323—358 页。

② 孙家红：《清代死刑监候》，社会科学文献出版社 2007 年版。

③ 李燕华：《清代秋审制度探究》，硕士学位论文，山东大学，2008 年。

④ 龙山：《浅析清代秋审制度》，《法制与社会》2008 年第 10 期。

⑤ 董笑寒、孙燕京：《秋审个案与清末司法审判》，《南京社会科学》2013 年第 2 期。

⑥ 李俊：《晚清审判制度变革研究》，博士学位论文，中国政法大学，2000 年。

⑦ 周金恋：《清末法制改革的现代化特征》，《郑州大学学报》（哲学社会科学版）2001 年第 5 期。

独立思想的状况及其对立法和司法的影响。① 朱云平、龚春英《清末审判制度改革探微》认为清末审判制度的改革,是多种合力的结果,其改革的内容主要是审判主体、审判依据、审判原则的变动。② 李国青《张之洞与清末法制改革》探讨张之洞在改革中扮演倡导、示范,又阻止其深入的复杂角色。③ 贾孔会《中国近代司法改革刍议》考察清末和民国司法改革历程。④ 李媛媛《关于清末司法改革阶段划分的一点思考》把清末司法体制改革分成零敲碎打(1901—1906)、整体设计(1906—1911)两阶段,客观上起到司法近代化的效果。⑤ 卞修权《立宪思潮与清末法制改革》研究了清末立宪思潮,以及在立宪思潮影响下制宪、修律和司法制度改革。⑥ 张从容《晚清官员的司法独立观》,通过对端方及沈家本等改革政要的奏折和集子,从对司法独立的基本含义与功能的认识,如何进行机构改革,如何划分司法权与行政权等方面,探讨了晚清官员的司法独立观。⑦ 胡祥雨《晚清北京地区的司法审判制度》,利用文献和档案史料对清代京师地区的司法审判制度,尤其是与审判相关的各个机构进行了颇为具体的研究。⑧ 陆文前《浅析清末法制改革的历史地位》认为改革对中国传统法律在法律结构、法学语词以及法学研究方法产生重大冲击,加速了中国传统法律体系的解体,促使了中国法律近代化运动的开端,带来了法

---

① 郭志祥:《清末与民国时期的司法独立研究》,《环球法律评论》2002年春季号。

② 朱云平、龚春英:《清末审判制度改革探微》,《宿州师专学报》2002年第4期。

③ 李国青:《张之洞与清末法制改革》,《东北大学学报》(社会科学版)2002年第3期。

④ 贾孔会:《中国近代司法改革刍议》,《安徽史学》2003年第4期。

⑤ 李媛媛:《关于清末司法改革阶段划分的一点思考》,《宿州教育学院学报》2003年第4期。

⑥ 卞修全:《立宪思潮与清末法制改革》,中国社会科学出版社2003年版。

⑦ 张从容:《晚清官员的司法独立观》,《比较法研究》2003年第4期。

⑧ 胡祥雨:《晚清北京地区的司法审判制度》,硕士学位论文,北京大学,2003年,北京大学图书馆藏。

学研究方法的革新。① 张从容《晚清中央司法机关的近代转型》以部院之争入手，探讨中央司法机关法部与大理院的转型，以此来展现中国司法制度的近代化。② 章惠萍《清末司法改革述论》从司法组织机构、诉讼制度两方面的改革介绍清末司法改革。③ 那思陆《清代的中央司法审判制度》，则以近代法的眼光，对清朝中央机构的司法审判功能分门做了介绍，然后又以普通程序和特别程序的方法，把这些部门的司法审判功能的实现做了富有启发意义的述论。④ 陈刚、何志辉、张维新《清末司法制度现代化进程研究》，梳理了清末《大理院审判编制法》、《各省审判厅试办章程》和《法院编制法》在司法制度现代化中的作用。⑤ 何志辉、刘倩《清末各级审判厅筹办进程研究》按时间序列讲述了审判厅筹办过程。⑥ 李启成《晚清各级审判厅研究》，根据北京、天津、东北等地区中与审判厅有关的材料，研判了各级审判厅的建立和运作。⑦ 李超《清末民初的司法审判独立研究——以法院设置与法官选任为中心》对清末的法院设置进行了分析。⑧ 李春雷《中国近代刑事诉讼制度变革研究（1895—1928）》，对新型诉讼原则、检查制度、律师制度、刑事审判、裁判执行等制度变革做了考量。⑨ 尤志安《清末刑事司法改革研究——以中国刑事诉讼制度近代化为视角》，研讨了领事裁判权与刑事诉讼制度的关系，清末政体改革与近代

---

① 陆文前：《浅析清末法制改革的历史地位》，《江汉论坛》2003 年第 8 期。

② 张从容：《晚清中央司法机关的近代转型》，《政法论坛》（中国政法大学学报）2004 年第 1 期。

③ 章惠萍：《清末司法改革述论》，《晋阳学刊》2004 年第 3 期。

④ 那思陆：《清代的中央司法审判制度》，北京大学出版社 2004 年版。

⑤ 陈刚主编：《中国民事诉讼法制百年进程（清末时期）》第一卷，中国法制出版社 2004 年版，第 363—413 页。

⑥ 陈刚主编：《中国民事诉讼法制百年进程（清末时期）》第二卷，中国法制出版社 2004 年版，第 516—601 页。

⑦ 李启成：《晚清各级审判厅研究》，北京大学出版社 2004 年版。

⑧ 李超：《清末民初的司法审判独立研究——以法院设置与法官选任为中心》，博士学位论文，中国政法大学，2004 年。

⑨ 李春雷：《中国近代刑事诉讼制度变革研究（1895—1928）》，北京大学出版社 2004 年版。

司法机构的出现，刑事诉讼法的制定及意义。① 张晋藩主编《中国司法制度史》，从中国司法审判制度的总体变革的角度讨论了清末各级审判厅的建立及新式审判程序的运用。② 张珉《试论清末与民国时期的司法独立》概括了清末及民国时期的司法独立状况，分析清末司法独立思想产生的原因，认为这两个时期的司法独立是被扭曲的司法独立，而非真正的独立，其深层原因是缺乏发达的商品经济、民主政治和与之相适应的价值理念。③ 李启成《晚清司法改革之真实记录——〈各省审判厅判牍〉简介》从审判厅判牍角度分析清末司法改革情形。④ 陈丽红《对清末司法改革的历史审视》总结清末司法改革的内容，并简要分析其进步和局限性。⑤ 柳岳武《清末地方审判制度改革及实践——以奉天为例》以奉天地方审判制度改革为例，对清末地方审判制度改革及运作情况做了初步考察。⑥ 王先明《袁世凯与晚清地方司法体制的转型》探讨袁世凯推动着宪政并在在天津率先实行的地方司法改革，对司法改革起推动作用。⑦ 胡谦《晚清司法改革实践与反思》认为晚清进司法改革成果注重在法律形式方面与外国接轨而忽视本国的实际，导致无法达到预期的效果。⑧ 王浩《清末诉讼模式的演进》，在诉讼模式的框架下研讨清末司法改革对诉讼制度的选择及司法官在其中所拥有的职权。⑨ 张洪林、曾友祥《论晚清的司法独

---

① 尤志安：《清末刑事司法改革研究——以中国刑事诉讼制度近代化为视角》，中国人民公安大学出版社 2004 年版。

② 张晋藩主编：《中国司法制度史》，人民法院出版社 2004 年版。

③ 张珉：《试论清末与民国时期的司法独立》，《安徽大学学报》（哲学社会科学版）2004 年第 3 期。

④ 李启成：《晚清司法改革之真实记录——〈各省审判厅判牍〉简介》，《清代法治论衡》第 5 辑，2005 年 1 月。

⑤ 陈丽红：《对清末司法改革的历史审视》，《宿州教育学院学报》2005 年第 1 期。

⑥ 柳岳武：《清末地方审判制度改革及实践——以奉天为例》，河南大学 2004 年硕士学位论文。

⑦ 王先明：《袁世凯与晚清地方司法体制的转型》，《社会科学研究》2005 年第 3 期。

⑧ 胡谦：《晚清司法改革实践与反思》，《长沙大学学报》2005 年第 4 期。

⑨ 王浩：《清末诉讼模式的演进》，博士学位论文，中国政法大学，2005 年。

立》对晚清实行司法独立的缘由、实践以及实现司法独立的障碍进行探析，其中对近代司法审判体系建立及困境进行了探讨。① 俞江《清末奉天各级审判厅考论》，从沿革、官制、经费和审级等对清末奉天审判厅做了细致研究。② 曹心宝《清末司法制度改革研究——以审判机关和审判制度改革为主》、《浅析清末司法制度改革的原因》论述了清末司法制度改革的历史背景及肇因、清末审判机关和审判制度的改革、改革失败的原因。③ 张勤《清末民初奉天省的司法变革》考察奉天省自清末新政开始到张作霖统治结束这一时期司法体制所经历的变革。④ 严晶《论清末前后的司法特征》认为清末司法改革使得以前附属于皇权并司法与行政权合一体制开始向司法独立的现代体制转型。⑤ 迟云飞《晚清预备立宪与司法"独立"》，总论了清末司法体制改革，认为改革确立了司法"独立"的原则，即由职业的受过系统法律知识训练的法官而不是行政官员审理民刑案件的原则，在京师、各省省城、重要城市（尤其是商埠）设立了中国第一批审判厅及检察厅，分设法官（推事）、检察官，审判与起诉初步分离，培养了一批有专长、懂法律的司法人员，为民国司法制度改革奠定良好开端。⑥ 吴泽勇《1906—1908 年间的司法改革与诉讼改制——从丙午官制改革到各级审判厅筹办》概述了官制改革及其后的创办各级审判厅的

---

① 张洪林、曾友祥：《论晚清的司法独立》，《华南理工大学学报》（社会科学版）2005 年第 10 期。

② 俞江：《清末奉天各级审判厅考论》，《华东政法学院学报》2006 年第 1 期。

③ 曹心宝：《清末司法制度改革研究——以审判机关和审判制度改革为主》，硕士学位论文，广西师范大学，2006 年；曹心宝：《浅析清末司法制度改革的原因》，《遵义师范学院学报》2008 年第 1 期。

④ 张勤：《清末民初奉天省的司法变革》，《辽宁大学学报》（哲学社会科学版）2006 年第 7 期。

⑤ 严晶：《论清末前后的司法特征》，《苏州大学学报》（哲学社会科学版）2006 年第 7 期。

⑥ 迟云飞：《晚清预备立宪与司法"独立"》，《首都师范大学学报》（社会科学版）2007 年第 3 期。

各项章程，认为官制改革为诉讼改制提供了必要的制度根基。① 另外，学术界有不少研究诉讼的论著。金大宝《清末民初刑讯制度废止问题研究》专门探讨清末民初废止刑讯的主张、制度和其实际情形。② 蔡晓荣《晚清华洋商事纠纷之研究》、《清末各级审判厅与华洋诉讼》以及钟勇华《清末民初华洋诉讼理案模式演变研究——基于天津的个案考察》、《清末审判厅理案模式下的华洋诉讼及观审之争》，从不同角度研究审判厅建立后华洋诉讼的管辖和审判。③ 龚春英《清末审判制度改革与中国法制近代化》探讨了清末法制改革的原因和内容，认为改革打破了以往诸法合体的局面，确立了司法审判的独立地位，为民国的司法改革提供了蓝本。④ 刘焕峰、郭丽娟《清末审判厅设置考略》和胡康《清末上海县商埠筹办审判厅考析》分别考订了全国和上海的审判厅开办时间。⑤ 史新恒《清末提法使司的设置及其执掌》、《效法西方话语下的自我书写——提法使与清末审判改革》、《清末官制改革与各省提法使的设立》、《分科改制：提法使官制向近代科层制的演进》、《清末提法使衙门的人事变革——以直隶为中心的考察》一系列论文从改立提法使的背景、决策过程、提法使

---

① 中国法律史学会：《法史学刊》（2007 年第 2 卷，总第 11 卷），社会科学文献出版社 2008 年版。

② 金大宝：《清末民初刑讯制度废止问题研究》，硕士学位论文，安徽大学，2005 年。

③ 蔡晓荣：《晚清华洋商事纠纷之研究》，博士学位论文，苏州大学，2005 年；蔡晓荣：《清末各级审判厅与华洋诉讼》，《中国矿业大学学报》（社会科学版）2007 年第 2 期；钟勇华：《清末民初华洋诉讼理案模式演变研究——基于天津的个案考察》，硕士学位论文，湖南师范大学，2008 年；钟勇华：《清末审判厅理案模式下的华洋诉讼及观审之争》，《兰州学刊》2011 年第 1 期。

④ 龚春英：《清末审判制度改革与中国法制近代化》，《哈尔滨学院学报》2008 年第 12 期；李俊：《晚清审判制度变革研究》，博士学位论文，中国政法大学，2000 年。

⑤ 刘焕峰、郭丽娟：《清末审判厅设置考略》，《历史档案》2009 年第 2 期；胡康：《清末上海县商埠筹办审判厅考析》，《消费导刊》2009 年第 24 期。

司的科层制及内部人事制度等方面对提法使进行了研究。① 上述研究对于京师各级审判厅建置追根溯源性质的研究非常薄弱，对于京师各级审判厅的成立、法官分析、审判工作的展开等内容分析过于粗略，显示不出其对整个清末司法改革的重要示范作用。

有关司法人员管理的研究。李俊《晚清审判制度变革研究》设专节研究了各审判检察机构人员的培养、配备和任用。肖军《清末新政中法官的选用》，探讨了清末法官选用制度的变化。② 李启成《宣统二年的法官考试》，讨论了宣统二年的法官考试的组织和考试过程。③ 李启成《晚清各级审判厅研究》，开辟专章研究法官考试的过程及试题。李超《晚清法制变革中的法官考选制度研究》，考察了清末的司法官考试。④ 柳岳武《清末地方司法改革中的法官制度》，从法官的教育、考试、任用、编制等角度分析了清代的法官制度。⑤ 龚春英《试论清末法官考试任用制度的"名"与"实"》分析清末法官考试任用章程及考试制度，认为考试在实际运行过程中受到种种限制，最终流于形式。⑥ 谢如程《清末检察制度及其实践》，对检察官的名称由来、选任、职责等方面做了较为详细的研讨。⑦

---

① 史新恒：《清末提法使司的设置及其执掌》，《兰台世界》2009 年第 2 期；史新恒：《效法西方话语下的自我书写——提法使与清末审判改革》，《历史教学（下半月刊）》2010 年第 5 期；史新恒：《清末官制改革与各省提法使的设立》，《求索》2010 年第 8 期；史新恒：《分科改制：提法使官制向近代科层制的演进》，《求索》2011 年第 6 期；史新恒：《清末提法使衙门的人事变革——以直隶为中心的考察》，《历史教学（下半月刊）》2011 年第 12 期。

② 肖军：《清末新政中法官的选用》，《宜宾师范专科学校学报》2001 年第 2 期。

③ 李启成：《宣统二年的法官考试》，中国法制史学主编（台湾）：《法制史研究》2002 年第 3 期。

④ 李启成：《晚清各级审判厅研究》，《新疆大学学报》（社会科学版）2004 年 12 月第 32 卷第 4 期。

⑤ 柳岳武：《清末地方司法改革中的法官制度》，柳岳武：《清末地方司法改革中的法官制度》，《天府新论》2005 年第 2 期。

⑥ 龚春英：《试论清末法官考试任用制度的"名"与"实"》，《哈尔滨学院学报》2007 年第 4 期。

⑦ 谢如程：《清末检察制度及其实践》，上海世纪出版集团 2008 年版。

刘焕峰、周学军《清末法官的培养、选拔和任用》分析了清末的法学速成教育、各项法官考试和任用章程，认为清末法官培养、选拔、任用已逐渐形成了一整套规章制度，在客观上促进了中国司法制度近代化的发展。① 李在全《宣统二年法官考试录取名录考论》，考订法官考试录取总计841名，并对其出身进行了简要分析。② 上述论著于法官的考核、升迁和惩戒等内容关注不多。

有关监狱改革的研究。历来对监狱的研究多关注的是实务，对于监狱改革，并不太重视。③ 20世纪80年代以来，随着各项资料的发掘，研究者意识到狱政改革在清末改革进程中的地位，渐有研究者把目光投向清末的狱政改革。薛梅卿《沈家本的监狱改良思想》，对沈家本的监狱改良思想做了探讨。④ 荷兰学者冯克《近代中国的犯罪、惩罚与监狱》专用一章来讲述晚清监狱改良运动。⑤ 赵连稳《论清末监狱改良》论述了清末监狱改良的原因、内容，认为其具对中国监狱制度的近代化起了推动作用。⑥ 刘雪毅《清末新政时期刑律监狱制度改革》，梳理新政时期各项刑律监狱制度改革的内容，认为改革与清朝守旧势力所代表的中国传统封建思想文化产生激烈冲突归于失败，但极大地推动了中国法律近代化的进程。⑦ 王春霞、王颖《试论清末监狱近代化的法制前提》，探研了清末监狱改革的背景，认为在沈家本的主持下，监狱近代化的法制前提逐渐完备。⑧ 李祝

---

① 刘焕峰、周学军：《清末法官的培养、选拔和任用》，《历史档案》2008年第1期。

② 李在全：《宣统二年法官考试录取名录考论》，《历史档案》2010年第1期。

③ 参见郭明《中国监狱学史纲——清末以来的中国监狱学术述论》，中国方正出版社2005年版，附录1。

④ 薛梅卿：《沈家本的监狱改良思想》，《法制建设》1985年第6期。

⑤ （荷兰）冯克：《近代中国的犯罪、惩罚与监狱》，徐有威等译，江苏人民出版社2008年版。

⑥ 赵连稳：《论清末监狱改良》，《青海师范大学学报》（哲学社会科学版）2004年第6期。

⑦ 刘雪毅：《清末新政时期刑律监狱制度改革》，《益阳师专学报》2002年第2期。

⑧ 王春霞、王颖：《试论清末监狱近代化的法制前提》，《广西社会科学》2002年第5期。

环《清末近代监狱制度的引进》研讨了清末清政府通过派遣人员赴日本考察及请日本的监狱名家到中国等方式引进日本的监狱制度的过程，日本监狱制度的引进结束了清代监牢式的管理模式，从而直接向近代监狱管理制度过渡。① 卞修权《清末监狱改良与实践述论》、范仲琪《清末监狱改良的理论与实践》等，侧重从清末监狱改革的理论依据和具体措施来立论。② 薛金莲《清末监狱制度近代化演变浅析》，把清末监狱改革分成两个阶段，1901—1905 年属于探索、酝酿阶段，1905—1911 年属于实质性改良阶段。③ 肖世杰《道是无关却有关——清末时期的领事裁判权与晚清监狱改良》、《清末监狱改良思想的滥觞与兴起》、《清末监狱改良思想的现代性》、《清末监狱改革》和龚春英《论清末新政时期监狱管理制度的改良》，对清末监狱改良的动因、思想基础及实践做了详细探讨。④ 徐黎明、姜艳艳《论清末监狱改革之得失》认为改革奠定了封建狱制向资本主义狱制转型的基础，同时带有很大的历史局限性。⑤ 周鹏《清末狱政改革与南京老虎桥监狱的设立》与蔡永明《论清末新政时期的监狱制度改革——以新式模范监狱为中心的考察》以个案的方式研究了清末狱政改

---

① 中国政法大学监狱史学研究中心、天津市监狱管理局编：《中国监狱文化的传统与近代文明》，法律出版社 2006 年版，第 88—93 页。

② 卞修权：《清末监狱改良与实践述论》，中国政法大学监狱史学研究中心、天津市监狱管理局编：《中国监狱文化的传统与近代文明》，第 94—101 页；范仲琪：《清末监狱改良的理论与实践》，《郑州航空工业管理学院学报》（社会科学版）2006 年 8 月第 25 卷第 4 期。

③ 薛金莲：《清末监狱制度近代化演变浅析》，《山西农业大学学报》（社会科学版）2007 年第 4 期。

④ 肖世杰：《道是无关却有关——清末时期的领事裁判权与晚清监狱改良》，《湖南社会科学》2007 年第 3 期；《清末监狱改良思想的滥觞与兴起》，《湖湘论坛》2007 年第 3 期；《清末监狱改良思想的现代性》，《河北法学》2007 年第 7 期；《清末监狱改革》，博士学位论文，湘潭大学，2007 年，藏国家图书馆。龚春英：《论清末新政时期监狱管理制度的改良》，《晋中学院学报》2009 年第 4 期。

⑤ 徐黎明、姜艳艳：《论清末监狱改革之得失》，《辽宁行政学院学报》2008 年第 9 期。

革的内容。① 马自毅、王长芳《狱务人员与清末监狱改良》与龚春英《论清末监狱管理人才的培养》论述了清末新式监狱管理人才培养的背景和改革措施。② 这些研究都没有给予法部在清末狱政改革中的作用足够的重视，沈家本提出的各项措施均于法部尚书戴鸿慈的一手主持下得以推行。对于京师模范监狱的策划、筹备、具体建造及民国政府对其接收，均没有得到相应的关注。

总之，这一时期围绕创办各级审判厅、司法官、监狱改良等课题的深入探讨，为法部研究奠立了不可或缺的基础，其学术成果对本文作者有良多启发。但此前的研究主要属于局部性的研究，对法部整体性的研究阙如，对法部自建构到终结的各细部环节的综合考察较少，对法部的成立运作在中国近代司法改革的大进程中所处的关键转承的系统论说缺乏。

## 三　主要资料和研究方法

在资料方面，此前的法部研究多注重《大清光绪新法令》、《大清宣统新法令》、《光绪朝东华录》等史料，档案利用尚不充分。法部事涉复核各项重案、大案，主持秋朝审，非常重视对旧有文档的保存，中国第一历史档案馆现存的法部两厅八司一所等机构的档案比较完整。承政厅、参议厅是掌握法部机要的机构，留下来一些办理秋审奏底及法部暂行执掌签注等珍贵文件。举叙司是法部的人事管理部门，保存了法部实缺官员和乌布表册、司官补缺升迁流水簿册、各省法官和录事的官册等材料。收发所是法部的进出公文的处所，有相关官员值班、吏役管理、厅司官员地址单等文献。这些史料都有利于深入了解法部日常运作

---

① 周鹏：《清末狱政改革与南京老虎桥监狱的设立》，《南京晓庄学院学报》2009 年第 2 期；蔡永明：《论清末新政时期的监狱制度改革——以新式模范监狱为中心的考察》，《厦门大学学报》（哲学社会科学版）2009 年第 4 期。

② 马自毅、王长芳：《狱务人员与清末监狱改良》，《社会科学》2009 年第 8 期；龚春英：《论清末监狱管理人才的培养》，《泉州师范学院学报》2011 年第 1 期。

及人事变动。

军机处光绪、宣统两朝的录副奏折业已制作成电子格式，有可靠的题名检索，读者可以方便快捷地找到与研究课题相关的资料。自光绪三十二年（1906）起就有《谕折汇存》，将清廷御批过的地方督抚中央各部的重要折文按月编印成册可供利用，《华制存考》（含光绪三十四年到宣统二年）是《谕折汇存》的续刊。两套连续出版物，收录了大量前述新法令所未收的重要折件，为司法改革的始末提供详尽官方参考文献。《国家图书馆藏清代孤本内阁六部档案续编》收录的宣统元年法部《满汉实缺人员官单》、北京大学图书馆藏法部《京察部厅官员履历册》和《大清缙绅全书》（一年四期），为我们了解法部司官创造了条件。宣统二年（1910）宪政编查馆为厘定中央官制编订的《行政纲目》和《钦定行政纲目》使得未能实施的中央官制进一步的改革方案浮出水面。

至于研究方法，本书以史学研究为基本方法，同时注重吸收法律学、政治学、社会学等方面的理论知识。具体而言有以下几个方面。

（1）注意通过史料的细读把握事物发展的逻辑。法制史研究要用大量近代法律语汇去分析历史问题，在阅读中应当注意尽可能完备占有的材料，站在材料形成的语境下领会其真实意思，寻找出事物及各项政策出台的内在联系，把握材料背后的真实现象，从而在此基础上探讨事务发展和制度变迁的内在逻辑。

（2）把握全局观。清末的法律改革是在清末新政和预备立宪的大框架下得以实现的，各项具体的司法改革措施又是法部主持的整体改革的有机组成部分。对各项措施的理解既要理解政策本身，更要放在不同层面的全局观念下体味。

（3）关注法律改革同社会、经济因素以及国内外局势之间的相互关系。法律改革原本是社会、政治发展的必然趋势，同样受到国内经济乃至外域列强的影响。把各项改革政策充分结合其社会背景的分析将有助于更深入地理解司法改革的进程。

（4）从研究范围上说，需要突破静态机构研究的现状，让法部的体制变革、人事变动、财务更替等呈现出动态形象。从整体宏观角度来研究法部对于清末各项法律改革的政策，探寻其内在规律和相互关系。

　　本书的基本思路：通过考察分析法部的成立、其内部机构改革、各式新职能的实现，以及法部主持的司法体系改革、狱政改革及其对法律教育的推进等内容，尽可能呈现清末法部的全貌，以及晚清司法改革的成败得失。

# 第一章

# 法 部 建 立

　　20 世纪初，清政府为应对内忧外患，挽救清王朝统治，推行新政。但前期新政改革并没有解决清王朝的危机。在国内外的压力下，清政府开始仿行立宪，即将传统的行政主导一切的国家样式，渐次朝着从行政权分化出司法权甚至部分立法权的模式演变。于此，清政府决定官制改革为预备立宪之始；而厘清司法权与行政权之间的关系又为官制改革的先着。丙午官制改革中，清政府把刑部改为法部，专门管理司法行政事务；把大理寺改成大理院，专掌审判事务；在中央各部之间把司法行政和审判划分开来。这种改革不光是名称上的变易，而是整个司法制度变革的开端。法部的建立及其机构、执掌等的变迁，反映了清末司法改革的艰难进程。

## 第一节　"新政"改革前的清代司法制度

### 一　律法

　　新政改革前，清代没有近代程序法，除了《大清律例》和一些单行律例、章程，其他法律依据多纳入各项行政规定中。其主要律法《大清律例》是顺治初年制定，经康熙、雍正朝修订，至乾隆朝定型。《大清律例》分 30 门，计律 436 条，例 1573 条（例条后来陆续有增删），有名例、吏律、户律、礼律、兵律、刑律、工律 7 篇。每篇的具体详目含：名例律，46 条；吏律，职制门 14 条，公式门 14 条，共 28 条；户律，户役门 15 条，田宅门 11 条，婚姻门 17 条，仓库门 23 条，课程门 8 条，钱债门 3 条，市廛门 5 条，共 82 条；礼律，祭祀门 6 条，仪制门 20 条，共 26

条；兵律，宫卫门16条，军政门21条，关津门7条，厩牧门11条，邮驿门16条，共71条；刑律：贼盗门28条，人命门20条，斗殴门22条，骂詈门8条，诉讼门12条，受赃门11条，诈伪门11条，犯奸门10条，杂犯门11条，捕亡门8条，断狱门29条，共170条；工律，营造门9条，河防门4条，共13条。

此外，清代法律还包括清帝下令编修的五部会典、政府各衙门制定的则例及适用于各少数民族的单行法规等。清会典是政府规范国家机关组织和各级官吏活动的行政法律规范及其相关事例的汇编，包括《大清会典（康熙朝）》（162卷）、《大清会典（雍正朝）》（250卷）、《钦定大清会典（乾隆朝）》（100卷）、《钦定大清会典（嘉庆朝）》（80卷）、《钦定大清会典（光绪朝）》（100卷），统称《大清会典》，也称"五朝会典"。康、雍两代会典采取以官统事体例，乾隆、嘉庆、光绪三朝，把会典与则例分编，除上述会典外，另编《钦定大清会典则例（乾隆朝）》（180卷）、《钦定大清会典事例（嘉庆朝）》（920卷）、《钦定大清会典事例（光绪朝）》（1220卷），作为补充。

清政府的吏部、户部、礼部、工部、都察院、理藩院、国子监、内务府等衙门都分别制定各自的则例，各省制定地方性的省例。这些部门和地区的则例规则，用以补充规范本部门或辖区的法律活动，并调整相关部门间的法权关系。

为适应各少数民族的风俗习惯，清政府制定一些适用于少数民族聚居地区的单行法规。这些法规主要有：蒙古族地区的《蒙古律例》、《理藩院则例》；新疆地区的《回疆则例》；西藏地区的《钦定西藏章程》；青海地区的《西宁青海番夷成例》；西南地区的《苗疆事宜》；台湾地区的《台湾善后事宜》等。

上列文献并非全部都是法律规定，有些具有某些行政命令的性质，但每每亦作为法条来执行。另外，清代律法还包括未编入律例、会典、各项则例及单行法规中的上谕和诏令等。

## 二 审判人员和机关

新政改革前，作为行政主导一切的国家，清王朝本没有近代性质的司法审判机构和近代性质的专门审判人员，其中央和地方的诸多官员均享有审判权。这些官员只是职掌涉讼而被称为审判人员，其主要分布于下列机构。

### （一）普通审判机构

普通审判机构可分为地方和中央两级。地方审判衙门主要是指县、府、道等衙门，省按察司衙门、省督抚衙门等。中央司法机关主要有大理寺、都察院、刑部。大理寺是最高审判复核机关，主要职责是复核刑部拟判的死刑案件；如发现刑部定拟不当，可以驳回；同时也主持热审案件，参与秋审、朝审案件。都察院号称"风宪衙门"，是司法检察和审判监督机关，其司法权主要表现在：参与会谳，即各省死刑案件经刑部核拟后，由都察院列署意见，再转大理寺复核，然后退回刑部办理题奏；参与秋审和朝审，执行复奏职责。按照三法司的职权划分，刑部掌审判，大理寺掌复核，都察院掌监察。但实际上刑部权力最大，几乎独揽审判大权，大理寺和都察院并无审判实权。刑部为最高司法审判机关，主要负责核拟死刑案件上报皇帝批准，批结全国充军流放案件，审理京师笞杖以上现审案件及中央官吏犯罪案件；同时兼掌造办"黄册"（人命盗贼重案囚犯统计册及秋审事宜等统计册）、狱政管理、赃款罚没管理等司法行政事务。

### （二）特殊司法机构

在普通司法机关体系外，新政改革前，清朝还设置管辖官员、宗室觉罗、旗人、少数民族、军人、太监等案件的特殊司法机构。

在京师地区，宗人府负责满族宗室贵族诉讼案件；内务府慎刑司负责内务府所辖上三旗及宫廷太监等人笞杖刑诉讼案件，徒刑以上移送刑部；步军统领衙门负责普通满人笞杖刑案件；户部现审处负责满人旗地旗产诉讼案件。在盛京地区，盛京将军及各部府尹会同审理满人诉讼案件；盛京刑部负责旗人与蒙古人的诉讼案件。在外省地方，各省将军和副都统负责本省满人诉讼案件，流刑以上须报刑部审定；各府（直隶州）亦由理事同知或通判组成理事厅，负责普通旗人的民事案件和笞杖刑案件。

清朝中央设有理藩院，是管理蒙古、西藏、新疆等少数民族聚居区的中央机关，也是受理这些少数民族地区上诉案件的司法机关。其流刑案件由理藩院理刑司会同刑部审理，死刑案件则由三法司上报皇帝最后裁定。此外，中央派驻各少数民族地区的大臣、将军、都统等，也拥有辖区的司法审判权。

新政改革前，清代的司法审判整个是纳入行政功能之中，以下把清代的司法审判管辖制作简表加以说明。

表 1 - 1　　　　　　　　　　清代司法审判管辖简表

| 问刑部门 | 审断方式、机构 | 管辖对象 | 管辖内容、罪种 | 管辖区域 |
|---|---|---|---|---|
| 吏部 | 题参 | 文官犯罪 | 要先题参，实施官员特权内的惩罚之后，方进行审判诉讼程序 | |
| 户部 | 现审处 | | 审理旗民争控户口田房案件（只管辖细故涉讼者）；刑讯会同刑部；地址不清则会同理事同知查丈审结 | |
| 礼部 | 仪制司主客司 | | 考生舞弊；涉外案件（传统宗藩体制下的涉外） | |
| 兵部 | 题参 | 题参武官 | 管辖军人犯一般法、军法及军人反叛案 | |
| 理藩院 | 理刑司 | | 蒙古一带地区的诉讼案件，会同复核蒙古一带地区秋审之案 | |
| 通政使司 | | | 所属鼓厅得接收京控案件呈词，对案件加以讯供和初步审核，属审前程序 | |
| 八旗都统衙门 | | 旗人之间 | 户婚、田土涉讼 | |
| 步军统领衙门 | | | 审办京师一带徒以下的罪行；京师旗人犯奸案；接收京控案呈词 | 京师内城和外城 |
| 五城察院 | 五城御史衙门 | | 审办京师一带徒以下的罪行 | 京师五城之地 |

| 问刑部门 | 审断方式、机构 | 管辖对象 | 管辖内容、罪种 | 管辖区域 |
|---|---|---|---|---|
| 宗人府 | | 宗室觉罗 | 刑（斗讼）、户（户婚、田土）部主稿会同宗人府审办宗室觉罗案件 | |
| 内务府 | 慎刑司 | 上三旗及包衣，太监 | 审办上三旗及包衣，太监徒以下的罪行；审办上三旗及包衣与民人交涉案件；审办太监案件 | |
| 总理衙门 | | | 民教互控案；涉外案件 | |
| 顺天府 | | | 普通讼案 | 京畿一带地区 |

　　决狱、断讼是政府重要行政事务，尤其是对惩罚严重、案情复杂、波及面广的案子，需要履行的程序就越多，时间就越长，涉及的部门就越多，最终判决结果受到各部门影响的可能性就越大。

## 三　审判程序

　　新政改革前，清朝没有单独司法审判程序，只有针对不同危害程度案件的不同审理方式。现分为普通诉讼和秋朝审两个部分来介绍。

### （一）普通诉讼

　　普通诉讼在京师和各省有不同的管辖部门。在京师徒以下的案件，由五城御史、步军统领衙门等机构现审，徒以上的案件则送交刑部现审。各省，笞杖一级的审断交给县衙门，徒刑案件则只有拟律然后通过道、府、到省，由督抚定罪发配，军流以上案件则级级上达至刑部等，决定最终的判决结果。兹以列表的方式就普通诉讼的审级和刑罚执行的情况做以下说明。

表1-2                     普通诉讼审级及刑罚执行①

| 审级 | 机构 | 审判内容 | 刑罚执行 |
|---|---|---|---|
| 七 | 皇帝 | 勾到 | |
| 六 | 三法司、九卿会审 | 对入秋审、朝审的案犯定谳 | |
| 五 | 刑部（都察院、大理寺） | 复核督、抚咨送的军、流案件，咨复案件的核定结果；对于立决人犯和先行正法人犯的复核；会同都察院、大理寺审断京师一带立决人犯和先行正法人犯的复核；草拟秋审、朝审断语 | 京畿一带立决人犯行刑；对朝审中的情实案犯行刑 |
| 四 | 总督、巡抚衙门 | 批复按察使复核无异议的徒刑案件，复核按察司上报的充军、流刑案件；如对后者无异议，则咨报刑部听候批复。对于死刑案件，须对人犯亲自复审；如无异议，签署意见专案奏报皇帝，并将副本咨送刑部、大理寺与都察院 | 徒刑案犯发配到各地。刑部咨回的军流人犯，据军流道里表发配远方（充军由巡抚定地）。先行正法人犯的行刑（杀一家三口、逆伦重案）。立决人犯，等接到部文执行 |
| 三 | 提刑按察使衙门 | 负责对府（直隶厅、州）和各道上报的徒刑案卷进行复核，对充军、流、死刑案件及案犯进行复审；如无异议，签署意见上报督抚；发现问题，则驳回或改发其他州县重审 | 秋审中的情实官犯，秋审勾本到省，行刑 |
| 二 | 刑部 | 现审京师一带徒以上案件 | 五徒三流，刑部送交顺天府，由顺天府确定地点发送。五军则由兵部定地，送顺天府发配 |
| 二 | 道 | 审核直隶州对亲自管辖地方直接审断案件的人犯和案卷，然后转到提刑按察使衙门 | |
| 二 | 府、直隶厅、直隶州 | 审理不服州县判决的上诉、申诉案件；审理所属州县上报的徒、流刑以上案件，提出判决意见，上报按察使 | |

---

①  列表是一个全程的审级示意表格，并不是所有的诉讼都必须经过。示意图中没有说明京师一带的审判等级。

| 审级 | 机构 | 审判内容 | 刑罚执行 |
|---|---|---|---|
| 一 | 步军统领衙门 | 现审京师一带笞杖案件 | 笞杖自行行刑、带枷或是别的附加刑也是如此 |
| | 五城御史 | 现审京师五城辖区内的笞杖案件 | 笞杖自行行刑、带枷或是别的附加刑也是如此 |
| | 府、直隶厅、直隶州 | 审断亲自管辖地方的笞杖案件，初审人命强盗（徒、流、死刑案件）等刑事案件，拟罪上报道台 | |
| | 县、厅、州（直接临民的机构） | 凡属州县辖区内的田土、户婚、斗殴等笞杖刑轻微案件，均由州县官自行审理，称为州县"自理案件"。人命强盗（徒、流、死刑案件）等刑事案件，州县官初审后，将案卷与案犯解赴府（直隶厅、州）审理 | 笞杖自行行刑、带枷或是别的附加刑也是如此。对立决人犯，奉到刑部咨文后，即日处决。对秋审情实人犯，接到皇帝勾到文书，或是刑部文，在犯事地方处决 |

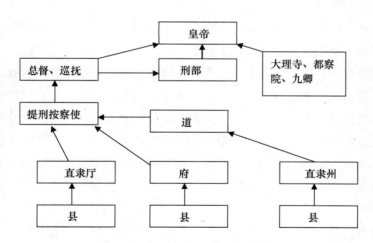

**图 1-1　清代普通诉讼简单示意图**

## （二）秋审、朝审

除了以上的普通诉讼，新政改革前，清朝有特点的诉讼就是针对死刑监候犯的秋审和朝审。各省死刑监候犯，由督抚勘问后，押解回州县衙门监禁候秋审的结果。京师监候犯则由刑部审断完后，监禁在刑部南北两监，等待朝审。秋审是对各省移送刑部的监候案件的会审制度，每年八月入秋后开始。在秋审以前，各省先将有关案件逐级整理复核，分别对监候案犯提出情实、缓决、可矜、留养承祀四类定拟意见，上报中央刑部。秋审之日，在天安门前金水桥西朝房，由九卿、詹事、科道官等对上报案件进行会审，最后由刑部领衔具题奏报皇帝裁决。经过秋审，凡奉旨入于情实者，由皇帝勾决执行死刑；列入缓决者，仍打入监候，留待下年秋审；凡三经缓决者，多改为流刑或发遣。在秋审前一天，对京师刑部在押死刑监候犯进行会审复核，称为朝审。它与秋审基本相同，但需将囚犯解至现场审录。

除了上述普通诉讼、秋朝审，清代还有一些特殊部门管辖的特殊诉讼及特色审问制度。特殊诉讼主要有官员、旗人、宗室等案件，特殊审问制主要有三司会审、九卿会审、热审等。

## 四　狱　政

新政改革前，清朝监狱类似于现在的看守所，不是刑罚执行机构，而是对涉案人员进行羁押的场所。其刑罚主要分为肉刑、苦役刑、生命刑，并不包含近代意义的自由刑。作为肉刑的笞杖，定罪以后即行执行，苦役刑徒、流、军、遣则即日发配，斩绞等生命刑更不用说了。监狱中长久监禁的是长期讼而不决的人员，或是斩、绞监候的人犯。

监狱没有自己独立的管理机构和场所，都附设在相关问刑衙门之中。通过其所依附的问刑衙门，监狱可分为中央监和地方监。在中央，有刑部监、盛京刑部监、宗人府空房、慎刑司监和步军统领衙门监狱等。地方监狱，则有臬司监、府（厅）监、州监和县监等。各衙门长官负责监督监狱的管理。具体管理监狱的人员则是各衙门内的管狱官。管狱官，京内为刑部司狱，京外为按察使司狱、府司狱、吏目、典史等。其管理上大致有以下特点。其一，清代监狱仅注重其方便性，一般皆附属在各问刑衙门衙署之内，没有专门的场所，各问刑衙门的常项开支往往并不包含修缮监狱的经费，从而导致监狱的硬件环境非常差。法部曾在奏折中言道："中国监狱相沿日久，其地势湫隘，则疫疬易生产，其墙宇卑陋，则防闲易弛，其居处从杂，则恶习易渐，于是有痎毙之惨，脱逃之虞，凶暴狡诈之传换。"① 清朝讲求身份制，被送入监狱的人员，大多皆为底层民众，加之清代刑罚的严酷惩罚性原则以及威慑性止讼、息讼的基本思路导致入监人员的各项基本权利根本得不到保障。其二，管狱官身份低微，收入也非常少。看管监狱的狱卒、更夫等皆为最底层的贱民，根本没有受到任何教育的机会，只是领取极少的工食银，又不可能有别的获得收入的途径，进入监狱的人员自然就成了他们的衣食父母。若不借端需索，他们自己也是无法生存下去的。对于管狱官、狱卒的任意凌虐、需索监狱中关押的人员，其上司在大多时候也只能听之任之。其三，监狱一直以来都只有一些零星的管理规章，没有完善的管理制度。这些零星的规章，在日常执行时也经常是大打折扣。有的只是出于一些较高层的管狱官的恤囚心理，对于监狱的人犯会好一些罢了。这诸多因素不能不导致清代狱政黑暗的必然结果。

## 五　刑部

刑部是清代"刑名总汇"之处，掌监督各省司法审判事务，是清代司法制度运作的枢纽，是法部之所由来。兹从人事、机构和执掌三个方面予以简述。

### （一）刑部人事

在刑部中当差的有管部大学士、堂官、司官、笔帖式、书吏、皂役。在刑部中扮演各自的角色，使刑部得以运转。

管部大学士，清廷特派大学士，督管部内事务，位列六堂之上，亦主刑部各稿的画诺，不常设。刑部六堂，指满汉尚书、满汉左右侍郎，秩从一品和正二品。因刑部掌全国刑名，所以六堂中至少有一人是刑部司官出身，主任详谳，凡咨文、题本、奏折等底稿，由其先点阅，然后再是各堂

---

① 法部：《议覆实行改良监狱折》（光绪三十三年七月初二日），《司法奏底》（稿本）第 12 册，北京大学图书馆藏。

官画诺，被称为当家堂官。[1] 清末，刑部有当差司员 500 多人，其中实缺官 260 多人，余为候补等官员。[2] 刑部的实缺，从身份上说分宗室缺、满洲缺（满洲、汉军）、蒙古缺、汉缺。

表 1-3　　　　　　　　刑部身份官缺表（不含六堂）

| | 郎中 | 员外郎 | 主事 | 笔帖式 | 司务 | 司狱 | 赃罚库库使 | 总计 |
|---|---|---|---|---|---|---|---|---|
| 宗室 | 1 | 2 | 1 | 1 | | | | 5 |
| 满洲 | 16 | 23 | 23 | 103 | 1 | 4 | 3 | 173 |
| 汉军 | | | 1 | 15 | | 1 | | 17 |
| 蒙古 | 1 | 1 | 1 | 4 | 1 | | | 8 |
| 汉族 | 20 | 18 | 19 | | | 1 | | 58 |
| 合计 | 38 | 44 | 45 | 123 | 2 | 6 | 3 | 261 |

刑部实缺又细分到各司、房、厅。

表 1-4　　　　　　　　刑部各司房厅官缺表（不含六堂）

| | 郎中 | | | | 员外郎 | | | | 主事 | | | | 笔帖式 | | | |
|---|---|---|---|---|---|---|---|---|---|---|---|---|---|---|---|---|
| | 宗 | 满 | 蒙 | 汉 | 宗 | 满 | 蒙 | 汉 | 宗 | 满 | 蒙 | 汉 | 宗 | 满 | 蒙 | 汉军 |
| 直隶 | | 1 | | 1 | 1 | | 1 | 2 | | 1 | | 1 | | 1 | | |
| 奉天 | | | 1 | 1 | | 1 | | 1 | | | | 1 | | 1 | | |
| 江苏 | | 1 | | 1 | | 2 | | 1 | | 1 | | 1 | | 1 | | |
| 安徽 | | 1 | | 1 | | 1 | | 1 | | 1 | | 1 | | 1 | | |
| 江西 | | 1 | | 1 | | 1 | | 1 | | 1 | | 1 | | 1 | | |
| 福建 | | 1 | | 1 | | 1 | | 1 | | 1 | | 1 | | 1 | | |
| 浙江 | | 1 | | 1 | | 1 | | 1 | | 1 | | 1 | | 1 | | |
| 湖广 | 1 | | | 2 | | 2 | | 1 | | 1 | | | | | | |
| 河南 | | 1 | | 1 | | 2 | | 1 | | 1 | | | | | | |

---

① 董康：《前清司法制度》，《董康法学文集》，第 345 页。

② 魏元旷：《潜园二十四种》第 8 册，《西曹旧事》，万载辛述轩 1926 年版，第 7 页。

续表

| | 郎中 | | | | 员外郎 | | | | 主事 | | | | 笔帖式 | | | |
|---|---|---|---|---|---|---|---|---|---|---|---|---|---|---|---|---|
| | 宗 | 满 | 蒙 | 汉 | 宗 | 满 | 蒙 | 汉 | 宗 | 满 | 蒙 | 汉 | 宗 | 满 | 蒙 | 汉军 |
| 山东 | | 1 | | 1 | | 2 | | 1 | | 1 | | 1 | | | | |
| 山西 | | 1 | | 1 | | 1 | | 1 | | 1 | 1 | 1 | | | | |
| 陕西 | | 1 | | 2 | | 2 | | 1 | | 1 | | 1 | | | | |
| 四川 | | 1 | | 1 | | 1 | | 1 | | 1 | | 1 | | | | |
| 广东 | | 1 | | 1 | 1 | 2 | | 1 | | 1 | | 1 | | | | |
| 广西 | | 1 | | 1 | | 1 | | 1 | 1 | 1 | | 1 | | | | |
| 云南 | | 1 | | 1 | 1 | | | 1 | | 1 | | 1 | | | | |
| 贵州① | | 1 | | 1 | | 1 | | 1 | | 1 | | 1 | | | | |
| 督捕 | | 1 | | 1 | | 1 | | | | 1 | | 1 | | | | |
| 提牢厅② | | | | | | | | | | 1 | | 1 | | | | |
| 清档房 | | | | | | | | | | 3 | | | | 12 | | |
| 汉本房③ | | | | | | | | | | 3 | | | | 28 | | |
| 司务厅④ | | | | | | | | | | | | | | | | |
| 笔帖式 | | | | | | | | | | | | | 1 | 103 | 4 | 15 |
| 当月处⑤ | | | | | | | | | | | | | | | | |
| 总计 | 1 | 16 | 1 | 20 | 2 | 23 | 1 | 18 | 1 | 23 | 1 | 19 | 1 | 143 | 4 | 15 |

刑部每司有20多人，皆设掌印、帮印、主稿、帮稿、管股、帮股等差使，称为"乌布"。每司皆设满掌印一人（称为带锁匙），汉正主稿一人，总管司中之事务，在司中被称为"印君"、"稿君"。掌印和正主稿全是正途出身。各司例案、议奏由正主稿拟定。各司的乌布，帮印和帮稿以

① 以上均为各清吏司简写。

② 提牢厅除主事外，还含有司狱6缺（满洲4，汉军1，汉1），赃罚库司库满洲1缺，库使满洲2缺。

③ 汉本房除满主事3人，还含主事汉军1缺。

④ 司务厅有司务2缺（满洲1，汉1）。

⑤ 当月处司员2缺（满洲1，汉1），以十八司郎中、员外郎、主事、七品小京官轮值，不设实缺。

下，由该司的掌印和正主稿确定，然后呈请堂官批准。①

刑部各司处房厅，皆设2—4名不等的书吏，从事办稿，又设2—4名不等的皂役，从事站堂、行刑、递送公文等杂役。南北两监额设禁卒、更夫等皂役150多名看管照料两监犯人。

### （二）刑部机构

刑部机构设置围绕司法审判功能展开。

庶务管理机构，系管理刑部文书、吏役、官员升补等事务，主要有当月处（司）、司务厅等机构。当月处由十八司郎中、员外郎、主事、七品小京官轮流选两人当值，专掌京师现审案件的收案，呈堂分发到各司，以及监用堂印，收掌在京各衙门文书，分发各司。京师旗人命案，应当由刑部检验的，由当月处派员前往勘验。送题本到内阁传抄。司务厅，掌管刑部衙署内的书吏、皂役，收掌外省衙门文书，在簿册上登记后，分到各司办理，接收现审人犯，并将其移交承审司或是提牢厅。清档房，执掌刑部档册，缮写满文和汉文的奏折，刑部旗员的升补。汉档房，执掌缮写满文和汉文题本，以及三个月奏闻一次的各司已结未结案件。督催所，执掌督催各司依限题咨现审案件，各司现审案件的月终汇奏，各省命盗案件的岁终汇题。四川司，掌刑部内刑具的制造（咨行工部制造）、发放和收存。各司现审或是提牢厅需用刑具须移付四川司发放。在京其他衙门需用刑具，也咨移四川司提取。贵州司，执掌刑部汉员的升补，考试役满书吏，将考职的书吏咨行吏部发给执照。督捕司，掌督捕旗人逃亡案件。饭银处，执掌收储和支放饭银。赃罚库，也叫大库，储存刑部现银、堂司印信和现审赃罚没收的银两和物品。

与刑名相关的机构，直接从事京师一带徒以上案件的现审以及各省送交刑部案件的复核和定谳等工作。刑部设直隶、奉天、江苏、安徽、江西、福建、浙江、湖广、河南、山东、山西、陕西、四川、广东、广西、云南、贵州17个清吏司，掌京师徒上案件的现审，复核所隶各省刑名。赎罪处，掌官员赎罪事。秋审处，掌复核秋、朝审案件。减等处，掌据恩诏总核全国案件。律例馆，掌稽核律例，编修条例，五年一汇辑，十年一

① 魏元旷：《潜园二十四种》第8册，《西曹旧事》，第2—3页。

重编。

监狱管理机构负责监管刑部南北两监。提牢厅，管理监狱的皂役（禁卒、更夫等），稽查南北两监的囚犯，掌管各项恤囚事务。[①] 陕西司，核定从提牢接收囚粮清册，并造具咨文，咨行户部领取囚粮。广西司，掌发放囚衣。

刑部机构设置和官缺分配，并非一一对应，有些内部常设机构并不设实缺。整个体系是依据传统把各项事务随机分配各处执掌，没有统一规划。

### （三）刑部执掌

刑部的执掌主要是复核案件、现审和秋朝审三项，兹分述前两项如下。

复核，即刑部对各省咨部或军机处交部的案件进行再次核定，若有量刑不当，则加以驳正，并每年汇总题奏。案件的核定，大致可以分四种。第一，汇咨。各省判徒刑的案件，由督抚自行判结。督抚在将各徒刑案犯发往配所后，须汇总案件，咨送刑部备案。第二，专咨。各省判定流刑、充军刑、发遣刑等案件，由刑部核准判结，咨文知照原省督抚定地执行。第三，题本。各省的死刑案件，由督抚拟定后，即抄录揭帖送交京师内阁以下各问刑衙门，并题交三法司核议具奏。由刑部主稿，其他各衙门随同画诺，然后题奏朝廷，作出最终决定。第四，奏本。由军机处交给刑部议奏的案件和职官犯徒流等罪的案件，由刑部复核，上奏朝廷最终定案。

刑部现审，是指京师一带定罪到徒以上的案件归刑部审断。京师地面，步军统领衙门、顺天府尹、五城御史，均享有辖区内笞、杖、枷号等轻刑的审结权，徒以上的案件，或咨移，或奏交刑部。现审案件接收后呈堂，由17个清吏司轮流掣审。各司有审理权的只有满掌印和汉主稿两人。审结的案件，笞杖刑于署内行刑，徒刑则交由顺天府。职官犯徒刑，从重发军台效力。流刑则咨移兵部确定并送达服刑地点。斩绞刑，则会同都察院、大理院会审，经两次"会法"，定案具奏。监候人犯，则归入朝审。

---

[①] 提牢厅掌管的南北两监，监禁的犯人都是现审犯人或是朝审人犯，都不是执行监禁刑的人犯。

立决人犯，在奉旨日，由刑部押赴刑场行刑。

刑部内部机构依据地域划分，现审以轮流掣审的方式分案，并没有为提高效率而进行专门掌一种或是几种类型案件的分工。就执掌来说，刑部既负责地方上重案的覆核权，又掌京师重罪的现审权和笞杖死刑的直接执行等大量有关司法事务，从而成为清王朝司法运作的总枢纽。

## 六 司法制度的特点

新政改革前，清代（也可以说是整个中国古代社会）的司法制度核心就是把司法审判纳入行政管辖当中，在行政程序中设定专门的诉讼程序来审理各项案件，细分起来大致有以下一些特点。

（1）浓郁的行政性。清代司法审判机构多附着在行政机构上。在基层，把诉讼纳入地方行政机关，或是城市管理机关，或是管理旗务机关的职权范围之内。在中央，户部（旗民田土诉讼）、兵部（军人犯法）、礼部（科场作弊）都有司法审判职责。因为诉讼被细分到各机构中，职权分散。审判过程成为行政程序的一个部分，目的仅只是维护统治秩序。

（2）不同社会危害程度的犯罪行为，由不同审级最终定谳。首先，这是同清代慎刑的主导思想相表里，越重的刑罚，定谳的层级就越多，越有可能提高定罪量刑的精准性。其次，死刑案件的最终定谳权，牢牢把握在皇帝手中。最后，也是考虑到行政部门执行刑罚的便宜性，笞、杖一级相对行刑容易，基层行政机构即可实施。徒刑则要在一个省之内分派服刑的地点，得有督抚一级的职权，察看本省情形，把罪犯派发到不同的州县服刑。流刑、充军等则在全国范围内，依据道理表把罪犯派发到不同的远近地点服刑。

（3）从定制上说，越到高级别的审判机构，专业性越强。清代的行政体制，越到基层越是一个万能政府，一个机构、几个官员什么都管。到了上层管理的区域变大，涉及的是几个区域事务的监管，需要更多的分工和专业化，所以，越到上层，则机构设置中越是考虑专业化。到了中央设立专门的分专业的各部来处理这些事务。另外，越到上层，处理的基本方式就是监督、最终决策确认、把关，处理的事务越抽象，越公文化，越要求专业化。

从以上对新政改革前清代法律制度简要分析，可以看出，刑部是清代刑名总汇的专门机构，在清代司法行政、审判运作中起着枢纽作用。这些与近代国家体制，特别是司法权与行政权的分立原则大相径庭，刑部成为清末预备立宪中变革最大的部门之一。

## 第二节　刑部改革案

### 一　端戴方案

庚子年，八国联军侵华，迫使清政府于次年签订《辛丑条约》。此后，同列强续订商约的谈判也全面展开。光绪二十八年八月初四日（1902年9月5日），中英之间订立的《续订通商航海条约》第12款规定："一俟查悉中国法律情形及其审断办法与其他相关之事皆臻妥善英国可放弃其治外法权之时，英国即允弃其治外法权。"① 随后美国和日本与清政府续订的商约中也都有类似表述。这些条款一方面体现清政府对治外法权所构成的危害性日渐清晰的认识，要求通过政府立约的行为收回领事裁判权；另一方面也反映出列强想将放弃中国治外法权推向遥遥无期。但尽早收回治外法权的动机还是促使清政府开始改革法律和司法制度。

早在续定商约谈判之时，清政府的修律活动已经开始。光绪二十八年二月初二日（1902年3月11日），清廷提出改革旧律制定新律的主张，下令各出使大臣查取各国通行律例，并责成直隶总督袁世凯、两江总督刘坤一和湖广总督张之洞慎选熟悉中西律例者保送数员来京听候简派，开馆编纂中外通用的各项法律及章程，请旨审定颁发。② 四月初六日（5月13日），清廷任命三督保荐的沈家本、伍廷芳为修订法律大臣，谕令他们将一切现行律例，"按照交涉情形，参酌各国法律，悉心考订，妥为拟议，

---

① 王铁崖等编：《中外旧约章汇编》第2册，生活·读书·新知三联书店1959年版，第109页。

② 中国第一历史档案馆编：《光绪宣统两朝上谕档》第28册，广西师范大学出版社1996年版，第36—37页。

务期中外通行，有裨治理"。① 值得注意的是两次上谕同时都提到修订的律例须中外通行，可见清廷对收回领事裁判权的迫切心态，这也成为后来历次提出各项法律和司法改革建议的依据。

各项法律情形及审判办法的改革，走了一条由商到刑、由表及里的过程。修律工作一开始集中在修订商律上，以实现国内商业法律与各国对接。光绪二十九年七月十六日（1903 年 9 月 7 日），专门成立商部，由伍廷芳担任商部左侍郎。光绪三十一年三月二十日（1905 年 4 月 24 日），修订法律大臣伍廷芳、沈家本奏准将律例内的重刑加以人道主义的变通，"凡死罪至斩决而止，凌迟及枭首戮尸三项著即永远删除，所有现行律例内凌迟斩枭各条俱改为斩决，其斩决各条俱改为绞决，绞决各条俱改为绞监候"，"缘坐各条，除知情者仍治罪外余著悉予宽免"，"刺字等项亦著概行革除"。同日，两人奏请饬令禁止刑讯，笞杖各罪改为罚金并清查监狱羁所等条，被清廷认可。第二天，清廷又单独发布上谕重申"恤刑狱"各项章程。② 光绪三十二年四月初二日（1906 年 4 月 25 日），伍廷芳、沈家本进呈《刑事民事诉讼法》草案，奏请颁布试行。③ 实体法和程序法是互为表里，审判机构和审判程序也是相互不离，虽则该法因群臣反对并没有施行，但其所代表的趋势却不是众臣所能阻挡的。整体的司法体系改革成为需要，专门负责规划推进整个司法改革的机构的出现成为趋势。

光绪三十一年（1905），日俄战争中俄国战败，国内的立宪呼声越发高涨。六月十四日（7 月 16 日），清廷颁发上谕派遣载泽、戴鸿慈、徐世昌、端方等，随带人员，分赴东西洋各国考求一切政治，以期择善而从。④ 十一月，考察政治大臣以戴鸿慈、端方等人为一路，以载泽、尚其亨、李盛铎等人为一路先后启程分赴不同的国家考察。光绪三十二年（1906）六月，两路考察大臣先后回到北京。他们通过面陈、上折的方式，力倡实施立宪。其中提及司法体系改革的重要性及其具体方案。七月初五日（8 月 24 日），端方、戴鸿慈于《请定国是以安大计折》提出要

---

① 中国第一历史档案馆编：《光绪宣统两朝上谕档》第 28 册，第 95 页。
② 中国第一历史档案馆编：《光绪宣统两朝上谕档》第 31 册，第 44—46 页。
③ 中国第一历史档案馆编：《光绪宣统两朝上谕档》第 32 册，第 64 页下。
④ 中国第一历史档案馆编：《光绪宣统两朝上谕档》第 31 册，第 90 页。

设立司法裁判所，使之独立于行政之外，不受行政官干涉，实现司法和行政的分立。[①] 七月初六日（8月25日），两人的《奏请改定全国官制以为立宪预备折》奏请仿日本立宪先例，从官制改革入手实施预备立宪，并给出了一整套从中央到地方的官制改革方案[②]。其中对于司法体制改革建言颇多。

首先，端戴以近代司法理论为依据，要求仿列强之制将刑部改成法部，承担全国的司法行政事务。两人认为"司法实兼民事、刑事二者，其职在保人民之权利，正国家之纪纲，不以肃杀为功，而以宽仁为用"，而"刑部掌司法行政"，"徒命曰刑，于义尚多偏激"，建议将刑部改名为法部，统管全国之司法行政。这种刑罚理念和机构设置的功能性分工在清代制度改革中是没有先例的，其基本思想是将刑部的功能从主"肃杀"改造成主司法行政，不涉刑名。

---

[①] 《端忠敏公奏稿》卷六，1918年铅印本，第28a—43a页。据《宪政初纲·立宪纪闻》端方曾上三折，要求预备立宪，第一折敷陈各国宪法，第二折言必须立宪，第三折则请详定官制。（《宪政初纲·立宪纪闻》（东方杂志临时增刊），商务印书馆1906年版，第2—3页。）据《考察各国政治条陈折稿》所收端戴二人的奏折，在《请改定官制以为立宪预备折》前有二折，《回京覆命胪陈应办事宜折》和《请定国是以安大计折》。（参见戴鸿慈、端方《考察各国政治条陈折稿》，国家图书馆藏。）又据《谕折汇存》三十二年六月的七月，端方和戴鸿慈在回到京师，在七月六日的《奏请改定全国官制以为立宪预备折》前于六月二十二日和七月初五日上过两个折子，据内容分析，作者认为六月二十二日上的介绍各国宪法成效的折子是《回京覆命胪陈应办事宜折》，七月五日的折子就是著名的《请定国是以安大计折》。另康继祖编：《预备立宪意见书·廷臣会议·条陈立宪政》："端午帅先上一折，历陈各国宪法，第二折共六条，一宣布立宪之期，二改正军机处制度，三各部皆以一大臣主持，四参用地方自治制，余二条未详。"（《预备立宪意见书·廷臣会议》，教育品物公司1906年印制，第2页。）从另一方面确定了端方和戴鸿慈各折的先后时间。又康继祖编：《预备立宪意见书·改定官制·七月初五日北京专电》："端制军奏陈立宪事宜并及改官制事大，意系请将内阁及各部改归大臣一人主持，又及地方自治等事，计共六条。"（《预备立宪意见书·改定官制》，第2页。）后面两条可以补证《请定国是以安大计折》是七月五日所上。

[②] 故宫博物院明清档案部编：《清末筹备立宪档案史料》上册，中华书局1979年版，第367—383页。

其次，参考列强的近代国家宪政体制，仿照内阁制改变刑部在国家体制中的地位，改造刑部内部的科层结构。刑部改成法部，作为国家最高行政官署之一，设"尚书一人，经理本部事务，首任责成，是为行政长官，同入内阁为阁臣，参预国政"，设"左右侍郎各一人，协理部务，同任责成"，"设丞、参、司员不等，分理庶务"。此一变革把刑部改制成的法部位列到内阁九部之一，其长官成为内阁阁臣，参预国政，这和此前刑部只是总理全国刑名的办事机构大有不同。原设刑部6位堂变成3堂，并为堂官添置丞、参议等佐理之员，增加综管部务的机构，减少堂官之间相互掣肘的可能性，从机构设置和人员安排上提高决策和工作效率。

最后，以三权分立、司法独立的近代国家权力分配构架司法审判机构。中国传统司法体系中，司法审判一贯由行政机构兼掌，没有专门的司法审判机构。端戴认为"司法之权，各国本皆独立，中国亟应取法"，主张模仿日本自基层往中央建立区裁判所、府县裁判所、省裁判所、都裁判厅（即大理院，由大理寺改设）四级司法审判机构，中央将刑部改成法部、地方各省设执法司作为司法行政机构与审判机构相辅而行。依据司法独立的原则，端戴主张法部（刑部改设）所属的各省执法和司法裁判机构以及监狱之监督，应当层层独立，另又提出过渡方案云"都裁判厅，以大理寺改，直隶法部。省裁判所，府县裁判所，自省裁判所以下直隶于执法司。以上各裁判所，暂受法部及各省督抚统辖，俟司法完全独立之日，再行更定，惟现时行政各官不得兼任"。[①] 此外，端、戴筹划仿九卿之制于内阁之外建立行政裁判院，专理官、民之间的诉讼及官员惩戒处分，弹劾中央和地方官员，其机构直隶君主，职权重于内阁各部，正卿不入内阁，可以随意奏事。

端戴以三权分立、司法独立等宪政国家观念为理论基础，为清廷构建了一套从君主统治下的专权模式往君主统治下的分权模式转化的国家体制

---

① 《端忠敏公奏稿》第6卷，1918年铅印本，第66a—67b页。端戴官制改革方案中对国家最高审判机构有不同说法，在中央官制改革部分计划将大理寺改成大理院行使日本最高审判机构大审院的审判职能，在地方官制部分又将国家最高审判机构定名为都裁判厅（以大理寺改，直隶法部），并主张在司法完全独立之后，改大理寺为都裁判厅，以行使大审院职能。

改革计划，并为司法权的独立实现勾画自地方到中央四级审判机构，以及仅设中央的行政裁判机构，而这一套审判机构的建立，都要建立在刑部从名称和职掌向法部的转化，由新式执掌的法部主持建立整套司法机构，以最终推动司法独立的实现。这等于是提出了清朝法制机构改革的路线图。先行成立的大理院（都裁判厅）暂归法部等管辖，等司法完全独立后，再将都裁判厅等从司法行政衙门的管辖中独立出去。此乃渐次过渡的方案，却为后来的部院之争埋下伏笔。

光绪三十二年七月初六日（1906 年 8 月 25 日），清廷将载泽、端方、戴鸿慈等各折件交醇亲王载沣、军机大臣、政务处大臣 大学士暨北洋大臣袁世凯等公同阅看，另抄交外务部、宗人府、内务府、政务处和练兵处，广泛听取意见。① 七月初八日、初九日（8 月 27 日、28 日），军机大臣等经过两次会议，决定陈请预备立宪。七月初十日（8 月 29 日），军机大臣等面奏清廷，请行宪政。② 经过三天的考虑和草拟，七月十三日（9 月 1 日），清廷颁布《宣示预备立宪先行厘定官制谕》，决定仿行宪政，先将官制"分别议定次第更张"，并将各项法律"详慎厘定"，以为预备立宪基础。③ 清朝国策自此出现重大转移。

## 二 载泽方案

预备仿行立宪的第二天（七月十四日，9 月 2 日），清廷指派载泽等14 人为厘定官制大臣会同编纂官制改革方案，并令两江总督端方、湖广总督张之洞、陕甘总督升允、四川总督锡良、闽浙总督周馥、署两广总督岑春煊选派司道来京随同参议，又令奕劻、孙家鼐、瞿鸿機总司核定。④

① 中国第一历史档案馆编：《光绪宣统两朝上谕档》第 32 册，第 123 页。
② 《宪政初纲·立宪纪闻》，第 2—5 页。
③ 故宫博物院明清档案部编：《清末筹备立宪档案史料》上册，第 43—44 页。
④ 中国第一历史档案馆编：《光绪宣统两朝上谕档》第 32 册，第 129 页。载泽、世续、那桐、荣庆、载振、奎俊、铁良、张百熙、戴鸿慈、葛宝华、徐世昌、陆润痒、寿耆、袁世凯 14 人为厘定官制大臣。

七月二十四日（9月12日），厘定官制工作正式开始运作，① 办事人员除提调和委员外，加上选自中央各衙门及地方督抚派来参议的人员，约计40多人，刑部郎中曾鉴和胡彤恩即在其中参议。②

　　光绪三十二年八月初一日（1906年9月18日），厘定官制王大臣庆亲王奕劻等上奏官制改革宗旨：官制从行政、司法各官依次厘定，凡与司法没什么关系的衙门一律照旧；采用君主立宪国制度厘定行政司法机构。③ 其宗旨明确以君主立宪国制度的总纲来起草、编订整个新官制细节，即整个预备立宪的在官制上的准备，以三权分立的君主立宪政体为目标。因议院不能马上成立，对于三权中的立法权等制度，暂不厘定，只是厘定司法和行政各衙门的改革方案，即先把掌管司法权的机构从现存的国家行政体系中分离出来，使得行政和司法相互独立。④

　　历时一个多月，载泽等主持起草的中央官制改革草案全部出台，分为官制和说帖两个部分，说帖是对官制草案的说明。⑤ 官制草案包括内阁2件，各部官制11件，六院一府官制草案7件，都察院官制草案1件，共计21件。⑥ 说帖包括《厘定阁部院官制总说帖》1件，《内阁官制考证缘

---

① 中国第一历史档案馆编：《光绪宣统两朝上谕档》第32册，第137页下。

② 《宪政初纲·立宪纪闻》，第6页。编制馆以孙宝琦、杨士奇为提调，总司局务，以下分设起草、评议、考定、审定四课，总计委员12人。

③ 奕劻等：《奏谨拟厘定官制宗旨大略折》（光绪三十二年八月初一日），中国第一历史档案馆编：《光绪朝朱批奏折》第33辑，中华书局1995年版，第33—36页。

④ 《宪政初纲·立宪纪闻》，第6页。

⑤ 官制改革草案参阅《宪政初纲》，商务印书馆1906年版，《官制草案》部分。

⑥ 《内阁官制初议草案（附内阁职官表）》，《各部官制通则》，《外务部官制改正草案》、《民政部官制草案》、《财政部官制草案》，《陆军部官制草案（附陆军部职官表）》，《海军部官制草案》，《法部官制草案》，《学部官制改正草案》，《农工商部官制草案》，《交通部官制草案》，《理藩部官制草案》，《吏部官制改正草案》，《典礼院官制草案》，《集贤院官制草案》，《资政院官制草案》，《审计院官制草案（附审计院职官表）》，《行政裁判院官制草案（附行政裁判院职官表）》，《大理院官制草案（附大理院职官表）》，《军谘府官制草案（附军谘府职官表）》，《都察院官制草案》。

由说帖》1件，《拟设承政厅、参议厅缘由》1件，各部官制职掌说帖4件，六院一府说帖7件，《都察院官制说帖》1件，共计15件。①

载泽方案吸收端戴方案关于司法体系改革的建议，并对其总体方案进行了具体化，详细规划实现司法独立的各个环节。②

载泽方案进一步强调司法独立之义，强调司法行政管理权与审判权的分离。"各国所谓司法独立机关者，为裁判所，而非司法部"，司法部只管司法行政事务，不掌审判工作，法部大臣是行政部长官。而中国刑部"审理讼狱，考核例案"，兼掌"司法之政务"，从制度上和各国的最高裁判所相近，而不是宪政意义上的法部。大理寺掌平反重辟，从制度上说近于各国之最高裁判所，然大理寺不过为三法司之一，在审判重大刑事案件只有会议之权，没有独立性质，与各国最高裁判之独立机关不同。

为贯彻上述理念，需在中央设立法部以管理各省司法行政事务（如裁判所增加、裁并及法官调补等）。在各省设执法司，管理全省司法行政事务。审判机关分为四等：京师置大理院，以大理寺改设，为全国最高裁判所；每省置高等审判厅；每县置地方审判厅所；视县之大小分置乡谳局若干。除宗人府会审改归大理院、内务府所管特别讼狱仍旧外，其余大小民刑案件分别轻重，明定审级，统归以上四等审判厅局审理。并需厘定行政、司法部门之间的关系。大理院直接由法部监督，各省的高等审判厅、地方审判厅、乡谳局均分别汇总到执法司，然后汇合到法部。执法司直隶法部，同时受督抚节制。各国行政司法相互独立，裁判所自下级以至最上级，层层独立。法部及执法司只能监督裁判、处理司法行政事务。审判事宜全部归审判官管理，不受司法行政部门干涉。督抚之于执法司，也只能有司法行政上的关系。死刑案件由大理院或执法司报告法部，及秋、朝审大典，由法部复核，其余恩赦、特典由法部大臣具奏请旨施行，以表示生

---

① 《内阁官制考证缘由说帖》，《拟设承政厅、参议厅缘由》，《外务部官制说帖》，《法部职掌说帖》，《理藩部官制草案说帖（附理藩部各司比较旧司职掌表）》，《吏部官制说帖》，《尊礼部为典礼院说帖》，《集贤院官制说帖》，《资政院说帖》，《审计院说帖》，《行政裁判院说帖》，《大理院职官表说帖》，《军咨府说帖》，《都察院官制说帖》。

② 《宪政初纲·官制草案》，第29—31页。

杀大权仍然由君王掌控。

草案的司法改革建议,坚持司法审判独立于行政各衙门,比之端方、戴鸿慈的俟司法完全独立后再建国家最高法院,或是此前把国家最高法院隶属法部的建议,向近代法制方面更靠近一步。

载泽方案制订了刑部改设成法部的具体方案,对刑部执掌和机构做了大刀阔斧的改革。①

剥离审判权、增设司法行政新执掌。法部以刑部改设,归并户部现审处掌管的事务,监督大理院及各省审判检察机构,调度检察事务,管理民事、刑事、监狱及一切司法上的行政事务。具体来说包括:各省审判厅局之增加、裁并;审判厅局管辖地域的划定;各省执法使司、审判官、检察官、典狱官等的履历和任命;法官任用考试等随着新式司法行政、审判机构的出现而增加的对机构及其内人员、事务的统一监督、管理职责。审判事务,全部归大理院及各省审判机构,法部仅负有监督责任,不得干涉其审判。但是,事关审判最后定谳权的死罪复核权,以及君王定谳生死的秋朝审、恩旨、恩诏、赦典等司法审判权限依然由法部掌握。

增设堂官佐理官员和机构。法部,设尚书一人,总理本部所属主管事务,兼任内阁政务大臣参知国家政事,另设左、右侍郎各一人,赞助尚书整理部务,并监督本部厅、司各员;左、右丞各一人,承尚书、侍郎之命总核承政厅,兼复核各司重要事务;左、右参议各一人,承尚书、侍郎之命总核参议厅事务,兼审议各司重要事务。法部设承政厅和参议厅,以代替以前的堂房,作为堂官决策处理部内事务的佐理机构。承政厅所执掌事务是:部内机密事项;本部及本部所辖各职员进退升转之注册存案;稽核部内各司人员办事功过;编纂、存储并收发各项公文函件;典守堂印;编纂本部主管事务之统计报告;管理本部出入经费;稽核本部报销;管理本部杂项,经理本部公置财产及什物等;各省审判厅局之增加、裁并;派遣巡行审判官事项;审判厅局管辖地域的划定;调派检察官;调度司法警察等事项;以及所有不属于其他各司事项。参议厅执掌事务是:拟定本部法令章程草稿;审议本部法令章程。

从地域分工走向专业分工。刑部现有"以省为经,以事为纬"的 1

---

① 《宪政初纲·官制草案》,第8—10、27—29页。

厅17司，改设成"以事为经，以省为纬"的2厅6司，在各司下分设各科，具体处理部内事务。改设六司为：法曹司，平法司，祥刑司，理民司，典狱司，庶务司。法曹司负责管理各省执法使司、审判官、检察官、典狱官等的履历和任命；法官任用考试；考验审判厅书记；考验律师。平法司负责复核高等审判厅以下各厅所决定之死罪应否复审案件；核定秋朝审进呈册本；恭办恩旨、恩诏、赦典；宣告死罪之行刑。祥刑司负责复核各省高等审判厅以上各厅的刑事报告；编纂刑事案件统计书表；领事裁判刑事案件报告。理民司负责复核各省高等审判厅以上之民事报告案件；编纂民事案件统计书表；领事裁判民事案件报告。典狱司负责审查监狱建造的设计；监狱的增加、裁并；监察典狱官及狱吏、司狱警察；管理罪犯习艺所和罪犯名册；筹办改良牢狱事宜；颁行牢狱规则；编纂牢狱罪犯统计书表。庶务司负责部内各项杂务，稽查各项诉讼费；律师注册；管理罚金赃物；管理充公现银和财物及其移交事项；监管囚犯费用；稽核罪犯习艺所成绩，并制造产品出售；稽查各审判机构财务。

总体上，载泽的刑部改革案，依循司法独立的原则详细规定刑部所旧掌司法审判权应当归属大理院及其他审判机构，但又遵循旧规和君权定谳的旧习保留刑部原掌死罪的复核权。另外，改革案依据近代行政按专业分工的原则以及近代司法民刑分工的基本理念，将法部从刑部执掌中继承下来的职权和因司法改革新增的司法行政事务按专门性管理思路分配到新定各司。这一改革案成为此后刑部向法部过渡实现内部机构改革的重要底本，方案中法部新旧兼掌的功能性特点，一直影响到清朝的结束，也为后来司法审判权和司法行政权之间的纠葛留下隐忧。

## 三 奕劻方案和钦定方案

官制改革案的起草和核定，并不是分开的，而是边起草，边由主持起草的载泽等人送交奕劻等核定。起草人员多听从袁世凯的意见，依据立宪国的样式改设内阁，将原中央机构中与近代职能不相符合的官署，应留应废，一齐加以厘定。官制核议主要由奕劻、瞿鸿机、孙家鼐组成，其中瞿氏与一些满洲大员，对于各部九卿官制改革，没有太多意见，只是不同意载泽方案对吏部的安排，并重点修订吏部官制。瞿氏等对内阁制的异议最大，认为内阁制是袁世凯专门为自己安排，待内阁成立好担任总理，独揽大权。① 于是，草案中关于内阁的改变都重订好几稿，最后在奕劻、袁世凯等人的坚持下，奕劻方案依然把设内阁保留下来。光绪三十二年九月十六日（1906 年 11 月 2 日），奕劻等人核定完载泽等起草的方案后，将奕劻方案上奏朝廷。② 奕劻呈交的方案包括各种清单、节略共 24 件。

奕劻等人的核定方案把《法部职掌说帖》更名成《法部节略》，对于其中的文字并没有任何修改。至于《法部官制清单》，也只是把草案中的法曹司更名为举叙司、平法司更名为制勘司，其余没有更动。③

奕劻等人核定的方案和载泽起草的方案，都主张建立内阁制政体结构。从比较中我们看出，建立内阁制是多数厘定官制王大臣的共同主张，将旧刑部改成主持司法行政的法部，建立大理院、行政裁判院等保障司法独立的机构也是多数官员的共识。另外载泽方案中的十一部之设，对于旧有的六部制突破很大。奕劻等人的核定方案坚持保有礼部，把吏部的地位提前，提高这两个部门在国家行政中的地位，走得还是原来的六部的思路。

在西方三权分立的制度下，民众通过到与行政权相对独立的审判机构中去提出诉求，或是通过立法来实现对政府的监督，保护个人权利。中国的封建专制政体则是司法审判权由行政机构兼理，仅作为国家公权力处理狱讼和维护其统治秩序的工具。预备立宪试图对旧政体进行改造，但在立法、行政、司法三权分立的选择上，清政府首先进行的是司法权的分立，而将立法权的分立放在较缓进的位置。这固然是因为立法权更关系到政体的根本和专制王朝的底线，清廷在推行中更迟疑不决。但由此也带来在预备立宪的前期，清政府将更多的精力放在司法改革的领域，使其有更快的推进。

---

① 曹汝霖：《曹汝霖一生之回忆》（传记文学丛刊之十五），传记文学出版社1970 年版，第 44 页。曹汝霖是当时厘定官制编制馆起草课的委员。

② 奕劻等：《奏厘定中央各衙门官制缮单进呈折（附清单）》（光绪三十二年九月十六日），故宫博物院明清档案部编：《清末筹备立宪档案史料》上册，第 462—465 页。

③ 奕劻等：《厘订官制参考折件汇存》，宣统年间铅印本，国家图书馆藏。

光绪三十二年九月二十日（1906 年 11 月 6 日），丙午官制改革谕下达，中央机构实施改革。其中规定：刑部改为法部，专任司法，大理寺著改为大理院，专掌审判；各部堂官只设三人；裁缺堂官，"均著以原品食俸，听候简用"；裁缺的实缺、候补司员和笔帖式，有机会被其他衙门调用的，则任之，没有机会的，由吏部议定新法，分别班次，分发到各省补用。原先由奕劻等拟定的各部院等衙门的执掌事宜，及员司各缺，仍著各该堂官，自行核议，悉心妥筹，会同军机大臣奏明办理。①

官制改革，相当多的部门只是因袭旧制，对原有的基本政治框架，并没有什么大的改变，或是承继以往的机构设置，改换一个名称，或是对现有的机构中掌管的事务，略加分工，或新设部门加以管理，或把事务分摊到旧的改换了名称的新部门里罢了。但法部和大理院的改设却并未如此，而是确有动作和实效，说明司法改革的势态无可阻挡。两个机构的设置初具新的时代意义，大理院的改制意味着近代意义的司法审判衙门的起步；刑部改法部意味着主持近代司法体系改革部门的出现；两者的分工意味着司法审判权从行政权中渐次分离出来的开始。这在以行政为主导的国家体系下可谓破天荒的事情。

## 第三节　刑部向法部的过渡

官制改革谕把刑部改为法部，专任司法，大理寺改为大理院，专掌审判。这意味要把司法、审判两项权力分开，由不同部门执掌。各部享有的司法行政权，要统一到法部的权限之下，法部有关审判方面的职掌，则分离出去。各部享有的审判权统归大理院的管辖之下，另外，原大理寺享有的行政权力要在建立的新机构中剥离出去，一个独立的审判权在中央机构中开始出现。法部从刑部而来，其中不但有旧执掌的接收，还有新职能的确立，其间的交接过渡，事务繁多。

---

① 中国第一历史档案馆编：《光绪宣统两朝上谕档》第 32 册，第 196 页上—197 页上。

## 一 部务筹备

清廷任命戴鸿慈为首任法部尚书，绍昌补授法部左侍郎，张仁黼补授右侍郎。戴鸿慈曾任刑部侍郎，又出洋考察宪政，归国后对司法等项改革有诸多献议，故清廷选择其来担任法部尚书，主持司法改革。[①] 但戴氏主要在地方上为官，多为学政，与问刑无关，在刑部虽任左侍郎一职，但当时中央机关在西安，各项正常事务并没有多大展开，加上时间短暂，少有律例方面的经验。总体来说，戴鸿慈的任命可谓是以外行官管理法部事务。戴鸿慈在光绪三十二年九月二十一日（1906 年 11 月 7 日）直至宣统元年（1909）年底这段晚清司法改革的关键时期，一直担任法部尚书，是法部任期最长的尚书。在任其间，其视野开阔，力倡立宪，主张三权分立，对新法部的筹办尽心尽力，加之虚心好学，对来自各方面的意见能够择善而从，使法部的筹办工作得以全面开展，所主持的各项司法改革也得以稳步推进。

官制改革谕规定各部院等衙门职掌和部内的司员官缺，由各部堂官，自行核议，会同军机大臣办理。故新部门一建立，人事、职权两项事务就迫在眉睫，新上任的法部尚书戴鸿慈也是如此。法部改革，首先要做的是厘清所掌现审，把现审案件一律交由大理院办理。但大理寺办公地点并不

---

① 戴鸿慈（1856—1910），字光孺，号少怀，广东南海县人。光绪二年（1876）中式，入翰林院。光绪五年（1879）、光绪十一年（1885）分别后外放督学云南与山东。光绪二十年（1894），充日讲起居注官。同年七月，迁翰林院侍讲学士。后督学福建再迁内阁学士。光绪二十六年（1900）升任刑部左侍郎，次年转任户部右侍郎。光绪三十一年（1905），作为五大臣之一出国考察政治，出国后不久即被任命为礼部尚书。其回国途经上海时与张謇、赵凤昌等立宪派领袖交往很多，抵天津曾专程拜访袁世凯，谈及筹预备立宪两人意见相同。这些都为戴鸿慈等人上折力陈预备立宪准备了各项条件，也为戴鸿慈在官制改革中的仕途奠定了良好的基础。除了官制改革草案的讨论，戴鸿慈还协同端方上陈了教育、军事等改革折件，编纂《欧美政治要义》等供预备立宪参考，在官僚和立宪派眼中树立起了知新开明的形象，在朝野都有很高的清望。

归大理院接收，大理院不得不暂为借倁法部办公。① 大理院在法部的临时工作地点，不能展开现审，再说大理院官制未定，常设的人员也没有，根本无法接收现审。光绪三十二年九月二十七日（1906 年 11 月 13 日），法部会同大理院奏请，大理院一时未能成立，"京城现审事宜，请暂照常办理"，"俟三个月后，臣院查看情形，如规模粗定，届时交代，以重职守。再日后改良监狱，或创立高等审判厅及酌办初级裁判学堂，均为臣等两衙门应办之事。现在奉旨裁并之工部衙门，恳恩赏给臣等以备随时酌量改用"，得到允准。② 但农工商部并没有马上向法部移交工部衙署，而是于十月初五日奏请"工部衙署旧存档案等件正当清理之时，一时亦碍难迁移"，恳请 3 个月后再将工部衙署移交法部，并要求将工部预备坛庙及内廷各项要需的制造库、门神库、帘子库，以及硝磺库、炭机库两所，琉璃厂、火药局地基两段，仍归农工商部使用。③ 该请求得到允准，大理院的衙署不得不迟至 3 个月后方能使用，暂时借用的法部办公点不得不成为临时办公处。

光绪三十二年十月初（1906 年 11 月），戴鸿慈开始进行司官的调换、裁并，同时把各司现审工作也停了下来。④ 法部在进行内部官员调整时，十月十七日（12 月 2 日），沈家本奏请，调派法部郎中英秀、乐善、联惠、荣宽、顾绍钧、陈毅、董康，法部员外郎成允、治良、桂恩、熙桢、刘嘉斌、王景澝、王仪通、刘敦谨、唐烜、施绍常、冯寿祺，法部主事许受衡、周绍昌、萧之葆、麦秩严、汪忠杰、陈棣堂、吴尚廉、胡澐、胡蓉第、涂翀凤、蔡瑞年、吴正声、周凤翔、段维，农工商部员外郎徐墡芝和主事吴和翀，光禄寺候补署正吉同钧，内阁中书金恩科，法部笔帖式花良阿、春绪、奎秀、扎拉，前农工商部笔帖式增琦，共 41 员，作为开办大

① 《大理院》，《申报》光绪三十二年十月初三日（1906 年 11 月 18 日）第 2 版，上海书店 1986 年影印，第 85 册，第 426 页。

② 农工商部：《奏为工部旧署请俟三个月后移交法部并各库暂归本部事》（光绪三十二年十月初五日），中国第一历史档案馆藏：军机处录副奏片 3—105—5618—59。

③ 同上。

④ 《法部》，《申报》光绪三十二年十月初三日（1906 年 11 月 18 日）第 3 版，第 85 册，第 426 页。

理院的佐理人员。同时奏请"援照学部及从前巡警部成案，（所有佐理司员）毋庸开去原差缺，遇有升转，仍因其旧。俟臣院奏补实任后，再行照例办理"。① 大理院调用的人数计法部司官 36 人，约占调用总人数 88% 。就戴鸿慈来说，既得支持大理院的兴办，又得照顾司员的出路，故未表异议。

光绪三十二年十月二十二日（1906 年 12 月 7 日），戴鸿慈开始组织司员考试，考核的内容是看司员对律例的熟悉程度，以决定去留。考试花了一个多月的时间。如同法部一样，各部都在不断进行部内人事和机构调整，对于清廷交付下来的工作有所积压。十一月十七日（1907 年 1 月 1 日），清廷下谕要求以后京师各衙门奉旨议奏事件，除速议仍限 5 日具奏外，其余交议事件，均限 1 个月覆奏，外省限 3 个月具奏，如若延期需先行声明。在朝廷的催办下，法部的工作有所加快，渐入正轨，但司法牵扯人命关天，需慎之又慎，当不能循各部例从快，十一月二十四日，法部上折奏请把交议"变通旧例，应行调查"的署顺天府尹孙宝琦奏《枷号人犯拟改罚金折》② 和直隶总督袁世凯《议覆修订法律大臣刑民诉讼法折》"先行展限"，以便"详细核议"。③

光绪三十二年十二月（1907 年 1 月）法部的现审工作恢复。十二月初八日（1 月 21 日），法部奏审明案件两起，又奏宗室、旗民现审月折。初十、十三、十六日（1 月 23 日、26 日、29 日），法部皆奏复核命案多起。十八日（1 月 31 日），法部上奏销银两及开用印信日期折。④ 法部的内部日常运行得以正常展开。

---

① 沈家本：《开办院务调员佐理折》（光绪三十二年十月十七日），《谕折汇存》（三十二年十月）第 6 册，政治馆，第 63—64 页。

② 孙宝琦的折子是十一月三日上的，参见《谕折汇存》（三十二年十一月）第 6 册，政治馆事由，第 7 页。

③ 法部：《遵饬依限办理折件折》（光绪三十二年十一月二十四日），《谕折汇存》（三十二年十二月）第 6 册，政治馆，第 73—74 页。

④ 《谕折汇存》（三十二年十二月）第 5 册，政治馆事由，第 11、15—16、23、30、35 页。

## 二　法部官制

光绪三十二年十二月十八日（1907 年 1 月 31 日），戴鸿慈把核议的法部执掌和官缺方案会同军机大臣上奏朝廷，得到允准，法部官制得以确定。其职掌和官制都和刑部以及官制改革草案都有不少改变。① 法部管理全国民事、刑事、监狱及一切司法行政事务，监督大理院、各省执法司、高等审判厅、地方审判厅、城乡谳局及各厅局附设之司直局，调查检察事务，管理全国的司法人员，即司法官吏之进退、司直警察之调度等。法部计划挑选司员回籍调查，并陆续择司员分别派遣到国外去考察，以通内外之情，为实行立宪储备资源，并奏请清廷饬下各部院衙门，将现行的则例咨送法部，由法部派司员详细稽覆，相现行的例案相互冲突的地方，会同各部堂官酌量修改，以归统一。刑事判决的执行，司法审判区域规划，各省徒以上案件最终覆定权及上奏权，也都在法部奏请职掌之中。这些执掌与《大理院审判编制法》所规定的大理院在行政上对各级审判机关享有管理权的内容明显有重叠和冲突，但清廷显然没有仔细研究，而是依议照办。此为后来的部院冲突埋下来伏线。

法部各司，按照先前的奕劻方案是设置 6 司，但发现难以运作。主要问题是不利于司级之间的平衡。从法部的职掌来说，其常规事务，大量还是复核各省的案件，这样就会导致民事司和刑事司显得比其余 4 司庞大。所以司员的分布，首先是确定工作量，然后再定名额。以此来看，6 个司的设置的确不合适，故而设立两厅八司 1 所。

法部参照新政以来新建的外务部、学部的共设机构，设有承政厅和参议厅。其新建制体现了内部机构分工设置，从地域分工开始走向专业分工，这是一个很大的变化，反映出中国传统的诸法合体民刑不分的法制结构向近代多元法系的转化。过去刑部的主要部门是按省份区划的 17 个清吏司。新建制则设 4 司，将 17 司分掌的各省事宜接收下来，并在制度上加以刑事、民事等专业划分。又设典狱司、举叙司、会计司、都事司，以

---

① 法部：《覆议法部官制并陈明办法开单呈览一折》（光绪三十二年十二月十八日），《谕折汇存》（三十三年一月）第 6 册，第 89—93 页。

及收发所,将部内事务按专门类别分配到各司所。内部机构须按事务专门类别设置,因事务而设机构,又因事务而分用司员,促使事务处理的专门化,司员队伍的职业化,从根本上提高机构的工作效率。虽然法部的新机构设置只是"既当循守旧章,尤待扩充新政"的结果,但是"扩充新政"体现出来的机构设置的专业化,体现了一种近代型机构的开端和趋势。这也同当时对刑、民事分工的认识、区分总体上还处于一个初始阶段有关。

**表 1－5　　　　　　　　刑法部内部机构执掌对照表①**

| 执掌内容 | 刑部 | 法部 |
|---|---|---|
| 综辖部务 | 堂房 | 承政厅、参议厅 |
| 复核各省的刑案 | 17 个清吏司 | 四司审录司、制勘司、编置司、宥恤司 |
| 京师现审案件 | 17 个清吏司 | 交由大理院办理 |
| 秋朝审 | 秋审处 | 承政厅 |
| 律例编撰 | 律例馆 | 参议厅 |
| 财务 | 饭银处、赃罚库 | 会计司 |
| 文书工作 | 满汉档房 | 都事司 |
| 监狱管理 | 提牢厅 | 典狱司 |
| 文书来往、管理衙署内的书吏皂役及其他杂务等 | 司务厅、当月司 | 收发所 |
| 掌部内官员升迁 | 满档房、贵州清吏司 | 举叙司 |
| 各审判厅司法官、律师等司法类人员管理 | | 举叙司 |

官制清单中有明确的刑民之分,规定各司办理案件,须明确案件的刑事、民事性质。这对中国长期因袭的民刑不分的传统是一种新陈代谢,这在以前的刑部执掌中是前所未有的。

---

① 旧、新各部门执掌并非严格意义上的一一对应。

### 三　交代现审

光绪三十三年正月二十六日（1907年3月10日），法部上奏，已接收工部衙署，并请将銮仪卫的衙署拨给法部，[①] 将法部与大理院现审案件的交代展限到二月底，得到允准。[②] 同日，法部奏准等大理院接收现审案件后，再行更补员缺。[③]

经内部协调，法部于二月十七日（3月30日）将工部衙署移交大理院，以资办公。[④] 同日，大理院会同法部奏准，将銮仪卫的旧署由大理院自行接收。同日，法部和大理院会奏，讲述了现审交代计划：

> 现审各案自本月初七日汇奏月折以后迄今又届二旬，迭经臣鸿等督饬司员，勤加清理，计已完结者三十余起，此外，各衙门续送之案仍复不少，合计现在审讯尚未拟结者，其中官犯二起，人犯二名，宗室现审三起，旗民现审二十七起，人犯五十一名口，内除安徽命妇刘李氏遣告劣员贪贿灭嫡夺祀一案系奉旨交部院核办之件并未收有人犯。现经行文陕甘总督查询都司马夺魁补控告各节俟咨覆到日，再行会同核议外，其余现审各案自应一并移交，以期速结。惟思臣院改立之初，百端草创，若经同日接收，深虞照顾不周，致滋贻误，现与臣鸿等悉心商酌，拟自三月初一日（1907年4月13日）起，不分奏咨案件，陆续酌提，即由该司承办司员检齐案卷、草供、点验犯证、开列清单，分别交代，统限半月接收清楚。其未移提以前，尚可画供定稿者仍由臣部办理，至此数日内，臣部再有收审之案，势难审结者，亦一并咨交臣院审办，应俟臣院接收后，另行专折奏闻，以省繁复，所有刑具锁链等项，即由臣部酌量分拨，藉省糜费。此外，秋后斩绞重囚并待质人犯，仍由臣部严行羁禁，如待质之案有续获逸犯者，应

---

① 《谕折汇存》（三十三年正月）第5册，政治馆事由，第3、18页。
② 《谕折汇存》（三十三年三月）第5册，政治馆，第24页。
③ 《谕折汇存》（三十三年正月）第5册，政治馆事由，第18页。
④ 《谕折汇存》（三十三年二月）第6册，政务馆事由，第9页。

仍提交臣院，归案质讯，并拟嗣后各该问刑衙门奏咨各案均请三月初
一日起亦一律改送臣院审办，以专责成而昭画一。①

光绪三十三年三月初四日（1907 年 4 月 16 日），法部同大理院之间
的交代工作开始。大理院的《法部现审案件业交接收审办折》详述了现
审交代的具体方法及大理院应对现审进行的内部机构设置：

> 法部造具各案清册移送到院，计自二十七日（1907 年 4 月 9 日）
> 以前，法部未完官常现审共三十起，人犯共五十一名口，自二十七日
> 以后，法部续收旗民现审共七起，人犯十九名，而此数日内法部续完
> 现审四起，开除人犯六名。臣等当即督饬奏调司员查照原册，将人犯
> 卷宗陆续移提，并咨取锁链木扭等项刑具前来。伏思臣院官制尚未奏
> 准，而案既接收，势不能不开堂审讯。计惟有拣派司员，权宜分布，
> 爰接官制原单，并酌量目前情形，于刑科划分四庭，民科划分二庭。
> 现在臣院民事较简，仍兼理刑事，臣等复采用法部旧制，轮流掣籤分
> 案。自初一日以来，已一律照常讯鞫，惟向例旗人命案，经该问刑衙
> 门奏咨送部后，即由当月司员带同吏仵亲往相验。现在各衙门案件既
> 改送臣院审理，则凡遇有应行相验之案，自应由院派员以昭画一。②

三月十五日（1907 年 4 月 27 日），法部与大理院现审案件的交接全
部完成，③ 礼部将法部各司的印信也已铸就。④ 三月十七日（4 月 29 日），
法部上奏现审案件交代清楚，并奏现审月折移归大理院办理。⑤ 这意味

---

① 法部、大理院：《现审案件定期移交折》（光绪三十三年二月十七日），《谕
折汇存》（三十三年三月）第 5 册，政治馆，第 59—60 页。

② 大理院：《法部现审案件业交接收办折》（光绪三十三年三月初七日），《谕
折汇存》（三十三年三月）第 6 册，政治馆，第 107—108 页。

③ 《谕折汇存》（三十三年四月）第 6 册，政治馆，第 105 页。

④ 礼部：《进呈法部各司印模事折》（光绪三十三年三月十五日），《谕折汇存》
（三十三年四月）第 5 册，政治馆，第 8—9 页。

⑤ 《谕折汇存》（三十三年三月）第 6 册，政务处事由，第 17—18 页。

着，法部现审工作已经全部由大理院接手，法部向单纯的专业司法行政管理部门迈出了一步。

## 四  官员更补

法部自刑部改设以来，必然面临着安排原有刑部司员的任务，如何从旧司员中拣选出胜任人才，如何安置原刑部的实缺官员，这都是法部人员更迭中所要考虑的问题。法部人员更迭循从高级到低级官吏，逐级确定的过程。

### （一）刑部堂官安置

官制改革前，刑部的满汉尚书分别为溥兴和葛宝华，满汉左侍郎是沈家本和绍昌，右侍郎是伍廷芳和孚琦。法部成立后，沈家本补授大理院正卿，绍昌补授法部左侍郎。

为了解决裁缺堂官的安置，光绪三十二年九月二十一日（1906 年 11 月 7 日），清廷下谕："嗣后大学士、尚书、侍郎，均著毋庸兼管都统、副都统事务"，[①] 一下子腾出了若干官缺。原刑部尚书溥兴和葛宝华，本非刑部出身，不适宜续留当差，裁缺后皆补授八旗都统职。朝廷谕令："正红旗满洲都统载沣调补所遗之正白旗汉军都统，溥兴补授。""镶红旗蒙古都统，葛宝华补授。"[②] 十月三日（11 月 18 日），兼任镶白旗满洲副都统的裁缺刑部侍郎孚琦调任广州副都统。[③] 刑部侍郎伍廷芳，赏假回家乡修墓，其缺由礼部左侍郎李绂藻兼署。官制改革后，李绂藻被任命为国史馆的副总裁官。[④] 伍廷芳则被两广总督周馥奏调差使，旋任出使美日秘古国大臣。[⑤] 这是刑部六堂的安置。

---

① 中国第一历史档案馆编：《光绪宣统朝两朝上谕档》第 32 册，第 201 页上。

② 同上书，第 208 页上。

③ 同上书，第 221 页上。

④ 同上书，第 75 页上、第 74 页下、第 209 页上。

⑤ 《清实录》第 59 册，《清德宗景皇帝实录》卷 570，中华书局 1987 年版，第 545 页下、第 684 页上。

### （二）司官安置、奏补

官制改革后，各部堂官数量减少，权力更加集中，地位得到提高。光绪三十二年十月初（1906 年 11 月），法部从考核司员裁撤冗员着手开始司官调整。① 十二月十八日（1907 年 1 月 31 日），戴鸿慈等奏准法部官制改革方案，开始寻觅左右丞、左右参议人选。十二月二十四日（1907 年 2 月 6 日），戴鸿慈奏请裁缺太常寺卿定成为法部左丞，江西司郎中曾鉴为右丞，办理粤汉铁路事务的余肇康补授左参议，河南司郎中王世琪补授右参议。② 同日，法部奏准司员的遴选办法。③ 法部开缺的实缺官员一律作为候补，除愿意外放官员咨送吏部照章办理外，留在部中继续当差的司员，照食原俸。衙门中原有的候补、额外、学习等司员，则选择优秀者，留在部中当差，并将他们分批送入学堂学习法律。这意味着法部对于原来的刑部官员，并没有大量裁缺，而是把大部分人员仍旧留在署内当差。光绪三十三年正月二十四日（1907 年 3 月 8 日），清廷下令吏部妥筹工部裁缺人员安置。④ 法部掣分到 26 名裁缺的工部司员。⑤

在法部把现审案子交接完毕后的第三天，三月十七日（4 月 29 日），法部上奏部内官员的具体改补办法，内部机构改革正式开始。⑥ 法部官制增加许多新职掌，需"为事择人"，法部奏请内部机构所有司员官缺，均

---

① 《法部》，《申报》光绪三十二年十月初三日，1906 年 11 月 18 日，第三版，第 85 册，第 426 页。

② 中国第一历史档案馆编：《光绪宣统朝两朝上谕档》第 32 册，第 286 页下。《大清缙绅全书》（丁未夏）第一册，京师法部，荣录堂，1907 年刻本。

③ 法部：《筹拟位置司员办法折》（光绪三十二年十二月二十四日），《谕折汇存》（光绪三十三年正月）第 6 册，政治馆，第 121 页。

④ 中国第一历史档案馆编：《光绪宣统朝两朝上谕档》第 33 册，第 12 页下—13 页上。

⑤ 吏部：《遵旨妥筹工部裁缺人员改用办法》（光绪三十三年二月初二日），《谕折汇存》（三十三年二月）第 6 册，政治馆，第 21—22 页。

⑥ 法部：《改补员缺分别补署并详陈办法折》（光绪三十三年三月十七日），《谕折汇存》（三十三年四月）第 6 册，政治馆，第 105—112 页。

仿照民政部奏准旧例，① 首次补缺并不依据官制改革后吏部奏准的司员补缺新章程，而是由堂官奏补，待部门所有额设员缺补齐之后，有新的缺出，再按照吏部新章办理。这是官制改革后新旧各部任命官缺的统一做法。这大大增强各部堂官对部内司员的自主用人权，对于不拘一格使用新人具有好处，当然也为任用私人、部门专权等开了方便之门。

许多司员官员均系由部内衔缺相当的实缺郎中、员外郎、主事改补，法部奏请将这些官员免带领引见直接实授，其余起复司员改补新缺则需带领引见，升补、借补及候补司员奏补实缺的，均先试署3个月，考核合格才带领引见，奏请实授。法部奏调京内、外人员入部行走人员，到部后将履历咨送吏部，先行奏留，若有缺出补入，亦试署3个月，然后依制办理。法部官制增设七品小京官、八九品录事，以缮写公文及各项办理各项杂务，皆由考试较优的七、八、九品实缺、候补笔帖式分别改补，不够则另行调用。小京官系奏补之官，仍是一律先试署3个月，试验得力再行带领引见，奏请实授。八九品录事则由法部自行委用。

官制改革后，各部奏调人员入部当差，均保留被奏调人员在原来部院的官缺，并不影响原缺上的改、升补机会。而法部奏请，其他衙门奏调法部的实缺司员，一律开去原缺，但可留原品资俸，咨送到奏调衙门，待这些官员补到实缺，可以接续计算。如此一来，一些在其他衙门当差的法部实缺司员所据实缺就空出来，法部可以安排其他官员署任、实授，使官员实心任职。如若被奏调的法部司员，因于法部职掌相宜，愿意留在法部办事，则法部不另折奏留，只是归入此次奏补、奏署内，由法部咨文奏调各部院，说明该员留法部，不去奏调部院当差。这又是法部留用人才的一种方法，使对自己部门所急需的人才不致被其他部门任意奏调。

---

① 吏部在官制改革后，两次上折，要求对任官制度进行改革，一次是要求各衙门奏调司员将履历咨吏部核定，另一次是给出列班的详细说明。一步步减少各部任命司员的自由裁量权。于是，光绪三十二年十二月二十三日，民政部奏准《吏部奏准补缺新章请俟部厅各缺补齐后再行酌照办理折》（《谕折汇存》（三十二年十二月）第5册，政治馆事由，第44页），将吏部的新章程拖后到各缺补齐之后，再次又收回用人权。各部亦纷纷援引效仿，包括法部。

新部门建立各项人员安置是一个难题。为减少改革阻力，增加开缺司员的业务学习热情，造就良好专业司员梯队，法部再次重申了安置办法。开缺候补司员，如有"别项记名"（如记名军机处章京，是另外一种形式的候缺），则照旧章办理，在署当差优秀者，可随时酌补。在仓场、热河或出国充临时差使的司员，若是熟悉例案并于法部的职掌契合的司员，则改补司缺，在没有回署任职时，暂派司员署理，出差完结，则回署当差，其余出差官员则享受开缺司员待遇。刑部候补、额外、学习之郎中、员外郎、主事、笔帖式等官员，留部当差的全部按照以前的班次入署供职，分别隶属8司行走，并由举叙司分别注册，咨送吏部存案。司库、司务、司狱全部裁撤，司库由会计司录事兼充，司务是都事司的职责，不再添设，司狱由以典狱司七品小京官兼充曰正管守长，以八、九品录事兼充曰副管守长。提牢厅差，改以典狱司员外郎、主事兼充，曰总管守长，不另设缺。

除了官制设参事4缺，郎中24缺，员外郎34缺，主事34缺外，法部又奏请添设七品小京官26缺、八品录事53缺，九品录事30缺，并援厘定官制宗旨第二条奏请参事、郎中、员外郎、主事、七品小京官由部开单奏补，八、九品录事由堂官委任。这比上年十二月十八日（1907年1月31日）奏准的法部官缺增加不少，也细密了许多。七、八、九品司官皆先以实缺笔帖式充补，也为刑部额设的120多名笔帖式提供了出路。

法部司员改补办法，对于熟悉业务者，设法留在署内，或是引进署内；对于不熟悉业务者，则是任其候补，待有可堪造就时，方才录用，很大程度上激励司员实心学习任事。

### （三）宗室缺更补

官制改革案规定，各部官缺不分满汉，一律按通补、酌补、序补来补缺，使以前依靠额缺、专缺等获得官位的宗室、觉罗等面临困境。这些人前此依靠血统出身获取官位，缺乏考核历练，在官位上能够成长为干练之才的相对较少，所以在题补竞争中处于不利地位。光绪三十二年十二月初九日（1907年1月22日），宗人府奏准将府内司员，咨送各部院学习行走，各部院原设宗室专缺，照旧沿用，以疏通宗室仕途。① 光绪三十三年三月十七日（1907 年 4 月 29 日），法部决定保留刑部原设宗室郎中 1 缺，员外郎 2 缺，主事 1 缺，作为宗室专缺，附于 8 司 1 所，并添设宗室七品小京官，八、九品录事各 2 缺，以为宗室人员升转阶级。根据此项优待，宗室文良改补宗室专缺郎中，宗室溥敦改补宗室专缺员外郎，宗室溥春改补宗室专缺员外郎，宗室溥阳改补宗室专缺主事，宗室世奎改补宗室专缺七品小京官。② 六月十三日（7 月 22 日），宗人府对法部安排宗室办法提出异议，认为宗室专缺和额缺，升补班次不同，③ 法部把部内的宗室专缺和额缺一律改为宗室专缺，与旧制不符，奏请更正。宗室文良、溥敦、溥阳三员所补宗室郎中、员外郎、主事专缺均仍改为宗室额缺。刑部原有七品笔帖式改为宗室七品小京官专缺，嗣后遇有缺出，仍由宗人府照例铨补。添设宗室七品小京官一缺为额缺，作为法部添设宗室八、九品录事应升之阶。法部添设的八、九品录事二缺，由宗人府遴选四品宗室内有文理通顺、字画端楷者考取，咨送法部当差补缺。④ 宗人府的改定方案被清廷批准。七月，法部咨行宗人府，调取四品宗室延长入署当差。⑤ 八月二十九日（10 月 6 日），法部咨行宗人府，将全部宗室缺具体所补官缺知会宗人府。⑥ 宗室额缺郎中一缺附设于审录司，宗室额缺员外郎一缺附设于制

---

① 宗人府：《疏通宗室仕途折》（光绪三十二年十二月初九日），《大清法规大全》，第 665—666 页。

② 法部：《奏改补员缺分别补署并详陈办法折》（光绪三十三年三月十七日），《谕折汇存》三十三年四月第 6 册，政治馆，第 105—112 页。

③ 《吏部铨选则例》卷二《宗人府官员升补》，光绪十二年（1886 年）刻本。宗室额缺不归吏部铨选，由宗人府拣选。《吏部铨选则例》卷二《六部新设宗室郎中等缺由部铨选》，宗室专缺缺出，由吏部铨选。

④ 宗人府：《奏酌拟工部裁缺宗室司员改归各部办法并请添设宗室各缺折（附片二）》（光绪三十三年六月十三日），《大清法规大全》，第 668—669 页。附片中对法部宗室额缺、专缺铨选，似乎与《吏部铨选则例》卷二规定有所不同。

⑤ 延长的履历见《京察二等小京官履历册》，《京察部厅官员履历册》，宣统年间抄本，北京大学图书馆藏。

⑥ 法部：《致宗人府咨文》（光绪三十三年八月二十九日），《岑督春煊奏议》，第 4 册，宿 113 号，北京大学图书馆藏抄本。

勘司，室专缺员外郎一缺附设于编置司，宗室额缺主事一缺附设于宥恤司，宗室七品小京官二缺附设于举叙司、典狱两司，宗室录事二缺附设于会计、都事两司。① 九月，宗人府组织录事官考试，把考试通过松生、存正、世勋、瑞年咨送法部。②

## 五 司法权限之争

官制改革未对大理院的具体职权做详细说明。这一直是大理院创办过程中的一个问题。光绪三十二年十月二十七日（1906 年 12 月 12 日），身兼修订法律大臣和大理院正卿的沈家本，为厘定部门的职责权限，以解决大理院筹办过程中没有具体管辖范围和审判程序的困境，在法律修订馆和大理院佐理人手的共同协助下，迅速草成《大理院审判编制法》，明确了大理院的职权。③ 大理院负责官犯、国事犯、各省之京控、京师高等审判厅不服之上控以及案件的终审，会同宗人府审判重罪案件，拥有司法解释权，并在行政事务上对京师各级审判机关进行管理与领导。这使大理院的管辖范围有了法律依据，但因为没有关照到先前的法部章程，所以也引发了续后的部院之争。

光绪三十二年十二月三十日（1907 年 2 月 12 日），法部对《大理院审判编制法》中的权限范围提出异议。两者争议的焦点集中在对各级审判机构的行政和人事管理权及各省刑事案件的最终复议权。因在官制折中没能展开对司法权限的具体探讨，在实践中具体执行也缺乏可操作性，光绪三十三年四月初三日（1907 年 5 月 14 日），戴鸿慈上奏：

---

① 宗室额缺七品小京官 1 缺，附设于举叙司，宗室专缺七品小京官 1 缺，附设于典狱司。宗室录事 2 缺，均为专缺。参见《满汉实缺人员官单》，国家图书馆藏：《清代孤本内阁六部档案续编》（第 16 册），全国图书馆文献缩微复制中心，2005 年，第 6699—6701 页。

② 世勋履历见《京察一等小京官履历册》，松生、存正和瑞年的履历册见《京察二等小京官履历册》，《京察部厅官员履历册》，宣统年间抄本，北京大学图书馆藏。

③ 沈家本：《审判权限宜先厘定事折》（光绪三十二年十月二十七日），《大清法规大全》，考正出版社 1972 年版，第 1849—1854 页。

夫所谓司法者与审判分立，而大理院特为审判中最高之一级，盖审判权必级级独立，而后能保执法之不阿，而司法权则必层层监督，而后能无专断之流弊。考之东西各国，莫不皆然，此之谓司法行政权。由此析之，即分二义，一为司法，即王大臣原奏《法部节略》所称大辟之案，由大理院或执法司详之法部，以及秋朝审大典，均听法部复核，此外恩赦、特典，则由法部具奏等语。此臣部所有司法权之明证也。一为行政，即王大臣原奏《法部官制清单》第一条所开，法部管理民事、刑事、牢狱并一切司法上之行政事务，监督大理院、各省执法司、高等审判厅、地方审判厅、乡谳局及各厅局附设之司直局，调度检察事务等语。此臣部所有行政权之明证也。由行政权复析之曰区划权，曰调查权，曰执行权，曰任免权，即臣等核议官制奏称，司法官吏之进退，刑杀判决之执行，厅局辖地之区分，司官警察之调度，皆系法部专政之事等语是也。①

为此，戴鸿慈拟定了司法权限清单十二条，规定法部司法审判和司法官员管理方面权限。司法审判包括：审判机关审定的死刑案件，皆咨送法部核定，并由法部单独或与大理院会奏；军、遣、流、徒案件，大理院自定的，报法部备案，高等及地方审判厅审断的案件全部申详法部办理。司法官员管理则包括：检察厅总厅直隶法部，其官缺简补，全部由部院会商决定；各级审判厅官制员缺及分辖区域设立处所，由法部主稿，会同大理院具奏；监督各级审判厅、检察厅，其官员由法部议定处分。在司法管理上，法部掌握了各级审判、检察厅的人事管理权。这与上年大理院奏准的《大理院编制法》的内容出入很大，引起大理院的不满。

光绪三十三年四月初九日（1907 年 5 月 20 日），大理院正卿沈家本

---

① 戴鸿慈：《酌拟司法权限缮单呈览折（附清单）》（光绪三十三年四月初三日），故宫博物院明清档案部编：《清末筹备立宪档案史料》下册，中华书局 1979 年版，第 824—827 页。在部院之争中，戴鸿慈曾致函求助于梁启超，此一折文可能受到梁氏的启发和帮助，张从容对此有过详细考证。参见张从容《部院之争：晚清司法改革的交叉路口》，第 84—85 页。

对戴鸿慈自行奏请部院权限提出异议。① 首先，沈家本坚持要求大理院自掌用人权。沈家本同意大理院审判人员的任命权据各国通例应当归属司法部门，但强调那是因为各国的法律学科比较发达，法律思想也比较普及，各式高等学堂的法学毕业生较多，素质较好，相对来说，取才不难；并且就实际来说，他国的各级审判机构，也兼掌审判人员的考核工作。当前中国法学刚刚萌芽，即便有很快的进步，也需多年后才可能达到列强水平。所以，当前大理院须自掌用人权，亲自考核各员，其推丞、推事等官由大理院自行请简、奏补，以应对法律人才缺乏的状况。等以后法律人才造就卓有成效时，大理院的用人之事则同归之法部。其次，沈家本指出法部单方面奏请司法权限，于规制不合。官制改革谕等规定，各部官制、执掌，均就本署的实在情形，斟酌变通，核议妥奏。为此，沈家本曾多次与法部各堂官"往返晤商"。在还没有最后商定之时，法部便单方面"自行具奏"，实为不妥。最后，沈家本就戴鸿慈所主十二条中的四条提出不同意见。于大理院自定死刑案件沈家本对戴鸿慈原稿做了改变，其核心就是大理院自己掌握京师一带死刑案件的定谳权，而外省的秋审案件，仍照旧实行，以符合自己掌握最高司法审判权的实际，同时也抬高自己在司法制度中的地位，避免成为法部下属的一级审判机构。

于速议之件，沈家本要求大理院拥有对自己驳正过的外省重大案件的会奏权，是要表明在案件复核中大理院所扮演角色的不可或缺；通过复议从法部咨送过来地方重案、大案，实现大理院对地方司法审判的管辖；以表明大理院并不是法部内部处理案件的附属部门，而是独立的审判部门。于汇案死罪之件，沈家本则要求把复核时间延长到20天，另外经大理院驳正的案件，大理院有会衔权。于大理院官制，沈家本要求依据丙午官制改革谕由大理院会同军机大臣奏明。

双方争论的焦点，一是大理院官制会奏权和人事任命权，二是对复议重罪案、死罪案件的会奏权。两部门的长官都在争取各自部门的权限，也是在争取各自独立发展的权利，在争取部内外事务中的发言权。

---

① 沈家本：《酌定司法权限并将法部原拟清单加具案语折（附清单）》（光绪三十三年四月初九日），故宫博物院明清档案部编：《清末筹备立宪档案史料》下册，第827—831页。

表 1—6　　　　　　　　　　　　戴沈司法权限之争

| 戴稿 | 沈稿 |
|---|---|
| 1. 大理院死刑之案——送法部核定（将人犯送法部收监）——由大理院主稿会同具奏<br>2. 大理院定秋后人犯完案后——将人犯送法部收监——朝审册本由法部核议实缓——法部及钦派大臣复核——黄册专由法部进呈 | 1. 大理院自定死刑之案——抄录红供奏底连折稿送由法部复核，会画以后——a. 系立决人犯，即送交法部收监，以便执行处决；b. 系秋后人犯，俟会奏后移送法部监禁<br>2. 京师各衙门定拟秋后人犯（朝审人犯）——由大理院审拟实缓——咨由法部核办——黄册则由法部进呈<br>3. 外省秋审人犯——各省自拟实缓——先行奏闻——下法部核办——黄册由法部进呈 |

　　沈家本不断引用上谕的权威来驳斥法部要求的不合理处，把双方争议公开化。清廷也只能以折中持平原则来处理，要求大理院“与法部会同妥议，和衷商办，不准各执意见”。① 四月十一日（5 月 22 日），沈家本以修订法律大臣职衔对狱政改革提出四项建议。② 因狱政由法部主持，很容易让人联想到尚未消停的部院之争。四月十二日（5 月 23 日），清廷索性将大理院正卿沈家本和法部右侍郎张仁黼位子对调。③ 此后，经过法部和大理院开始“连日晤商，分同妥定”。四月二十日（5 月 31 日），部院会奏重新厘定两厢司法权限。④ 新方案接受沈家本“速议之件”和“汇案死罪之件”两条意见。关于大理院自定死刑案件，则在程序上有所改动，在会奏前加入咨送法部复核，复核完后再由大理院备稿。对于秋审案件，则没有接收大理院的意见，而是沿用了法部核议实缓的方法。关于大理院官员任命，新方案提出“所有附设之总检察厅丞及检察官，由法部会同

---

　　① 《清实录》第 59 册，《清德宗景皇帝实录》卷 572，中华书局 1987 年版，第 568 页下。

　　② 沈家本：《实行改革监狱宜注意四事折》（光绪三十三年四月十一日），故宫博物院明清档案部编：《清末筹备立宪档案史料》下册，第 831—833 页。

　　③ 中国第一历史档案馆编：《光绪宣统两朝上谕档》第 33 册，第 55 页下。

　　④ 法部、大理院：《遵旨和衷妥议部院权限折（附清单）》（光绪三十三年四月二十日），《大清法规大全》，第 1814—1815 页。

大理院分别开单请简、请补。其刑科、民科推丞，应由部院公同妥商，将大理院审判得力人员开列清单，由部会院请简，推事以下各官，即由院会部奏补，以收得人之效"。大理院的官制，由部院会同具奏。地方死罪案件，如不是速议、如不是汇案，照旧律死罪案件，当奏请、咨文刑部，并将供勘送到刑部；有时是同步上奏、送供勘到部，则照旧章办理。可见，对地方上的重案的复核权依然在法部手中。

　　光绪三十三年四月三十日（1907 年 6 月 10 日），法部、大理院会同厘定大理院管辖的具体内容及大理院下设的机构及官缺。大理院是全国最高审判衙门，凡宗人府会审案件，各高等审判厅判结不服的上控案件，关于国事重罪案件，平反及详议各省审拟之大辟案件，特旨交审案件，皆应由其办理。大理院在正卿、少卿之下分设刑科 4 庭、民科 2 庭。每科设推丞 2 人，总管科内事务。推丞下设推事，掌各项案件的审判。大理院内设典簿 1 厅，都典簿、典簿、主簿、录事等官缺掌法庭之录供、例案之编辑及一切文牍会计。大理院内附设总检察厅，专司检察事宜，设看守所，羁管现审人犯。① 五月初八日（6 月 18 日），大理院和法部会奏，将以前奏调入院佐理、陆续到院的司官，依据其底缺及大理院官缺的秩品，对其进行实授、试署。大理院的司员在补缺后，一切考核、升迁、外放和俸禄等都一律与其他各部一致。②

　　部院间的司法权限之争，以法部作出些微让步，大理院作出了较大让步，最终以和衷妥议的几个折文结束。从结果来看，法部对重案、要案、死罪案件的复核权得到了维护；即或在大理院的人事安排上，法部也有着重要作用。清季关于司法权的分配、实施的争论暂时告一段落。

## 六　修律制度之争

　　《大清律例》依循中国传统的法律结构，分为"律"、"例"两部分，

----

① 　法部、大理院：《大理院官制折》（光绪三十三年四月三十日），《大清法规大全》，第 759—763 页。

② 　大理院、法部：《本院员缺分别实授试署折》（光绪三十三年五月初八日），《谕折汇存》（三十三年六月）第 5 册，政务处，第 10 页。

就是所谓的"律例合编"。一般来说，"律"的部分比较稳定，制定后很少变动；而因时因案有所损益的是"例"的部分，这部分，则不断与时俱进地被修订增补。此项工作，由刑部律例馆负责，按规定是五年一小修，十年一大修。

新政改革时期，清政府开始法律修订工作。新的法部和大理院成立后，修律工作有了更大的推进。光绪三十三年五月初一日（1907 年 6 月 11 日），大理院正卿张仁黼上折要求改革法律修订制度，主张把修订法律馆改成修订法律院，由法部、大理院专门管理修订法律事务，各部院堂官一律参预修律，遴选精通中外法律的人员充当纂修、协修，并议定办事章程。张仁黼还提出修律的三原则：明定法律宗旨，以支那法系为主，而辅之以罗马、日耳曼诸法系；研究法理，讲明法律性质；研究法律编纂方法、调查各省民情风俗，编纂成文法典。① 从表面上看，张折在正式的立法机关议会成立之前，是一个集合众多部门和人员来参与修律，把立法从少数人集中到大多数人手中的建议。但从真正的实际用意来说，却是试图取消沈家本掌控的修律权。

因有部院之争的前鉴，清廷对可能引发争论的问题处理谨慎，没有马上对张仁黼的建议做出回应，而是把张折传抄给法部和大理院，要求两个部门"会同详覆，妥拟具奏"。② 此时，沈家本已经调入法部，法部上奏应由尚书和侍郎会衔，张仁黼的折子又直指沈家本，所以法部没有马上提出回复意见。而对由大理院正卿调补法部侍郎甚感不满的沈家本则于五月十八日（6 月 28 日）上奏，历陈修订法律馆历年的办理情形，请求"开去臣修订法律差使，归并法部、大理院会同办理"。③ 同日，沈家本再上奏片，请将京师法律学堂，并入京师大学堂的政法专科，归学部管理，得

---

① 张仁黼：《奏修订法律请派大臣会订折》（光绪三十三年五月初一日），故宫博物院明清档案部编：《清末筹备立宪档案史料》下册，第833—836页。

② 中国第一历史档案馆编：《光绪宣统两朝上谕档》，第33册，第70页上。

③ 沈家本：《修订法律情形并请归并法部大理院会同办理折》（光绪三十三年五月十八日），故宫博物院明清档案部编：《清末筹备立宪档案史料》下册，第837—839页。

到清廷同意。① 折片充分表露了沈家本的失落情绪。

京师法律学堂后因来自学生和各方面的压力，由学部上折，将行政权交还给法部，仍由沈家本主管。至于调派各京堂参预修订法律事务，却一直没有定论。为打破僵局，六月初二日（7月11日），两广总督岑春煊上折打圆场，也无结果。② 戴鸿慈等在六月初九日（7月18日）做了全面回应，上折建议吸取各国立法经验，兼用守成、统一、更新三项主义来编纂清朝的新法律全典。③ 对于编纂法典的机关，戴鸿慈等主张特开修订法律馆，以期统一修律事务。修订法律馆由法部和大理院担当行政管理，并钦派五大臣为总裁，各部堂官为法律会订大臣，各省督抚、将军为参订法律大臣。修订法律馆的编纂人员应设提调、一二三等纂修、总校、分校、内外调查、翻译、书记、会计等。编纂人员不设专缺，由法部和大理院选择开单请派，各员仍以原来的官职选充，编纂工作仅领取津贴。修订法律馆应比照各学堂外国教习的待遇，与东西方各国法律专家签订私人聘用合同。让他们翻译各国法律条文和有名的判例，解释法律正当，比较各国法律异同优劣，写成书本，以供修订法律参考。同时要求这些法律专家仅提供顾问，不得干预中国的立法事务。对于法典的议定事务，戴鸿慈等主张修订法律大臣督同纂修员起草的法律草案，皆须附立法理由书。草案拟定后，由会订大臣逐条讨论，各督抚、将军应随时派司道大员来京会议，参照议院方法，分议决为认可和否决两种，以少数服从多数议决草案。议决草案，由修订法律大臣奏请钦派军机大臣审定，再行请旨颁布。戴鸿慈等提出的修订法律方案，充分吸收沈家本等主持的修订法律馆的撰修经验，几乎吸纳了所有中央和地方政府的高层决策者进入王朝的新法律编撰。这可以动员大量的行政资源参预修订法律，使修律所需各项工作可以顺利展开，例如调查全国各地的民商事及风俗习惯，亦可以为法律以后的实施奠定基础。

戴鸿慈等筹议的大规模修订法律方案，并没有被朝廷批准，而是转交

---

① 《清实录》第59册，《德宗景皇帝实录》卷574，第594页上。

② 故宫博物院明清档案部编：《清末筹备立宪档案史料》下册，第839页。

③ 戴鸿慈：《拟修订法律办法折》（光绪三十三年六月初二日），故宫博物院明清档案部编：《清末筹备立宪档案史料》下册，第839—842页。

考察政治馆研判。考察政治馆不久改制成宪政编查馆。九月初五日（10月11日），宪政编查馆上折议覆法部和大理院拟定的修律办法。[①] 对于戴鸿慈等议定方案中的钦派王大臣做总裁和大理院、法部管理修订法律馆事务，宪政编查馆均不同意，而是坚持修订法律馆仍归独立，不由各部院统属。馆内修订法律大臣由宪政编查馆请旨专派精通法律大员两三名充任，在三年内编成民法、商法、刑法、民事诉讼法、刑事诉讼法等法典及附属法的草案，其余的各项单行法规则仍由各不同管理衙门自行拟定草案，依据奏准章程，由宪政编查馆统一考覆，请旨遵行。修订法律馆编写的法典草案，奏交宪政编查馆考核。宪政编查馆一边自行复核，一边将草案咨行在京各部堂官和各省督抚，定限签注咨回。最后由宪政编查馆汇择核定，请旨颁行。戴鸿慈等议定的由各部堂官及地方督抚参加或是参议法律起草的动议没有被采纳。对此法律议定程序，宪政编查馆还主张等以后资政院完全设立，各部、各省明通法政的人员都纳入到资政院中，就不用把草案分咨到各部院及地方督抚，而是直接送到资政院集议，议定后，再移交编查馆复核，请旨颁行。戴鸿慈等提议的修订法律馆中的人员安排及外国法律专家的聘请，宪政编查馆议定由修订法律大臣自行拟定章程，奏明办理。

宪政编查馆不过是沿袭以前的做法，把复议法律、奏请颁行的权力整个纳入自己的权限范围。这样的话，修订法律馆实际上成了宪政编查馆附属的法典编撰部门。修订法律馆只管起草各项法典及附属法律，以及把草案咨送给宪政编查馆办理即可。因为宪政编查馆群聚权要大老，法部和大理院根本无法与其抗衡。清廷最后也采纳了宪政编查馆的意见。[②]

刑部在向法部的过渡交接中部门之间矛盾重重，主要是权限的争夺和权责的厘清。个中冲突的平息主要不是依据三权分立和司法独立的原则来行事，而主要是由人事和权势来解决。但权责的厘清确也使法部工作的开展成为可能，法部创建各级审判厅，筹划各项司法改革等工作开始次第实施。

---

① 宪政编查馆：《议覆修订法律办法折》（光绪三十三年九月初五日），故宫博物院明清档案部编：《清末筹备立宪档案史料》下册，第849—851页。

② 《清实录》第59册，《德宗景皇帝实录》卷573，第581页下。

# 第二章

# 法部人事制度

　　要知晓机构的运作，有必要对其中人员构成有所了解，方能更全面深入地理解部门内部在科层制结构下的工作状况。清末改革为民国以后的国家体制留下了一个百业开头的样式，此样式对中国近代官僚制度的影响甚为深远。颇值得探究。以法部而言，人员主要由三部分构成：官员、书吏、皂役。他们以自身在制度中的行为左右着法部的运作，影响着清末司法改革的进程。

## 第一节　官员制度

### 一　法部科层制

　　依据清代选官入署的机制，刑部的额外、候补官员有主事、员外郎、郎中、候补七品小京官、候补笔帖式等。随着改革官制的出台，法部堂官对内部官员的任命权增强，候补、额外、行走、学习等名目的不同官职开始增加。从光绪三十三年三月至六月（1907 年 4—8 月）法部举叙司的档案中我们可将法部的官职做如表 2－1 说明。

表 2 – 1                    法部职官表①

| 品级 | 实缺官 | 非实缺官 |
|---|---|---|
| 正三品 | 丞 | 记名丞参<br>丞参上行走 |
| 正四品 | 参议 | 记名丞参<br>丞参上行走 |
| 正五品 | 参事 | 参事上行走 |
| 正五品 | 郎中 | 候补郎中<br>学习郎中 |
| 从五品 | 员外郎 | 候补员外郎<br>学习员外郎<br>员外郎上行走 |
| 正六品 | 主事 | 候补主事<br>学习主事<br>额外主事<br>主事上行走 |
| 正七品 | 七品小京官 | 优贡、考职、学习小京官<br>候补七品小京官<br>小京官上行走 |
| 正八品 | 录事 | 候补八品录事 |
| 正九品 | 录事 | 候补九品录事 |

① 法部举叙司：《查核缺簿、稽缺簿》（光绪三十三年三月十七日起至六月底止），中国第一历史档案馆藏法部档案：第 31719 号。法部举叙司是据光绪三十三年三月十七日起至六月底止，法部中现有的官员制定的表格，并不排除此外还有官缺的等级划分。就部门发展实际来说，这种官制等级的划分不断的细化也是解决内部官员增加的一个手段。非实缺官自上而下是部内级别上的划分，不过在升补时并不依据此项级别依次往上递补。

表2-2　　　　　　　　　法部实缺候补司员人数表①

| 所属部门 职别与官名 | 厅 | | 司 | | | | | | | | 所 | 合计 |
|---|---|---|---|---|---|---|---|---|---|---|---|---|
| | 承政 | 参议 | 审录 | 制勘 | 编置 | 宥恤 | 举叙 | 典狱 | 会计 | 都事 | 收发 | |
| **实缺人员** 参事 | 2 | 2 | | | | | | | | | | 4 |
| 郎中 | | | 4 | 3 | 3 | 3 | 3 | 3 | 3 | 3 | | 25 |
| 员外郎 | | | 4 | 5 | 5 | 4 | 4 | 4 | 4 | 4 | 2 | 36 |
| 主事 | | | 4 | 4 | 4 | 5 | 4 | 4 | 4 | 4 | 2 | 35 |
| 七品小京官 | 2 | 2 | 2 | 2 | 2 | 2 | 3 | 3 | 2 | 4 | 2 | 26 |
| 八品录事 | 4 | 4 | 4 | 4 | 4 | 4 | 4 | 5 | 5 | 13 | 4 | 55 |
| 九品录事 | | | 2 | 2 | 2 | 2 | 2 | 5 | 3 | 10 | 4 | 32 |
| 监医正 | | | | | | | | 1 | | | | 1 |
| 监医佐 | | | | | | | | 1 | | | | 1 |
| 小计 | 8 | 8 | 20 | 20 | 20 | 20 | 20 | 26 | 21 | 38 | 14 | 215 |
| **裁缺候补学习各员** 参议上行走 | | 2 | | | | | | | | | | 2 |
| 参事上行走 | 1 | 1 | | | | | | | | | | 2 |
| 裁缺郎中 | | | | | 2 | | | | | 1 | | 3 |
| 候补郎中 | | | 5 | 8 | 4 | 5 | | 3 | 4 | 1 | | 30 |
| 学习郎中 | | | 5 | 4 | 2 | 4 | 4 | 2 | 3 | 2 | | 26 |
| 裁缺员外郎 | | | 3 | 3 | 1 | 2 | | 1 | 1 | | 1 | 12 |
| 候补员外郎 | | | 4 | 7 | 7 | 5 | 3 | 3 | 2 | 6 | 2 | 39 |
| 学习员外郎 | | | 1 | 2 | 5 | 6 | 2 | 3 | 1 | 3 | | 23 |
| 裁缺主事 | | | | | 1 | 1 | | | | 3 | | 5 |
| 候补主事 | | | 33 | 39 | 33 | 39 | 14 | 18 | 14 | 29 | 4 | 223 |
| 额外、学习主事 | | | 32 | 32 | 34 | 24 | 26 | 17 | 26 | 18 | | 209 |
| 候补小京官 | | | 5 | 4 | 3 | 3 | 2 | 3 | 1 | 4 | | 25 |
| 学习小京官 | | | 1 | 1 | | 1 | 2 | 1 | | 1 | | 7 |
| 候补、学习录事 | | | 3 | 4 | 4 | 5 | 6 | 3 | 6 | 111 | 4 | 146 |
| 小计 | 1 | 3 | 92 | 104 | 94 | 97 | 59 | 54 | 58 | 179 | 11 | 752 |
| 总计 | 9 | 11 | 112 | 124 | 114 | 117 | 79 | 80 | 79 | 217 | 25 | 967 |

① 法部：《法部第三次统计表》，1910年铅印本，第1148—1150页。

据上列官职科层，法部两厅八司一所官职实际是由少量的实缺官和大量的候补组成。这一点从宣统元年（1909）《法部实缺候补司员人数表》可以得到确证。

法部官缺的详细分级，既是官员科层管理的需要，也是一种内部的激励机制，级别愈多，也是长官愈多奖励属员的手段。级别的设定有诸多悖论或是"技巧"，一方面，级别的增加提供了官员更多的不断晋级的机会，每一级又都意味着不同的高一级的待遇。另一方面，在设定各级时，又不能有太多的级别，使得级别之间的差别太小，进而使官员对级别的上升感到所获无多，意思不大。再一方面，级别的设定又不能太少，使得官员生出晋级无望的感觉，从而失去工作动力。

法部与其他中央各部一样，官员分为职、衔、缺、乌布等。职是官员在官僚体制中的具体工作位置，这是一名官员之所以为官员的首要条件，具体的职譬如是主事、候补员外郎等。衔，是指官员的品级，是依据官员的职，给予的相应品级，一般来说，职和衔是相互对应的，但也有通过捐纳、保举等获得高于任职所对应的衔。譬如候补主事、主事对应的是正六品，六品即为此职的衔，有些官员则是法部三品衔候补郎中，其衔则是三品，其职责是五品的候补郎中。官员诸头衔中比较重要的是乌布。乌布，满文为ubu或upu。用到官员头衔中，则是指执掌的意思。[①] 崇彝《道咸以来朝野杂记》："各部司官，缺则缺，差则差，值有缺在此司、人在彼司者。差事，满语谓之乌布，亦分满汉。"[②] 尚秉和《辛壬春秋》："清京曹有官有乌布，其勤于部务者官虽卑而乌布必尊，有乌布始有薪金，而乌布有定额。故届三年增进士若干人，捐纳若干人，而于部院经费无碍也……清之乌布，初亦无有，后捐纳风开，人员日杂，而勤隋不齐。于是创为乌布，以为拘束，即掌印、主稿、帮稿、科长、科员等名目，为考核标准，而权利因之。"[③] 于此可见，官缺是指官员在职官等级中位置，乌

---

① 商鸿逵、刘景宪、季永海、徐凯编：《清乂满语辞典》，上海古籍出版社1990年版，第198页。

② 崇彝：《道咸以来朝野杂记》，北京古籍出版社1982年版，第4页。

③ 尚秉和：《辛壬春秋》（官制第三十），四库未收书辑刊编纂委员会编：《四库未收书辑刊》第5辑第6册，北京出版社2000年版，第559—560页。

布则是官员在部门中的真实差事和职掌。法部在光绪三十四年十月初三日
（1908 年 10 月 27 日）奏片称：

> 臣部上年改订官制，遵设两厅八司一所，专以实缺人员任事，改
> 制之初，员缺概归酌补，均系量能授职，故差缺相连，尚无滞碍。两
> 年以来，业经遵照办理。惟现在序补之缺，既专论资劳，厅、司之事，
> 又时有增减，自应量予变通，以收为事择人之效。臣等公同商酌，拟参
> 仿度支、陆军、邮传、农工商等部现行章程，除参事、郎中、员外郎、
> 主事额缺仍遵照吏部酌补、序补新章办理外，其各司所掌印、帮掌印、
> 主稿、帮主稿，以及管股、帮股各差使，拟于实缺人员内。不拘品秩，
> 酌量派充，以专责成，至候补人员，如有熟悉律例，行走勤慎者，亦拟
> 一律派充各项乌布。如此变通办理，庶几任用适宜于部务不无裨益。①

奏片中所言"改制之初""差缺相连"，是不符合事实的，三十三年
三月（1907 年 4 月），法部官制改革之初，即仿刑部旧乌布，设各司乌
布。法部两厅八司一所，所设的乌布科层大致如表 2－3。

法部除上述两厅八司一所设有实缺官机构的乌布科层外，一些新设机
构，往往并不设实缺，只设乌布，选择法部各实缺、候补、学习人员当
差。这些新机构的乌布设定名称及充任的司员分别有不同的规定，这将在
后面的各机构介绍中述及。

法部官制改革方案仅仅定拟各司的大致执掌，及所设实缺职位，并没
有确定部门的管理体系。没有主事之官，在实际中操作起来是很困难的。
法部乌布设定就解决了这个问题。掌印、帮印、主稿、帮稿由堂官在阖署
官员中挑选相当品级的官员担任，所以有些司的掌印、帮印等并非补的是
实缺，而是在该司当差。其余乌布则由掌印和正主稿选择各人员呈堂批准充
当，这些乌布同样存在以上问题。掌印和正主稿是事实上整个司及主稿所掌
该科的主管。从法部的权力结构来说，各司科的实际运作权很大程度上掌握
在各乌布手中，各司、科中没有乌布的官员仅在所属各司、科普通办差。

---

① 法部：《奏各项乌布变通办理片》（光绪三十四年十月初三日），《大清法规
大全》，第 497 页。

表 2－3 法部乌布简表①

| 所属部门 | 乌布名称 | 认充官员 | 人数 | 相应品级 |
|---|---|---|---|---|
| 丞、参两厅 | 左右丞② | 左右丞 | 2 | 正三品 |
| | 左右参议 | 左右参议 | 2 | 正四品 |
| | 两厅参事 | 两厅参事 | 4 | 正五品 |
| | 兼行两厅会办 | 实缺郎中 | | 正五品 |
| | | 实缺员外郎 | | 从五品 |
| | 两厅会办上行走 | 实缺、候补员外郎 | | 从五品 |
| | | 实缺、候补主事 | | 正六品 |
| | 两厅会办上学习行走 | 实缺、候补主事 | | 正六品 |
| | | 实缺七品小京官 | | 正七品 |
| 八司 | 掌印 | 实缺郎中 | 1 | 正五品 |
| | 帮掌印 | 实缺郎中 | 1 | 正五品 |
| | 正主稿 | 实缺员外郎 | 1—2 | 从五品 |
| | 帮主稿 | 实缺、候补主事 | 1—2 | 正六品 |
| | 主稿上行走 | 候补、学习主事 | | 正六品 |
| | 管股 | 候补、学习主事 | | 正六品 |
| | | 实缺七品小京官 | | 正七品 |
| | 帮管股 | 候补、学习各项人员 | | |
| | 行走 | 候补、学习各项人员 | | |
| 收发所 | 掌印 | 实缺员外郎 | 1 | 从五品 |
| | 帮掌印 | 实缺员外郎 | 1 | 从五品 |
| | 主稿帮办 | 实缺主事 | | 正六品 |
| | 帮办 | 候补、学习各项人员 | | |

说明：表中所列只是作者所据各项材料中整理出来，也可能有些级别的乌布并没有列出来。

---

① 本表依据法部举叙司：《查核缺簿、稽缺簿》（光绪三十三年三月十七日起至六月底止），中国第一历史档案馆藏法部档案：第 31719 号。法部审录司档案，中国第一历史档案馆藏法部档案：第 24249 号。《满汉实缺人员官单》，国家图书馆藏：《清代孤本内阁六部档案续编》第 16 册，全国图书馆文献缩微复制中心，2005 年，第 6649—6703 页。

② 左右丞、左右参议、丞参两厅参事，是官制改革新设实现差缺相连。

## 二　法部机构变迁

法部管理全国民事刑事复核、监狱及司法行政事务，监督大理院、各省执法司、高等审判厅、地方审判厅、城乡谳局（即后来的初级审判厅）及各厅局附设之司直局（即检察厅）调查检察事，还包括选用、奏报、任命各级审判官吏，执行判决，掌秋朝审，复议各省死罪和速议案件等。这种司法行政仍兼司法审判功能的混合职掌，更加迫切要求法部内部机构和人事朝专业化方向变迁。这种变迁首先体现在新机构、新决策模式和新职掌内容的出现。对照此前的刑部，法部在这些方面更具近代特征。

### （一）中枢决策的变化

刑部中枢决策层由六堂形成，在流官体系之下，为保证队伍的专业化必然有一堂官系法部司官出身，名曰"当家堂官"，部内事务大多均须他先画诺。① 堂官以下则是正五品的各部掌印郎中，多忙于处理部务，并不参预部内事务的最终讨论决策。堂官所倚赖的参谋机构即堂房，堂主事均由京察一等的笔帖式提升，其权最重，部中的缺差几乎全部由其掌握。② 这种制度内缺乏咨询、合议决策机构的情形，到法部官制时得到解决。其减少了事出多头的六堂，改成三堂。堂官也不再仅仅是设于军机处下的办事机构首脑，而可以参预国家政事决策。不再保留当家堂官制度，而是代之以设立堂官的辅佐机构和官员。尚书、左右侍郎，承政厅和参议厅共同形成整个法部的中枢管理和决策机构。

法部尚书，秩从一品，由吏部开列，皇帝钦命。法部尚书身兼参预政务和行政职能。从参预政务看，加入皇权的最高顾问团，参预整个王朝大政方针决策的讨论。从行政职能来说，是法部的最高长官，执掌国家司法管理及部分司法审判的权力，监督大理院及各级审判、检察机构等。尚书还负责管理、指导衙门内官员的行为。官制改革后，尚书对官员任命、升

---

① 崇彝：《道咸以来朝野杂记》，第4页。

② 同上书，第5页。

迁的建言权有所强化，八九品录事，由尚书直接委任。尚书可以决定署内的乌布设置，任命乌布，并向署内官员下达命令，做出纪律处分或对官员进行调动、晋升等。尚书还有权作出本部运转所必需的各种决定。实际上，这些工作的决定权大部分都已经下放到各下属机构，交给尚书选择的专人负责。在整个国家体制的运作中，法部各项对外事务的交涉、公文来往，都由法部尚书代表法部处理。左右侍郎，与尚书合称法部堂官，秩正二品，由吏部开列，皇帝钦命，作为尚书的副手，辅助尚书掌管部内事务，所有上奏朝廷的章奏，都由左右侍郎和尚书会衔具奏。

三堂为法部的核心决策层，对外代表法部上奏言事，对内代表朝廷管理部务，其重要性自不待言。法部在不到六年时间，先后产生过四位首脑。[①] 第一任也是任期最长的尚书戴鸿慈，前文已经述及。第二任尚书廷杰，[②] 系正白旗满洲庆麟佐领下人，进士出身。光绪二年（1876）签分刑部，而后一直在刑部提牢及各司掌印铨，兼充秋审处坐办。历部十年，光绪十二年（1886）题升江苏司郎中。同年十一月初八日（1886年12月3日）奉旨补授直隶承德府知府，累官至热河都统。宣统元年（1909）八月被任命为法部尚书，宣统二年（1909）十二月死在任上。其曾于刑部当差十年，比之戴鸿慈更要熟悉旧例，不过比起海外见闻、宪政知识、司法改革等的新知识，又远不能和戴氏相较，加之其就任尚书之时已近七十高龄，精力和对部务的过问均甚有限，守成多，而开创少。

---

① 含宣统三年九月二十六日，袁世凯内阁任命的司法大臣沈家本。

② 廷杰，由廪膳生中式。同治六年丁卯科举人，光绪二年丙子恩科会试中式，进士引见奉旨著分刑部学习。是年闰五月签分刑部行走。五年四月，奏留。是年九月补授提牢。六年六月，署掌贵州司印铨，是年九月，提牢期满。十二月题补江苏司主事。七年四月派充秋审处坐办，是年十二月升督捕司员外郎兼署司务厅印。八年四月派充律例馆提调。调补掌直隶司印。是年八月随同大学士文煜前往东陵查办事件。九月差竣回京。十二月调掌直隶司印铨。十一年京察一等引见奉旨记名以道府用。十二年二月题升江苏司郎中，十一月初八日奉旨补授直隶承德府知府。十六年九月，奉旨补授湖南岳常澧道。十九年四月，接任湖南辰永沅靖道。二十三年六月奉旨补授奉天府府尹。参见秦国经主编《清代官员履历档案全编》第6册，华东师范大学出版社1997年版，第304页下—第305页下。

第三任尚书绍昌，① 正白旗满洲觉罗隆端佐领下人，进士出身。长期在内阁从事文书工作，光绪二十六年（1900）十一月，补授外务部右参议，后一直在外部办差。三十二年（1906）正月，升任刑部左侍郎。法部成立后，出任左侍郎。宣统二年（1910）十二月，接任法部尚书。宣统三年（1911）四月，改任司法大臣，九月裁缺。同月被任命为弼德院顾问大臣。其新知和阅历不若戴鸿慈，律学不若廷杰，属于四任尚书中在开拓精神和专业知识上最平庸者，却是堂官中在法部实际当差时间最长的一位。最后一任首长是沈家本；自宣统三年九月开始担任司法部长，其于旧律新法的知识是四位首长中最精深的。可惜其担任法部侍郎期间，长期掌管修订法律馆、京师法律学堂事务，于部务所涉不多。此外担任或署任过法部堂官的还有张仁黼、葛宝华、吴郁生、王垿、曾鉴等人。张仁黼担任时间不长，兹不介绍。葛宝华系科甲出身，担任过刑部汉尚书，在戴鸿慈休病假和外出考察时，均由其署任法部尚书。其虽非原刑部司官出身，但究竟在刑部当差有年，于法部司法行政事务也相对比较熟悉。吴郁生、王垿二人，均系阁学出身，仅署任画诺罢了。曾鉴久任法部左丞，兹于下文介绍。

承政厅、参议厅，又合称承参厅，是依据官制改革提出来的要在中央到地方各级政府中建立佐理人员的构想建立的。承政厅，设左右丞各1员，秩正三品，由尚书提请皇帝简任，总管承政厅事务，设参事2员，秩正五品，奏补，辅助左右丞办理厅务，设七品小京官2员，八品录事4员，办理厅内的事务。左右参议，秩正四品，由尚书奏请简任，总管参议厅事务，其余人员及掌管和承政厅相同。《法部官制清单》第三条、第四条规定，承参两厅皆须"选派各司熟悉例案司员会同办理，不作额缺"。承参厅除了上述额缺外，另设有会办、会办上行走、会办上学习行走三个级别的乌布。两厅会办一般由部内各司的实缺郎中、实缺员外郎共计约10—20

---

① 绍昌，由附生于光绪二年考取内阁中书。十二年记名总理衙门章京。十四年戊子科顺天乡试中式举人。十五年己丑科会试中式进士。十六年补授侍读。二十六年京察一等，充补国史馆提调官，并充内阁掌印侍读，七月经留京办事大臣派充总办留京事务。八月，经全权大臣派办议约事务。本年议约完竣，保以道员交军机处记名简放。十月，由内阁奏充皇史宬修书总办，十一月十三日奉旨补授外务部右参议。参见秦国经主编《清代官员履历档案全编》第6册，第551页上。

人组成，各司的掌印一般皆入厅会办。两厅会办上行走由部内的实缺、候补员外郎和实缺候补主事充当。两厅会办上学习行走，一般由部内补缺候补主事、实缺七品小京官和奏调入署暂无实缺充补的人员充当。

承参厅执掌协调部内八司一所的工作，总核部内的各项决策文书等。其主要负责稽查各司重要事务，总办秋审、朝审实缓，进呈册本，兼核恩赦、减等各事，掌管法部管辖的京师以外各样司法人员进退，规划全国各级审判厅、局管辖区域，调度司直及司法警察事工作。参议厅则主要负责审定各司重要事务，编纂律例，制定新章程，详核各司驳议稿件，调查中外法制、内地风俗，编纂通行条例、统计书表，撰拟章奏、文移及秘密函电，暨律师注册等事项。

承参两厅所掌管理司法人员、规划全国审判厅、调度司法警察、调查中外法制内地风俗、编纂统计书表等职能，都是近代司法机构方才具有的内容。就机构运作来说，两厅负责的是法部的机要决策和重大事务。从堂官顾问机构的角度，承政厅和参议厅代替刑部堂房的工作，但其参预决策的团队性和专业性都远远越过后者。承参厅聚集了堂官的佐僚官、各司的掌印和熟悉案例的司员，把部内的法律精英及实权司官汇合起来办理厅务和部务。所以，承参厅是法部的共议、决策的机构，既是执行各项部内部事务的执行机关，又是法部堂官做出决策的顾问机关。两厅的长官多以专业化人才充当，秩品和职权均高于普通各司掌印郎中，加上两厅会办制度，处理问题和调动内部资源，都远远高于刑部堂房。在机构级别、人员能力配备上都远远超过刑部堂房，使得整个法部决策的合理化、有效性大大提高。这是改革首先产生在机构建置上的优势。

左右丞、左右参议是排列在堂官之前在各法部公文稿本上画诺的官员，在部内决策权仅次于三堂。自光绪三十二年（1906）十二月至三十三年（1907）九月，法部左丞是定成，右丞是曾鉴。此后，左右丞一直由曾鉴和黄均隆分任。光绪三十四年（1908）九月前，余肇康、王世琪等分任法部左右参议。此后皆由魏联奎、善佺分任。① 曾鉴、黄均隆、王

---

① 1911 年 1 月 5 日，法部左右丞由魏联奎、善佺分任，左右参议由罗维垣、刘嘉斌补授。参见中国第一历史档案馆编《光绪宣统两朝上谕档》第 37 册，第 370 页下—第 371 页上。

世琪、魏联奎、善佺均系正途出身，在刑部当差多年，累官至郎中，精通律例，其中曾鉴还曾参与丙午官制改革草案参议。[①] 承参两厅参事 4 人，徐谦、麦鸿钧于光绪三十三年至三十四年间曾短暂担任，光绪三十四年（1908）后一直承政厅参事一直由张家骏、潘元枚担任，参议厅参事由刘

---

① 曾鉴，系四川华阳县人。由乙酉科拔贡奉旨以七品小京官用签分刑部。光绪十二年七月到部。十五年己丑科顺天乡试中式举人。二十四年十月充河南司正主稿。二十六年十一月调奉天司正主稿。二十七年三月补授山东司主事，四月，充秋审处坐办。二十八年十月题升陕西司员外郎。三十一年三月充律例馆提调，四月题升江西司郎中。参见秦国经主编《清代官员履历档案全编》第 7 册，第 490 页。

黄均隆，系湖南湘潭县人，由廪生中式，光绪乙亥恩科本省乡试举人，丙子科中式进士，改翰林院庶吉士。三年散馆，奉旨以部属用签分刑部山西司行走。十六年补授奉天司主事。十八年云南司员外郎。十九年记名以御史用。二十一年题升奉天司郎中。是年九月补授陕西道监察御史。二十二年六月转掌本道监察御史。二十三年奉旨巡视中城事务。八月，充顺天乡试同考官。参见秦国经主编《清代官员履历档案全编》第 6 册，第 371 页。

王世琪，字炳青，湖南宁乡县人。光绪十五年（1889）己丑科进士。授刑部主事。光绪二十三年（1897）父丧归里，黄遵宪邀入时务学堂讲授法律，不就。光绪三十二年（1906）任法部右参。光绪三十四年（1908）改左参，旋调总检察厅厅丞。宣统二年（1910）署法部左丞。宣统三年（1911）曾署任大理院少卿、正卿。参见《湖南历代人名词典》编委会《湖南历代人名词典》，湖南出版社 1993 年版，第 365 页。原词条有误，据《清实录》改。

魏联奎，系河南汜水县人，由丙戌科进士奉旨以部属用签分刑部。光绪十二年五月到部。十七年三月充陕西司正主稿。二十年五月充广西司正主稿。二十五年补授陕西司主事。二十六年十一月题升江苏司员外郎。十二月充秋审处坐办。三十年六月充律例馆提调。三十一年四月题升陕西司郎中。三十三年七月，改补法部审录司郎中。参见秦国经主编《清代官员履历档案全编》第 7 册，第 489—490 页。

善佺，字尧仙，呈芝樵，又号瀛孙，满洲镶白旗人，举人。咸丰十一年生，花翎刑部候补员外郎、福建司帮印兼总办秋审处，司务厅督催所行走，会典馆帮总纂。光绪三十三年七月补授审录司郎中。参见顾廷龙《清代朱卷集成》第 127 册，成文出版社有限公司 1992 年版，第 213 页。

钟琳、寿昌担任。① 4 名参事，除寿昌系刑部司员出身外，其余在刑部当差时间很短。张家骏科举正途出身，进士馆法政科肆业，学业成绩出色，为戴鸿慈相中，不久充任法部参事。潘元祓是捐纳出身，因到日本学习法政一年，回国后受到重用。刘钟琳则因随考察政治五大臣出洋，对西方有过亲身感触，加之能力很强，受到各方面的看重。就参事来说，法部所注

---

① 参见《大清缙绅全书》，丁未冬，京师法部，荣录堂刻本，第 62 页。《最新职官全录（宣统元年冬、宣统三年夏）》，（清）宪政编查馆编：《清末民初宪政史料辑刊》，北京图书馆出版社 2006 年版，第 4 册，第 321 页，第 7 册，第 207 页。宣统三年冬，刘钟琳由麦鸿钧代替。参见内阁印铸局编《宣统三年冬季职官录》京师法部，（沈云龙：《近代中国史料丛刊一编》第 29 辑），文海出版社 1968 年版，第 385 页。

张家骏，系河南林县人，由癸卯科进士奉旨以庶吉士用。光绪二十九年五月到院，三十三年正月经法部奏调，二月到部，是月因前在进士馆肆业考列最优等、奉旨授职编修、并记名遇缺题奏。三月奏留。七月补授参议厅参事。三十四年七月调补承政厅参事。《京察满汉官员履历册》，参见《京察部厅官员履历册》，宣统年间抄本，北京大学图书馆藏。

潘元祓，系广东南海县人，由廪贡生报捐郎中签分刑部。光绪二十八年四月到部。三十年八月经广东巡抚选派赴日本游学。三十二年十月回国进署销差，十一月奏留。三十三年十一月补授参议厅参事。三十四年十月经修订法律大臣奏派，充法律馆咨议官，十二月调补承政厅参事。《京察满汉官员履历册》，参见《京察部厅官员履历册》，宣统年间抄本，北京大学图书馆藏。

刘钟琳，系江苏宝庆县人，由辛卯科举人，壬辰科会试挑取誊录、咨送会典馆当差。二十四年议叙以知县分省补用。二十九年四月签掣江西，七月到省。三十一年经出使考查政治大臣奏调派派充随员。三十二年报捐同知，经考查政治大臣保奏以知府选用。是年经学部奏调到部，奏派直隶、山东、河南、山西视学员。三十三年正月经法部奏调，十月到部。三十三年十二月经安徽巡抚奏调差委。三十四年二月，法部奏准仍留署当差，三月奏请以本部参事候补仍留道在任候选，七月奏署参事，十月补授参议厅参事。《京察满汉官员履历册》，参见《京察部厅官员履历册》，宣统年间抄本，北京大学图书馆藏。

寿昌，镶白旗满洲英华佐领下人。由官学生于光绪五年报捐贡生、加捐员外郎。光绪十二年三月选授盛京刑部员外郎。二十四年十月调补刑部员外郎。三十三年三月改补审录司员外郎。三十四年十二月升补参议厅参事。《京察满汉官员履历册》，参见《京察部厅官员履历册》，宣统年间抄本，北京大学图书馆藏。

重的显然不是在部内的当差经历，而是更多注重是否有很强的专业能力和外洋经历。

两厅会办亦多系各司掌印及熟悉部务、业务精深的司官组成。吉同钧尝言："夫明法人员胥萃于法部，而法部人才全聚于两厅会办。会办之员几经历练几经考验始膺其选。"① 光绪三十三年八月二十九日（1907 年 10 月 6 日），承参厅会办由陈毅、成允、续昶、英勋、戈炳琦、善佺、魏联奎、刘嘉斌、德�`对`、萧之葆、宗彝、连培型、王贻典组成。② 13 人均系法部实缺郎中、员外郎，来自各司重要官缺，其中会计司郎中 1 人，宥恤司郎中 2 人、制勘司郎中 2 人、员外郎 1 人、举叙司郎中 2 人、编置司郎中2 人、典狱司郎中都事司 1 人、审录司郎中 2 人。其中的大部分司官入职以来在刑部当差多年，从而补上各司的实缺，部务精熟。法部决策体制使得这些司官被进一步筛选出来，与左右丞、左右参议共同议事，制定或核定部内各项决策。此外承政厅和参议厅还有会办上行走、会办上学习行走两个科层，安插部内级别尚未到实缺郎中、员外郎级别和奏调入部候缺的急需人才，等有实缺之时再将期按班补入。光绪三十三年（1907）三月到六月，承政厅会办上学习行走有栾骏声、吴迺翼、吕懋曾等，参议厅会办上学习行走有潘元衺、吴德耀、陈克耀、马振理等。③ 另外，栾骏声于光绪三十三年（1907）二月刚由进士馆毕业回到部内等候补用。潘元衺于光绪三十二年（1906）十月从日本法政速成科毕业后，入署候缺。④ 其余 5 人为光绪三十三年正月二十六日（1907 年 3 月 10 日）奏调入法部的急需人才。⑤ 这种人才梯队使得承参两厅的人才结构在保证平稳过渡的同

---

① 吉同钧：《乐素堂文集》卷七，中华印书局 1932 年版，第 18 页。

② 中国第一历史档案馆藏：法部档案 31719 号。

③ 同上。

④ 栾俊声，奉天海城县人，癸卯（光绪二十九年）科进士，奉旨以部属用签分刑部。光绪二十九年闰五月到部。三十三年二月，由进士馆毕业引见，著以原官尽先补用。是年十二月，奏派到厅。三十四年六月补授地方审判厅刑科推事。《京察各厅推事检察官所长履历册》，参见《京察部厅官员履历册》，宣统年间抄本，北京大学图书馆藏。

⑤ 法部：《奏为设立律学馆请调徐谦等差委事》（光绪三十三年正月二十六日·），中国第一历史档案馆藏：军机处录副奏折 03—7220—003。

时得以吸收新进，为吸引和使用急需人才做出保障。

法部堂官缺乏精通法律的官员主持，故此法部各项司法改革措施的出台和平稳推进，不得不归功于法部承参两厅长官、参事及会办共同参预决策的体制。

### （二）新旧兼掌的过渡部门

法部承袭刑部原有 17 个清吏司的复核案件、办理秋朝审及刑罚执行等职掌。原拟将这些事务分隶刑事、民事两司，但因考虑法部处于新旧司法审判体系的过渡时期，各省重案、要案的复核权仍掌于法部，刑、民二司要接管原 17 个清吏司的案件，事务繁重，于是在刑、民二司外增设两司。此外，将大理院、各裁判厅等案件的复核也纳入职掌中来，这一方面说明法部仍掌司法审判权的事实，另一方面也说明司法改革中新的司法审判机构即将产生。新设四司分别是审录、制勘、编制、宥恤。各司都设掌印一人统管司内的事务，并设帮印一人辅助掌印管理司务。每司下设若干科，以分科任事。各科设主稿管理科务，并设帮稿辅助管股办理科务。各司的掌印、帮印、主稿、帮稿由堂官决定任命。

审录司，执掌朝审录囚，复核大理院、各裁判厅、局刑民事案件，暨直隶、察哈尔、左翼、两广、云贵刑事、民事各项案件。该司设实缺官郎中 4 缺（含 1 宗室额缺），员外郎 4 缺、主事 4 缺，七品小京官 2 缺，八品录事 4 缺，九品录事 2 缺。[①]。审录司下设京畿、直隶、两广、云贵科，分掌本司各项事务。各科一般设主稿 1 人，帮稿 1 人，主稿上行走若干人。各科下设若干管股和帮管股掌各科具体事务。[②] 审录司居八司之首，法部左右参议之职一旦缺出多由审录司掌印升任。这主要因其掌握大理院、京师各级审判厅刑民事案件的复核，尤其是对大理院案件的复核更是处理好部院关系的关键。光绪三十三年（1907）三月，法部堂官戴鸿慈、绍昌、张仁黼，均非刑部司官出身，不熟悉律例，要和久居刑曹兼掌修律

---

① 七品小京官和八、九品录事的缺数来自《满汉实缺人员官单》，下同。该单参见国家图书馆藏《清代孤本内阁六部档案续编》第 16 册，全国图书馆文献缩微复制中心 2005 年版，第 6649—6703 页。

② 法部审录司档案，中国第一历史档案馆藏法部档案：第 24249 号。

和大理院的沈家本对峙，非常不利。戴鸿慈等于是在部中寻找熟悉法律而且可以和沈氏相抗衡的司官，专办与大理院交涉事件。法部左丞定成举荐法部司官出身缘事降调光禄寺署正的吉同钧，并将吉氏的文章提交给戴鸿慈阅看。戴鸿慈看后，极为佩服，随即奏请调回法部，委派京畿科主稿，专核大理院稿件。吉同钧即以其律学功底，驳覆大理院案件多起，为戴鸿慈等堂官所倚重。故此，吉氏因其法律才学，于法部审录司内一路升职，累迁至审录司掌印郎中。审录司各科主稿、管股有不少是吉同钧的学生，不过审录司京畿科主稿一直尤其担任，为协调部院关系、提高京师各级审判厅审判工作都做了大量工作。①

制勘司，执掌分掌勘定秋审实缓，宣告死刑，复核四川、河南、陕西、新疆、乌里雅苏台、科布多刑事、民事各项案件。该司设实缺官郎中3缺，员外郎5缺（含1宗室额缺）、主事4缺，七品小京官2缺，八品录事4缺，九品录事2缺。制勘司下设四川、河南、陕西、甘新四科，分掌本司各项事务。各科其余设定和审录司一样。

编置司，执掌京外奏咨减等，盗犯定地、编发给官兵为奴事项，复核奉天、吉林、黑龙江、山东、山西、察哈尔右翼、绥远城、归化城刑事、民事各项案件。该司设实缺官郎中3缺，员外郎5缺（含1宗室专缺）、主事4缺，七品小京官2缺，八品录事4缺，九品录事2缺。编置司下设奉天、吉江、山东、西蒙四科，分掌本司各项事务。各科其余设定和审录司一样。

宥恤司，分掌恭办恩旨、恩诏、赦典颁降条款，清理庶狱，复核江苏、安徽、江西、福建、浙江、湖南、湖北刑事、民事各项案件。该司设实缺官郎中3缺，员外郎4缺、主事5缺（含1宗室额缺），七品小京官2缺，八品录事3缺，九品录事2缺。宥恤司下设江南、江西、闽浙、湖广四科，分掌本司各项事务。各科其余设定和审录司一样。

以上四司照旧搬用刑部清吏司据地域进行分工的模式分理部务。从执

<hr />

① 吉同钧：《乐素堂文集》卷七，中华印书局1932年版，第3—4页。吉同钧担任法部律学馆教习，教授许多学生其中吴本钧于宣统二年二月担任审录司直隶科主稿上行走，韩景忠担任直隶科帮管股等。参见中国第一历史档案馆藏：法部档案24249。吉同钧编：《大清律例讲义》卷一，法部律学馆1908年铅印本，第1页。

掌内容上来说，负责的是司法审判的业务，从工作程序上，严重受旧制的约束而未能区分民事与刑事，妨害了整个部门工作的专业化进程，表现出新旧兼掌的过渡形态给法部机构改革带来的不利影响。

## (三) 主掌新事部门

法部还成立若干新的专业化部门，来执掌新事，推进改革。

举叙司，接收刑部满档房和贵州清吏司掌管各司员官缺、功过、事故、京察、奏留等事项，增加监督各司法衙门，并请简、请补、升降各官缺，考验法官、书记、律师、法律毕业生等新事项，掌新式司法人才的培养和管理。该司设郎中 3 缺，员外郎 4 缺、主事 4 缺，七品小京官 3 缺（含 1 宗室额缺），八品录事 4 缺，九品录事 2 缺。举叙司下设任官、考绩两科，分掌本司各项事务。每科设主稿 2 人，帮稿 2 人。

典狱司，由原提牢厅改设，除掌管南北两监外，更多的是执掌各省监狱警察，习艺所罪犯名册、衣粮、费用，编纂牢狱规则、统计书表等事项，进而推动清末的狱政改革。该司设郎中 3 缺，员外郎 4 缺、主事 4 缺，七品小京官 3 缺（含 1 宗室专缺），八品录事 5 缺，八品监医正 1 缺，九品录事 5 缺，九品监医佐 1 缺。[①] 典狱司下设监察、建筑两科，分掌本司各项事务。每科设主稿 2 人，帮稿 2 人。典狱司还设有监狱管理各乌布，总管守长 2 人（选由实缺员外郎和实缺主事担任），正管守长 2 人（选由七品小京官担任），副管守长 6 人（选由八、九品录事担任），额外副管守长 4 人（选由九品录事担任），负责整个监狱事务。在促进监狱改革的同时，为适应这种变革，典狱司也对自身机构和人事做着调整。管理各员最初都是兼任官。后来由于京师各级审判厅建立，大理院及各厅送法部监狱监禁的人犯一天天增多，加之监狱改良，管理监狱的事务，如囚犯听讲、习艺等也增加很多，兼任官制很难实现对监狱的有效管理。光绪三十四年八月二十二日（1908 年 9 月 17 日），法部奏准将总管守长 2 员、正管守长 2 员、副管守长 6 员，均由兼充改为专差。总管守长由部于各司实缺员外郎、主事及候补郎员主 3 项班内拣选司员，不分满汉，咨行内阁

---

① 监医正、监医佐是光绪三十三年七月初二日，法部新设。《清实录》第 59 册，《德宗景皇帝实录》卷五百七十六，第 619 页下。

验放，请旨简用。正管守长由部拣派各司实缺小京官充任，副管守长由部拣派补缺八、九品录事充任。总管守长统管两监事务。正管守长和副管守长则分派两监，轮流值班。①

　　会计司除接收刑部原设饭银处、赃罚库所掌纳赎收赎罚金、充公赃物财产等事务外，另行掌管法部出入经费，罪犯习艺产品的售卖，诉讼费及各项统计书表、报告事件等新增事务。该司设郎中 3 缺，员外郎 4 缺、主事 4 缺员，七品小京官 2 缺，八品录事 5 缺（含 1 宗室专缺），九品录事 3 缺（含 1 宗室专缺）。会计司下设支应、稽征两科，分掌本司各项事务。每科设主稿 2 人，帮稿 2 人。两科下设 3 股：筹议股，掌规划京外增入制出，分办预决算，设总核、核算各 1 人，一等书算员 1 人，二等书算员 2 人；审核股，复核京外报销之账，分办预决算，下设人员同前；收支股，收发部厅款目，分办预决算，所设人员同前。

　　以上三司是法部近代性质职责在司一级的比较好的体现，其在承袭旧事的前提下主要负责新增事务。

### （四）综合庶务部门

　　法部将以前分属不同部门的庶务工作专门设都事司和收发所统一管理。都事司，主要接收满档房、汉档房的事务，从事文书工作，执掌翻清译汉，誊缮专折，值日递折、递牌，典守堂印，誊缮汇奏，速议、核议各省折件。该司设郎中 3 缺，员外郎 4 缺、主事 4 缺员，七品小京官 6 缺，八品录事 13 缺（含 1 宗室专缺），九品录事 10 缺（含 1 宗室专缺）。都事司下设清书、汉文两科，每科设主稿 2 人，帮稿 2 人，分掌本司各项事务。收发所，是法部的庶务部门，掌收发定罪人犯，京内、外来往文件、折奏，超过期限的统计书表，赏罚书手、皂差、禁卒，宣告各项示谕，发收、修造刑具，暨阖署工程各事项。该所设员外郎 2 缺，主事 2 缺，七品小京官 2 缺，八品录事 4 缺，九品录事 4 缺。收发所并不分科。都事司和收发所的建立使各部门分工协作、专著本职，有利于部门的专业化过渡，最终使工作人员业务执掌的专业化。

---

　　①　法部：《奏变通提牢章程酌加奖叙折》（光绪三十四年八月二十二日），《大清法规大全》，第 757—758 页。

### （五）其他职能部门

两厅八司一所成为整个衙门得以运行，各项执掌事务能够实施的机构基础。此外，法部改革处在清朝实施预备立宪的大潮之中，各项与预备立宪有关的事务层出不穷，加上法部内部发展变革的需要，法部衙门内又附设若干职能部门。这有的是从旧部门改造而来，有的是依据宪政预备要求予以新建。它们都没有法定官缺，只有由堂官决定相应的乌布，由部内的司员充任。它们主要包括律学馆、宪政筹备处、统计处、校订法律处、钦命事件查办处等。以下就宪政筹备处、钦命事件查办处稍加介绍，别的部门放在其他章节论述。

宪政筹备处，是法部筹备宪政的机构。"为规划司法上一切行政总汇之处"，办理有关筹备宪政、司法律例的改革等事。设总理1人，总理本处一切事务。提调1人，商承总理分配各种事务，稽查本处收支账目，复核各科已成稿件。总纂1人，复核各科已成稿件，调查京外司法工作情况。宪政筹备处下分四科：第一科，办理本处机密紧要事项，并保存文件；第二科，考核京外各级审判厅、检察厅、提法使、看守所等的设置规章；第三科，编译各项章程图书；第四科，办理文图庶务事。每科均设科长1人，副科长1人，科员1人。此外，还设纂修5人，庶务1人，行走3人。钦命事件查办处（简称查办处），是临时性机构。皇帝为调查审理某些特别重大的案件，奉特旨设立。主要官员都是皇帝指派的亲近官员，一般由法部尚书和有关衙门的首领等组成，其办案的情况，直接向皇帝汇报。① 清末著名的贻谷大案，就是由钦定查办处理，这也意味着，国家对于司法审判事务中的大案、要案，仍纳入行政体系内来解决的。

法部的职掌既包括近代性质的司法行政机构各项功能，又兼掌旧制下的司法审判各项事务，其过渡性非常明显，是传统司法机构走向近代的中间形态。法部在司和堂官之间增加了承参两厅，实际上是增加了部内的科层，在整个决策过程中增加了专业人员集议审核的环节，以保证决策的质量。法部厅、司、所的内部业务分工更加清晰、丰富，更具近代机构分工

---

① 李鹏年、朱先华、刘子扬、秦国经、陈锵仪等编：《清代中央国家机关概述》，黑龙江人民出版社1983年版，第395、397页。

的性质，与司法改革更加贴近，有利于司法改革的推进。不列入官制的职能部门，则易于实现一段时期内临时增加事务的专门性管理。

## 三 升迁制度

在官僚制度中，对官员掌控的核心点是升迁权。官员入部当差，便期盼升迁。传统体制，通过科举制和吏部签分制，把各种饱读诗书，却没有专业特长的后备官员随机分配到各个部门。这种任官体制，是为了皇权能牢牢控制官员的任免，使官员忠于皇帝，而不是忠于某个职位、部门、领导。可见，王朝的官僚体系，不重视官员的专门知识，注重官员在入职前的普通教育和人脉背景，主要还是从意识形态上保证进入国家机构中的官员是可靠的，效忠王朝的。专门之学则是官员入部后，由各部去考察。初任官员到一个部门，一般学习部务三年。由部门考察，然后决定去留。入部官员年龄资质不一，使各部要培养一批批能用的专业化官僚，需要大量时间。

降至清季，这种不论官员的专门知识结构而随时分部的任职越发显现不适用。端方和戴鸿慈就曾提出要改革任官体制，提高官员的专业化素质。载泽等也提出把吏部置于掌管官员履历资料的地位。清廷核定官制改革方案中，基本维持吏部的功能。但科举废除，各种新式学堂的兴起，新旧部门的更替，任官体制不能没有变化。

丙午官制谕下达后，各衙门研讨内部改革方案，直接向清廷奏调、奏留、奏补本部门急需司官。同样，在各部官制没有定下来时，所有部内的官员升迁虽照旧运作，但因实际的官缺并没有定下来，造成吏部签分的工作难以运行。各衙门在接收司员后，将再次裁缺司员咨送吏部，请求吏部"各照原官、原资，酌量录用、改用"。[①] 吏部成了接收裁缺司员的衙门。又因旧有、添设、改设各部不断变化，各部多倾向于使用便利的奏调，旧有的司员题补、选补的方式难以维系。光绪三十二年十一月二十二日（1907年1月6日），吏部上折，指陈当前各部不经吏部，随意奏调司员，致使吏部形同虚设，要求除外务部照旧办理外，其余旧设、改设、添设各

① 《谕折汇存》（光绪三十二年十一月）第 6 册，政治馆，第 52—53 页。

衙门官员选缺各方式全部不用，现在一律由各部堂官题补，即由堂官自己决定部内官员的改补、升补。同时要求各部在题补各项官制时必须"一缺按服官阶班次，酌量才具，拟定正陪"，"一缺拣资俸较深暨劳绩保举之员分班轮补"，由吏部带领引见请补。吏部掌握"选缺"停止，到吏部投供的候选之捐纳就没有进入京师各部的出路，故此，吏部要求若是捐纳人员捐有花样的话，① 依然要签分到各部行走。各衙门若是要奏调司员的话，必须先将奏调人员详细履历送吏部备案，补缺时得先由吏部查核，"除声明实系才具出众，职事必需之员，由各该堂官酌量奏补外，其余均以品秩相当者拟补"。② 此一主张改变了原有各部司官的补缺方式。吏部掌握的依据资深、劳绩、捐纳等方式替各部选缺的权力交给了各部，提高了各部堂官对部内司员补缺掌控。吏部把自己作为补缺官员规则班次的制定者和审核者，将规则的运作权交给了各部堂官。对于积压在自己手上的捐有签分中央各部花样的捐纳人员，吏部依然要酌情签分各部行走。对于各部盛行的奏调之风，吏部亦出台政策加以限制。光绪三十二年十二月十八日（1907 年 1 月 31 日），吏部奏准《奏详订各部司员补缺轮次折附片》，改定新官制下各部官员升补章程。新章程规定无论实缺、候补、资深、劳绩人员，统行酌量才具，拟定正陪补用。序补之缺如果有特旨指定分部、特旨分部即用即补及各项不积缺人员，仍照原先旧例尽先补用，均不用积累缺分。官制改革裁掉了许多部门。这些部门的实缺、候补各员，清廷不能坐视不理。吏部特在新章程为各部裁缺官员开辟专条。如原为实缺人员，遇序补之缺，仍按原奏补日期先后与本部人员相间轮用，先用本部 1 人，再用裁缺 1 人。原候补人员遇序补之缺等也同样办理。若是裁缺官员分部后有"熟悉部务，才具出众"，该部堂官可以酌量拟补。对于以前在选授官缺上积累劳绩的各部郎中、员外郎、主事，若是异常劳绩请奖应以遇缺先前即补，寻常者则以遇缺即补。遇缺先前即补依照无论题选咨留章程办理，遇缺即补仍照旧章办理。此次吏部奏订的是各部满汉郎中、员外郎和满主事的题补章程，还未涉及七品小京官等。

---

① 纳捐时捐有"签分六部"等。

② 吏部：《厘订各衙门司员缺项并奏调人员一律查核折》，《谕折汇存》（光绪三十二年十二月）第 6 册，政治馆，第 31—32 页。

光绪三十三年二月二十日（1907 年 4 月 2 日），吏部继续上折专门规定特旨分部人员的实缺班次。① 特旨分部行走人员期满奏留后遇序班之缺，无论资深劳绩，补过 2 缺后，再遇序补之缺，统较奉旨日期先行插补 1 人，不积资深劳绩班次之缺。如果早经奏留，满汉郎中、员外郎、满主事，归入候补资深班内，汉主事归荫生资深班内，如有资深到班在先，即按资深序补，如得有劳绩保奖者遇劳绩到班在先，即按劳绩序补，不必局限于 2 缺后插用 1 人的规则。

光绪三十三年三月十七日（1907 年 4 月 29 日），法部奏补第一批官制缺时，并没有遵照吏部新章，而是援引民政部旧例，将部内实缺通补 1 次。七月中旬，法部通补试署官员纷纷实授，法部咨行吏部，声称三月十七日奏请改补、试署各缺系因才录用不拘成例，补缺各员满汉比例没能照顾平衡，当前部内补缺人员不能视为满汉底缺。法部依据吏部新章拟定了具体的满汉补缺轮次办法。② 该办法规定遇酌题班次，满汉并用以期得人，如酌补满员，正陪均用满员，如酌补汉员，正陪均用汉员，若是序补之缺，无论所出之缺为满为汉，满员到班则用满员，汉员到班则用汉员。依据吏部章程和实缺轮次办法，法部制定详细的补缺轮次表。其中郎中、员外郎补缺轮次有 32 缺，满汉主事实缺轮次有 48 缺，每补完 1 轮，又再从第一缺开始补。每 1 缺拟定拣选正陪的方式，通过参考吏部奏准新章确定。

表 2 - 4　　　　　　　　　　法部官员补缺轮次表

|  | 郎中员外郎补缺轮次表 | 满汉主事补缺轮次表 |
| --- | --- | --- |
| 第一缺 | 酌题 | 酌题 |
| 第二缺 | 序补满资深。以实缺员外郎、主事奏补之日较资，补用 1 人 | 序补满资深。用一等小京官，比较奏补日期先后，补用 1 人 |
| 第三缺 | 酌题 | 酌题 |
| 第四缺 | 序补裁缺满资深 | 序补裁缺满资深 |

① 吏部：《奏酌拟特旨分部人员补缺班次折附片》，《谕折汇存》（三十三年三月）第 6 册，第 61—63 页。

② 吏部：《奏酌拟法部司员补缺轮次折（并表式)》（光绪三十三年八月初一日），《大清法规大全》，第 475—478 页。

| | 郎中员外郎补缺轮次表 | 满汉主事补缺轮次表 |
|---|---|---|
| 第五缺 | 酌题 | 酌题 |
| 第六缺 | 序补汉劳绩 | 序补汉资深。用进士及保送录用分部人员、拔贡保送录用小京官归主事班，后较资深，补用1人 |
| 第七缺 | 酌题 | 酌题 |
| 第八缺 | 序补裁缺汉劳绩 | 序补裁缺汉资深 |
| 第九缺 | 酌题 | 酌题 |
| 第十缺 | 序补汉资深。以实缺员外郎、主事奏补之日较资，补用1人 | 序补满劳绩 |
| 第十一缺 | 酌题 | 酌题 |
| 第十二缺 | 序补裁缺汉资深 | 序补裁缺满劳绩 |
| 第十三缺 | 酌题 | 酌题 |
| 第十四缺 | 序补满劳绩 | 序补汉资深。用进士、举、贡、荫生、捐纳，补用1人 |
| 第十五缺 | 酌题 | 酌题 |
| 第十六缺 | 序补裁缺满劳绩 | 序补裁缺汉资深 |
| 第十七缺 | 酌题 | 酌题 |
| 第十八缺 | 满资深。以候补郎中、员外郎奏留后，按照学习期满之日较资，补用1人 | 序补满资深。用候补人员奏留后比较学习期满日期先后，补用1人 |
| 第十九缺 | 酌题 | 酌题 |
| 第二十缺 | 序补裁缺满资深 | 序补裁缺满资深 |
| 第二十一缺 | 酌题 | 酌题 |
| 第二十二缺 | 序补汉劳绩 | 序补汉劳绩 |
| 第二十三缺 | 酌题 | 酌题 |
| 第二十四缺 | 序补裁缺汉劳绩 | 序补裁缺汉劳绩 |
| 第二十五缺 | 酌题 | 酌题 |
| 第二十六缺 | 序补汉资深。以候补郎中员外郎奏留后按照学习期满之日较资，补用1人 | 序补满劳绩 |
| 第二十七缺 | 酌题 | 酌题 |
| 第二十八缺 | 序补裁缺汉资深 | 序补裁缺满劳绩 |

续表

| | 郎中员外郎补缺轮次表 | 满汉主事补缺轮次表 |
|---|---|---|
| 第二十九缺 | 酌题 | 酌题 |
| 第三十缺 | 序补满劳绩 | 序补汉资深。用进士荫生及小京官较资补用1人 |
| 第三十一缺 | 酌题 | 酌题 |
| 第三十二缺 | 序补裁缺满劳绩① | 序补裁缺汉资深 |
| 第三十三缺 | | 酌题 |
| 第三十四缺 | | 序补满资深。用一等小京官比较奏补日期先后补用1人 |
| 第三十五缺 | | 酌题 |
| 第三十六缺 | | 序补裁缺满资深 |
| 第三十七缺 | | 酌题 |
| 第三十八缺 | | 序补汉资深。用各项出身之捐纳较资补用1人 |
| 第三十九缺 | | 酌题 |
| 第四十缺 | | 序补裁缺汉资深 |
| 第四十一缺 | | 酌题 |
| 第四十二缺 | | 序补满劳绩 |
| 第四十三缺 | | 酌题 |
| 第四十四缺 | | 序补裁缺满资深 |
| 第四十五缺 | | 酌题 |
| 第四十六缺 | | 序补汉劳绩 |
| 第四十七缺 | | 酌题 |
| 第四十八缺 | | 序补裁缺汉劳绩 |

　　光绪三十三年八月初一日（1907年9月8日），吏部上折奏准法部编制的补缺轮次表，对表中裁缺人员补缺的安排提不同意见，要求法部将裁

---

① 满汉郎中、员外郎每轮次有32缺，然后再又从头开始补缺。

缺人员和各项不积缺人员的补缺轮次依据吏部奏准新章办理。① 对于吏部的新建议，法部认为原表中为裁缺人员确定的相间轮用办法是几经斟酌定下，部内有司员 500 多人而额缺有限，裁缺分部人员不过数十人，若是依据吏部新章将序补之缺各较各资相间轮用，是以少数与多数相对，势必导致裁缺资浅者补缺的速度加快，本部资深者补缺反倒减慢，非常不公平。另外，法部自官制以来，各司办事全部都是实缺人员，若裁缺各员在部内当差不久，不熟悉部务，迅速补缺后很难胜任新部门的工作。为做到两者平衡，法部拟请以后遇序补之缺，裁缺候补各员学习 6 个月期满奏留如资深到班无论正途捐纳仍以从前奏留之日与原部内人员一体较资分班补用，劳绩到班也与原部内人员劳绩保案奉旨日期比较先后分班补用，其裁缺实缺人员亦请学习 6 个月期满奏留归入应补班补用，其中有熟习部务才具出众人员亦准予酌补。最后，法部依据新定的酌改裁补人员办法修订了补缺轮次表。② 其做法后来成为定例，为民政部、礼部等所效法。

表 2－5　　　　　　　　　续补法部官员补缺轮次表

| | 郎中员外郎补缺轮次表 | 满汉主事补缺轮次表 | |
|---|---|---|---|
| 酌题 | 不论满汉酌量才具拟定正陪（裁缺分部人员亦准酌补） | 第一缺酌题 | |
| 序补 | 满资深（以实缺员外郎、主事奏补之日较资，补用 1 人，本部人员与裁缺分部补缺人员较资） | 第二缺序补 | 满资深（用一等小京官比较奏补日期先后补用 1 人，本部人员与裁缺分部补缺人员较资） |
| 酌题 | | 第三缺酌题 | |

① 吏部：《奏酌拟法部司员补缺轮次折（并表式）》（光绪三十三年八月初一日），《大清法规大全》，第 475—476 页。

② 法部：《酌改裁缺分部人员补缺轮次章程》（光绪三十三年八月十六日），《法部奏议章程》，宣统年间石印本，北京大学图书馆藏。

续表

| 郎中员外郎补缺轮次表 | | | 满汉主事补缺轮次表 | |
|---|---|---|---|---|
| 序补 | 汉劳绩（以奏保日期比较先后补用1人，本部人员与裁缺分部人员比较） | 第四缺序补 | | 汉资深（用进士及考职分部人员拔贡、考职资补用1人，本部人员与裁缺分部补缺人员较资） |
| 酌题 | | 第五缺酌题 | | |
| 序补 | 汉资深（以正途出身补缺员外郎、主事奏补之日较资补用1人，本部人员与正途出身裁缺分部实缺人员较资） | 第六缺序补 | | 汉劳绩（以奏保日期比较先后补用1人，本部人员与裁缺分部人员比较） |
| 酌题 | | 第七缺酌题 | | |
| 序补 | 满劳绩 | 第八缺序补 | | 汉资深（用进士、举、贡、荫生、捐纳，较资补用1人，本部人员与裁缺分部人员比较） |
| 酌题 | | 第九缺酌题 | | |
| 序补 | 满资深（以候补郎中、员外郎奏留后按照学习期满之日较资补用1人，本部人员与裁缺分部人员较资） | 第十缺序补 | | 满资深。（用候补人员奏留后比较学习期满日期先后，补用1人，本部人员与裁缺分部人员比较） |
| 酌题 | | 第十一缺酌题 | | |
| 序补 | 汉劳绩 | 第十二缺序补 | | 汉劳绩 |
| 酌题 | | 第十三缺酌题 | | |
| 序补 | 汉资深（以候补郎中、员外郎奏留后按照学习期满之日较资补用1人，本部人员与裁缺分部人员较资） | 第十四缺序补 | | 满劳绩 |
| 酌题 | | 第十五缺酌题 | | |
| 序补 | 满劳绩 | 第十六缺序补 | | 汉资深（用进士、荫生及小京官较资补用1人，本部人员与裁缺分部人员较资） |
| | | 第十七缺酌题 | | |

**续表**

| 郎中员外郎补缺轮次表 | | 满汉主事补缺轮次表 |
|---|---|---|
| | 第十八缺序补 | 满资深（用一等小京官比较奏补日期先后补用 1 次，本部人员与裁缺分部人员比较） |
| | 第十九缺酌题 | |
| | 第二十缺序补 | 汉资深（用各项出身之捐纳较资补用 1 人，本部人员与裁缺分部人员比较） |
| | 第二十一缺酌题 | |
| | 第二十二缺序补 | 满劳绩 |
| | 第二十三缺酌题 | |
| | 第二十四缺序补 | 汉劳绩 |

　　法部官制增添部内七、八、九品额缺，其补缺方法没有旧章可循，吏部亦没有出台新章加以规范。光绪三十四年（1908）十月，法部在首轮通补业已完成，据法部补缺折，所有官缺以后遇有缺出必须分别轮次补用，而不仅仅是奏补一途。另外小京官到部者已经从以前只有拔贡一途，现已有优贡小京官、考职小京官、奏调小京官。录事也有笔帖式改委者、有札委到部者，各员出身各不相同，升补轮次自然不能同样。为规范司官升补，光绪三十四年十月十六日（1908 年 11 月 9 日），法部奏准《七品小京官及八九品录事官补缺章程》8 条以明晰之。①

---

　　① 法部：《奏酌拟七品小京官及八九品录事官补缺章程折（并清单）》（光绪三十四年十月十六日），《大清法规大全》，第 499—500 页。

表 2 - 6　　　　　　　　　法部七品小京官及八九品录事官补缺表

| 缺位 | 规则 | 酌补之缺（不分满汉） | 序补之缺（不分满汉） | 例外 |
|---|---|---|---|---|
| 主事 | 其奏调人员及由八品录事官升补小京官者，嗣后无论满汉，只准捐免试俸，均须扣满历俸3年，方准作为额外主事 | 如遇酌补之缺选择才能酌量请补 | 实缺汉小京官历俸奏留作为候补主事后，系拔贡、考职、优贡3项，归入主事第四缺第十六缺两轮内与进士荫生较资补用，系奏调及由八品录事官升补小京官人员，如举人及拔副优贡出身者，添入主事第八缺序补轮内与进士、举、贡、荫生之捐纳人员较资补用，如附监出身者添入主事第二十缺序补轮内与各项损纳人员较资补用 | |
| 七品小京官 | | 拔贡、考职、优贡、荫生、捐纳及奏调人员暨八品录事官，酌量才能拟定正陪请补 | 拔贡、考职、优贡、荫生、捐纳暨奏调人员统以到部日期，系八品录事官以委用日期比较升补 | 奏调人员以小京官候补者，仍照前次奏明办法，遇有相当之缺，酌量试署3个月，果能胜任，再行奏请实授 |
| 八品录事官 | 札委八品录事官应以到部当差之日起扣满3年，遇酌补各缺始能酌量补用，遇序补各缺始准入轮 | 以候补八品录事官或实缺九品录事官酌补1人 | 以实缺九品录事官较资升补1人，再以本部裁缺及各衙门裁缺人员品级相当者较资连补2人，再以荫生及各项班次候补人员品级相当者较资补用一人，再以札委候补八品录事官较资补用1人 | 笔帖式改补为录事官者，由考试较优之八、九品实缺、候补笔帖式分别改补① |

———————————

① 法部：《改补员缺分别补署并详陈办法折》（光绪三十三年三月十七日），《谕折汇存》（光绪三十三年四月）第6册，政治馆，第105—112页。

续表

| 缺位 | 规则 | 酌补之缺<br>（不分满汉） | 序补之缺<br>（不分满汉） | 例外 |
|---|---|---|---|---|
| 九品录事官 | 九品录事官应以到部当差之日起扣满 1 年 6 个月，遇酌补各缺始能酌量补用，遇序补各缺始准入轮 | 以候补九品录事官酌补 1 人 | 专以本部及各衙门裁缺之品级相当者较资补用 | 笔帖式改补为录事官者，由考试较优之九品实缺、候补笔帖式分别改补 |

　　法部为激励司员承担部内监狱管理的勤苦差事，特别制定提牢新章。刑部向来都是忙碌、清苦的部门。刑部中掌管南北两监的提牢厅更加苦累。据刑部《提牢章程》，提牢厅满汉提牢当差一年期满，若是"勤敏无过"，即行具奏请奖，移咨吏部，额外人员即补实缺，试俸人员即实授。法部官制把南北两监的满汉提牢 2 员，改以典狱司员外郎、主事兼充，称总管守长，不另设缺。光绪三十四年八月二十二日（1908 年 9 月 17 日），法部因兼差很难胜任南北两监改革和管理的繁重劳累的工作，将总管长 2 员改为专差，任期 2 年，期满由法部咨行吏部，实缺人员即以应升之缺升补，候补人员准即补实缺。法部把正管守长 2 员，副管守长 6 员，全部改成专差，任期 3 年，期满由总管守长出具考语，呈递给堂官分别奏咨办理，全部以应升之缺升补。① 历经两年法部官制所设新旧额缺的实缺轮次才渐渐稳定下来。

　　制度的运作本身与抽象规则相比更加生动，不过这种过程相对知晓起来会更加不容易。法部官员升迁具体过程，我们通过解读举叙司制作的《查核缺簿》② 加以说明。

---

　　① 法部：《奏变通提牢章程酌加奖叙折》（光绪三十四年八月二十二日），《大清法规大全》，第 757—758 页。

　　② 法部举叙司：《查核缺簿》（光绪三十三年七月立），中国第一历史档案馆藏法部档案：31719 号。《查核缺簿》是法部司官升补的流水记录。

　　过缺员外郎。第一酌题缺。宥恤司员外郎李步沆丁忧遗缺，以资深候补员外郎常旭春拟正，编置司平安拟陪。三十三年四月初十日，行吏部查核。旋，吏部以满汉并列，与例不符，驳覆。六月十三日，改以候补员外郎雷祖根拟陪，复行吏部查核。六月二十一日，吏部文到覆准。七月十五日，验放。

　　这可能是举叙司成立后主办的第一起署内司官升补例案，一来就栽了个跟头。可能是这一跟头栽得有些大，举叙司立即组织人手研究吏部新章和旧例，编制了前述的《法部官员补缺轮次表》，于七月中旬咨行吏部。咨部不久，法部举叙司的补缺工作继续。

　　过缺郎中。第一酌题缺。编置司郎中石镜潢，传补御史遗缺，以本司员外郎王贻典拟正，宥恤司张丕基拟陪。三十三年七月十七日，行吏部查核。旋，吏部覆称，系与新章相符，惟俟吏部将新章奏明立案后始能核准。复于八月初四日，吏部文到核准。八月二十日验放。过缺员外郎。第二序补缺（满资深）。王贻典拟补编置司郎中遗缺，以本司主事平安序补。三十三年七月十七日，行吏部查核。旋，吏部覆称，系与新章相符，惟俟吏部将新章奏明立案后始能核准。复于八月初四日，吏部文到核准。八月二十日验放。过缺主事。第一酌题缺。编置司主事平安拟补本司员外郎遗缺，以候补主事杨学礼拟正，周之麟拟陪。三十三年七月十七日，行吏部查核。旋，吏部覆称，系与新章相符，惟俟吏部将新章奏明立案后始能核准。复于八月初四日，吏部文到核准。八月二十日验放。

　　这三缺是法部在把补缺轮次表咨行吏部后，再行要求补缺。可见，一般法部会把出缺一次性补齐，再行交吏部。酌题缺要拟定正陪，一般是由拟正之员补缺。序补缺并不拟定正陪。郎中、员外郎、主事各走各的轮次，互不影响。举叙司将还没有真正出缺的官缺，拟定序补之员，又将序补出缺的官缺，又再次拟定酌题的正陪二候补主事，到候补主事后，以无缺可补，不再补缺。首先表明部内对官员的升补只要依据规章，是可以预期的，其次说明部内官员升补的具体时间，对于官员积累资历和劳绩有着至关重要的作用。

过缺郎中。第二序补缺（满资深）。会计司郎中陈毅补邮传部佥事遗缺，以制勘司员外郎长昀序补［查此次有特旨班郎中长春，年力衰迈，又资深班收发所员外郎景成（一般写作晟——引者注）才欠开展，均经奏请未便迁就，改补长昀］。三十三年十月十五日，行吏部查核。十月二十四日，吏部覆准。十一月初十日，验放。过缺员外郎。第三酌题缺。制勘司员外郎长昀升补郎中遗缺，以候补员外郎雷祖根拟正，编置司陈棣堂拟陪。三十三年十月，十五日，行吏部查核。十月二十五日，吏部文到覆准。十一月初十日，验放。

这是序补缺中有特旨班人员的情形。特旨班插在任何班次之前的，曰不积缺。不过即便是特旨，法部的任命权也是不能完全忽略的。长春因年龄劣势没能把握住升补机会，资深排列在前的景晟，亦因没什么才华而没初取中。补缺郎中第三酌题缺，拟正的就是第一酌题缺作陪的雷祖根，部内对于出缺拟补的官员有详细的排列目次。新入部的人，得将自己履历交由举叙司，由举叙司在升补班次官册上排班。

法部官员的整个升补过程是吏部、法部、皇权、规则四方之间的一种博弈结果。我们不能说哪一方在中间就一定占主导。从主体上来说，法部对部内官员的升补，相对略占主导。

另外，各部门之间的官员是纳入一个大的轮补规则之中，部门间的各缺是依据已经排列好的班次顺序酌序补，根本没有照顾到官员本身学有所长的问题。法部的官员升补又是在整个王朝的官员升补制度之内。官员专业化的问题可交给法部乌布来解决，不过乌布在不同部门之间的跨越，从实际操作上来说，并不多见，乌布多半还是各在本部门内选任，"拉司"现象并不多。① 从总体上来说，法部的部门设置，开始从地域分工走向专业分工，不过从人事安排上，尚未能走出流官体制，这并非法部所能独力使然，而与王朝人事改革的大格局有关。

---

① 即司的掌印或是主稿把他司的实缺、候补司员安排到本司当差。魏元旷：《西曹旧事》，《潜园二十四种》第 8 册，第 2—3 页。

## 四 人员构成

如何接续刑部旧掌，顺利开展新职能，是法部面临的首要问题。法部人员构成及其变动直接影响到整个部务和清末法律体系从传统结构向近代结构的转化。司法是一门比较专业的学问，须经过专门学习和长时间的实践历练，方能自如胜任。新政改革，尤其是预备立宪之后，中央、地方各部门都需要大量精通甚至是熟习法政的官员。所以法部官员，尤其是兼习中外法律的人员受到各部和地方的"争抢"，① 导致法部官员外流的现象比较严重。其流向主要是新开办的大理院，光绪三十三年（1907）创办京师高等以下各级审判厅，以及后来将署内官员调任各地方高级审判厅厅丞、检察厅检察长以及推事等。地方督抚大吏也会奏调法部官员。这从解决冗员来说，当然是好事，但被奏调者多是人才，故此，也意味着法部人才的流失。法部人员因此流动较大，要做分析并不太容易。因法部实缺官均于署内当差，又是部内乌布主要执掌人员，可以其为始来探讨。

光绪三十三年三月十七日（1907 年 4 月 29 日），法部奏补八成的部门要缺。其中郎中、员外郎奏补，满人升补超过汉人，满人所占比例均略超过刑部。汉主事改补的很少，多由大量候补而又有能力的汉员得补实缺，满汉比例有非常大的变化，满人比例下降了14%。另外刑部堂房的所有官员均在这次奏补中升班补实缺。经过戴鸿慈精心考核，奏补的 104 名七品以上的实缺官成了部务骨干，其基本思路还是以刑部旧人为主杂以奏调入部的新人，以保持队伍稳定。另外这 104 名人员均系法部原司官出身，其于接收刑部旧事当然不在话下，不过于司法改革诸事的推进显然是不够的，戴鸿慈专门空出员外郎 6 缺、主事 5 缺、七品小京官 8 缺，也是

---

① 光绪三十二年十一月十七日，邮传部奏准《部务殷繁拟调京外各员折》，奏调法部郎中陈毅、员外郎王仪通、学习主事王鸿祓入部当差，其待遇仍援用学部及前巡警部成案。[《谕折汇存》（光绪三十二年十二月）第 6 册，政治馆，第39—40 页]王仪通于光绪三十二年曾游历日本考察司法制度，光绪三十二年十月，大理院正卿沈家本调其入院佐理。光绪三十三年五月，被任命为大理院推事。

为了能够吸引和留住人才。

表 2 - 7　　　　　　　　　　　法部官员补缺统计表①

| 官名 | 额缺 | 改补 | | 升补 | | 满人比例 | 刑部满人比例 | 实补 | 充补比例 |
| | | 满 | 汉 | 满 | 汉 | | | | |
| --- | --- | --- | --- | --- | --- | --- | --- | --- | --- |
| 郎中 | 25 | 7 | 10 | 5 | 3 | 48% | 46% | 25 | 100% |
| 员外郎 | 36 | 9 | 7 | 8② | 3 | 63% | 58% | 30 | 83% |
| 主事 | 35 | 8③ | 1 | 5④ | 16 | 43% | 57% | 30 | 86% |
| 七品小京官 | 27 | 19⑤ | | | | 100% | | 19 | 70% |

光绪三十三年正月二十六日（1907 年 3 月 10 日），为了能够全面展开部务，法部奏调徐谦、张家骏、麦鸿钧、刘钟琳、张煜全、王宠惠、严锦荣、陈篆、关应麟、吕慰曾、吴德耀、吴酒翼、颜绍泽、邵从恩、何宾笙、陈寿平、吉同钧、马振德（即马振理）18 员部务"通用之才"入署当差。⑥ 其中刘钟琳、张煜全、吉同钧业已被学部、大理院先后调取，不

---

① 官员补缺表参见附录二《法部官员补缺表（光绪三十三年三月）》。

② 含 3 位堂主事。

③ 含堂主事 1 人。

④ 帮办、委署堂主事各 1 人。

⑤ 均由笔帖式改补。

⑥ 法部：《奏为设立律学馆请调徐谦等差委事》（光绪三十三年正月二十六日），中国第一历史档案馆藏：军机处录副奏折 03—7220—003。"翰林院编修庶吉士徐谦、张家骏，进士馆毕业优等，学问博通、潜心法政；翰林院庶吉士保举分省补用道麦鸿钧，候选知府刘钟琳，法政科进士张煜全，皆年壮才长，随使外洋考查精切；美国法律学毕业生王宠惠、严锦荣，法国法律学毕业生陈篆，均心精力果，品格纯正，于欧美法学最称明晰；北洋法律学毕业生双月选用主事关应麟，内阁中书吕慰曾、吴德耀，江西候补直隶州知州吴酒翼，分省补用同知颜绍泽，山东即用知县邵从恩，安徽试用知县何宾笙，都察院都事陈寿平，降调署正吉同钧，候选布政司理问马振德（即马振理），或游历东洋，或肄业法学，其心思材力俱为臣部通用之材。"

过还没有去就任，法部也一并奏调。徐谦、张家骏、麦鸿钧、张煜全、吕慰曾、吴德耀、关应麟、吉同钧、颜绍泽、吴廼翼、马振理 11 员于三月份均先后到部。三月十七日（4 月 29 日），法部即将此 11 人奏留法部行走，等有相当差缺，再行委用。① 这 11 人除前引任职外，关应麟任宥恤司主事上行走，颜绍泽、张煜全任宥恤司员外郎上行走。② 吕慰曾于三十三年（1907）三月为法部奏留以制勘司主事上行走用，三十四年（1908）七月补授法部举叙司主事。③ 马振理，光绪三十三年（1907）七月奏署参议厅七品小京官，十月奏请实授。④

由于上述复杂积累年资的补缺轮次，法部实缺官队伍大部分以部内司官出身充补的现象一直延续到清朝覆亡。法部有 960 多官员，实际有 500 多人在部内当差，⑤ 其中半数以上是候补、额外、学习，这些官员有些在国内外受过专门法政教育。

以下人员大多开始就在部内当差，分布在各司，其比例并不占强，但其影响力却不可小看，毕竟各项新式改革还是需要拥有新式教育背景的人参与。

---

① 《岑督春煊奏议》第 2 册，月 94 号，北京大学图书馆藏抄本。

② 中国第一历史档案馆藏：法部档案 31719 号。

③ 吕慰曾，河南林县人。由戊戌科进士奉旨以内阁中书用。光绪二十四年五月到阁。二十九年十一月补授中书。三十年二月呈请入进士馆。三十二年十二月，报捐俸满截取同知引见奉旨着照例用。是月，进士馆毕业最优等。三十三年正月奏调法部。是年二月到部。三月奏留。五月，经学部派赴日本考察法政。三十四年三月，奏请以主事候补。七月，补授举叙司主事。参见《京察满汉官员履历册》、《京察部厅官员履历册》，宣统年间抄本，北京大学图书馆藏。

④ 参见《京察满汉官员履历册》、《京察部厅官员履历册》，宣统年间抄本，北京大学图书馆藏。

⑤ 法部：《酌改裁缺分部人员补缺轮次章程》（光绪三十三年八月十六日），《法部奏议章程》，宣统年间石印本，北京大学图书馆藏。

表 2 - 8 　　　　　　　　　　　　**法部法政专门教育出身人员表①**

| 姓名 | 法政教育背景 | 任职② |
|---|---|---|
| 戴宝辉 | 进士馆法政科肄业，日本法政大学学习 | 担任过法部举叙司、审录司、制勘司管股③ |
| 王耒④ | 日本法政大学 | 典狱司学习主事 |
| 朱大玛 | 日本法政大学 | 编置司主稿上行走 |
| 陈宗蕃 | 日本法政大学 | 典狱司额外主事 |
| 杨年 | 日本法政大学 | 举叙司学习主事 |
| 季龙图 | 日本法政大学 | 都事司额外主事 |
| 蒲殿俊 | 日本法政大学 | 审录司额外主事 |
| 沈钧儒 | 日本法政大学 | 都事司额外主事 |
| 萧湘 | 日本法政大学 | 会计司额外主事 |
| 欧阳钧 | 北京法政专门学校 | 宥恤司学习主事 |
| 许世英 | 日本法政速成科 | 候补主事⑤ |
| 胡为楷 | 京师法政学堂 | 制勘司学习主事 |
| 关应麟 | 北洋法律学堂 | 宥恤司主事上行走 |

---

①　参考程燎原《清末法政人的世界》，法律出版社 2003 年版，第 215—219 页。此表截至光绪三十四年上半年。光绪三十三年正月二十六日奏调外国留学生王宠惠、严锦荣、陈篆等人，未到法部报到。

②　列表除另加注明外，均出自光绪三十三年三月到六月，法部举叙司《查核缺簿、稽缺簿》，参见中国第一历史档案馆藏：法部档案 31719 号。

③　《大清缙绅全书》，丁未秋，京师法部，荣录堂 1907 年刻本，第 58 页。

④　王耒，系浙江仁和县人。由监生报捐主事，签分刑部。光绪三十年十月到部。三十一年二月，呈请出洋。三十三年正月咨调回国。五月，进署销差。是年八月，奏请留部。十二月奏派到厅。三十四年三月，经云贵总督奏请调滇办理学务免扣资俸。五月奉朱批著照所请，该部知道，钦此。是月法部奏请，仍留厅当差，奉旨仍遵前旨，钦此。六月补授京师地方审判厅民科推事。参见《京察各厅推事检察官所长履历册》、《京察部厅官员履历册》，宣统年间抄本，北京大学图书馆藏。

⑤　《光绪戊申春夏两季爵秩全览》，沈云龙：《近代史资料丛史料一编》第 38 辑，文海出版社 1969 年版，第 246 页。

清末从国外游学归来的留学人员渐增,清廷为鼓励游学并将他们考核安排在相应的位置上,组织了数次游学毕业生的廷试,依据成绩分别授予进士、举人的功名,并分发到各部当差。[①] 廷试举行过四次,宣统元年(1909)廷试二等张煜全被授翰林院庶吉士,胡国淘分发法部任七品小京官。宣统二年(1910)分发法部的廷试法政科留学毕业生有法部主事2人:金泯澜、祁耀川;法部七品小京官15人:马彝德、涂景新、朱彭年、邵修文、朱文焯、陆龙翔、叶衍华、张清樾、刘重熙、张伯桢、蔡寅、区金均、石德纯、曹敦录、赵曾翔。[②] 宣统三年(1911)廷试分部有法部员外郎1人:但焘;法部主事1人:周翰;法部小京官28人:林祖绳、何陶、马英俊、郭恩泽、李维翰、邝维桢、李鹤经、何超、孙世伟、熊彦、李柯、田汝翼、孙德震、沈复、张炳星、滕骥、肖露华、石福篯、马有恒、陈国镛、何蔚、雷宝森、马有略、钱崇固、黄耀凤、徐金熊、卢尚同、瞿翔。[③] 这些新式法政教育出身者分发到部后,整体上提高了法部司官的专业知识水平,虽则这些人入部当差仅为学习、行走之类的微职,离实缺郎中、员外郎掌决策权的位置尚远,但对法部的实际运作及后期决策,仍发挥了越来越大的影响力。

为提高官员专业知识水平,法部在部内开办律学馆,进行官员培训。这也从整体上提高现任官员对新知的掌握。总体上说,法部各要缺大多被刑部成长起来的司官掌握,少量要缺由拥有科举功名或历职有年而兼习法政或有外洋游历经历的官员担任。其整体司官专业知识也由于部内培训机制以及分布的专习法政人员的增加而不断提高。这也为全国审判检察厅提供了人才培养和储备之所,为后来民国司法部建立奠定了先基。

---

① 学部:《会奏游学毕业生廷试录用章程折》(光绪三十三年十二月二十日),学部总务司编:《学部奏咨辑要》,沈云龙:《近代史资料丛刊三编》第10辑,文海出版社1986年版,第349—358页。

② 《签分游学生举贡汇录》,《申报》宣统二年六月初五日(1910年7月11日),第1张,第4版,第107册,第172页。

③ 《政治官报》宣统三年五月二十八日,总1310号,第9页。

## 五　管理制度

各部堂官负责本衙门的全部事务，同时负责监管署内官员。具体事务业已分配到各个部门负责，堂官主要是参预大事的决策。官员管理包括督促官员勤于政务、政绩评估、休假丁忧、起复等。这种管理是通过各种人事安排、制度设计、日常教育等来实现，以往相关研究著作介绍得比较多，① 下面对官制改革后京察制度的变化略加介绍。

对官员升迁和部内人员流动影响大的要属三年一次的京察。京察既为考核大小京员，也通过考核对京官进行奖励或处分，考核优秀的官员可以截缺向地方流动，不称职的将被参劾惩处。丙午官制改革后，宣统元年进行过一次京察。因各部一些旧官缺裁撤，新官缺的出现，京察规则也做了相应调整。吏部在光绪三十四年八月十七日（1908 年 9 月 12日）和十月初三日（10 月 27 日）两次上折奏准新章。法部官员京察的具体规定有：法部堂官履历清单随同各部堂官和左都御史等由吏部缮写具题候旨确定；法部左右丞、左右参议随同大学堂总监督等由吏部缮具简明履历清单通为一折，具奏后带领引见；法部司官保送一等人员，按照额缺计算六举一，不分满汉，照例呈进黄册，二、三等人员，不造黄册；② 法部小京官保送一等人员，六举一，不和郎中、员外郎、主事一起计算，其中引见记名的，即以同知通判选用注册并拟请准其随时分发，未经记名的，即以各衙门应升之缺尽先升用注册；法部录事及裁缺签分法部笔帖式一同计算，七举一，保列一等册咨送吏部，由吏部查核具奏，奉旨后，即以部内应升之缺注册尽先升用，不必带领引见。③

---

① ［日］织田万：《清国行政法》，李秀清、王沛点校，中国政法大学出版社2003 年版；艾永明：《清朝文官制度》，商务印书馆 2003 年版。

② 吏部：《奏酌拟变通京察事宜折（并清单）》（光绪三十四年八月十七日），《大清法规大全》，第 609—611 页。

③ 吏部：《奏续拟京察事宜折（并清单）》（光绪三十四年十月二十一日），《大清法规大全》，第 612—613 页。

宣统元年（1909）闰二月，京察开始。闰二月初二日（3月23日），法部堂官著照旧供职。① 四月初五日（5月23日），京察一等的法部七品小京官海浚、荣勋全部交送吏部照例以应升之缺升用，其余的则一等加一级。② 五月初十日（6月20日），法部京察一等典狱司郎中连培型、举叙司郎中宗彝、参议厅参事寿昌、宥恤司郎中张其镜交军机处记名以道府用，其余不再记名。③

## 六　官员收入

收入是官员的立身之本，清代官员的收入在官书、笔记中都有记载。何刚德《话梦集》："京官正俸之外加一恩俸，名曰双俸。养廉则春秋二季，每季只给三两左右，由一总数摊匀，不似外官之有专额也。"④ 他在《春明梦录》提到："俸之外有米，六品给老米，五品给白米。老米多不能食，折与米店，两期仅能得好米数石。若白米则尚可不换也。俸之外则有印结银，福建年约二百金左右。吏部有查结费，与同部之同乡轮年得之，约在印结半数。此外即饭食银也，饭食银每季只两三金耳。得掌印后，则有解部照费，月可数十金，然每司只一人得之；未得掌印，则不名一钱也。"⑤ 何氏提到正俸、恩俸、印结钱、吏部专有的查结费、饭食银等收入名目。即便有这么多名目的收入，京官还是"未尝不呼枵腹也"。这种现象，由来已久。端方、戴鸿慈的官制改革折就呼吁增加官员俸禄。但因为财政窘困，至清亡，清廷也没有出台新的统一的官员俸禄规则。

---

① 中国第一历史档案馆编：《光绪宣统朝两朝上谕档》第35册，第8页。
② 同上书，第188页。
③ 同上书，第234页。
④ （清）何刚德、沈太侔：《话梦集·春明梦录·东华琐录》，北京古籍出版社1995年版，第13页。
⑤ 同上书，第136页。

## （一）俸禄

清代官员的俸禄非常复杂，涉及法部官员的有宗室俸禄、世爵俸禄、官员俸禄。官员俸禄又分为实缺官、额外官、裁缺官等。下面结合清制侧重分析法部官员俸禄。实缺官俸禄有如下规则。

其一，按品给俸制，即依据不同品级享受不同俸银和俸米。法部新添设左右丞、左右参议、左右参事、七品小京官、八九品录事等缺，皆纳入对品食俸。《钦定户部则例（嘉庆朝）》卷91《廪禄·中外文员俸》：

> 一中外大小文员、八旗官员按品给予俸银。正从一品，岁支俸银一百八十两，京员俸米九十石。正从二品，岁支俸银一百五十五两，京员俸米七十七石五京升。正从三品，岁支俸银一百三十两京员俸米六十五石。正从四品，岁支俸银一百五两，京员俸米五十二石五斗。正从五品，岁支俸银八十两，京员俸米四十石。正从六品，岁支俸银六十两，京员俸米三十石。正从七品，岁支俸银四十五两，京员俸米二十二石五斗（宗人府宗室笔帖式照给七品俸，各部院七品笔帖式岁支俸银三十三两，俸米十六石五斗）。正从八品，岁支俸银四十两，京员俸米二十石（各部院八品笔帖式岁支俸银二十八两，俸米十四石，满洲汉军生监考补天文生照八品笔帖式给俸）。正九品，岁支俸银三十三两一钱一分四厘，京员俸米十六石五斗五升七合。从九品未入流，岁支正俸银三十一两五钱二分，京员俸米十五石七斗五升（各部院九品笔帖式岁支俸银二十一两一钱一分四厘俸米十石五斗五升）。[①]

其二，恩加双俸制，即因京官俸禄相对微薄，给予所有的大小实缺京额缺文职官员正俸银和恩俸银，大学士六堂除享受正恩俸银外，享受正恩俸米。《钦定户部则例》卷97《廪禄·恩加双俸》："一大学士六部堂官

---

[①] 《钦定户部则例（嘉庆朝）》卷91，嘉庆七年（1802）刻本，第7—8页。

俸银俸米，暨各衙门大小经制文员俸银，钦遵恩旨加倍支给。……凡恩加俸银，自部院经制文员而外世职武员，例不给与。又加俸米自大学士六部堂官而外余官亦不给与。"①

其三，当差俸制，即官员只有入署当差，才有领俸的资格。如前所述法部实缺候补官员969人，这些人并非同时都在法部当差，据久居刑曹的魏元旷和董康都说，法部实际当差的计只有500多人。法部官员，或出热河差、仓差，或请假家中等，没有入署实际当差，并不食俸。②

其四，据差双俸制，即一些非实缺官员若是专派行走办实缺差，则可支正恩俸。《钦定户部则例》卷97《廪禄·恩加双俸》："虽非经制之员而专派行走处所并无额缺可补者，亦准照支恩俸银两。"③

其五，据品折给制，即依据官员不同的品级，把应得俸禄按照一定的比例折支发放。清末新政，各项改革用度增加，清政府各项财政收入却并没有根本性的增加，导致官员俸禄皆折成发放。俸银折支比例自上往下逐渐减少：秩一、二品堂官照应支俸银五成折支，正三品至正六品官员照应支俸银六成折支，正六品至正九品官员照应支俸银七成折支。俸米则不论白米、粳米一律依据每石一两的官方定价折成实银，④ 再把实银数按三折支放。其具体的折算方法是：

$$银 = （应支米石 \times 1 \ 两／石）\times 30\%$$

其六，满汉分开，春秋发放制，即法部官员俸禄是满汉分开发放，并仅于春秋两季发放。

---

① 《钦定户部则例（嘉庆朝）》卷97，嘉庆七年（1802）刻本，第7页。

② 《法部举叙司移收发所付文》，中国第一历史档案馆藏：法部档案31891。

③ 《钦定户部则例（嘉庆朝）》卷97，嘉庆七年（1802）刻本，第7页。

④ 晚清官员俸米发放，总体上有一个从实物制往实银制转变的过程。把俸米折换成实银，并不是依据市场粮价的实际情形折中一个折支价钱，而是由政府确定一下折支价钱（一般是每石1两，粮食的最低市场价也绝不可能到达这个价），所以这种转换实际上是另外一种减俸。

法部额外等官员俸禄则比照实缺官俸禄，除据差双俸制和据品折给制外，另有规则。

其一，各类分部行走官员，仅支正俸。《钦定户部则例》卷 97《廪禄·额外官俸》规定："满汉新进士奉旨在六部额外主事上学习行走者，给正俸。……满汉荫生及现任官奉旨以部属补用并令赴部行走者，得缺以前给正俸。……凡保举人员奉旨分部学习者，月给公费银二两，试看称职，该堂官奏给七品小京官职衔者给正俸。下第举人拣选引见奉旨分部学习者，照七品小京官例给正俸。"① 同卷《廪禄·奉旨令在京员上行走者得缺以前按行走职任给正俸》又规定：

　　各部院缮本笔帖式考补系举人贡生出身者给七品俸，监生生员出身者给八品俸，官学生、义学生、披甲、亲军、领催、库使、闲散出身者给九品俸，续经中式举人改品给俸，续捐监生改品不增俸，径由举人贡监生员官学生义学生等考补者，亦各按品给俸。……凡部院额外官系由考选录用奉旨试用行走者得缺以前，准给正俸。……拔贡分部在七品小京官上学习行走者，给予七品正俸，其三年期满，该堂官保题留部奉旨授为七品小京官，准照专办事务人员之例，兼支七品恩俸。②

其二，汉司员丁忧结束回原衙门行走或是捐纳分发到部行走官员都不支取俸禄。《钦定户部则例》卷 97《廪禄·奉旨令在京员上行走者得缺以前按行走职任给正俸》："一各部汉司员丁忧服阙呈请在原衙门行走，候补并捐纳分发签掣各部院衙门学习行走候选各官，俱不给俸。"③

---

① 《钦定户部则例（嘉庆朝）》卷 97，嘉庆七年（1802）刻本，第 9 页。

② 同上书，第 10—11 页。

③ 同上书，第 10 页。

表 2 - 9 法部官员俸禄表

| 官缺 | | 品级 | 钦定户部则例应放① | | 宣统元年实支② | |
|---|---|---|---|---|---|---|
| | | | 俸银（两/年） | 俸米（石/年） | 俸银（两/年） | 米折银（两/年） |
| 实缺官员 | 尚书 | 从一品 | 360 | 180 | 180 | 53.865 |
| | 左右侍郎 | 正二品 | 310 | 155 | 155 | 46.62 |
| | 左右丞 | 正三品 | 260 | 65 | 156 | 19.53 |
| | 左右参议 | 正四品 | 210 | 52.5 | 126 | 15.43 |
| | 左右参事、郎中、员外郎 | 正从五品 | 160 | 40 | 96 | 10.92 |
| | 主事 | 正六品 | 120 | 30 | 84 | 8.225 |
| | 七品小京官 | 正七品 | 90 | 22.5 | 63 | 7.95 |
| | 八品录事、八品监医正 | 正八品 | 80 | 20 | 56 | 5.46 |
| | 九品录事、九品监医佐 | 正九品 | 66.228 | 16.557 | 44.128 | 4.375 |
| 候补官员 | 候补郎中、候补员外郎 | 正从五品 | 80 | 40 | 48 | 10.92 |
| | 候补主事 | 正六品 | 60 | 30 | 42 | 8.225 |
| | 候补、学习七品小京官 | 正七品 | 45 | 22.5 | 31.5 | 7.95 |
| | 候补八品录事③ | 正八品 | 40 | 20 | 28 | |
| 裁缺官员 | 裁缺郎中、员外郎 | 正从五品 | 160 | 40 | 96 | 10.92 |
| | 裁缺主事、裁缺寺丞 | 正六品 | 120 | 30 | 84 | 8.225 |
| | 裁缺光禄寺署正 | 从六品 | 120 | 30 | 63 | 7.95 |
| | 裁缺司库 | 正七品 | 90 | 22.5 | 63 | 7.95 |
| | 裁缺司狱 | 从九品 | 63.04 | 15.75 | 45.28 | 4.37 |
| | 裁缺七品笔帖式④ | 正七品 | 66 | 16.5 | 46.2 | |
| | 裁缺八品笔帖式 | 正八品 | 56 | 14 | 39.2 | |
| | 裁缺九品笔帖式 | 正九品 | 42.228 | 10.55 | 29.5596 | |

① 据上列所引《钦定户部则例（嘉庆朝）》相关内容折算。

② 《本部堂司各官俸银俸米表》（表788），法部：《法部第三次统计表》，1910年铅印本，第1126—1127页。

③ 统计表中没有列候补八品录事的俸米。

④ 裁缺笔帖式和下面的前裁缺候补笔帖式都没有领俸米的记录。

| 官缺 | | 品级 | 钦定户部则例应放 | | 宣统元年实支 | |
|---|---|---|---|---|---|---|
| | | | 俸银<br>（两/年） | 俸米<br>（石/年） | 俸银<br>（两/年） | 米折银<br>（两/年） |
| 前候补官员 | 前候补司库仍留半俸 | 正七品 | 45 | 22.5 | 31.5 | 7.95 |
| | 前候补七品笔帖式仍留半俸 | 正七品 | 33 | 16.5 | 23.1 | |
| | 前候补八品笔帖式仍留半俸 | 正八品 | 28 | 14 | 19.6 | |
| 有爵官员 | 主事兼奉恩将军 | 正六品 | | | 102 | 15.085 |
| | 主事兼骑都尉 | 正六品 | 110 | 55 | 108 | 15.085 |
| | 裁缺员外郎兼云骑尉 | 从五品 | 85 | 42.5 | 99 | 11.745 |
| | 候补员外郎兼一等男爵 | 从五品 | 310 | 155 | 230 | 42.525 |
| | 候补主事兼云骑尉 | 正六品 | 85 | 42.5 | 51 | 11.655 |
| | 小京官兼恩骑尉 | 正七品 | 45 | 22.5 | 63 | 7.95 |

　　法部裁缺官员俸禄。丙午官制改革，法部实缺比之以前少 50 缺左右，法部制定新章把开缺的实缺官员全部改成候补，除愿意外放官员咨送吏部照章办理外，留在部中继续当差的司员照食原俸，即双俸单米待遇。这批官员虽则是候补，但在食俸上与其他候补不同，因此在俸禄表中则列入裁缺官员列。新章将原有的候补、额外、学习等司员，或留部当差，或分批送入学堂学习法律，待毕业后再行安置。这批官员中留部当差的则仅享受半俸，即在原来享有的正俸的基础上减半支取，减支的只是俸银，俸米并

不减半。法部有爵者官员俸禄。一些拥有爵位的官员，则官俸、爵俸两者间就高原则。

以上列表可见法部官员高级和低级、实缺和候补官员之间俸禄相差很大。大量六品以下的候补官员，多则月不过 4 两银子，而这些人才是处理各项部务的实际人员。

### （二）津贴

津贴，即法部官员依据所充乌布从办公经费中按月所获现银。照旧制，官员除了上述俸禄之外，实缺官员每月还有公费银，作为职务上的办公经费。从尚书到九品笔帖式，自五两到一两不等。官制改革后，官员俸禄从制度上没有变化，从实际操作上却是折扣发放，使得原本俸禄就不高的中下级官吏更是难以为继。自外务部建立后，不断给部内官员增加津贴，其他各部也纷纷效仿。法部也将部内各项新旧乌布参照外务部标准一体奏准了津贴。津贴只有担任乌布的人才有，兼有多项乌布的官员，津贴就最高一项而不重复支取，津贴按月支取。

法部官员津贴远远高于所得俸禄，津贴的级差也远远大于俸禄，最高和最低相差近 20 倍。乌布额有 276 个，比法定官缺要多，会不会一定程度缓解官员低收入的情形呢？只能说是有一定的帮助，并不能解决部内官员总体收入不高的问题。

首先，乌布兼差特别多，僧多粥少的现象突出。各司掌印一般兼两厅会办，这一个子就去掉八个乌布。有些官员还兼三个到四个乌布，而且往往是官员越高兼的乌布越多，实缺"高俸"兼"高津"。乌布津贴不能兼得，大量的乌布津贴闲置下来，没有真正能起到作用。

其次，大多数低级别的乌布津贴并不多。每月 20 两以下的人占到近五成。这导致法部官员的收入比起外务部、邮传部等部要少许多。故而孙宝瑄在其日记中感叹："考其累月所得，虽以曹长之尊，曾不得比夫外商邮之末秩，彼逸而富，此劳而贫，伊谁为之，不均孰甚。"[1]

---

[1]　孙宝瑄：《忘山庐日记》下册，上海古籍出版社 1983 年版，第 1168 页。

表 2 - 10　　　　　　　　　　　　　法部乌布津贴表①

| 部门 | 乌布 | 津贴（两/月） | 人数 |
|---|---|---|---|
| 三堂 | 正堂 | 240 | 1 |
|  | 左右堂 | 200 | 2 |
| 二厅 | 左右丞 | 120 | 2 |
|  | 左右参议 | 100 | 2 |
|  | 候补参议 | 90 | 1 |
|  | 参议上行走 | 60 | 1 |
|  | 参事 | 60 | 4 |
|  | 丞参厅会办郎中 | 60 | 15 |
|  | 丞参厅会办员外郎 | 50 | 1 |
|  | 额外会办 | 50 | 1 |
|  | 会办上行走郎中 | 50 | 3 |
|  | 会办上行走员外郎 | 45 | 10 |
|  | 会办上行走主事 | 20 | 2 |
|  | 会办上学习行走 | 20 | 1 |
| 八司 | 各司掌印 | 50 | 8 |
|  | 帮印 | 40 | 8 |
|  | 主稿 | 40 | 32 |
|  | 帮稿 | 30 | 32 |
|  | 主稿上行走 | 16 | 26 |
|  | 管股 | 12 | 51 |
|  | 帮管股 | 10 | 16 |
|  | 统计正调查员 | 18 | 5 |
|  | 统计副调查员 | 12 | 8 |

---

① 《本部各厅司处所官员津贴》（表第789），《法部第三次统计表》，1910 年铅印本，第 1128—1130 页。

续表

| 部门 | 乌布 | 津贴（两/月） | 人数 |
|------|------|------|------|
| 编查处 | 总理 | 60 | 1 |
| | 提调 | 60 | 1 |
| | 总纂 | 60 | 1 |
| | 纂修 | 40 | 6 |
| | 庶务 | 40 | 1 |
| | 行走 | 30 | 2 |
| 统计处 | 总办 | 60 | 1 |
| | 提调 | 50 | 1 |
| | 稽核 | 50 | 1 |
| | 总纂 | 50 | 1 |
| | 纂修 | 30 | 4 |
| 收发所 | 掌印 | 40 | 1 |
| | 帮印 | 30 | 1 |
| | 主稿 | 30 | 2 |
| | 帮办 | 16 | 4 |
| 管守所 | 总管守长 | 50 | 2 |
| | 七品正管守长 | 20 | 2 |
| | 七八品副管守长 | 16 | 5 |
| | 九品副管守长 | 12 | 1 |
| | 九品额外副管守长 | 12 | 4 |
| | 监医正 | 20 | 1 |
| | 监佐 | 16 | 1 |
| 总计 | | | 276 |

为适应新旧兼掌的职能，法部继承和发展刑部复杂繁密的科层制。其

新机构从中枢的合议决策制和新掌机构体现了近代司法行政机构的特点，其旧掌机构依然沿袭地域分工模式显示旧制的巨大惯性。法部官员仅就原先的签分制和轮补制略加修改，虽则其间部门首长的用人权在提高，但旧规则的约束使得不拘一格选用人才很难实现。因此，法部的要缺仍以刑部司员为主，杂以少量兼习法政、出洋游历的旧有官员，但随着新式法政教育的人分部和部内专门培训机构的出现，部员的法律专门性知识不断提高。事关大量官员生存的收入，比之刑部，法部掌乌布的官员有所提高，但没有从整体上改变官员低收入的情形。

表 2 – 11 　　　　　　　　　法部乌布津贴分布表

| 津贴数额（两/月） | 人数 | 比例 |
| --- | --- | --- |
| 90—240 | 8 | 3% |
| 60 | 24 | 9% |
| 41—50 | 28 | 10% |
| 31—40 | 48 | 17% |
| 21—30 | 41 | 15% |
| 10—20 | 127 | 46% |

## 第二节 吏役制度

吏役是书吏和皂役的统称。书吏在法部内人事文书工作，皂役则在衙门内从事各项力役工作。他们都是法部机构运作不可或缺的群体。

## 一 书吏

书吏办稿，是自清初以来一直存在的公文处理制度，持续很久，积弊甚深。刑部的书吏由经承、贴写和少量供事组成。咸丰末年以来，刑部书吏已经成为部内长期雇用人员，所谓的五年期满之制，已成一纸具文。庚子年八国联军侵华，占领北京城，把各中央衙署作为兵营，毁掉了大量留存署内的文书档案。这给裁汰书吏提供了条件。光绪二十七年四月十一日（1901 年 6 月 15 日），清廷谕令各部将书吏一并裁汰，由各部堂官督饬司员亲自处理部务，只许据事务繁简，另募若干名书手，专备抄缮文牍之用，不准拟办稿件。① 实际上，刑部只是将部内的额设书吏全部易名成书手登记在册，仍旧当差，从事文书工作。

戴鸿慈与端方曾共同上奏要求废除书吏制度。② 光绪三十三年三月十七日（1907 年 4 月 29 日），法部实现部内机构和人事变革之时，戴鸿慈并没有能尽行革除部内的书手，而是把书手重新归到改设的两厅八司一所中听差。其从事衙署内的文书工作，主要承担办稿。京内外文稿经收发所接收分到各司，由各司书吏看稿，把稿件大意拟写事由在原稿后面，然后在原稿上把重点词句画出来，并另纸将拟定的批词写在上面，最后将原稿、拟批一同呈给司官阅看。待司官阅看后许可，再行拟稿，抄录正式文稿，并承担保管文书之责。书吏负责把公文形成中各项文档、资料归类保存，以供平日起草文书参考。

旧有书吏管理制度废弃，书吏成为法部自行雇用和管理，在部内从事文书工作的雇员，其不属官员系统，而属办公文员系统。

## 二　皂役

法部皂役 300 多人是生活工作在部内底层的群体，承担递送公文、看守南北监等杂役。他们有些由法部自行雇用、有些由法部照会其他衙门雇用入部当差。皂役的来源地域性很强，多来自京城附近大兴、宛平两县的普通民众。依工作性质，大致可以分成以下类别。皂隶和小马：从事把门、传递公文、随从司官办差等；刽子手：从事死刑犯的执行；饭头：办理南北两监羁押犯人的饮食等；禁卒，或称禁子：从事监狱犯人的看管；更夫：负责打更及夜晚监狱的安全事宜；仵作：随司官到京城各处做人命

① 中国第一历史档案馆编：《光绪宣统朝两朝上谕档》第 27 册，第 77 页下——78 页上。

② 故宫博物院明清档案部编：《清末筹备立宪档案史料》上册，第 380 页。

案、伤害案的勘验；茶役：在各司处房厅办公处所里做端茶、倒水等杂役。

皂役俸禄有咨行度支部拨放、有取自法部办公费用，薪资微薄，不足以养家糊口，故而衙内大量陋规因袭丛生。另外，从事杂役工作的皂役均属贱民，在身份上被剥夺了受教育权，属于社会底层。光绪三十四年九月初四日（1908 年 9 月 28 日），东三省总督奏请将仵作改为检验吏并给予出身。宣统元年二月二十二日（1909 年 3 月 13 日），法部奏准的议覆折同意东三省的建议，自此仵作摆脱贱民身份。① 此乃有意义的事，某种程度上显现人群法权平等观念的渐次流行。其余人等的贱民身份则一直延续到清朝覆亡。

## 三 法部人事制度的特点

官员、书吏、皂役都是法部中的工作人员，其人事制度有着共同特点。无论是官员、书吏、皂役都有依据官方政书所规定的固定数额。此数额一般不随时代变化而变化，而是一个确定不变的缺额。政府正常的俸禄均依据这个固定数额确定。官方确定的额定人员完不成部内规定的任务，故而又安排了大量候补、行走、学习人员入部工作。官员中有专门候补、行走的人员，书吏则有贴写作为候补，皂役中仵作有学习仵作等。候补、学习人员是部内的工作人员，形成补缺班次，等待缺额的出现而后补入缺位，享受实缺位置的待遇。同时，候补、行走制度也是一个在实践中培养和储备人才的很好方式。而实际上，这批人员的队伍远远大于缺位，有些是耗上十多年乃至几十年都难以补上缺位。法部内补充缺位总是从制度边上的行走人员中选充。这些行走人员，也往往是同在缺的人员有着相互关系的人。如在经承边上当差贴写，仵作边上当差的学习仵作。另外，法部内各项职业技能均通过实践得来。清代教育体系中没有专门的职业技能培训机构，法部司官、书吏、皂役等的专门知识和技能都是直接纳入到实践中来培训，或自行在实践中摸索，或是师徒相授，或两者相互结合，经验

① 参见法部《会奏议覆东督奏吉省拟设检验学习所折》（宣统元年二月二十二日），《华制存考》（宣统元年二月）第 5 册，政务，第 194b—198b 页。

性都非常强。法部的司官入部当差,对于繁杂的律例很难在短时间内理出头绪,故而法部司官中精通律例的人往往不多。故此,法部于光绪三十二年十二月(1907 年 1 月)即在部内开办了律学馆,专门培训部内学习、行走、候补等官员各项法律知识。这些总体特征都是相互紧密关联,互为因果。这一切都和清代的行政运作、教育、储才和收揽人心制度相互契合,形成了一套独特的人事制度。

# 第三章

# 法部的职能、运作与终结

考察法部的日常运作，有助于了解其内部的决策和实施过程以及各部门在事务中所扮演的角色，对理解其内部官僚制的特点和改革中的变化有益。

## 第一节 公文形成和决策

### 一 公文形成

限于当时的通信手段，清代官场文牍盛行，部门间联系，多行之于文。作为中央机构的法部更多是掌管公文工作，通过公文收掌制作管理整个司法工作，法部官、吏也是围绕着公文的形成组织在一起。通过公文办理，可以透视法部决策的形成过程。

法部公文形成程序的启动，有部内自行启动，或来自堂官，或来自掌印，或来自例行公事等，有来自外部，地方督抚咨行法部的军流案件的议复，地方、中央各衙门有关司法改革御批法部议覆的折子等。

自行启动类的，由堂官视事件内容，分到两厅八司一所中的一个机构，或以一个机构为主，会同相关机构共同办稿。左右丞、各司所掌印将办稿交给各科主稿或帮稿，由主稿或帮稿分发给各管股，管股组织股官员和书吏起草公文草稿。此时，各书吏因为深知律例和公文的格式及其例行用语，成为公文起草的主力。书吏起草的草稿经低级司官、帮管股、管股阅看，有时会交给主稿乃至掌印等阅看修改后即抄录成画诺的稿本。稿本包括整个公文的事由，写在每页的上端，由帮管股、管股等画诺，继而是各该科的帮稿、主稿、司掌印，然后是左右参议、左右丞、左右侍郎、尚书级画诺。待尚书画完诺后，由都事司书吏依据不同咨文、奏折等誊录成正稿，用印后形成正式公文。

外部启动类，外部公文到部，都由收发所接收、登记、阅看，拟定公文事由，据事由分发到各分工执掌部门。各部书吏阅看稿件的同时要画稿，在稿件上把重点词句画出并夹纸写明拟定的初步处理意见，然后呈交低级司官阅看。①

公文在整个法部的形成过程使得法部的决策体现出了以下特点：

（1）书吏是整个公文形成的最初决策点。公共部门在决策上所占的优势，是因为它们占有的信息量、专业知识和长期从业经验。法部公文形成过程，由书吏阅看所有文书，先写案由，分类到各部，各部的书吏画稿，级级上呈。越到上层，因时间所限，司官阅看稿本所获信息量会越浓缩。下级和上级不对等的是个别事件信息量在缩小，但是信息的总量却没有在缩小。因为越到上级，所面对的是更多部门的信息量，其处理的事件问题在增加。这意味着不同层次官员所掌信息量的特点不一样。这也是科层官僚制的一个特点。但对于决策来说，越到决策上层，其所看到的决策信息越精练，但其失真率也越高，具体个案决策的改动就会越小，决策相对人的利益就越来越取决于下层的决策。故而有行内人感叹："惟从前以科举取士，用非所学，迨膺民社，丛脞环来，审判之权，操自胥吏幕僚，上级机关负复核之责。不过就文字，稽钩其瑕隙，内容无从研索也。"②

（2）每个接触到公文的人，都有改变此前决策的权力，也意味着越到后面，其最终决策权力越大。每个决策者对业务的熟练程度、专业知识、所居官职都决定着他在整个决策流程中的"场"。业务的熟练，专业知识的精深，加上职务的高低，等于影响力和决策力的高低。最初的决策者——书吏，因是专业的办稿人员，没有可能在决策链条中往后走，加上

---

① 法部候补主事魏元旷在其《审判稿》中对此有一段记叙："部中向由书吏钩勒供勘绵册用部纸叙初稿誊正后，底本皆在书吏处。"魏元旷：《审判稿》，《潜园二十四种》第 12 册，第 39 页。

② 董康：《民国十三年司法之回顾》，《董康法学文集》，第 713 页。

五年期满制的形同虚设，其在业务经验和旧有的专业知识方面，可能是要优于法部的低层官吏。决策越到高层，官员的业务经验应当是一个增长的过程，但根据其所据的信息量来说，其决策时间会越少，虽则决策权力在增大，但改变决策的风险增加，可能性就在降低。

（3）责任连带制。公文形成中，从低级司官到堂官均须层层画诺，每一画诺就意味着对公文决策所带来后果的责任承担，也就是说高级官吏无论对于公文所述事件有没有大量的时间阅看，只要是画了诺就得为下级官吏的错误付出代价，同时意味着决策末端的官员可以将责任重重往前追溯，乃至最后找到一个责任的最终承担者。官员们的利益既串在了一起，又可以自上往下推卸。这会导致官僚体制中总体上不负责任、怕负责任的现象，造成扯皮推诿现象的存在。这同清代官员处分中的连坐制对照来看，我们也可以得出官官相护的道理。

清政府是集权式的行政决策体制，法部起草的大量重案、死罪及各项司法改革折件均须上奏，由皇帝亲笔画诺，所以法部大量的重要事件的最终决定权是皇帝，经过皇帝画诺的公文就成为谕令，由军机处送交法部，法部再将谕折抄录咨行相关部门遵行。从公文的起草到最终命令的形成，我们可以明晰地看出决策链条中不同决策参预者所扮演的角色。

## 二 书吏和司官的博弈

从以上的公文决策过程，我们看到了书吏在整个文书决策过程中的重要作用。他们是整个公文决策的起点。由于长期的工作经验，他们所掌的经验和专业知识相对来说，要优于低级官吏，而积累多年的工作在上层的官员，又没有他们那样对个案掌握详细的信息量，导致整个体制中书吏的决策权的无形增长。①

随着司法改革的深入，大理院的建立和发展，全国的审判机构的建立，新的法律法规不断出台，各样受过新式法政教育的人员入部承担各司工作，以及司官培训体制的建立使书吏在办稿和决策中的地位渐渐式微。

---

① 大量司官不通律例和部务，是废止书吏制度的一个障碍，直到清朝覆亡之时，这一矛盾依然没有解决。

具体来说，或有以下原因。

法部成立之后，现审工作交代给大理院，只有 4 个司还从事原 17 个清吏司的徒以上案件的复核，及军流以上罪名的定谳。其余承政厅、参议厅、举叙司、会计司、典狱司、都事司均有规划各项司法改革的事务，这些对旧书吏来说，并非熟悉的事务，而多得依靠一些熟悉各国司法情形的人来从事规划。宣统元年十二月二十八日（1910 年 2 月 7 日），宪政编查馆奏准修订版的《法院编制法》，法部于重案的死罪的复核权渐渐从法部执掌中剥离出去，随着司法改革的深入，维护司法行政的正常运作的工作受到旧律例约束少，这对于熟悉旧例的书吏非常不利。

大量新法律法规出台，必然意味着大量旧律的淘汰，这样，书吏相对司官的知识优势不再明显。一些新分部的司官，已不是依靠旧式科举选士的过程分发到部，而是在国内外接收过新法学教育者，与旧式的司官大有不同，更多新知识的储备。这些新知识有利于他们更加直接去理解新律，运行新制。

新式法学教育机构的出现，法律知识教育的发达，各式法学教育机构纷纷建立，各项速成教学科目和方法的推广，使司官接受速成式系统法学教育的机会大大增加。法部自行组建的律学馆专门设有拟稿、拟批、宪法、刑民法、刑民事诉讼法等教学课程培训部内的学习、行走、候补各官员，使得这些多少受过新式教育熏陶过的官员对于法学专业知识的掌握比起以前来说要好许多。

上述所说的各项因素也是一个逐渐产生效果的过程，毕竟清末这几年的变化时间太短，所以司官尤其是高级司官整体的专业化转变仍是一项进行中的工作。

## 第二节　复核、修律与司法审判权

自丁未和戊之后，法部除现审案件移交给大理院外，其他复核地方重案、修律、议覆各种旧律章程的变革等依然由法部继承。要在司法审判体制变革中维持全国的司法审判工作的正常展开，使这些执掌实际组成了法部的主要日常工作内容。随着司法改革的推进，各式专门的司法审判机构的纷纷建立，法部官制和职掌也在发生变化，所掌的司法审判权渐从其职掌中剥离。

## 一　案件复核和钦命官犯现审

刑部所掌秋朝审、各省重案的复核以及恩诏缓免减免各案件，构成刑部日常工作的主要内容。法部自刑部改设而来，承袭了此职权。虽则法部掌握整个司法审判改革的各项具体措施的制定和实施，不过就日常工作量来说，这项工作远远在复核和秋审之下。光绪三十四年（1908），法部议奏京畿各省刑案折件是 342 件，案件总数 1192 起，复核大理院刑案 91 起，这还不含每年一次的 1200 起案件以上的秋朝审，而这一年法部其他奏事杂件只有 89 个奏折 14 份奏片。① 法部的案件复核是指法部对原来案件的证据和定罪量刑进行覆勘，然后提出同意还是驳覆的意见供朝廷参考。在大多数情形之法部是同意各省的拟罪，有少数会有驳覆，送回原省重行审结。兹以江西新喻县乡民群殴案来说明法部复核工作。

江西新喻县胡启庭、胡蚁云等因族人胡汛庭被廖姓抓到县衙监禁讯问，便与廖姓家族发生争斗，导致廖方蓙、廖良贤等人死亡。廖姓族人 30 多人前去报复，双方发生大规模械斗，又致廖芒道、廖广发等 13 人仓促跳入河中被淹死。护理江西巡抚沈庆瑜主审案件，将主谋胡汶漳、胡苌淋以"纠众械斗致弊十命以上罪，干斩枭改为斩决"律奏明正法，另以"约期械斗纠众四十人以上致毙，彼造十命以上随从下手伤重致死，应行拟抵"律和"共殴人致死，下手致命伤重者，绞监候"律，将胡姓多人以命相抵，全部拟以绞候。光绪三十四年五月十八日（1908 年 6 月 16 日），沈瑜庆在汇奏折中，将 12 人的定罪略加区别：胡启庭、胡蚁云"依共殴人致死下手致命伤重者绞监候"；胡立群、胡笙芳、胡莠耀、胡哗芳、胡汛庭、胡添芳、胡刖芳、胡导群、胡荃来、胡蚁芳"均依斗杀律

---

① 法部：《法部第二次统计表》，1909 年铅印本。《秋朝审人犯总表》（表第 1），第 1—2 页；《本部议奏京几直省刑案总表》（表第 30），第 17—18 页；《本部覆覈大理院刑案起数表》（表第 218），第 289—291 页；《本部奏事杂件记数表》（表第 219），第 291—294 页。

拟绞监候"。① 该案据新规分咨大理院覆判。大理院照章覆判同意护理江西巡抚所拟罪行，咨行法部复核。法部复核称："情罪均属相符，应如所奏。"②

法部和大理院因断案而各持意见，几致决裂的现象也时而有之。宣统二年（1910），陕西民人赵憘憘挟嫌故杀十岁以下幼弟二命，陕西巡抚依旧例拟绞监候。大理院覆判时认为旧例故杀胞弟拟绞一条，在现行刑律中业经删除，将该犯依照律文拟流两千里。法部复核该案时，则以挟嫌故杀幼弟二命情节较重，奏请以图产故杀胞弟例仍旧拟绞，并奏交大理院另拟。大理院则以部院对律文的解释不同，奏交修订法律馆妥议。修订法律大臣沈家本综合审订新旧例文后，支持大理院拟流的判决。沈家本的意见送交法部后，法部尚书廷杰、左侍郎绍昌、署任右侍郎王埁认为沈氏的意见偏袒大理院，都不愿画稿，导致案件久悬不决。此时，吉同钧担任法部审录司掌印承政厅会办兼修订法律馆总办并充大理院教习，以其多重身份，专门草拟说帖，调停三方意见。其文曰：

> 查故杀胞一项，历朝定罪不同。……兄故杀弟，唐明律虽减等拟流，而汉与元并不贷其死罪，然尤可曰古律不适时用，未可以衡当代之事也。查我朝定律虽沿前明，乾隆元年以律文兄故杀弟仅弟流罪不足蔽辜，从重定例改照故杀大功弟拟绞。五十六年又定有图产故杀十岁以下幼弟，照凡拟斩之例，扫除唐明之失，隐隐与汉律周书相合。现行新刑律删去故杀拟绞之例而图产挟嫌故杀仍拟死罪，并非一概减流，古法犹未尽失，然犹可曰旧律多涉严厉，与现今减轻宗旨不同，仍未可称为定论也。查新刑律草案二百九十九条，凡杀人者处死刑无期徒刑或一等有期徒刑。后附理由云：杀人者死为古今东西不易之常经，推而至于尊长卑幼亦复如此区分。又云：凡臣民者国家之元气，

---

① 护理江西巡抚布政使沈瑜庆：《奏为审拟监候命案遵章汇折》（光绪三十四年五月十八日），中国第一历史档案馆编：《光绪朝朱批奏折》第 109 辑，中华书局 1996 年版，第 204—205 页。

② 法部：《遵议江西新喻县胡廖二姓纠众械斗分别定拟折》（光绪三十四年九月十七日），《华制存考》（光绪三十四年十一月）第 4 册，政务，第 30—33 页。

其生命非父母尊长所得夺，此为欧美各国公认之原则，子孙若无应死之罪，固不待论，即有应死之罪，自有审判官在，非余人所得专擅云云。可见此条文义非但专指常人即父杀子，尊长杀卑幼亦当如此规定。夫以父之杀子较诸兄弟之杀弟，其情轻自不待言，然以新律衡之，最轻尚处以有期徒刑工作十五年，今以兄弟之杀弟仅拟流二千里折工作六年，已较父之杀子减轻数等，而况所杀者俱系十岁以下无知之幼弟乎。以如此残忍之徒而不与以缳首之罪，非但与经义不合，古律不合，旧律不合，即衡诸新定之律而亦轻重倒置也。总之，定案固当恪守律文，然果情罪重大，亦当酌量从业俾归允当。在大理院解释例文，照律文改流，虽系罪疑惟轻之义，然施诸挟嫌故杀一命之案即可施诸，故杀二命而非幼孩者，亦可。若赵愭愭一犯似乎另当别论。夫凡人谋杀十岁幼孩一命尚拟立决，胞弟虽较凡人为轻，然既惨毙二命，虽不能比照凡人拟立决，似不可拘泥律文宽其死罪。大理院有解释律例之权，不可不恪守常法，而法部有执行宣告之责，不能不折衷至当，平心而论此案赵愭愭被杀之二弟一只七岁、一只五岁，有何干犯得罪之处而忍下此毒手，实属灭绝天伦惨无人理，若不处以死刑，将来工作期满，回家未必不迁怒于其继母，复酿成逆伦之祸。法部议照例文拟绞，原系扶持伦理之意，但彼此既各持一是，似应折中定拟，仍照原议拟绞从宽酌入秋审缓决，免其实抵，庶几部院两得其平，而按诸古律新律亦均吻合。[①]

吉氏以历朝及清代新旧刑律分析案情，提出折中办理方法。三方接受吉氏建议，才使案件最终确定。

光绪三十三年三月（1907 年 4 月），法部大理院进行现审案件交代之后，法部就从现审中解脱出来。不过，每逢政府要员犯案，朝廷仍然会谕令由法部领衔审办钦命官犯。此处以贻谷案为例来考察法部遗留的审办职能。

贻谷，字蔼人，乌雅氏，满洲镶黄旗人。光绪元年（1875）举人以主事签分兵部，晋升至员外郎。光绪十八年（1892）中进士，选庶

①　吉同钧：《乐素堂文集》卷 7，中华印书局 1932 年版，第 19—20 页。

吉士授编修,累迁内阁学士。庚子西狩,贻谷随扈西安,为慈禧赏识,授兵部左侍郎。二十八年八月二十日(1902 年 9 月 21 日),被委任为督办蒙旗垦务大臣,并加理藩部尚书衔节制秦晋陇沿边各厅州县。二十九年八月十一日(1903 年 10 月 1 日),升任绥远城将军。贻谷在绥远设立垦务局清查旧垦招辟生荒,兴修水利设施,促进当地的经济发展。光绪三十四年(1908)二月,归化城副都统文哲珲奏参贻谷败坏边局欺蒙取巧、蒙民怨恨。清廷立即派遣协办大学士军机大臣鹿传霖、度支部左侍郎绍英等前往确查,且一并查办贻谷侵吞库款一事。二月初十日(1908 年 3 月 12 日),鹿传霖、绍英出行去归化调查。历经近两个月,四月初二日(5 月 1 日),鹿传霖等覆奏贻谷督办垦务有二误四罪,罗列贻谷纵勇滥杀烧死台吉丹丕尔一家五命,又罗织成狱将丹丕尔害死以及贪污中饱 200 多万两银子等罪行。清廷即日下谕将贻谷革职拿问,押解来京交法部审办,其同案犯也一并被交法部监追治罪或革职发往新疆效力赎罪等。清廷随后又任命信勤为垦务大臣绥远将军。这就是清末轰动朝野的"贻谷案"。① 八月初一日(8 月 27 日),军机大臣鹿传霖以逮问大臣任意逗留为由奏请饬下法部"催提贻谷到案,秉公确讯"。② 次日,贻谷被押到京送交法部收监。八月初五日(8 月 31 日),御史秦望澜奏查办重案不甚允协请饬复行核议,遭清廷掷还。同日,清廷续赏法部尚书戴鸿慈一个月假,谕令曾任刑部尚书的葛宝华暂署法部尚书之职,③ 贻谷案进入法部审讯阶段。审讯进展非常缓慢。宣统元年二月二十日(1909 年 4 月 10 日),法部向朝廷陈述讯供情形,认为贻谷败坏边局要案,节目繁重,奏请饬令接任垦务大臣信勤就近确查,迅速将结果咨行法部。此后,法部多次致电信勤,催要材料。经七个多月,信勤因案情复杂、款目繁多,仍然没能将命案详细材料咨送法部。④ 历经两年的审办,宣统二年四月初七日(1910 年 5 月 15 日),法部终于将贻谷杀死丹丕尔一家并冤杀丹丕尔本人一案审明,认为贻谷仅据垦员姚学境呈报丹丕尔阻垦聚众抢

① 朱寿朋编:《光绪朝东华录》第 5 册,第 5888—5889 页。

② 同上书,第 5984 页。

③ 同上书,第 5985 页。

④ 中国第一历史档案馆编:《光绪宣统两朝上谕档》第 35 册,第 73 页。

局，并不讯问取得确切证据，即将台吉草率奏请斩决，与增轻作重没有区别，但因丹丕尔任性妄为，与妄杀无辜不同，拟从重发往新疆效力赎罪。清廷同意法部的拟罪，但谕令仍将贻谷监禁，等垦务款项案查清覆奏后，再最后决定执行。① 宣统三年正月二十六日（1911 年 2 月 24 日），法部将贻谷垦务款项案办完，查出贻谷侵占冒领各款，除融销和查封各款扣抵外，应追款项尚有数万两之多，拟定绞监候罪名，勒限追回，依据期限内追回数额多少，再行核办。清廷同意法部的拟罪，并谕令若贻谷于期限内如数缴清，则仍发往新疆效力赎罪。② 宣统三年二月初六日（1911 年 3 月 6 日），四川总督赵尔巽奏请，应发遣新疆军台人员一律改发四川巴藏效力赎罪，获清廷许可。③ 贻谷改发巴藏。后因辛亥革命起，发往四川巴藏的路途受阻，宣统三年十一月十六日（1912 年 1 月 4 日），应直隶总督陈夔龙奏请，贻谷被改到易州安置。④

## 二 秋朝审

秋朝审和重案复核是法部日常工作中的两项。秋朝审因新刑律没有实施而一直进行。清末各项旧律改革，以及丙午官制改革后中央各机构先后进行内部机构和职能变革，秋审法律依据和程序无法照旧维持，不得不进行新形势下的变化。光绪三十三年三月十七日（1907 年 4 月 29 日），法部机构改革完成，原秋审处所掌秋审改归承政厅办理，并规定审录司和制勘司分别掌管秋审实缓事宜。

清末秋审变革应当从修律说起。光绪三十一年三月二十日（1905 年 4 月 24 日），修订法律大臣沈家本等奏请将旧律中"绞决俱改监候，入于

---

① 中国第一历史档案馆编：《光绪宣统两朝上谕档》第 36 册，第 94 页。
② 中国第一历史档案馆编：《光绪宣统两朝上谕档》第 37 册，第 17 页。
③ 同上书，第 24 页。
④ 《清实录》第 60 册，《大清宣统政纪》卷 68，第 1249 页上。

秋审情实，斩候俱改为绞候，与绞决人犯入于秋审，分别实缓"。① 此议得到允准，清代秋审所涉及的刑罚开始变化。再就是关于虚拟死罪的减等。虚拟死罪指依据律例须拟定死罪，经过秋朝审后并不执行死刑的罪行。例如依据清律，戏、误、擅杀均应参照斗杀拟绞监候，经秋审缓决一次，即减为流刑，若是罪行重者，缓决三次即改为流罪。光绪三十二年四月初二日（1906 年 4 月 25 日），沈家本上《虚拟死罪改为流徒折》，认为戏、误、擅杀所拟虚拟死罪，仅有死罪之名，"多费秋审一番文牍而已"，奏请"戏杀改为徒罪，因斗误杀旁人并擅杀各项罪人，现例应拟绞候者，一律改为流罪，均按照新章，毋庸发配，归入习艺所，罚令作工。其现行例内误杀其人之父母兄弟等项，并擅杀二命以上及谋故、火器擅杀各项不准一次减等者，酌加二年。如遇情有可原，或情节较重者，应俟临时酌量办理"。② 沈折被抄送刑部、都察院议奏。③ 闰四月初八日（5 月 30 日），刑部、都察院会奏议覆则提出修改建议："戏杀误杀擅杀三项人犯，凡秋审例准缓决一次即予减等者，应准如该大臣等所奏，戏杀改为杖一百徒三年。因斗误杀旁人并擅杀各项罪人，现行律例应拟绞候者，一律改为杖流三千里。均按照新章免其决杖，毋庸发配，归入习艺所罚令工作。……其现行例内误杀其人之父母兄弟等项并擅杀二命以上及谋故火器擅杀各项，凡秋审不准一次减等者，情节较重，若遽将此项人犯亦复径行改为流罪，实不足以示惩儆，应请仍照向例办理。"④ 这项修改建议得到朝廷同意，戏杀误杀擅杀犯人，凡缓决一次可减等者，直接改判流、徒，不用进入秋审。这一新章开启虚拟死罪减等的先例。

---

① 沈家本等：《删除律内重法折》（光绪三十二年三月二十日），《寄簃文存》卷一，沈家本：《历代刑法考》第 4 册，邓经元、骈宇骞点校，中华书局 1985 年版，第 2025 页。

② 沈家本等：《虚拟死罪改为流徒折》（光绪三十二年四月初二日），《寄簃文存》卷一，沈家本：《历代刑法考》第 4 册，第 2028—2030 页。

③ 中国第一历史档案馆编：《光绪宣统两朝上谕档》第 32 册，第 65 页下。

④ 刑部、都察院：《会议虚拟死罪分别改为流徒折》（光绪三十二年闰四月初八日），《谕折汇存》（光绪三十二年四月）第 6 册，政务处，第 112—115 页。

新办法通行各省后不久，两江总督周馥开列 13 种罪行，询问"应否一律减拟"。① 光绪三十二年十二月二十二日（1907 年 2 月 4 日），法部答复：参照其咨文制定可矜犯人的减等新章。② 法部认为周馥所说的"救亲情切事非危急，及斗殴之案，致命非重伤，越七八九日因风身死，致命又非重伤，越四日因风身死，并手足他物不致命伤轻死，在八九日去限外仅少一二日或数刻各条，核与现行例文稍有抵牾；又殴死奸夫之子，因凶犯之母与死者之父通奸，欲拏送究，复被死者恶语侮骂将其殴毙，此等案不经见，均请暂从缓议外，其余如殴故杀不孝有据之妻等项，均应如该督所咨办理"。除去原咨其余 9 项，法部加入秋审条款有记载原咨没有提及或"条款未载衡情尚可矜原"的罪行 5 项构成新章。③ 新章对 14 项罪行逐一进行了说明，并给出了详细的量刑方法。

自此，由沈家本等启动的虚拟死罪分别改为徒流的恤刑建议在实体内容上尘埃落定，清末法律改革减轻刑罚以及强调惩办故意的法治理念得以

---

① 两广总督周馥所列 13 项为：殴故杀詈骂翁姑，不孝有据之妻者；母犯奸，拒绝奸夫，复登门寻衅，其子一时义忿拒殴致毙者；妻犯奸并未纵容及殴夫成伤，如无谋故重情者；救亲情切而事非危急者；为父报仇殴毙国法已伸正凶者；被拉并未还手，回跌落河落崖凶犯，幸而得生者；斗殴之案如被揪被推并未还手，死由自行栽跌或痰壅致毙，及因恐其栽跌向拉，致令碰磕，实无斗情者（此为 2 项）；斗殴之案，致命非重伤，越七八九日因风身死者；非致命又非重伤，越四日因风身死者；手足他物伤不致命伤轻，死在八九日去限外仅少一二日，或数刻尚在限内者；十五岁以下幼孩杀人之案，如死者恃长欺凌理曲逞凶，力不能敌回抵适伤者；殴死奸夫之子，斗杀定案凶犯之母与死者之父通奸，凶犯向母委曲理劝，欲拏死者之父送究，复被死者恶语侮骂，将死者殴毙者。

② 法部：《奏秋审应入可矜人犯酌拟援照戏误擅杀新章随案分别减等折》（光绪三十二年十二月二十二日），《谕折汇存》（光绪三十三年一月）第 6 册，政治馆，第 125—131 页。

③ 增加的 5 项约计为：斗殴案件有因，被揪被扭挣脱致令跌毙者；幼孩毙命，衅起护亲不论是否互斗者；笃疾杀人之案，如衅起理直回殴适毙者；老人毙命，如衅起理直殴情甚轻者；救亲殴死有服卑幼者。

实践。① 此一改定，使得某些监候犯人，免于长期监禁，而进入相对新式的习艺所服刑，也使得法部所掌秋审类别中的可矜犯人，只需汇奏，无须进入秋审，减少地方和法部秋审的工作量。

清末法律改革推进，新法不断出台，法律观念和整个法律体系都在变化，秋审条款的修订成为必然。宣统元年八月二十九日（1909 年 10 月 12日），编订现行刑律的工作完成，修订法律大臣沈家本等奏请钦定。② 同时沈家本等附片奏请会同法部按照现行刑律逐条修订秋审条款，以免旧款新律之间的分歧，得到朝廷允许。③ 沈家本组织修订法律馆和法部司官开始对乾隆年间编定的秋审条款进行修订。亲身参与修订的法部审录司掌印郎中吉同钧在其所著《秋审条款讲义》序言中称：

> 上年（宣统二年，1910 年）现行律颁行，罪名半从轻减而旧日条款与现律诸多凿枘，复奉命修改条款。同钧蒙修律大臣派充纂修之役，与共事诸君按照现律参酌新旧，去其重复补其缺略，共得一百六十五条，较旧款少二十条。惟当时需用甚急，限期过迫，审察未易精

---

① 对于秋审之制来说，虚拟死罪的争议已经结束，不过虚拟死罪改徒流的执行方式，还在讨论。光绪三十三年七月二十六日，张之洞附片对旧章改动提出不同意见，认为删除虚拟死罪，"不独情法不得其平"，而且会导致一些民风强悍地方的民众轻视重典，易起"残杀之风"。因此，张奏请将由绞等改徒流的犯人入习艺所服刑期间，在囚衣上标识其所犯之罪，一二年内视见其改造情形，酌情去除这些标识。在量刑上，张建议改徒流罪犯，流罪加苦工一年，徒罪加工作六个月，以与寻常流徒罪犯加以区别。[张之洞：《虚拟死罪改为流徒各项请仍存死罪之名片》（光绪三十三年七月二十六日），《张之洞全集》第 3 册，苑书义等编辑，河北人民出版社 1998 年版，第 1799—1800 页] 八月初七日，张之洞的建议被抄交法部议奏。十月初三日，法部议奏同意张之洞将改徒流犯人服刑时进行标识的建议，没有同意给这些犯人增加苦工的主张。法部的议奏得到朝廷的允准。[法部：《奏核议大学士张之洞奏虚拟死罪人犯变通办理折》（光绪三十三年十月三日），《政治官报》光绪三十三年十月十六日，总第 27 号，第 5—7 页]

② 中国第一历史档案馆编：《光绪宣统两朝上谕档》第 35 册，第 378 页。

③ 同上书，第 377 页。沈家本：《编辑秋审条款片》（宣统元年八月二十九日），《华制存考》（宣统元年九月）第 4 册，政务，第 85—86 页。

密，且出自众手其中轻重权衡亦间有参差不齐之处。①

吉同钧所说时间紧迫是指条款的修订工作须在宣统二年（1910）秋审工作正式展开之前完成，以赶上指导当年的秋审工作。另外，秋审条款的修订是将不同部门分到不同个人手中限期完成，导致一些条款的修订及条款之间在定罪量刑的权衡上会互有出入。秋审条款修订方法大致有三种：一是删定原条款中重复、歧义、过时的条款；二是加入修订法律后的新内容；三是折中原章程中定罪量刑有失偏颇的条款。修订后的秋审条款分职官、服制、人命、奸盗抢窃、杂项5门，计165条，各条后都有详细按语。

宣统二年七月十六日（1910年8月20日），法部会同修订法律馆将编订好的秋审条款进呈朝廷。② 清廷即日颁布上谕："著即与现行刑律一律颁行，新刑律未经实行以前，凡有应归入秋审案件，均即遵照此次所定条款，悉心拟勘，毋得少有出入，以昭画一而得推行。"③ 秋审新章在宣统二年（1910）的秋审中就开始使用。④

秋审章程变更引起秋审程序的变化。因法部机构改革，光绪三十二年（1906）秋审拖至十二月。⑤ 同月法部奏准可矜犯人减等新章。在光绪三十三年（1907）秋审即将开始之时，八月十二日（9月19日），法部请示秋朝审应当规复旧制，还是照现在章程办理。清廷谕令依据现章办理。⑥ 该年秋审结束后，法部总结经验，再提修改建议，认为例应缓决与例应情实、实缓之间犯人不同，秋审定谳一般不会变化，纳入秋审徒增纷繁工作量，并无实际价值，故而奏请"除朝审案犯无多又值各级审判厅初立应

---

① 吉同钧：《秋审条款讲义·序》，1911年铅印本。

② 法部：《会奏编辑秋审条款告成缮单呈览折》（宣统二年七月十六日），《政治官报》宣统二年七月二十日，总第1013号，第6—8页。

③ 中国第一历史档案馆编：《光绪宣统两朝上谕档》第36册，第264页。

④ 法部：《法部汇奏各省秋审后尾并覆奏事宜改归法部承办折》（宣统二年九月初一日），《政治官报》宣统二年九月九日，总第1061号，第5—7页。

⑤ 《谕折汇存》（光绪三十二年十二月）第5册，政治馆事由，第42页。

⑥ 《谕折汇存》（光绪三十三年八月）第5册，政治馆事由，第42页。

仍照定例办理外，其各直省应入秋审人犯，凡例应缓决者均拟令各该督抚于定案具奏时，即妥拟确实出语声明酌入缓决字样，分咨大理院覆判，统由臣部详核覆奏，仍俟秋审时汇齐此项人犯案由罪名缮单具奏一次，毋庸归入缓决本内具题以省繁复。若系例应情实及实缓介在疑似并矜留暂难确定各案，应仍按照旧章一体归入秋审册内核办"。为此，法部订立《变通秋审缓决人犯办法》指导例应缓决犯人定拟和招册的具体方法。① 新办法在清廷允许下通行全国。次年，护理四川总督赵尔巽对新章中未曾涉及的

---

① 法部：《奏变通秋审缓决人犯办法折（并清单）》（光绪三十三年十二月二十四日），《华制存考》（光绪三十四年一月）第 4 册，政务，第 52—55 页。《变通秋审缓决人犯办法》8 条：一从前办理监候之案，无论情实缓决，各犯均于律牌下声明秋后处决一层，此定制也。现在缓案既拟于定案时先行核办，自应酌定程序以资取则。查秋审后尾册式，向于叙案后加以勘断之词，如衅起不曲、吓扎一伤之类谓之出语，似可仿照办理，于出牌后俱应加具确切出语声明，照章酌入缓决。其有例应情实及实缓，介在疑似暂难确定者，仍出秋后处决四字。至可矜人犯，除照上年奏定新章，应准随案改为流徒者，仍专咨报部外，若介在矜缓之间，未便仓促定拟者，即与声请留养各犯，俱一律叙明，应俟秋审时照章核办字样，以免参差；一定案时所引例章有载明入于秋审缓决者，本已揭示明白，自可查照办理，应毋庸再加出语，转致烦冗；一例缓各案事类繁多难以枚举，应令各该省遵照奏定条款查明，向办成案悉心比核，必实系确应缓决，毫无疑义者，方准随案核办。其稍涉疑难之案，均仍归秋后再议，不得以应否酌入缓决等词，率行双请，致滋淆乱；一各省随案拟缓之案，如经臣部核与条款成案不符，仍划归秋册核办者，应由各该督抚于核办秋审时仍详具后尾，与情实各犯一律妥拟具奏到部，俾得互相参酌，藉免轻纵之弊；一嗣后各省每年册送后尾时，应将随本奏准拟缓各案另分一册，叙明某府某州县绞犯某某，业奉部覆准拟缓决字样，并总计若干起共人犯若干名目，俾臣部得以按名稽核，免致疏漏；一凡随本奏准拟缓之案，仍由臣部于每年八月内秋审上班后汇齐，各省此项人犯，谨撮要开具案由罪名，再行缮单覆奏一次即毋庸会画具题，并声明请旨饬令仍牢固监禁以符旧制而昭慎重；一各省寻常命盗汇奏之案，前经臣部奏定，分别立决监候两项，以十案为率，现在缓案既须同时核定，自应以类相从，藉清界限，令拟例实与实缓矜留不能遽定者为一类，例缓而毫无疑义者又别为一类，至多不得过八起，内惟例缓之犯加具出语，余皆从略庶几眉目分明乃可，照章详核其或外省未经划明者，拟由臣部分案覆奏俾免牵混；一秋谳大典民命攸关，改章之初，如有未尽事宜，应令各该督抚咨商臣部妥核，并随时详酌奏明办理。

几点咨商法部：其一，旧事缓决及免勾并情实改缓案件拟仿照缓决犯人的办理，只叙某府某州县绞犯已入某年几次奉文缓决免勾改缓，仍旧分情实、缓决各造一册以清眉目，其旧事中遇有恩诏停勾者案情未定者拟仍然遵循旧章办理；其二，外省秋审拟依照中央秋审之制，将例应缓决者按照二次旧事册式只叙小勘加具出语，其例应情实及介在疑似矜缓者，仍照旧章核办；其三，秋审新事情实等项犯人拟仿照旧事办法由督抚饬令属员造好招册再由按察使司核勘汇转，免予解勘。光绪三十四年（1908）九月，法部同意前两条办法，对于秋审情实犯人的"免于解勘"，则提出不同意见。法部认为"秋审为虑囚巨典文法最极周详，在各州县定案之初非不节次勘转，然必于秋审时仍予解勘者，诚以民命所关不得不力求详慎……本部原奏所称省往返之劳节虚糜之费，亦系专指此后随案酌缓之犯而言，若以情实待决之犯一并免予解勘，恐因噎废食未收便捷之效适开枉纵之门"，并要求"应入秋审册内核办之犯，仍一律照旧办理，以免歧误"。同时，法部将该咨文通行各省一体遵行。①

随着法律改革和司法实践的探索，秋审程序在不到两年的时间不断更动，可矜和例应缓决都不再进入秋审，仅余情实、实缓之间的案件，秋审总量减少，降低了司法成本；中央对一些重要案件的司法复核权开始下放，实质上是地方从中央司法机构分享到的司法决策权加大。

同时，旧时秋审的一些类别不再进入秋审，但秋审过程本身并没有太大变化。兹以光绪三十四年（1908）八月秋审会审后都察院御史提出质疑的张满古仔（即张组连）案为例。②

湖南张满古仔及族人张黄仔等人的田地临近蒋姓所管的水沟，一直依靠漏坝滴水浇灌。张黄仔因天气干旱，沟坝不漏水，于是邀同张满古仔等族人前去挖沟放水。蒋家族人前去阻止，双方争闹，致使蒋家两人先后殒命。案发后，张满古仔、张黄仔均依斗杀者绞律拟绞监候入于秋审。光绪三十四年（1908）秋审，湖南巡抚汇奏在秋审后尾的勘语中

①　法部：《咨覆川督并通行各省秋审办法文》（光绪三十四年九月），《大清法规大全》，第 1799—1801 页。

②　法部：《奏覆石长信奏绞犯缓决改实未平折》（光绪三十四年九月十三日），《华制存考》（光绪三十四年九月）第 5 册，政务，第 143—146 页。

认为张蒉仔先和对方打斗，情急之下张满古仔出来拦劝，伤人是由于抵御导致，将两人均列入缓决。法部秋审则认为争挖沟水引起斗殴导致对方叔侄一家二命，张蒉仔造成死者"金刃五伤三致命一透内，惟死先拳殴伤由抵御，尚可原缓，是以照缓"，"张满古仔金刃七伤二致命三透内，伤多且重，难以衅起拦劝等词再予原缓，致二命无一实抵，将张满古仔改拟情实"。八月二十四日（9月19日），法部在金水桥西会同九卿各道覆核定拟，并在题本上画诺。九月初六日（9月30日），御史石长信对该案提出异议：

> 张蒉仔四伤殒一命而拟缓，张满古仔六伤殒一命而改实，虽多少不同而因伤殒命则一。核其伤多且重，张满古仔固属罪魁，论其肇衅开沟，张蒉仔实为祸始。各毙各命，应各抵各罪，难以二命无一实抵归重一犯。夫伤至殒命，均不可谓不重。至曰伤多，斗殴抵御，此也争先，彼也恐后，其多少非困斗时所暇计也。查二命均非一伤，同罪未便异罚。果其杀近于故，虽并抵亦属相当，苟其戕非有心，即二命各由情急，似张蒉仔与张满古仔均可拟缓，稍原其并无死人之心，惟宜永远监禁，毋俾生还以雪一家二命之冤，以杜相率为非之渐。

石长信的异议被抄交法部复核。① 九月十三日（10月7日），法部奏议指出：

> 张满古仔等致伤蒋声铺等各身死，若死者并非一家，则张满古仔金刃未至十伤，似尚在原情酌缓之列。惟其一家二命，考之历来办法，有两犯俱实者，有一凶在逃或一凶病故而入实者，要以两犯一实一缓之案为最多。或因首先逞凶而议抵，或以情伤均重而加严，良以此行案件，致人父子叔侄兄弟夫妇同时被杀，情节甚惨，若竟无一人实抵，死者地下含冤，生者一家饮泣，揆之情理，岂得谓平。检查近数年成案，如二十八年四川邹晟典，二十九年奉天贾振得、山西申富常各起，俱致毙彼造父子兄弟一家二命，系各毙各命，经臣部议以情

---

① 中国第一历史档案馆编：《光绪宣统两朝上谕档》第 34 册，第 94 页上。

凶伤重者外缓改实，以儆凶残而免宽纵，经奉旨予勾各在案。至于从前旧事间有两犯俱缓者，亦必如条款（指秋审条款）所载，或斗不同场，或情切救亲，或身先受伤，或死非徒手以及金刃他物抵戳一二伤之类，方得稍从未减。且查本届四川科王怔溁一起系致毙母子二命，该犯他物伤重死系妇女，亦经臣等照案改实。此起张满古仔金刃已至七伤死系徒手，较之比起尤重。是详参近案，既未便办理两歧，严核定章，更无词可从轻比。该御史奏称张贲仔以四伤殒一命而拟缓，张满古仔以六伤殒一命而改实，于该犯等连戳之伤未经核时并计而复浑其词曰张满古仔固属罪魁，张贲仔实为祸始。不知开沟肇衅，张贲仔并无纠殴之心，接担连戳，张满古仔实有逞凶之势。况各科各罪一语本系定案时分别勘断之词称，而论伤衡情，秋审自有成例。臣部职司邦宪，固不敢归重一犯稍滋严刻，然如该御史所称斗殴抵御不暇计伤，至欲以惨毙一家之案悉原其并无死人之心，是宽典必至滥邀而杀人皆可不死，推其流弊所极，恐论抵者，但有杀近于故之人而狡供者，必皆出以戳非有心之语。明罚敕法之谓何，此固臣等所未敢迁就者也。据有湖南绞犯张满古仔改实一案，臣等覆加详核，复稽之条款成案，并无出入，仍拟查照原议办理。该御史声称均可拟缓并永远监禁之处，尤属无此办法，应请毋庸置疑。

法部议覆的基准点是对死者有所交代，对生者有所抚慰，并大量引用先例比附案件的判定，而不是从犯罪行为本身是出于必然还是偶然、犯罪人是主观故意还是重大过失等来分析案情，为其原来拟罪定下基础。另值得注意的是法部议覆文中很少提及对张贲仔的罪行分析。法部于最后驳斥了石长信的说法，维持原判。其基本思路还是以保持社会基本平衡心态的一种治安之术，这也是整个秋审的思路。另外，法部在分析案情时避重就轻以维旧断的问题也非常明显，这也同时体现秋审拟断中增损一字而断人生死的生杀大权。法部意见被朝廷采纳，一起少见的九卿定谳之后仍有御史提出质疑的案件就此了结。

光绪三十四年（1908），各省戏、误、擅杀减等人数为49人，11人收入习艺所，1人捐赎，37人援免，可矜减等人数为8人，1人收入习艺所，1人留养，6人援免，京畿及各省有绞犯167名援免，这些犯人均另行造表，不入秋朝审。① 秋审缓决、可矜犯人均来自旧事、地方情实及介于实缓之间犯人，由法部秋审决定。

表3-1　　　　　　光绪三十四年（1908）秋朝审犯人简表②

| 类别 | 性别 | 情实 | | 缓决 | 可矜 | 援免 | 留养 | 承祀 | 总计 |
| --- | --- | --- | --- | --- | --- | --- | --- | --- | --- |
| | | 服制 | 常犯 | | | | | | |
| 朝审 | 男 | 1 | 9 | 13 | | | | | 23 |
| | 女 | 1 | | | | | | | 1 |
| 秋审 | 男 | 14 | 183 | 645 | 13 | 1 | 84 | 3 | 943 |
| | 女 | 1 | 3 | 13 | | | | | 17 |
| | 总计 | 17 | 195 | 671 | 13 | 1 | 84 | 3 | 984 |

宣统元年七月初六日（1909年8月21日），法部奏请将建省以来三十多年一直不实行秋审的新疆省规复秋审旧制，得到允许。③ 宣统元年（1909）秋审程序变革的另一因素来自清末司法审判制度的改革。宣统元年十二月二十八日（1910年2月7日），宪政编查馆厘定司法行政和司法审判衙门之间的权限，规定凡各省城已经开办高等审判厅的，所有从前各衙门掌管的审勘等事宜一律划归高等审判厅办理，不再由院司审勘，以前开设的发审局等机构一律裁撤；新刑律颁布之前，保留秋审，并由法部主持。④ 在已设审判厅地方，秋审依新规变化。而且新规定的言下之意是秋审制度在各省审判厅普遍设立和新刑律颁布之后就要废除，现在的秋审只是临时的过渡形态。一直成为清代司法制度重要部分的秋审，随着新法的出台和新式审判机构的陆续建立，随着其适应新

　　① 法部：《法部第二次统计表》，1909年铅印本。《戏误擅杀减等人数表》，《直省可矜减等人数表》，第230—231页；《京畿直省援免人数总表》，第203—204页。

　　② 《秋朝审人犯总表》，法部：《法部第二次统计表》，1909年铅印本，第1—2页。病故犯人不计。

　　③ 法部：《奏新疆寻常命盗案件请规复秋审旧制折》（宣统元年七月初六日），《政治官报》宣统元年七月初十日，总第656号，第9—11页。

　　④ 宪政编查馆：《奏为遵旨核订法院编制法另拟各项暂行章程折》（宣统元年十二月二十八日），《华制存考》（宣统二年一月）第5册，政务，第167—168页。

法的诸般改革，也渐渐使自己走向最后阶段。宣统二年二月二十九日（1910 年 4 月 8 日），宪政编查馆奏准京内外高等、地方审判各厅定拟的死罪案件，由各该检察长或监督检察官逐起将全案供勘呈报按察使或提法使申报法部，无须督抚奏咨。① 宣统二年三月十六日（1910 年 4 月 25 日），宪政编查馆核覆修订法律大臣沈家本等的建议，同意停止外省秋审由督抚、布政使会审以及朝审由复核大臣会同九卿审录的制度，京内外高等地方审判各厅所拟监候犯人，在京由法部汇案办理，各省由提法司或按察司就原案核办秋审后尾申报法部核办，未设审判厅地方秋审犯人均不再解司审勘。② 经此一改，朝审也和秋审一样并不对囚犯进行审勘，参加秋审的衙门和官员、秋审程序又发生变革，同时预示着秋审制度本身在整个司法审判体系中的地位式微。宣统二年九月初一日（1910 年 10 月 3 日），法部奏请由法部核办各省秋审后尾并照章汇奏，秋审覆奏各事由法部办理，得到批准。③

宣统三年四月初十日（1911 年 2 月 7 日），清廷进行内阁官制改革，秋审制度也随之再变。循旧制，法部秋审黄册在进呈前五日须送军机处查阅，经过一天再取回，然后连题本一齐送交内阁，由内阁依次将题本和黄册进呈，再由批本处批下。此后，择日勾到等制开始启动。官制改革中，内阁旧制、军机处、票签批本等或裁或改，旧制无法维持。七月二十一日（9 月 13 日），法部编订《酌拟变通秋审册本各事宜》12 条：秋审本拟由法部改题为奏；勾到日期拟由法部奏请；勾到本亦拟由法部改题为奏；黄册拟专列实勾人犯；拟删除名册粘签；拟删削黄册外尾、部尾，只列勘语；拟停止覆奏；拟请每期由内阁协理大臣勾到；勾毕覆奏拟由内阁办理；拟酌改秋审榜示；监视行刑拟由法部专办；未尽事宜拟随时酌量改

---

① 《清实录》第 60 册，《大清宣统政纪》卷 32，第 572 页。

② 宪政编查馆：《核覆修订法律馆奏变通秋审复核旧制折》（宣统二年三月十六日），《华制存考》（宣统二年四月）第 5 册，政务，第 2—3 页。

③ 法部：《汇奏各省秋审后尾并覆奏事宜改归法部承办折》（宣统二年九月初一日），《政治官报》宣统二年九月初九日，总第 1061 号，第 5—7 页。

定。① 变通办法从程序、文牍等方面对秋朝审进行大刀阔斧的改革，使其原初的形态和本意都产生重大更动。兹以秋审最后一例官犯来分析其新制。

宣统三年八月十八日（1911 年 10 月 9 日），法部奏请把本年的秋审官犯以及案内的常犯依据现行条款一律酌入缓决。② 其具体案情如下。

试用巡检黄启捷（即黄祖诒）来京与金店生意人黄得琨商量冒领朝廷奖励事宜。黄得琨告知黄启捷有已故族人黄祖诒领有难荫知县执照，如果买得该照，则可以向吏部设法办理改选知县，籍贯也可通融。黄启捷愿意购买，于是筹措 4500 两白银，交给黄得琨包办。黄得琨托吏部书吏李廷楷向吏部文选司充议选处、投供处任职的瑞至、奎徵、隆惠、文海等人说情，允诺谢银，并写下单据。瑞至等立即将议选处、投供处卷册粘贴改写黄祖诒的名字。黄启捷冒名黄祖诒去验到。投供处总核吏部员外郎王宪章查出投供卷有粘改情形，询问文海。文海请求王宪章保密，并立下了字据，答应谢银，于是王宪章就没有举报。黄祖诒则照例验放。宣统二年（1910）五月，案情暴露。五月十八日（1910 年 6 月 24 日），经御史御史赵炳麟奏参，清廷谕令法部尚书廷杰、民政部右侍郎林绍年查办此案。同时谕令民政部、步军统领衙门拘拿黄启捷。③ 六月初二日（7 月 8 日），廷杰、林绍年等奏请将吏部司员奎徵暂行革职归案审办，文海暂行解任等候质问，湖南试用巡检黄启捷、候补布政使司经历黄德琨一并斥革审办，得朝廷允准。④ 经廷杰等讯问，黄启捷承认勾通金店，转托书吏，行贿买官的事实，吏部司员也供认舞弊收受贿赂。⑤ 廷杰等将黄启捷、黄祖诒、瑞至、奎徵、隆惠、文海、王宪章等人依旧律"有禄人枉法赃八十两律"拟绞，黄德琨依"无禄人枉法赃一百二十两律"拟绞，全部监候，等秋

① 法部：《会奏酌拟变通秋审进呈册本各事宜折》（宣统三年七月二十一日），《内阁官报》，宣统三年七月二十六日，总第 26 号，第 3—6 页。

② 法部：《奏官犯黄启捷等均拟酌入缓决折》（宣统三年八月十八日），《内阁官报》，宣统三年八月二十五日，总第 54 号，第 5—6 页。

③ 《清实录》第 60 册，《大清宣统政纪》卷 36，第 644 页下。

④ 中国第一历史档案馆编：《光绪宣统两朝上谕档》第 36 册，第 77—78 页。

⑤ 同上书，第 320 页。

后处决。① 九月，查办大臣廷杰等附片奏请依据现行刑律"买受凭札冒名赴任者绞例"判定黄启捷绞监候，得清廷许可。这一年秋审，法部对黄启捷等的定罪进行核议：

  窃臣等查现行条款内载"买受伪札冒名赴任者可以缓决"，又"枉法赃实犯死罪者应入情实"，注云"须执法之人方是或系在官人

① 黄启捷买官一案受到朝廷格外重视。除黄启捷等案犯拟绞监候秋后处决外，清廷还下谕议处一大批官吏。宣统二年八月十八日上谕："前据御史赵炳麟奏吏部挖改档册、听人贿买难荫冒名承袭等语，当经谕令廷杰、林绍年确查。兹据查明奏称，讯据黄启捷供称勾通金店，转托书吏关说吏部司员，贿买难荫知县属实，并讯明吏部司员等各供认舞弊得赃不讳。朝廷惩戒贪墨，定例綦严，岂容有不肖之徒以官为市，似此肆行贿串，实属毫无顾忌，未便姑容，自应按律问拟。所有此案贿买过赃受财枉法之已革湖南试用巡检黄启捷（即黄祖诒），已革候选布政司经历黄德琨，已革吏部笔帖式瑞至、奎徵，已革吏部员外郎王宪章，均依所拟著绞监候秋后处决。吏部笔帖式文海、隆惠，著革去笔帖式，一并绞监候秋后处决。已革书吏李廷楷（即李春泉）、三益兴伙友王禄昌，情节稍轻，均依所拟分别流徒。吏部笔帖式宝庆、希图乌布代写荫册，除照章处死外，仍交都察院照例议处。吏部郎中刘华、主事随勤礼，虽不知情，惟并不调查册卷，随同画押，非寻常疏忽可比，均著交都察院严加议处。吏部员外郎毓麒，主事梁德懋，笔帖式郭永泰、国硕、麟祜，均有考核稽查之责，于其中情弊漫不加察，著一并交都察院照例议处。吏部郎中荣厚、李坦，员外郎黄允中，主事王阔城、施尧章，均失于觉察，著交都察院照例察议。吏部堂官于所属各员贪赃枉法，事前既疏于防范，临事又毫无觉察，吏部丞参各官，不能实力稽查，亦有应得之咎，均著交都察院分别议处，以示惩儆，余著照所议办理。"参见中国第一历史档案馆编《光绪宣统两朝上谕档》第 36 册，第 320 页。都察院议定："笔帖式宝庆降三级调用。郎中刘华、主事随勤礼降三级留任。员外郎毓麒，主事梁德懋，笔帖式郭永泰、国硕、麟祜降一级留任。郎中荣厚、李坦，员外郎黄允中，主事王阔城、施尧章罚俸一年。尚书李殿林，左侍郎于式枚，右侍郎瑞良降一级留任。左丞宝铭，右丞孙绍阳，左参议毓善，右参议吴敬修，罚俸一年。俱系公罪，可否准其抵销。又查尚书李殿林，查系入闱，并未画行，应否准其免议。"清廷最终决定：吏部堂官应得降一级留任公罪，吏部丞参各官应得罚俸一年公罪各处分，均着准其抵消；李殿林查系入闱，并未画行，着准其免议。参见《清实录》第 60 册，《大清宣统政纪》卷 41，第 730 页。

役，亦不可轻议缓决"，又"听从分赃者酌入缓决"各等语。此起黄启捷（即黄祖始）受买荫照至请分发，按"知情受假官律"罪止满流，定案时改照"冒名赴任例"拟绞，系属从严办理。查"冒名赴任"条款本在可缓之列，虽该犯呈请分发较之业经赴任者有异，惟究已冒名验放又系奉旨照拟绞候之犯，秋审自未便遽予减等，应仍照条款将该犯拟以缓决。该犯黄得琨起意将以故族人荫照转卖得赃，定案时系计赃科罪照枉法论拟。惟该犯仅系开设金店生理，核与执法之人及在官人役实在枉法贪赃者有间，不无一线可原，拟请将该犯酌入缓决。该犯瑞至、奎徵、隆惠、文海、王宪章均系职官辄伙同枉法得赃，情节较重。惟该犯等所收赃款系属期票，到案均一律呈缴，似与分受赃物已成者不无区别，且俱系听从分赃，亦在条款酌缓之列，拟请将该犯等一并酌入缓决，以符新章而昭详慎。

法部司官引用现行刑律和新订秋审条款，对 7 人的定罪进行覆核，奏请一律纳入秋审缓决。朝廷同意秋审的缓决意见。清朝覆亡，民国建立，清末制定的新刑律经过改定后通行，其中尽行删去旧律中的死刑监候条款，秋审再也没有存在下去的可能和必要了。

秋朝审自清末减轻刑罚的法律改革，先是所据实体法变化，其后程序亦日益简化，其审判、宣示等功能日渐式微。秋审变革是由清末法律变化、政府机构改革、独立司法审判机构体系日渐形成所步步推动的，也从一个侧面反映了清代司法审判体系的过渡轨迹。为官刑曹 20 多年的法部审录司掌印郎中吉同均，从事秋审多年，曾对对清末秋审变革进行过总结性的回顾：

自刑部改为法部，一切法律舍旧趋新，删繁就简，举从前详细章程，概从芟薙。凡外省死罪，其情轻者改为随案酌缓，秋审只列清单，不入招册。去年（宣统二年，1910 年）奏请删除钦派覆核及朝房会审各节，朝审亦改为秋审。本年又奏请删除先期覆奏、内阁具题，而黄册概归简易，其服册并情实声叙各案，均不列入，又只列勘语，而各省外尾并法部后尾亦概从删削，此亦时势所趋，不得不然。

然历朝良法美意从此荡然无存矣。①

其对秋审的感情溢于文间，即便是他也觉得秋审的废除是时势所趋。

## 三　修律

自新政以来，清廷专设修订法部馆，并谕令刑部侍郎沈家本等人主持修律。丙午官制改革，沈家本担任大理院正卿。次年，调任法部右侍郎，继续主持修律。光绪三十三年（1907）五月之后，为修律体制有过一段争论。后经宪政编查馆最终决定，仍由沈家本主持修订法律馆起草律案。沈家本身兼法部右侍郎、修订法律大臣，先后奏派法部候补郎中董康，法部参事潘元烋、员外郎麦秩严、主事姚晋圻等入馆佐理法律起草，法部各员在清末重要法律的起草起重要任用。② 其起草的主要法律法规包括：光绪三十三年八月初二日（1907 年 9 月 9 日），《法院编制法》草案；十一月二十六日（1907 年 12 月 30 日），《刑律分则》草案；十二月二十四日（1908 年 1 月 27 日），《满汉通行刑律章程》；宣统元年八月二十九日（1909 年 10 月 12 日），《大清现行刑律》草案；宣统二年七月十六日（1910 年 8 月 20 日），《秋审条例》；十二月二十四日（1911 年 1 月 24 日），《刑事诉讼律》草案；十二月二十七日（1911 年 1 月 27 日），《大清民事诉讼律》草案等。这些草案，为清末近代司法审判体系的建立提供基本法律法规。刑、民事的实体和程序法为建立近代法律体系奠定了良好的基础。

法部覆定旧章之事，则由部门通过一事一律的方式进行。清末中央地方机构、刑法、司法审判机构等内容不断变化，旧的各项章程在新条件下有些难以实施，都由法部进行逐项修订。

刑讯是传统司法审判中常见的恶习。光绪三十一年三月二十一日（1905 年 4 月 25 日），清廷谕令禁止官员审判案件滥施刑讯。同年九月十七日（10 月 15 日），沈家本复奏轻罪禁用刑讯各省奉行不力，特申明旧

---

① 吉同钧：《秋审条款讲义·序》，1911 年铅印本。

② 董康：《前清法制概要》，《董康法学文集》，第 231 页。

章以资遵守。① 光绪三十三年三月二十七日（1907 年 5 月 9 日），法部议覆顺天府尹孙宝琦枷号改折罚金折时，奏请饬下各省督抚、将军、都统转饬所属，将站笼、梃棍、天平架、老虎凳、单跨摇、天幌等刑具一律销毁，如有私自滥用刑讯则照例参处。② 光绪三十四年八月二十二日（1908 年 10 月 16 日），法部酌覆御史俾寿停止刑讯严禁勒诈折时声明，官员若不施刑讯审断案件由法部等酌奖，若是徇情滥刑则一经查出即随时参处。③ 对于朝廷的三令五申，京师各级审判厅尚能遵守，一些地方州县仍视之为具文。宣统二年（1910），各省省城商埠各级审判厅陆续建立，各省提法使也先后奏补。宣统三年正月二十六日（1911 年 2 月 24 日），法部再次奏请"嗣后无论已未设厅地方，统由该督抚责成提法使认真督察，凡遣流以下人犯承审各员一律不准再用刑讯。其死罪人犯应行刑讯者，亦应恪遵现行刑律办理。从前一切非刑、私刑名目永远革除，刑具即时销毁。倘有奉行不力或阳奉阴违仍不脱从前问刑习气，断非文明法纪所能宽恕，一经查出或被告告发，拟即由该提法使据实申部，将该承审官分别轻重从严参办。提法使瞻徇容隐，即由督抚随时咨部揭参。督抚知而不问亦由臣部随时查明奏参"。此外，更行奏请朝廷下谕"饬京外问刑各衙门恭录光绪三十一年三月二十一日（1905 年 4 月 25 日）谕旨敬谨悬挂法庭以资儆惕而申禁令，庶酷吏无可藉口而讼狱尽得其情"。④ 清廷收到法部的奏折即日上谕照准。⑤ 可见法部作为新式审判的创办和提倡者，为禁止刑讯而运思之深。不过要在短短数年之内扫清数千年的积弊，绝非易事，其实绩如何，很难得知，但是不断努力去想办法朝着好的方向做，法部是尽到了本分。

---

① 中国第一历史档案馆编：《光绪宣统两朝上谕档》第 31 册，第 45—46、57 页。

② 法部：《奏议复变通枷号并除苛刑折》（光绪三十三年三月二十七日），《谕折汇存》（光绪三十三年四月）第 6 册，政治馆，第 61—66 页。

③ 法部：《奏酌核御史俾寿奏请停止刑讯折》（光绪三十四年八月二十二日），《谕折汇存》（光绪三十四年八月）第 5 册，政治馆，第 177—180 页。

④ 法部：《奏为停止刑讯各省多未实行拟请重申诰诫严饬遵守事》（宣统三年正月二十六日），中国第一历史档案馆藏：军机处录副奏折 3—7579—024。

⑤ 中国第一历史档案馆编：《光绪宣统两朝上谕档》第 37 册，第 16—17 页。

吗啡是危害不亚于鸦片的毒品，在江苏巡抚陈启泰的敦促下，光绪三十四年六月十八日（1908年7月16日），法部会同修订法律大臣拟定贩卖吗啡等治罪专条：以后拿获制造施打吗啡针的犯人，不论杀人与否应比照造畜蛊毒律斩罪上酌减为极边烟瘴安置；其贩卖吗啡的铺户如果是未领海关专单者亦照知情卖药律与犯人同罪，仍将该铺户即行查封，并请饬下各海关申明条约严厉杜绝私自贩卖。[①]

清末，全国的铁路建筑发展很快，而针对铁路的犯罪也随之加增。旧律是针对旧的社会情形制定，没有关于破坏铁路的专条，于是邮传部奏请要求制定《窃毁铁路要件治罪专条》。宣统元年十二月初四日（1910年1月14日），法部议覆邮传部奏请拟定，凡故意毁坏及因盗窃而毁坏铁路的安全设施、铁轨、枕木、道钉等一切重要机件，导致火车行驶车出险因而伤及人命者，无论发生在官办铁路还是商办铁路，均拟绞监候，秋审时酌核情节分别办理。出险尚未伤毙人命者若是故意毁坏，则在绞罪上减一等拟流三千里；因盗窃而毁坏铁路之犯徒三年。未出险者若是故意毁坏，减流罪二等；因盗窃而毁坏者徒一年。计赃重者从重论，为从各减一等，误毁者减窃毁罪三等，拟杖八十照章罚金，所毁物件均计估追赔。若有造言聚众拆毁铁路桥梁车站路局、焚烧材料逞凶拒捕情节重大者，随时察酌情形分别首从照土匪滋事从严惩办，不拘常例。若是盗窃毁坏路旁材料与行车要件无关者仍照盗官物本律治罪。[②]

刑罚执行也随着清末刑罚改革而推进，原来的五刑加遣、军等刑种都有改变，执行的方式方法也需要不断变化以适应新法律。光绪二十八年十一月十五日（1902年12月14日），护理山西巡抚赵尔巽提出军流徒刑罚执行中有"三失四弊"，奏请各省通设习艺所，并"将命盗杂案、遣军流徒各罪犯，审明定议后，即在犯事地方收所习艺"。次年四月初三日（1903年4月29日），刑部议覆认同赵的建议奏请各省徒罪犯人不再发配，全部收入习艺所按照所犯罪行年限从事工作，年满释放。其余军流罪

① 朱寿朋编：《光绪朝东华录》第5册，第5938—5940页。

② 法部：《遵议匪徒窃毁铁路要件明定治罪专条等折》（宣统元年十二月初四日），《华制存考》（宣统元年十二月）第6册，政务，第133—137页。

各犯人，仍照定例发配，到配后监禁一定年限，然后一律收入习艺所工作。① 光绪三十二年（1906），法部咨行各省重申遣军流犯人到配所后收入习艺所章程，并规定遣军流犯人"到配已逾工作年限者，自毋庸再行收所从新习艺，其未满工作年限者亦应扣除历过年月"。②

宣统元年（1909）七月，法部颁布《处置配犯新章》，对遣配军流人犯的执行方法作出改定。遣配军流人犯应自到配日起一律派习工艺。其补充工作，按军流各犯三年至一年等期扣限办事，无论新旧配犯均须一律照办。军流配犯期满释放后与平民一样，官吏不再加管制，可入民籍，并置产营业。③ 这一新章坚持以改造人为原则，鼓励犯人实心改造，体现刑罚的人文关怀。

光绪三十一年（1905）九月，经修订法部大臣伍廷芳、沈家本奏请，笞杖刑改成罚金。原本是为了去除肉刑，改定刑罚。宣统元年十一月初七日（1909年12月19日），都察院代奏江西举人廖尔焱指出在一些州县则以为律有罚金明条，则不问案情和犯罪情形，即行索要罚金，使得罚金变成了一项严重扰民的制度。清廷谕令法部申明定章，切实整顿，不得在案情未定之前恣意苛索，亦不得在案情既定之后额外搜求。法部接到上谕后重申光绪三十一年（1905）旧章，认为恣意苛索，由来已久，绝不自罚金章程出台才开始，罚金只是给予了贪渎官员另外一项借口罢了，问题的核心还是在遵守罚章，澄清吏治。最后，法部拟定详细办法，以后各州县遇有笞杖应当罚金的犯人，必须先拟定罪名照章科罚，以0.5两到15两为限，不得有丝毫增加，一面开列犯人名单、事由、银数等若干张贴在官署外面，以供大众知晓，一面报告该管上司查考。若有不依据章程确定罚金的官员，各督抚随时据实严参，若该管上司有意徇隐和失于觉察而另经

---

① 刑部：《议覆护理晋抚赵奏请各省通设罪犯习艺所折》（光绪二十九年四月初三日），《大清法规大全》，第1893—1900页。

② 法部：《咨各省申明遣军流犯到配收所习艺定章文》（光绪三十二年），《大清法规大全》，第1900—1901页。

③ 法部：《法部审定法制汇编》第3册，《法律门·内编》，法部律学馆宣统年间石印本。

告发者，一并分别交吏部从严议处。① 法部力主以上级和大众共同监督的模式来实现官员对定章的遵守。

在实践中，法部制定的各项实践性章程，有力地维护了新旧司法审判体系的平衡过渡，也为新定法律、章程在司法实践中的推广做了工作。

## 四　司法审判权的渐次剥离

宣统元年十二月二十八日（1910 年 2 月 7 日），宪政编查馆覆准颁布《法院编制法》，引起司法审判管辖权的大变动。宪政编查馆在奏折中提出司法审判权和行政权的分离，规定凡以前法部与大理院权限没有厘清之处，自此次《法院编制法》颁行以后即应各专责成，以后属于全国司法行政事务，如任用法官、划分区域以及一切行政调查等事务，统由法部主持，不用会同大理院办理；其属于最高审判暨释法权限，即由大理院遵照国家法律掌管，所有该院现审死罪案件不用咨送法部复核，把死刑复核权从法部的职掌中剥离出去；外省未设审判厅的地方汇奏、专奏的死罪案件暂由大理院覆判具奏，咨报法部施行；秋朝审制度在新刑律未颁布前，由法部照旧办理。宪政编查馆颁行此法意清晰划分法部与大理院的职责权限，特别是强化独立审判权。②

宣统二年正月二十四日（1910 年 3 月 5 日），法部起草《死罪施行详细办法》上奏朝廷，当日被送往宪政编查馆详覆。③ 二月二十九日（4 月8 日），宪政编查馆复议《死罪施行详细办法》称：

> 大理院、京内外高等地方审判厅判定的遣、流案件移交各该检察厅依法执行；应当发配的，由各该检察厅行文按月汇报法部存案；徒罪案件分别按季汇报法部存案；各初级审判厅判决刑事案件于年终汇报法部备案；外省未设审判厅的地方所有遣流以下案件应该咨候部覆

---

① 法部：《明罚金定章并酌拟详密办法折》（宣统元年十二月二十三日），《华制存考》（宣统二年一月）第 3 册，政务，第 48—51 页。

② 宪政编查馆：《奏为遵旨核订法院编制法另拟各项暂行章程折》（宣统元年十二月二十八日），《华制存考》（宣统二年一月）第 5 册，政务，第 167—168 页。

③ 《清实录》第 60 册，《大清宣统政纪》卷 30，第 547 页下。

的，由各督抚咨报大理院，等大理院核定并且咨达法部后，再由法部转咨施行；例归外结之案无论罪名轻重也应由法部下令执行。①

这样一来，法部对于死罪以下徒以上案件的复核权也相应地取消，成了专门的刑罚执行的决策机构，与纯粹司法行政衙门的功能越来越接近。

这一切变化，都来自司法制度改革，变化本身又再次成为新的成果，更进一步地推动司法体系的改革。

法部从刑部接收案件复核、秋朝审、复议修订旧章等依然是其主要工作内容，但这些旧掌随着清末司法的推进，其审判性质的职能逐步弱化，朝向专门的司法行政机构演变。法部参与的修律及为新律实践制定的各项章程，同样推动着整个司法体系的不断变革。

## 第三节　法部财务

刑部改制法部后，各项司法制度的改革须急谋开展，经费所需增大，财务成为愈益突出的问题。

### 一　经费变化

刑部进款大项是，各省额解饭银 4.2 万多两，户部奏销及三节帮费 8000 两，计每年有 5 万多两，以及少量劝募而来的南北两监的恤囚经费、罚没财物及赎罪银等。刑部的常年用款除恤囚经费外，每月办公之费约需银 3000 多两。② 光绪三十一年（1905），刑部奏准将外省罚金每年 7 万多两，按期解交法部作为办公费用。这些经费显然仅够刑部日常工作的维持。丙午官制改革，法部现审工作全部交给大理院，但新增筹办各项司法行政和审判机构、改革狱政等职务，而后者大量都与银两密不可分。法部要推行各项司法改革措施，单单依靠旧有的经费来源是远远不够的。光绪三十三年五月二十八日（1907 年 7 月 8 日），法部奏请拨发特支经费 3 万

---

① 《清实录》第 60 册，《大清宣统政纪》卷 32，第 571—579 页。
② 朱寿朋编：《光绪朝东华录》第 5 册，第 5362 页。

两用于修理衙署、搬迁律学馆、改造南北两监、改设行刑场所等，并陈明法部每年用于酌增官员津贴、吏役工食、扩充律学馆、恤囚、司法调查等常项开约需 32 万两，除去实得户部奏销及三节帮费及外省新旧饭银共 5.1 万多两，[①] 外省罚金 3 万多两，[②] 计每年尚缺 24 万两，一并奏请朝廷饬下度支部在除去以前每年拨给的经费外，加拨经费 24 万两。[③] 同日，清廷同意了法部 3 万两的特支费开支，但于 24 万两的常支开销则谕令听候酌给。[④] 光绪三十三年六月十七日（1907 年 7 月 26 日），经考察政治馆奏请，清廷在法部原有 7 万多两的办公经费基础上增加 6 万两。[⑤]

除去办公经费外，法部筹办各项司法改革所需费用多奏请朝廷另外拨给，除去上述 3 万两，其大宗还包括开办京师各级审判厅经费、筹办建筑京师模范监狱、主持法官考试等。[⑥]

## 二　日常收支

### （一）收入

法部官员的俸银和俸米由户部分春秋两季造表直接到户部粮仓和银库支领，不入法部经费收支。法部常项收入分为户部奏销、三节帮贴、皂役工食、恤囚发典息银、办公经费、各省协解的饭银和罚金、京师高等以下各级审判厅的经费等项目。

秋审奏销银。法部每年办秋审可从度支部奏销的银两，秋审的纸张费

---

① 户部奏销及三节帮费及外省新旧饭银共银 5.364 万两，除去户部扣还的 1000 多两，即法部所得实际银数。

② 上述 7 万多两办公费，由大理院和法部各一半分享。

③ 法部：《部务重要请赏特支要需折》（光绪三十三年五月二十八日），《谕折汇存》（光绪三十三年六月）第 6 册，政务，第 35b—39a 页。

④ 中国第一历史档案馆编：《光绪宣统两朝上谕档》第 33 册，第 93 页下。

⑤ 考察政治馆：《呈内阁等七衙门每年办公经费原有数目及拟加数目清单》（光绪三十三年六月十七日），中国第一历史档案馆藏：军机处录副奏折 03—6668—194。中国第一历史档案馆编：《光绪宣统两朝上谕档》第 33 册，115 页上。

⑥ 法部：《考试法官经费拟请由度支部先行拨银以资预备事片》（宣统二年六月二十九日），《华制存考》（宣统二年六月）第 4 册，政务处事由，第 15 页。

用另行实报实销。三节帮贴银。三节及元旦、万寿节、冬节，每年到元旦、皇帝的生日、冬至都要庆祝一番，每到庆祝的时候，中央各部都要参加帮忙，清廷按节从户部银库中拨放固数额的现银作为给予各部的补贴。因为补贴每年固定，其已经成为各部的常项收入。皂役工食，刑部有额设皂役250多名，自光绪七年（1881）之后，照额俸的四成支领，每年由法部造册从户部支取。法部办公经费，光绪三十三年六月十七日（1907年7月26日），考察政治馆奏准每年由户部加拨法部的办公经费。

各省协解饭银。这是法部改制前办公费用的主要来源，由各省每年按照额定数额解送入法部饭银库，一般各省都还是依据定例解送，也有某些省份没有如数解送。各省协解罚金。光绪三十一年（1905）九月，修订法律大臣沈家本等奏准将笞杖刑改成罚金。同年刑部请求将各省府厅州县罚金银解送一定数额入刑部作为办公经费，这比经费往往仅解送7万多两到部。以下用宣统元年各省解送法部的银数加以说明。

表3－2　　　宣统元年（1909）法部岁收各省饭银、罚金简表①　　（单位：两）

| 省别 | 应解饭银数 | 岁计 | 比较上年 | | 应解罚金银数 | 岁计 | 比较上年 | |
|---|---|---|---|---|---|---|---|---|
| | | | 盈 | 绌 | | | 增 | 减 |
| 直隶 | 3000 | 3000 | | | 14800 | 2943.424 | | 7451.529 |
| 奉天 | 300 | | | | 4400 | 3500 | 1750 | |
| 吉林 | 300 | 600 | 300 | | 1900 | 1400 | | 12 |
| 黑龙江 | 300 | | | | 1700 | | | |
| 江宁 | 2000 | 2000 | | | | | | |
| 江苏 | 2000 | 2000 | | | 6800 | 6000 | | |
| 安徽 | 2500 | 2500 | | | 6000 | | | |
| 两淮 | 1060 | 200 | | 12 | | | | |
| 江西 | 2800 | 2800 | | | 7700 | 6400 | | |
| 山东 | 2500 | 2500 | | | 10700 | 10700 | | |

---

① 法部：《法部第三次统计表》，1910年铅印本，《本部岁收各省饭银表》（总第803表），第1142—1143页；《本部岁收各省杖笞罚金表》（总第804表），第1143—1145页。

续表

| 省别 | 应解饭银数 | 岁计 | 比较上年 | | 应解罚金银数 | 岁计 | 比较上年 | |
|---|---|---|---|---|---|---|---|---|
| | | | 盈 | 绌 | | | 增 | 减 |
| 山西 | 2500 | 2500 | | | 8900 | 1000 | | |
| 河南 | 2500 | 2500 | | | 8800 | 3000 | 1000 | |
| 陕西 | 1900 | 1900 | | | 8300 | 1911.04 | | 3815.33 |
| 甘肃 | 1000 | 940 | | | 5900 | 4780 | | 220 |
| 新疆 | 2700 | | | | 2400 | 1910 | | 90 |
| 福建 | 2700 | 2700 | | | 6200 | 3100 | | 3100 |
| 浙江 | 2500 | 2500 | | | 7600 | 6500 | 6500 | |
| 湖北 | 2500 | 2500 | | | 6700 | 3450 | 3450 | |
| 湖南 | 2500 | 2500 | | | 7100 | | | |
| 四川 | 3000 | 3000 | | | 13200 | 6580 | 3080 | |
| 广东 | 3000 | 3000 | | | 9400 | 4700 | | |
| 广西 | 664 | 664 | | | 6600 | 1880 | | 120 |
| 云南 | 1000 | 800 | | | 6500 | 3000 | | 3000 |
| 贵州 | 640 | 440 | | | 4800 | 3450 | 2300 | |
| 崇文门 | 900 | 900 | | | | | | |
| 坐粮厅 | 96 | 96 | | | | | | |
| 河图 | 480 | | | 101 | | | | |
| 热河 | | | | | 无定额 | 655 | | 244.996 |
| 总计 | 47340 | 42540 | 300 | 113 | 156400 | 76859.464 | 26145 | 18053.855 |

大理院罚金每年会将所审案件得到罚金的一半咨送法部。京师各级审判厅开办和常支经费，由度支部直接拨给法部，由法部决定如何用于各厅的建设和日常运作。京师高等以下各级审判厅各厅每年会解送一定数额的罚金、诉讼费、状纸费、捐赎银等到法部，这些名目的数额多少不均。除去以上的常项收入外，法部还会因推进司法改革专折奏请专项的临时经费，例如光绪三十三年（1907）的三万两特支经费，以及宣统元年（1909）京师地方审判厅和模范监狱的建筑。

表 3 - 3　　　　　　　　　　法部收入简表①　　　　　　　　（单位：两）

| | | 款目 | 光绪三十四年 | 宣统元年 |
|---|---|---|---|---|
| 经常 | 度支部拨经费 | 办公经费 | 60000 | 60000 |
| | | 京师各级审判厅开办经费 | 30000 | |
| | | 新增常支经费 | | 30000 |
| | | 秋审奏销 | 5000 | 5000 |
| | | 秋审纸张折价 | | 2504.232 |
| | | 三节帮费 | 3000 | 3000 |
| | | 京师各级审判厅常支经费 | 120000 | 130000 |
| | 外省解款 | 役食 | 1511.8 | 1668.360 |
| | | 饭银 | 44622.93 | 42544 |
| | 法部自行经收款项 | 解部罚金及赎罪银两 | 76833.33 | 82632.104 |
| | | 恤囚发典息银 | 69.006 | |
| | | 大理院一半罚金 | 321.26 | 320.6475 |
| | | 京师各级审判厅罚金 | 7450.08 | 4519.5987 |
| | | 京师各级审判厅售出状纸费 | （铜元）99030（枚） | 811.555 |
| | | 京师各级审判厅诉讼费 | 2598.18 | 1289.373 |
| | | 折赎银两 | 1129.89 | 1272.598 |
| | 总计 | | 352536.476；（铜元）99030（枚） | 365562.4682 |
| 临时 | 直辖各厅经费 | 京师地方审判厅建筑费 | | 10000 |
| | 模范监狱经费 | 模范监狱建筑费 | | 10000 |
| | 总计 | | | 20000 |
| 总计 | | | | 385562.4682 |

---

① 法部：《法部第二次统计表》，1909年铅印本，《本部收支经费总表》（总第225表），第298—299页，《本部收支各审判厅检察厅经费表》（总第226表），第299页。法部：《法部第三次统计表》，1910年铅印本，《本部收支经费表》（总第781表），第1124—1125页。

**（二）支出**

法部的支出分为经常和临时两种，主要是秋审奏销、堂司津贴、书役工食、监狱经费、拨发大理院经费、京师高等经下各级审判厅经费等。

堂司津贴，法部堂官及部内各厅司所乌布每月享受的津贴银，其具体标准在官员收入段落有相关说明。堂司饭银，是法部堂官、司员在署内当差的工作餐所支费用。书吏和皂役的工食银，法部书吏工食银并不从户部支取，而是由法部的收入中的饭食银部分支取。

监狱经费主要用于监狱管理和恤囚，其细目如表 3-4 所示。

表 3-4 　　　　　　　　南北两监经费表① 　　　　（单位：两）

| | 款别 | 光绪三十四年 | 宣统元年 |
|---|---|---|---|
| 经常费 | 正、总、副管守长饭银 | 600 | 650 |
| | 医士饭银 | 28.764 | |
| | 饭房、书手、翼兵、更夫等津贴 | 992.849 | |
| | 更夫、翼兵等津贴 | | 1093.48 |
| | 两监禁卒、更夫薪粮 | 6068 | 7641.5 |
| | 囚衣 | 739.5034 | 468.4224 |
| | 煤炭 | 339.9764 | 344.8570 |
| | 盐菜 | 124.245 | 132.736 |
| | 灯油 | 368.279 | 377.43 |
| | 合计 | 9261.6618 | 10708.4254 |
| 临时费 | 慈惠费 | 1291.036 | 998.777 |
| | 添置器具 | 262.366 | 210.011 |
| | 营缮 | 203.303 | 324.6080 |
| | 杂项 | 521.3552 | 533.5760 |
| | 合计 | 2278.0602 | 2066.9720 |
| | 总计 | 11539.722 | 12775.3974 |

① 法部：《法部第二次统计表》，1909 年铅印本。《本部监狱经费表》（总第 224 表），第 297—298 页。法部：《法部第三次统计表》，1910 年铅印本。《本部南北两监经费表》（总第 816 表），第 1147—1148 页。

律学馆是法部于光绪三十二年十二月（1907 年 1 月）新设的培训部内学习、候补司官、各级审判厅审判人员的教育机构，其经费是常项支出的组成部分。① 检验传所，是法部于宣统元年二月二十二日（1909 年 3 月 13 日）奏准于总检察厅内设立的京师检验传所，用以招收仵作等员，培训审判中的检验人才。② 分拨各衙门经费中，拨给大理院的经费来自各省解送法部的罚金银，其中的一半归属大理院。大理院附属的总检察厅，京师高等以下各级审判检察厅经费皆由法部拨发，其中各厅解送法部的罚金、状纸费、诉讼费、折赎银两均作为各厅的费用由法部统一调配。

法部收入大宗均来自度支部拨发，其经常收入在 35 万多两，其常项支出则在 31 万两到 35 万两不等。于是，法部宣统三年（1911）的预算案岁入为 464542.749 两，③ 其中经常性收入 374542.749 两，临时收入 90000 两；岁出为 555630.749 两，④ 其中经常性为 398080.749 两，临时性 157550 两。⑤ 总体上来说，随着京师各级审判厅的开办和日常支出，法部经费的收支都在增加，从光绪三十四年（1908）和宣统元年（1909）来看，其收支大至相抵，有时略有节余，法部的经费在清末政府财政相当困窘的情形下尚可得到保障。

---

① 法部：《法部第三次统计表》，1910 年铅印本。《本部律学馆一览表》（总第 830 表），第 1155 页。

② 法部：《会奏议覆东督奏吉省拟设检验学习所折》（宣统元年二月二十二日），《华制存考》（宣统元年二月）第 5 册，政务，第 194b—198b 页。

③ 其中度支部拨款 337484.749 两，各衙门拨放款 300 两，各省关解款 120000 两，直接征收款 6758 两。参见《在京各衙门宣统三年预算岁入总表》，度支部编：《度支部试办宣统三年预算案总表》，1911 年石印本，北京大学图书馆藏。

④ 其中法部经常性支出 237080.749 两，临时 129680 两，所属各处经常性支出 123000 两，临时 27870 两，拨交各衙门 38000 两。参见《在京各衙门宣统三年预算岁出总表》，度支部编：《度支部试办宣统三年预算案总表》，1911 年石印本，北京大学图书馆藏。

⑤ 参见《在京各衙门宣统三年预算岁入岁出盈亏比较表》，度支部编：《度支部试办宣统三年预算案总表》，1911 年石印本，北京大学图书馆藏。

表 3 - 5 　　　　　　　法部支出简表① 　　　　　（单位：两）

| | | 款目 | 光绪三十四年支出② | 宣统元年支出 |
|---|---|---|---|---|
| 经常 | 法部经费 | 法部堂司津贴 | 86304 | 99486 |
| | | 法部堂司饭银 | 8292 | 12535 |
| | | 法部书役工食 | 15911.8 | 21633.290 |
| | | 秋审奏销 | 5750.533 | 5750 |
| | | 秋审纸张 | | 2504.232 |
| | | 法部监狱经费 | 18069 | 10652.791 |
| | | 办公经费 | 16031.208 | 22688.678 |
| | 学堂经费 | 律学馆经费 | 3600 | 4424 |
| | | 检验传习所经费 | | 3366.01 |
| | 分拨各衙门经费 | 大理院一半罚金 | 33720.92 | 33244 |
| | | 顺天府习艺所 | | 1600 |
| | 直辖各厅经费 | 总检察厅经费 | | 11727 |
| | | 京师高等厅经费 | 30171.718 | 31328.2326 |
| | | 京师地方厅经费 | 95030 | 63144.7327 |
| | | 京师五初级厅经费 | | 33489.7495 |
| | 总计 | | 312881.179 | 357573.7158 |
| 临时 | 法部经费 | 法部监狱费 | | 300 |
| | | 杂费 | 5412 | 9013.749 |
| | 模范监狱经费 | 模范监狱工程费 | | 5800 |
| | 直辖各厅经费 | 总检察厅经费 | | 400 |
| | | 京师高等厅经费 | | 327.7388 |
| | | 京师地方厅经费 | | 3066.7055 |
| | 总计 | 京师五初级厅经费 | | 2216.4955 |
| | | | · | 21124.6888 |
| | 总计 | | 318293.179 | 378698.4046 |

---

　① 法部：《法部第二次统计表》，1909 年铅印本。《本部收支经费总表》（总第225 表），第 298—299 页，《本部收支各审判厅检察厅经费表》（总第 226 表），第 299 页。法部：《法部第三次统计表》，1910 年铅印本。《本部收支经费表》（总第 781 表），第 1124—1125 页。

　② 光绪三十四年（1908）的统计数据不分经常经费和临时经费，仅将其杂费纳入临时经费。

## 第四节　司法统计

　　清代各级政府并没有统一的统计制度。其拥有的统计也仅是对户口、田亩、疆域等为朝廷设官分职、征收赋税等行政管理服务的粗略数据，且历年来少有变化，不能真实反映不断变化的实际情况。对宪政各项政策的推行十分不利。清末，各项专门统计机构及各行政、司法机关中统计部门的设立，各项统计制度的建立和不断完善，使其成为近代统计发展的重要时期，为当时及后来的各项改革措施的制定提供了从无到有的量化参考。

### 一　法部统计处

　　"统计之学以考一国政教民物之消长，而司法统计尤足觇人民进化之迟速，与行政秩序相网，维当汇全国之刑狱诉讼罪犯年龄，贯通比例、条晰缕分、洪纤毕举，使执法者有所考镜，奉法者有所监惩。"[1] 所以，法部在官制中特别规定参议厅负责 "调查中外法制、内地风俗，编纂通行条例、统计书表"，典狱司负责编纂监狱统计书表，会计司负责各项经费出入的统计书表。[2] 这在原有各司职能中是没有的，从法部设立之初就把各样司法统计的职能分配到各内部机构中。法部内部机构改革完成伊始，光绪三十三年四月十一日（1907 年 5 月 22 日），沈家本提出监狱统计。[3] 七月初二日（8 月 10 日），法部同意沈家本的建议。[4] 七月初五日（8 月

---

　　① 法部：《撰成第一次统计表册暨规划司法统计大略折》（光绪三十四年六月十八日），《华制存考》（光绪三十四年六月）第 5 册，政务，第 152b—153a 页。

　　② 故宫博物院明清档案部编：《清末筹备立宪档案史料》上册，第 491—493 页。

　　③ 故宫博物院明清档案部编：《清末筹备立宪档案史料》下册，第 831—833 页。

　　④ 法部：《议覆实行改良监狱折》（光绪三十三年七月初二日），《司法奏底》（稿本）第 12 册，北京大学图书馆藏。

13 日），考察政治馆改成宪政编查馆，专办编制法规、统计政要，可见统计在整个预备立宪过程中的重要性。① 七月十六日（8 月 24 日），宪政编查馆认为"统计一项，所以验国计盈绌，国势强弱，参互比较，以定施政之方"，故而在馆内设统计处专掌教育、军政、司法、实业、交通等统计事项，要求"各部院、各省应就其所管之事，详细列表按期咨送臣馆，臣馆总汇各表，即以推知国家现势之若何"。② 九月十六日（10 月 22 日），刚成立的宪政编查馆奏准各省设立调查局各部院设立统计，以辅助宪政编查馆统计局事务。同日，清廷谕令各部院设立统计外，由该部院堂官派遣专门人员，依照宪政编查馆确定的表格样式，详细胪列填报，定期咨报宪政编查馆，为刊行统计年鉴做预备。③ 十月，法部在署内设立统计处。④

### （一）组织机构

法部统计处，专门办理京内、外司法统计事务，具体来说就是汇集京内、外各问刑衙门办过大小各案及其他司法类相关资料，参照立宪各国司法省司法年报办法，每年编造统计表册，并将表册缮写三份，一份进呈给朝廷，一份咨呈宪政编查馆，一份排印成册，咨行京外各衙门，供预备立宪工作参考。法部统计处的机构随着司法统计的发展有一个变化的过程。

宣统元年，除天津和东三省（主要是奉天），各省的提法使及省城、商埠各级审判厅都在筹办过程中，对于司法统计一项还在计划之中，法部主持的司法统计还仅仅限于京师一带，也就是京师各级审判厅和法部所主持的案件复核及狱政改革等项目。统计处仅设乌布，不设额缺，人员均由两厅八司 1 所官员兼差。其设总校 2 员，总纂 3 员，纂修兼稽核 1 员，纂修 4 员。审录司正调查员 2 员，副调查员 1 员。制勘、编置、宥恤 3 司正副调查员各 1 员。举叙、会计、典狱、都事 4 司及收发所调查员各 1 员。

① 故宫博物院明清档案部编：《清末筹备立宪档案史料》上册，第 45—46 页。

② 同上书，第 47—51 页。

③ 同上书，第 51—53 页。

④ 法部：《撰成第一次统计表册暨规划司法统计大略折》（三十四年六月十八日），《华制存考》（光绪三十四年六月）第 5 册，政务，第 152a—154a 页。

领班录事 2 员、正缮写录事 5 员、副缮写录事 3 员。总纂负责考订表式，凡纂修各员制作的表格，其均有复核改定的责任，并管理本处调查、校刊等事项。各纂修员凭各调查员报告酌拟表格样式，分别制表，兼撰拟各表稿件，其他调查员报告有缺漏、简略、未完备的，其负有下令补查并随时检调原卷核对的责任。调查员按统计处列表事宜，就本科事务依据调查章程摘录稿尾、摘录奏咨、摘供勘、抄清册分别录案报告。领班录事负责管理收发表件、报告、书册，并协同正副缮写录事分任缮写、画格及初次校订事项。①

宣统元年十二月二十日（1910 年 1 月 30 日），法部在总结制作第一次、第二次统计表的经验基础上对统计处的组织进行了重新安排。统计处设总办 1 人，总纂 1 人，提调 1 人，帮办 1 人，稽核 1 人，纂修 4 人，并在 8 司设统计正调查员 5 人，统计副调查员 8 人，领班暨正副缮写录事若干人，均选派司员分任。②

总办，掌总理统计处一切事宜，核定编纂表式，调查报告界画缮写、奏进年报、校刊表册等项，及本处庶务、会计、文牍诸务，全部归其裁夺，并考核统计处各人员勤惰成绩。总纂，管理统计处一切编纂事宜，凡法部及各厅暨各省奏咨案件应入统计者全归其经理，并规划审定表式及编纂方法校刊事宜，考核各纂修员勤惰成绩，均随时会商总办办理。提调，管理统计处一切调查事宜，凡法部各厅司所的调查报告，京师各级审判厅的调查表册暨各省咨报的调查各表全归其经理，查催各项报告、筹议调查方法、会办校刊事宜、考核调查员勤惰成绩，均会商总办办理。帮办，负责帮同办理本处事宜，凡庶务、会计全归其经理，并管收发文件、表册、书籍，襄理一切编校事宜。稽核，掌稽核统计处各项报告表册及庶务、会计一切事宜。纂修，负责分纂部厅各省司法统计事宜，凡应列表者均分别酌拟表式，由总办、总纂复核施行，并分司校核事宜。调查员，掌分任调查各厅司奏咨案件暨本部官制、会计、奏件计数、收发文件一切应入统计事项，全部依据照章程详细确查报由总办、提调复核后分交编纂，并得随

---

① 法部：《宣统元年统计处暂行规则》，度支部编：《宣统三年试办预算表》，1910 年抄本，北京大学图书馆藏。

② 同上。

时陈明改良调查中的一切事项由总办、提调核定施行。领班暨正副缮写录事，掌分界画表格、缮写表册表稿，帮同初校及其他一切缮写事件，并轮写账册、簿籍，轮流值班，佩带瓯铨，凡统计处已成表稿、表册、庋藏书籍、文卷、各司厅省署一切报告表册，均由领班录事经理，会同正副缮写录事分任收发，随时登记。①

随着统计事业的发展，法部统计处的机构也在不断完善，每个职务的分工、职能及相互之间的协作也越来越详细。

### (二) 统计内容

统计内容随司法机构的变化及统计经验的积累，前后有变化。光绪三十四年（1908）做第一次统计时，司法统计的内容集中在京师和各省奏请咨送的刑事案件，秋、朝审的实缓矜留，法部南北两监罪犯的出入名数，以及司法职官、会计、奏牍、文告等内容，京师各级审判检察厅所有民刑诉讼、职官经费、看守所罪犯出入等内容。②

宣统元年（1909），统计内容增加到 23 个细目，并进行列表分类：

（1）摘由、摘叙分省按月列表类：朝廷抄交法部议奏及知道各折片；法部议奏各折片；京内、外咨交法部各案；京内、外各级审判厅审理刑民事案件；京外各级检察厅执行刑事案件。

（2）列表及分别列表类：秋朝审案件；恩诏查办案件；各省罪行人数；命案起衅原因及罪犯年龄、职业；并科再科累犯人数；纳赎、收赎、赎罪人数；在监脱逃、病故，在所脱逃、病故，中途脱逃、病故，及反狱人犯；军流发配、起解及在配病故，在配脱逃人数；遣戍人员起解到戍期满释回，遇赦释回，在戍脱逃、病故；京内、外司法衙门审理外国人诉讼案件；各省审理京控案件；监候待质人犯期满、发配释放；法部及京内、外各司法衙门员缺、乌布、俸

---

① 法部：《宣统二年统计处职掌事宜》，度支部编：《宣统三年试办预算表》，1910 年抄本，北京大学图书馆藏。

② 法部：《撰成第一次统计表册暨规划司法统计大略折》（三十四年六月十八日），《华制存考》（光绪三十四年六月）第 5 册，政务，第 152a—154a 页。

银、公费、津贴、薪金；京内、外各司法衙门奏补、咨补、署任、调任、委任各项人员；本部及京内、外各司法衙门经费出入；各级审判厅及各省解送法部罚金；法部及京内外监狱、看守所、习艺所经费、囚粮细数；京内、外修建法庭及监狱经费；京内、外各司法衙门收入、诉讼状纸各款出入；京、内外监狱、看守所、罪犯习艺所人犯出入。

（3）摘由列表类：随案或按季请旌妇女；销档、折枷、折圈禁人数；留养承祀人数；官绅因案革讯人数；夹签声叙案件；法部驳改各省案件；戏、误、擅杀减等人数；可矜减等人数。①

宣统元年（1909）提出的各项细目有些在宣统二年（1910）的第三次统计表中才得以出现，所以在宣统二年制作统计时，统计内容并没有大幅度的增加，却在统计规程科学性上作了详细规定。由此可见，司法统计在清末愈益受到关注，统计内容日渐细密和专业。

### （三）工作规程

司法统计工作开始之初，统计处更多地注重统计的内容，对于统计人员的工作分配，多体现在具体职位的工作内容规定上，没有规定详细的操作规程。鉴于科学的工作规程对保证统计内容和数据本身的真实可靠有着重要作用，宣统二年（1910），法部统计处制定《统计处办事细则十八条》作为统计处职掌事宜的附件，规范统计表制作行为。②

法部统计处负责承办司法统计表册，其内部组织略分六类：编纂；调查；文牍；庶务会计；界画缮写；收掌校刊。

（1）编纂。编纂事项应由各纂修分任纂拟，凡表稿纂成，交由总办、总纂复核然后发交缮写。所有编纂上的一切事项暨扩充改良的地方，由总纂随时与纂修各员酌议，如何具体调查，亦会商提调统由总办核实决定办理。

---

① 法部：《宣统元年统计处暂行规则》，度支部编：《宣统三年试办预算表》，1910 年抄本，北京大学图书馆藏。

② 同上。

（2）调查。调查事项由各调查员依据调查章程分司分科按月详查报告，由总办、提调复核后，然后分交编纂。所有调查上的一切事项暨应研究改良以臻完备的地方，由提调随时与调查各员酌议，会商总纂，统由总办核实决定办理。

（3）文牍。京内外一切文牍、表册到统计处，由书手挂号登记，呈由总办查阅标画，由帮办详核，分别应存、应覆、应催，商由总办拟稿行文。凡奏折、咨文稿件经总办定议后，指任人员承办、起草稿件，最后由总办核定具稿呈堂。

（4）庶务会计。庶务事项应由帮办经理。统计处会计的预算、决算，由帮办斟酌盈亏，呈由总办核定施行。会计簿册，由帮办督同值班录事轮流登记，按月结算，年终详列决算表，呈请核销。

（5）界画表式、缮写表册，由领班暨正副缮写录事分别担任。纂修各员所拟定的表稿，经总办、总纂核定后缮写正表，表格界画缮写，由领班录事总管，并将事务分配下去。

（6）收掌校刊。统计处购置的书籍、表册，京内外咨送的一切书表，统计处迭次办成的表件，及由帮办、稽核督同录事分别收存。设立登记簿册管理资料，每季由稽核查点一次簿册。统计处各人员因公取阅书表，即应当在统计处取阅，不得带回去。所有缮写的表格，由录事初校，纂修以上各员覆校，总办、总纂、提调总校。所有排印的表格，由录事同纂修稽核各员初校，总办、总纂、提调、帮办各员覆校。

（7）稽核事务。编纂、校刊诸事务，稽核都应随时协同讨论经理，其他庶务、会计及行文事项，稽核都有稽考催查之责任。

（8）改良建议。凡关于司法统计事项应研究改良者，统计处各员如有发表意见，经公同评议参酌后，由总办、总纂、提调决议，然后推行。

此外，《办事细则》还规定了统计处人员的日常考勤制度。统计处设立考勤、记事两簿。考勤簿登记各员逐日到处办公情形。记事簿记录各员经手办理的稿件。全部应由本人自行署写，月末一并呈堂备案考核。

《办事细则》把司法统计工作的各项实务和统计处各员的职务结合起来，专门规定了统计表制作的流程，并制定日常工作和考勤制度，督促统计处各员保质保量高效地完成司法统计工作。

至清朝覆亡，法部制作完成三次统计表。光绪三十四年六月十八日

（1908 年 7 月 16 日），法部撰成第一次统计表。统计表时间起自光绪三十三年三月十七日（1907 年 4 月 29 日）至十二月底止，计分本部 38 个表，京师各级审判厅 14 个表，总计 52 个表。① 宣统元年十月十一日（1909 年 11 月 23 日），法部撰成第二次统计表，计分本部 228 个表，京师各级审判厅 43 个表，总计 271 个表。② 宣统二年十月二十一日（1910 年 11 月 22 日），法部撰成第三次统计表，分为 6 项，总计 830 个表。③

法部统计处的机构组织、统计内容、办事规程随着历次统计表编撰经验的积累不断变化。法部三次统计表从内容和篇幅上每一次都比前次有了极大的改观，足见统计处的运作成效。

## 二　督导地方司法统计

各省的司法统计是制定司法改革政策的依据，也是法部编辑全面统计报告的重要参考和组成部分，所以法部自办理统计一开始就不断督导地方司法统计的工作。

### （一）督促统计

光绪三十三年七月初二日（1907 年 8 月 10 日），法部提出由其编订格式颁发各省督抚通饬所属按式分年报告。④ 按照最初规定，地方徒以上的案件须报法部备案，笞杖以下案件由州县自理，并不上报，上报的案件中也只有刑事没有民事，法部在制作统计时无法知晓地方上的司法审判的

① 法部：《撰成第一次统计表册暨规划司法统计大略折》（三十四年六月十八日），《华制存考》（光绪三十四年六月）第 5 册，政务，第 152a—154a 页。

② 法部：《奏进上年统计表册并请饬催各省司法报告事折（附一函）》（宣统元年十月十一日），《政治官报》宣统元年十月十八日，总第 753 号，第 10—11 页。法部：《法部第二次统计表》，1909 年铅印本，计 1 函 2 册。

③ 法部：《法部第三次统计表》，1910 年铅印本。计 2 函 8 册，其六项为恭逢恩诏汇案及查办援免减缓各表、秋朝审实缓矜留各表、京畿各省刑事民事各表、京畿各省监狱习艺所各表、京畿各省各级审判厅检察厅案件表、京畿各省司法经费各表。

④ 法部：《议覆实行改良监狱折》（光绪三十三年七月初二日），《司法奏底》（稿本）第 12 册，北京大学图书馆藏。

实情，故而第一次统计表中仅存由法部及京师各级审判检察厅材料的统计结果。光绪三十四年六月十八日（1908 年 7 月 16 日），法部呈进第一次统计表时奏请谕令各督抚除依旧例应报部案件仍照旧章办理外，饬令所属府厅州县，将承审管理的刑狱词讼，已结、未结，无论巨细，分别刑事、民事按月禀报，各省调查局列表呈报，按年咨送法部，其已设提法司省份由该司列表呈送，并将已设各级审判检察厅的规制、案牍一并咨报法部以备编纂统计表使用。①

宣统元年十月十一日（1909 年 11 月 23 日），法部进呈光绪三十四年（1908）统计表册时，奏准饬下各省应办统计没有咨报到法部的，限各督抚将宣统元年司法统计报告于宣统二年二月送交法部。② 此后，各省督抚分别将不同年份的统计表册咨行到部，其中有安徽巡抚咨送的光绪三十三年、三十四年表册，山东、山西、陕西、吉林、热河的三十三年表册，四川臬司衙门经费一册，甘肃则送事实等册。可见，开始时，统计资料咨送到部的省份很少，各地的司法统计只是在开拓时期。宣统二年三月十七日（1910 年 4 月 26 日），法部在编撰第三次统计表时，再次奏准催促各省的司法统计报告。至十月二十一日（11 月 22 日），法部进呈第三次统计表时将表册咨送到法部的有顺天、直隶、奉天、吉林、黑龙江、江宁、安徽、浙江、湖南、甘肃、热河等省，较前已有了更多省份的咨送，说明督促工作是有效的。但仍有江苏、江西、山东、山西、河南、陕西、福建、湖北、四川、广东、广西、云南、贵州、新疆等均没有咨送司法统计表册到法部，法部奏准通饬各省迅将宣统二年（1910）所属府厅州县司法统计报告以及已经开办审判厅检察各厅一切案件，按照宪政编查馆司法表式大纲，以及法部历届颁行表册，分类列表，限于宣统三年（1911）二月内一律编撰完成咨送到法部。③ 宣统二年（1910）七月，各省提法使均由

① 法部：《撰成第一次统计表册暨规划司法统计大略折》（三十四年六月十八日），《华制存考》（光绪三十四年六月）第 5 册，政务，第 152a—154a 页。

② 法部：《奏进上年统计表册并请饬催各省司法报告事折（附一函）》（宣统元年十月十一日），《政治官报》宣统元年十月十八日，总第 753 号，第 10—11 页。

③ 法部：《饬催各省司法统计报告限期送部折》（宣统二年三月十七日），《华制存考》（宣统二年四月）第 5 册，政务，第 49—54 页。

朝廷钦命，按察使司改制成提法使司也陆续进行，其统计渐有专门机构执掌，推测可能会比以前要好，不过法部第四次统计表因清廷覆亡并没有编出来，各省送交法部的统计资料实际情形很难知。

### （二）制度保障

除了督促各省据式按期将司法统计报告咨送法部外，法部在制定地方司法行政机构及其办事规程时即把司法统计工作列入其职责范围。光绪三十三年十二月二十四日（1908年1月27日），法部起草《提法使章程》规定各省提法司下设总务、刑事、民事、典狱四科。总务科职掌编辑档册及刑、民、典狱科以外各项统计事宜；刑科和民科分掌编纂刑事、民事及注册等项统计事宜；典狱科编纂监狱统计事宜。宣统元年十月十四日（1909年11月15日），宪政编查馆核议提法使官制时，虽把刑科和民科合并，但对各科的执掌却没有加以变动。① 宣统三年三月初七日（1911年4月5日），法部依据《提法使官制》和《法院编制法》编订《提法使司办事画一章程》。② 《章程》规定了各科办理统计的事宜：各科应按规定的期限将统计事项填写于颁行表式内，呈由提法使核定，分报督抚及法部；各厅署及府厅州县所掌事件与统计有关的材料，呈由提法使行文知照，按月报告；编纂统计应行调查的事件，与各科有关的，随时片行各科查询，与各厅署府厅州县有关的，由提法使行文调查。此外，如前所述，除了一再催促各省做好司法统计工作，以及在司法行政官制的职能上规定之外，法部制定了一系列表册供各省填充。③

尽管法部从各方面不断做工作督导地方司法统计的展开，却因各省提法使刚刚开始设立，各项事务都在展开过程中，另外各省也忙于设立省城、商埠审判检察各厅，所以各省司法统计工作一直进展不快。但

---

① 宪政编查馆：《考核提法使官制折》（宣统元年十月十四日），《华制存考》（宣统元年十月）第6册，政务，第91a—96b页。

② 法部：《奏编订提法司办事画一章程折》（宣统三年三月初七日），《政治官报》宣统三年三月二十七日，总第1250号，第4—10页。

③ 汪庆祺编：《各省审判厅判牍》，李启成点校，北京大学出版社2007年版，第451—461页。

是，法部各项指导地方司法统计的措施却一直推动着地方司法体系变革。

法部主持的司法统计工作虽然只是一个开头，却是开了个好头。因其本身是建立在国外的司法统计的经验基础之上，所以其进步是神速的，为民国的司法统计积累了经验、培养了人才、开拓了先河，为司法改革进步提供了良好的参考资料，也为我们研究整个司法机构的运作提供了数据。

## 第五节　律学馆

清代官员科举、捐纳等员均由吏部依据排班随机分发到各部当差。各员入部一般要学习三年后，由堂官考核情形奏留。因此，绝大多数各部官员的专业知识是在入部以后学习的。分发到刑部的官员一般是分到一部《大清律例》自行学习，"一方读律，一方治事"。① 为加强官员专业知识水平，法部设立律学馆作为专门教育机构培训部内官员。

法部建立伊始，各项职能需要大量拥有新式法律知识的人才，而刑部司员多以办事为多，对于法律之学有专门讲求的人较少，要适应各样司法改革所需人才就非常缺乏。戴鸿慈命令司员制定详细章程，在律例馆原址上创办律学馆，供司员研究肄习之用，拣先部内熟悉例案的官员充任教员。光绪三十二年十二月十三日（1907 年 1 月 26 日），律学馆开学，并业已咨行学部立案。② 光绪三十三年五月二十八日（1907 年 7 月 8 日），法部奏请特支经费 3 万两修葺衙署，将律学馆迁入署内。③

---

① 董康：《我国法律教育之历史谭》，《董康法学文集》，第 737 页。吉同钧《上法部长官请开差缺书》（宣统二年）曰："窃司官自庚寅榜下分部，闭门三年潜心读律，奏留后始进署供职，未出三月即派主稿，历充奉天、四川各司正主稿，历充总看减等秋审处坐办，律例馆提调及提牢厅总管各要差。"吉同钧：《乐素堂文集》卷 7，第 16 页。

② 法部：《奏为设立律学馆请调徐谦等差委事》（光绪三十三年正月二十六日），中国第一历史档案馆藏：军机处录副奏折：03—7220—003。

③ 法部：《部务重要请赏特支要需折》（光绪三十三年五月二十八日），《谕折汇存》（光绪三十三年六月）第 6 册，政务，第 36b 页。

　　律学馆设监督 1 名，由法部实缺郎中、员外郎兼充，总管律学馆一切教学行政管理事务。提调 2 名，也由法部实缺郎中、员外郎兼充，协助监督管理律学馆的各项庶务。教习 4 名，由法部司官充任。另设书记 1 名、司簿 1 名、司书 1 名办理馆内具体事务。①

　　律学馆的首任监督为法部右参议善佺，其后是法部员外郎陈康瑞，提调为法部郎中刘敦谨和员外郎崇芳担任。教习由赏还原衔前候补道安徽安庆府知府方连轸、法部郎中吉同钧、制勘司主事王之杰、员外郎颜绍泽为教习。②

　　教习方连轸，"进士出身，备官刑部"，因"办事勤奋，精通律学"，颇受刑部尚书薛允升赏识，被委任为秋审处提调，在部内累官至郎中。光绪二十年（1894）京察一等。③ 二十一年七月十五日（1895 年 9 月 3 日）奉旨简放安徽安庆府知府。二十八年（1902）经安徽巡抚聂缉椝以禀揭虚诬等情奏参革职。三十三年（1907），法部尚书戴鸿慈、左侍郎绍昌、右侍郎张仁黼将其聘为教习。④

　　吉同钧精通律例，为沈家本所赏识，兼任京师法律学堂教习。三十二年（1906）十月，沈家本曾奏调其入大理院佐理，后为法部奏调入部当差。律学馆提调崇芳曾言："（吉同钧）本曹中久推老宿，比年名益隆，以法部正郎承政厅会办兼充法律馆总纂并分主吾律学馆及法律、法政两学堂大理院讲习所四处讲席，一时执弟子礼者千数百人。"⑤ 律学馆曾印行

---

　　① 《本部律学馆一览表》（总第 830 表），《法部第三次统计表》，1910 年铅印本，第 1155 页。

　　② 法部：《律学馆第一次毕业考试学员开单呈览》（宣统元年二月十七日），《华制存考》（宣统元年二月）第 5 册，政务，第 185—186 页。

　　③ 《清实录》第 56 册，《德宗景皇帝实录》卷 335，第 298 页上。

　　④ 法部：《将律学馆教习方连轸开复原官》（宣统元年二月十七日），《华制存考》（宣统元年二月）第 5 册，政务，第 186—187 页。三十四年七月二十七日，方连轸因在医局效力，经管理医局大臣陆润庠奏请赏还原衔。宣统元年闰二月初五日，经法部奏请，吏部议覆，被开复原官。参见吏部《议覆法部奏请将前安徽知府方连轸开复原官折》（宣统元年闰二月初五日），《华制存考》（宣统元年闰二月）第 6 册，政务，第 87—88 页。

　　⑤ 吉同钧撰：《审判要略·跋》，法部律学馆 1910 年石印本。

他的《大清律例讲义》、《新订现行刑律讲义》、《审判要略》、《秋审条款讲义》等法学著作作为辅助教材。①

王之杰，系陕西咸宁县人，由甲午科进士奉旨以部属用签分刑部。光绪二十年（1894）五月到部。三十三年（1907）七月补授制勘司主事。② 颜绍泽，甲午科进士，光绪三十三年正月二十六日（1907 年 3 月 10 日）以分省补用同知奏调入部，③ 三月充任宥恤司员外郎上行走，④ 而后一直在法部当差。方、吉、王三人均系科举正途签分刑部，在刑部历练多年而精通律例的高级司官。他们均没有海外游历或是求学经历，其法律知识多系旧律之学。

律学馆教授科目开始以大清律例、唐明旧律、法部通行章程例案为主，辅之以各国各种法律。平日还命题测试学员的拟稿、拟批刑民判词、著说、札记、问答等功课。当时教授法律之学，并没有固定的教材，多为《大清律例》、《读例存疑》、《洗冤录》等书分门口授。平时由教习手著讲义，分日颁给学生，集多成册，而后刻成书卷。⑤

律学馆学制为每半年为一学期，四学期毕业。其教学内容多系部务实用之学，尤其是拟稿和拟批，更带有较强的公文性质。所以就其一开始来说，律学馆培训官员的技能和知识以旧学为主，并不似京师法律学堂以培养官员的新法律知识体系为主。

学员人数不定，多来自法部的学习、候补主事、小京官和录事等司员。律学馆的学员属法部现任司官，许多学员可能并不参加最终的考试，又随

---

① 吉同钧编：《大清律例讲义》，法部律学馆 1908 年铅印本；吉同钧纂：《新订现行刑律讲义》，法部律学馆 1910 年石印本；吉同钧：《秋审条款讲义》，法部律学馆 1911 年印刷。

② 《京察满汉官员履历册》，《京察部厅官员履历册》，宣统年间抄本，北京大学图书馆藏。

③ 法部：《奏为设立律学馆请调徐谦等差委事》（光绪三十三年正月二十六日），中国第一历史档案馆藏：军机处录副奏折：03—7220—003。

④ 中国第一历史档案馆藏：法部档案：31719 号。

⑤ 吉同钧编：《大清律例讲义》，法部律学馆 1908 年铅印本，方连轸序。

时会因需人而调派到各级审判厅当差或到京师法律学堂等处兼习监狱科。①
至光绪三十四年（1908）十二月，第一届入馆学员毕业之时，仅有27名参
加正式考试。此27名人员均通过毕业考试。其中最优等6人为：候补主事
韩文魁、诚麟、刘同元、陈嘉谷，学习员外郎刘苏生，学习主事罗汝鑫；
优等17人为：学习主事唐维骦、吕有庚、雷善勋、黄恩宪、吴毓嵩、张树
屏、冉枺懋，候补主事陈峻、世珍、瑞谞、王子洞、陈廷赞，候补员外郎色
普珍，学习郎中赵家干，小京官阿林、祥铎，八品录事常存；中等4人为：
候补主事周志中、庆淦，学习主事涂熙雯、谭学周。毕业各员，均发给文凭，
并规定遇有相当的乌布及各级审判厅差缺拟即从中择优拣派。② 毕业生陈嘉谷
于光绪三十四年（1908）七月被奏派到京师地方审判厅充任帮办推事，宣
统三年六月初十日（1911年7月5日），补授京师地方审判厅推事。③

宣统二年（1910）春，法部为适应当前司法官培养需要，依据《法
院编制法》考试科目增加学员课目，并在学习时间上增加了一年，其学
制变成三年，分六学期。④ 律学馆学习的内容包括拟稿、拟批、宪法、现
行律、秋审条款、法院编制法、各项章程、民法、商法、民事诉讼、刑事
诉讼、国际法。⑤ 律学馆也从原来提高分发到部的司员学习律例之所，一
下子形成颇具法政专门学校的教学规模。

宣统二年十一月初一日（1910年12月2日），法部主持的第一次法官

---

① 参与《大清律例讲义》校字的律学馆学员有明德、韩文魁、吴本钧、段振
基、王正宽、阿林、陈峻（此前是校字）、李秉政、周耀宗、刘同元、吕有庚、刘苏
生、李宗沆、韩景忠、方世琪（此前是同校），并非全部参加最终考试，可见律学馆
是法部官员律例培训之处，其学生并不限于参加最终考试的学员。参见吉同钧编《大
清律例讲义》卷1，法部律学馆1908年铅印本，第1页。

② 法部：《律学馆第一次毕业考试学员开单呈览》（宣统元年二月十七日），
《华制存考》（宣统元年二月）第5册，政务，第185—186页。

③ 法部：《以陈嘉谷补授京师地方审判厅推事员缺折》（宣统三年六月初十日），
《政治官报》宣统三年六月十九日，总第1330号，第12页。

④ 法部：《律学馆第二次毕业各员分别给奖折（并单）》（宣统三年闰六月十五
日），《政治官报》宣统三年闰六月二十四日，总第1365号，第11页。

⑤ 《本部律学馆一览表》（第830表），《法部第三次统计表》，1910年铅印本，
第1155页。

考试陆续完竣，各省省城、商埠各级审判厅渐次开办，录取各员不够分配，法部则奏准将律学馆的毕业学员随时派往各法庭练习，以备日后任用。① 十二月初一日（1911 年 1 月 1 日），在第一届三年制学员即将毕业时，法部奏请将学员依照法政别科办理量予副贡出身奖励，得到清廷同意。宣统三年二月初六日（1911 年 3 月 6 日），法部奏请奖励了第一批三年制学员。②

法部自行其是引起统掌学务及学员请奖的学部的不满。三月初四日（1911 年 4 月 2 日），学部把奉旨钦准的《奏拟将各部学堂毕业考试声明权限以归画一折》黏刷送交法部，并咨称："法部律学馆创立于光绪三十二年（1906），原定章程两年毕业，由法部自行覆办，并无奖励。上年（1910）十二月，该部奏称于春间增订功课，展长期限，量予出身。此项课程未经抄送过部，无从查覆。窃维臣部定章，凡应给出身者无不照章送部考验。此次该馆毕业平日课程分数表册，既未送交到部，迨至毕业又未送部考验即行请奖出身，实与奏准章程不甚符合。惟此项奖案业已奏明奉旨允准，臣部自应钦遵办理。嗣后该馆学员如拟给奖出身，应将课程规则悉照奏准法政别科办理，并由臣部考试。"③

接到学部咨文，法部自觉理亏，但也不愿依照法政别科改变课程规则，于是奏请以后律学馆毕业生不再给予出身奖励，仅由部门在司法范围以内另行请奖。具体请奖办法是：所有合格毕业生全部发给文凭，免第一次法官考试，由法部照章酌情派往京内外各级审判检察厅委用。考列最优等、优等毕业生如果愿意留在部里当差的，由法部酌量提前补用，分到各审判厅的经第二次考试合格后，也由部分别提前补用；实缺人员无论留部、留厅全部以应升之阶提前升用。律学馆三年制第二次毕业生 22 人，其中考列最优等者 4 人，优等 11 人，中等 7 人，皆据些给予相应奖励。④

① 法部：《厅员考验后拟遴选数员分派各省充厅长各缺等片》（宣统二年十二月初一日），《华制存考》（宣统二年十二月）第 5 册，政务，第 79 页。
② 法部：《律学馆第二次毕业各员分别给奖折（并单）》（宣统三年闰六月十五日），《政治官报》宣统三年闰六月二十四日，总第 1365 号，第 11 页。
③ 同上。
④ 法部：《律学馆第二次毕业各员分别给奖折（并单）》（宣统三年闰六月十五日），《政治官报》宣统三年闰六月二十四日，总第 1365 号，第 12—13 页。

法部专设律学馆，安排部内精通律例和实务的高级司官教授部内司官，这一举措极大地提高了法部司官的专业化知识水平。律学馆学生因在馆中学习许多擢升要差，① 京师各级审判厅成立之初，第一次法官考试还没有举行，审判人才除法部"谙练司员"，其余多从律学馆的学员中挑选派充。② 其为各级审判厅提供了大量既有专业知识又有实践经验的司法官，加快了清末司法队伍专业化的进程。

## 第六节　法部的终结

### 一　拟定中的法部改革案

光绪三十四年八月初一日（1908 年 8 月 27 日），《逐年筹备事宜》规定第二年（宣统元年，1909 年）由宪政编查馆和会议政务处会同厘定京师官制，即以加快预备立宪的思路再次改定中央官制。③ 宣统二年二月二十九日（1910 年 4 月 8 日），宪政编查馆依据各部奏准官制制作成《行政纲目》，咨送各衙门签注，以供厘定京师官制参考。④《行政纲目》以表格的形式罗列各部下属机构职掌，并于职掌之后注明属官办或官民合办事宜，并附按语供各部参考。⑤ 法部分在第七个表，属司法行政事务分配表，其表如下，表内以",,"符号者，标识该事项应属于此级；另其作"。"符号者，则表示其不属于这一级。

---

① 吉同钧编：《大清律例讲义》，法部律学馆 1908 年铅印本，方连轸序。

② 法部：《律学馆第二次毕业各员分别给奖折（并单）》（宣统三年闰六月十五日），《政治官报》宣统三年闰六月二十四日，总第 1365 号，第 12 页。法部右参议律学馆监督善佺谈及律学馆的成效进称："（吉同钧）日与肄业诸学友晰夕研求，无少懈弛，而诸学友亦能争自濯磨，力图进境，由是派充各级审判厅差使者，踵相接也。"参见吉同钧撰《审判要略·序》，法部律学馆 1910 年石印本，第 2 页。

③ 故宫博物院明清档案部编：《清末筹备立宪档案史料》上册，第 62 页。

④ 同上书，第 81—82 页。

⑤ 宪政编查馆：《行政纲目》（宣统二年二月十九日），1910 年石印本，北京大学图书馆藏。

**表 3 - 6**           **司法行政事务分配表**

| 司别 | 事务条目 | 直接官治 | 间接官治 | 附考 |
|---|---|---|---|---|
| 承政厅 | 稽查各司重要事务 | ,, | 。 | |
| | 总办秋朝审实缓,进呈册本,兼核恩赦减等事宜 | ,, | 。 | 按此可划归各司办理,而统于前项稽查之内 |
| | 掌本部所辖之京外各职员进退 | ,, | ,, | 按现拟各省提法使官制,凡奏补属官,详由督抚咨部办理,故兼列间接官治 |
| | 区划各审判厅局辖地 | ,, | ,, | 按各省审判区现由各省督抚筹划,故兼列间接官治 |
| | 调度司直及司法警察事项 | ,, | 。 | 按司直官名业经奏改为检察官 |
| 参议厅 | 审定各司重要事务,详核各司驳议稿件 | ,, | 。 | |
| | 纂修律例,条定新章,调查中外法制内地风俗 | ,, | ,, | 按现设修订法律大臣专司其事,将来应行并省,又调查事件可兼列间接官治 |
| | 编纂通行条例,统计书表 | ,, | 。 | |
| | 撰拟章奏文移及秘密函电 | ,, | 。 | 按此项应划归承政厅 |
| | 律师注册事项 | ,, | 。 | 同上 |
| 审录司 | 分掌朝审录囚 | ,, | 。 | |
| | 复核大理院,各裁判厅、局,暨直隶察哈尔左翼两广云贵刑事民事各项案件 | | | 按审判事务必须独立,不应隶司法行政之下,现在复核既归大理院办理,其属蒙古、回、藏者,应如何变通之处,于理藩部职掌定之 |
| 制勘司 | 分掌勘定秋审实缓,宣告死刑 | ,, | | |
| | 暨四川、河南、陕西、新疆、乌里雅苏台、科布多刑事、民事各项案件 | | | 按此项应遵旨划规大理院专办 |

| 司别 | 事务条目 | 直接官治 | 间接官治 | 附考 |
|---|---|---|---|---|
| 编置司 | 分掌京外奏咨减等，盗犯定地，编发给官兵为奴事项 | ,, | 。 | 按刑律改订后，给官兵为奴一条应删除 |
| | 奉天、吉林、黑龙江、山东、山西、察哈尔右翼、绥远城、归化城刑事民事各项案件 | | | 按语见前 |
| 宥恤司 | 分掌恭办恩旨、恩诏、赦典颁降条款，清理庶狱 | ,, | 。 | |
| | 江苏、安徽、江西、福建、浙江、湖南、湖北刑事、民事各项案件 | | | 按语见前 |
| 举叙司 | 分掌请补各司员缺、功过、事故、京察、奏留 | ,, | 。 | 按此项应划归承政厅 |
| | 法部应行监督各衙门厅局请简、请补、升降各官缺 | ,, | 。 | 同上 |
| | 考验法官、书记、律师、法律毕业各员事项 | ,, | 。 | 同上 |
| 典狱司 | 分掌各省监狱警察、习艺所罪犯名册衣粮费用 | ,, | ,, | |
| | 编纂牢狱之规则，统计书表事项 | ,, | 。 | |
| 会计司 | 分掌本部出入经费，一切预算决算款项 | ,, | 。 | |
| | 纳赎、收赎罚金，充公赃物财产，罪犯习艺成绩贩卖，讼费及各项之统计书表报告事件 | ,, | ,, | 按此项兼列间接官治者甚多 |
| 都事司 | 分掌翻清译汉，誊缮，专折，值日，递折，递牌，典守堂印，誊缮汇奏、速议、核议各省折件 | | | 按所举各项为普通例行公事，非司法行政衙门所独有，无须特立专司，应归并承政厅 |

**续表**

| 司别 | 事务条目 | 直接官治 | 间接官治 | 附考 |
|---|---|---|---|---|
| 收发所 | 分掌收发定罪人犯京外来往文件，折奏逾限之统计书表，赏罚书手、皂差、禁卒，宣告各项示谕，发收、修造刑具，暨阍署工程各事项 | | | 按收发罪犯、修造刑具，均不应隶本所，此外所列各项其细已甚，与都事司同应从并省 |

　　《行政纲目》不仅在表中记下按语，而且添加总按语，其曰："司法事务纯属国家行政，东西各国皆以属诸中央政府，由司法大臣主之，其各地方审判官长亦以司法大臣所派官吏之资格行之于各地方。惟是司法大臣所掌事务，乃司法行政之事务，绝不与审判事务相混，审判官之进退，由司法大臣按照法律执行。至于审判事务则决不容干预，此为司法独立之要义。"按语明确提出依据司法独立之要义，要求法部专管司法行政事务，并据此要义提出改革议案。

　　法部签注咨文中回顾部务的变化，并提出部门机构改革方案：

　　　　光绪三十二年（1906）以前，本部以审理讼狱、考核刑案为专职，设十七司分掌全国刑名案件，无所谓行政事务也。至三十二年九月（1906年11月）改刑部为法部，即于十二月奏并十七司为八司一所，添设承政、参议两厅以总其成。今表中所列事务条目即系是时官制清单所定，然是时虽以现审划归大理院，而本部职掌仍以复核稿件为大宗，不特审录、制勘、编置、宥恤等司仍专办以前十七司旧事，即举叙、会计、典狱、都事等专以行政事务名司者，其职掌权限仍不出本部范围，故改制虽已三年，名为司法上行政衙门，实则所谓行政事务不过其中一最小部分而已。至上年颁行《法院编制法》，复核稿件亦归并大理院办理，本部遂以数百年相承之问刑衙门一变而专掌行政，旧事则存者寥寥，新事则日出未已，故举光绪三十二年（1906）所定之官制清单以括法部丙午职掌之全体，其不能适合者甚明。

而后，法部咨文陈明改革机构的主张：拟将举叙、会计、都事、收发等司所，照原表按语归并承政厅，"改审录、制勘、两司为刑事一司、刑事二司，改编置、宥恤两司为民事一司、民事二司，分掌民刑局应有各项职务，又将典狱司酌加扩张，以当外国之监狱局，凡系监狱局应有职掌，均由该司切实奉行"。①

宪政编查馆依据法部的改革主张拟定新《行政纲目》的《司法行政事务分配表》（参见表3－7）。②

法部的改革案对于部内职掌和机构进行详细厘定。宪政编查馆把各部签注的改革列表编撰而成的《行政纲目》奏准钦定后，即督饬馆员详加厘定，不过直至清朝覆亡，最终的厘定稿仍然没有出现。不过法部的改革方向却是既定的。

宣统三年四月十日（1911年5月8日），清廷谕令试行《内阁官制十九条》，建立责任内阁，各部尚书改为大臣，侍郎改为副大臣。③清廷谕令奕劻为内阁总理大臣组阁，任命法部尚书绍昌为司法大臣，沈家本为司法副大臣，由法部左丞曾鉴暂署。宣统三年九月二十六日（1911年11月16日），袁世凯组阁，任命沈家本为司法大臣，梁启超为司法副大臣，在梁启超到任前，由大理院正卿定成暂署。两次组阁除法部首长略有变动外，其余左右丞、左右参议、参事，两厅八司一所的机构及官缺等设置都没有变化，法部的职掌和运作也没有发生变化。④

---

① 法部承政厅：《酌拟本部暂行执掌并分配签注表咨宪政编查馆案底》（宣统二年），中国第一历史档案馆藏：法部档案23156。

② 宪政编查馆：《钦定行政纲目》（宣统二年十月初四日），1910年石印本，北京大学图书馆藏。

③ 中国第一历史档案馆编：《光绪宣统两朝上谕档》第37册，第88页。

④ 内阁印铸局编：《宣统三年冬季职官录》，沈云龙主编：《近代中国史料丛刊一编》第29辑，文海出版社1968年版，第385—393页。

表 3 - 7 《钦定行政纲目》所定司法行政分配表

| 厅、司别 | 事务条目 | 直接官治 | 间接官治 | 附考 |
|---|---|---|---|---|
| 承政厅 | 本部一切机要事项 | ,, | 。 | |
| | 本部及本部监督衙门各职员进退升转、考绩、惩戒,并律师考验、注册 | ,, | ,, | 按日制判事惩戒,系用合议判决制,应于大理院大理分院高等审判厅特设机关(日名惩戒裁判所)行之,将来颁行惩戒法之时,自宜分别办理<br>现制各省法官补署,由督抚咨部。又惩戒机关,各省大理分院高等审判厅亦应设置,故仍兼列间接官治 |
| | 本部文牍庶务及审判厅辖地之增析区划事项 | ,, | ,, | 按各省审判区现由各省督抚筹划,故兼列间接官治 |
| | 编纂司法上及司法行政上一切统计书表 | ,, | 。 | |
| | 本部出入经费,预算、决算,发行状纸,经理本部公置财产,并监察本部,监督各衙门及监狱、看守所一切会计事项 | ,, | 。 | |
| | 翻清译汉,誊缮折奏值日、递折、递牌、典守堂印,收发京外来往文件及一切杂务 | ,, | 。 | 按法部清单按语谓,以上事务本部现均有专司专处办理,并不尽由承政厅总其成。拟将各司处仍旧复令受成于厅,以明统系,至将来机关如何组织,名目如何更改,员额如何酌定,均俟厘定官制时定之 |
| 参议厅 | 编拟本部法令章程 | ,, | 。 | |
| | 审查本部法令章程之应行增删修改事项 | | | |
| | 办理秋朝审实缓,进呈册本,并核恩赦减等及民事刑事重要稿件 | ,, | 。 | 按法部清单按语谓,以上事务,其现有专办处所者均仍照旧办理,由左右参议总其成 |

| 厅、司别 | 事务条目 | 直接官治 | 间接官治 | 附考 |
|---|---|---|---|---|
| 刑事一司 | 掌京畿、奉天、吉林、黑龙江、直隶、山东、山西、察哈尔左右翼、绥远城、归化城、两广、云贵刑事案件，以及关于死罪、遣流罪，奏咨施行之命令事项 | ,, | 。 | |
| 刑事二司 | 掌江苏、安徽、江西、河南、陕西、甘肃、新疆、福建、浙江、湖南、湖北、四川、乌里雅苏台、科布多刑事案件，以及关于死罪、遣流罪，奏咨施行之命令事项 | ,, | 。 | |
| 民事一司 | 掌京畿、奉天、吉林、黑龙江、直隶、山东、山西、察哈尔左右翼、绥远城、归化城、两广、云贵民事案件，以及户籍登记一切非讼事件 | ,, | 。 | |
| 民事一司 | 掌江苏、安徽、江西、河南、陕西、甘肃、新疆、福建、浙江、湖南、湖北、四川、乌里雅苏台、科布多民事案件，以及户籍登记一切非讼事件 | ,, | 。 | |
| 典狱司 | 掌京外已设审判衙门及未设审判厅地方监狱看守所之建设、管理、改良一切事宜，并死刑执行、暂准出狱及呈请恩赦、复权等事项 | ,, | ,, | 按法部清单按语，本司职掌事项内有暂免幽闭一项，查新刑律草案，仅采用假出狱及犹豫行刑之规定，并无采用免幽闭之文，兹从删除。各省关于此项之建设、管理等事，按现在情形仍可兼列间接官治一级 |

## 二　北京司法部接收法部

1912 年 1 月，中华民国南京临时政府建立，成立司法部，由伍廷芳担任司法部部长，因时间不长，又地处南京，没有来接收清朝法部的工作。1912 年 3 月 10 日，袁世凯在北京就任中华民国临时大总统。3 月 30 日，袁世凯任命王宠惠为司法总长。4 月 4 日，任命徐谦为司法次长，徐以"才力不胜"请辞，没有获准，即就任司法次长，前赴法部办事。4 月 21 日，国务院成立，在北京各部的交替工作由各部总长接收办理。①

在正式被接收前，法部一直运转，听从北京政府号令。3 月 15 日，法部呈明《酌拟不准除免条款文》，将不准除免的罪行分为真正人命、强盗两类进行规定，适应过渡时期刑罚执行。② 3 月 16 日，《不准除免条款》批准公布。③ 3 月 28 日，法部呈明《删修新刑律与国体抵触各章条等并删除暂行章程文》，对旧律进行删定以适应新国体。4 月 5 日，法部呈《核定民刑诉讼律草案管辖各节文》，核定诉讼程序以适应体质。这一呈文在批准过程之中，5 月 2 日，王宠惠就任司法总长。5 月 7 日，派员赴法部接收交替事务。④ 5 月 9 日，新司法部印信启用，旧北京法部印信咨行国务院缴销。⑤ 也就在这一天，法部核定的民刑诉讼律草案批准。于是新旧部门在同一天分别颁布两个草案。法部公布《刑事诉讼律草案〈关于管辖各节〉》，这是法部公布的最后一项法律改革草案。司法部公布《民事诉讼律草案〈关于管辖各节〉》，这是司法部公布的第一项法律改革草案。⑥ 自此法部所有的工作由新的司法部接收。法部为新旧国体的转换也是尽了心力。

7 月 18 日，北京政府颁布《各部官制通则》，规定司法部设总长、次

---

① 司法部：《司法公报》1912 年第 1 期，1912 年 10 月，《公牍》，第 5 页。

② 同上书，第 1—2 页。

③ 司法部：《司法公报》1912 年第 1 期，《法规》，第 1—2 页。

④ 司法部：《司法公报》1912 年第 1 期，《公牍》，第 2—5 页。

⑤ 同上书，第 7 页。

⑥ 司法部：《司法公报》1912 年第 1 期，《法规》，第 2—9 页。

长等官员。7 月 24 日,《司法部官制》颁布。① 司法部设总长 1 人、次长 1 人、参事 4 人、司长 3 人、秘书 4 人、编纂 4 人、佥事 32 人以内、技工 2 人、技士 8 人、主事 72 人以内。总务厅执掌机要,典守印信,编制统计及报告,记录职员进退,处理公文,设置法院,负责司法官及其他职员之考试任免,监管律师,管理财务等事项。另设民事、刑事、监狱三司。民事司主要掌管有关民事、民事诉讼审判及检察事务、公证、户籍登记事项。刑事司主要管理有关刑事、刑事诉讼审判及检察事务、国际交付罪犯、赦免减刑、复权及执行刑罚等事项。监狱司执掌有关监狱之设置、废止及管理事项、监督监狱事项、假释缓刑及出狱人员保护事项、犯罪人异同识别事项等。从内部机构设置上和法部尚未及实施的内部机构改革案非常相似,这同样体现机构改革本身的延续性。

7 月 26 日,袁世凯任命许世英为司法总长,于 29 日就职。8 月 5 日,汪有龄被任命司法次长,8 日就职。② 8 月 11 日,司法部长许世英呈文荐任参事 4 人:王黻炜、朱履龢、张轸、马德润;司长 3 人:王淮琛、骆通、田荆华;秘书 4 人:罗文庄、童益临、王家俭、左坊;另有编纂 4 人,佥事 31 人。③ 8 月 16 日,荐任呈文照准。④ 许世英曾担任过法部候补主事,汪有龄是大理院主簿。司长中王淮琛担任大理院主簿。31 名佥事中吸纳了原法部承政厅参事张家骏、潘元枚,制勘司郎中何联恩,候补主事沙亮功、刘定宇,总检察厅检察官林炳华,京师地方审判厅推事栾骏声,京师初级审判厅推事沈宝昌等人。⑤ 清季法部和各司法审判机构人员在民初司法部中占了不小的比例。清朝和民国,时代发生了根本性的转换,但作为一个机构来说,更多的是延续,而非革命,旧法部留下来的司员和新任命的司员于是开始在新组成的司法部中成为同事。

---

① 司法部:《司法公报》1912 年第 1 期,《法规》,第 16—21 页。

② 司法部:《司法公报》1912 年第 1 期,《公牍》,第 8 页。

③ 同上书,第 8—9 页。

④ 司法部:《司法公报》1912 年第 1 期,《命令》,第 4—5 页。

⑤ 参见内阁印铸局编《宣统三年冬季职官录》,法部、大理院、京师各级审判厅部分,沈云龙:《近代中国史料丛刊一编》第 29 辑,文海出版社 1968 年版。

# 第四章

# 创办京师各级审判厅

法部从原来"刑名总汇"之机构转而成为司法行政的管理机关而兼有部分审判复核职能，成为整个清末司法改革的行政枢纽，是一系列司法改革措施的出台之处，也是将司法改革的具体措施落实的部门。法部在整个清末司法改革中承担决策和执行者的重要角色，这也是其作为一个司法部门存在的重要原因。换言之，法部是整个清末司法改革的关键部门，司法改革各项政策的出台、实施、监督、落实，端赖于此。这些司法改革措施，当以开办京师各级审判厅为首要。

## 第一节　筹备

京师是首善之地，也是整个王朝改革的垂范之地。京师各级审判厅的开办是为地方作出示范、积累经验和培养人才，自然受到法部的格外重视。现代司法审判机构审判厅的开办，袁世凯在天津的试办走在了前头；对于审判厅的分层、命名和审级，大理院率先作出了规范。这些都成了法部筹建京师各级审判厅的很好参考。

### 一　京师各级审判厅规制的讨论

对于清末改革中审判厅制度的讨论自官制改革草案中就已经开始了。要实现司法独立，必须建立独立的审判机构，这在立宪改革之初的官制改革折中说得非常明确，继之的载泽方案和奕劻方案，也有相关论述。① 这些方案大致确定了各级审判厅的名称和审级的安排。

关于审判厅的级别和名称。端戴的官制改革折主张设四级审判厅，自低到高依次是区、县、省和中央裁判机构。这个规划提出四级审判机构的建议，但并没有给出各级审判厅的具体名称。载泽方案接收四级建议，并给出了具体名称，从低到高分别是乡谳局、地方审判厅、高等审判厅和大理院。

关于审判厅的具体设置和审级。端戴的官制改革折主张把全国的各县划分为四个区，每区设一个区裁判所，一县则设县裁判所，一省则设省裁判所以及全国的都裁判所，并在陕西、甘肃、新疆、四川、云南、贵州设巡回裁判。其审级可以从区裁判所层层递诉至全国最高裁判机构——都裁判所。载泽方案规定"视县之大小分置乡谳局若干所"，每县置地方审判厅一所，每省置高等审判厅一所，京师置大理院一所，以大理寺改设，为全国最高之裁判所。其于审级并没有给出明确的回答。

关于审判厅的管理。端戴主张各级审判厅自低到高，"层层相统，而并隶于法部"。载泽方案主张中央和地方的司法行政机构有权"监督裁判处理其司法上之行政事务"，而"不能干涉其审判权"。

对于审判厅的规划，前后方案有一个从理想到现实的转化过程。对于四级审判厅建制，几个方案都没有异议，这也是照录各西方强国现成经验的结果，是近代审判体系的既成安排。但是，筹办之初的各项草案、说帖、节略对各级审判厅的细化规则及管理中的筹备权限都没有明确的安排，这有待于后来的细化。

大理院正卿沈家本乃刑部司官出身，浸淫法律事务40多年，相对戴鸿慈改革法部来说，对于创办大理院是简易多了，它的进程也相对快一些。所以，细化审判厅的各项规则及京师各级审判厅筹备权的争夺是大理院发起。大理院在创立过程中，为确定自己的权限，沈家本利用一身多任的身份，于光绪三十二年（1906）十月组织人手起草奏准《大理院审判

---

① 端戴的意见，参见故宫博物院明清档案部编《清末筹备立宪档案史料》上册，第379—380 页。载泽方案，参见《宪政初纲·官制草案》，第29—31 页。在此项规定中，奕劻等的核定方案和载泽方案相同。

编制法》，对京师各级审判厅的建制、权限进行了规定。①

《编制法》分为总纲篇和分节篇。② 其沿袭奕劻方案《法部节略》的名称，规定京师审判厅由三级组成：初级审判机构（包括三个京师分区城谳局）；中级审判机构（包括两个京师城内外地方审判厅）；高级审判机构（即京师高等审判厅）。各审判厅局内均分民事和刑事两类，从事审判工作。各审判厅均须在衙署之内附设检察局，并设一定员数的审判人员和检察官，以保证审判和检察事务的实施。审判厅局应当置承差若干人，掌送达诉讼文书，及办理审判衙署已经判结的案件。审判厅局的设立、裁撤及调整管辖地段，均由大理院会商法部，随时奏闻请旨施行。京师的三级审判厅由大理院直辖，其行政各事须秉承大理院办理。各该厅局长官负责指挥、督理，其办理一切事务由各科、各课从其事务性质拟定禀告大理院长官酌核办理。《编制法》没有述及各级审判厅之间的相互隶属关系，仅仅规定，各审判厅隶属大理院专管。京师各级审判厅管辖京师城内外民事刑事诉讼，京师的附属城郭及乡间的案件，由其他乡谳局管辖。审判厅行使国家司法独立审判大权，保护人民身体财产，不受行政衙门干涉。审判厅、局内的检察官负责刑事案件的公诉，以及监视判决的正常施行。关于审判厅的审判程序。《编制法》规定：京师高等审判厅、城内外地方审判厅，均为合议审判，以数名审判官充之；城谳官可以以单独一名审判官进行审判。

关于审判厅的审判程序。《编制法》规定：京师高等审判厅、城内外地方审判厅，均为合议审判，以数名审判官充之；城谳局可以以单独一名审判官进行审判。

《编制法》分别给大理院、京师高等审判厅、京师城内外地方审判厅、城谳局各列一节，详细规定各级审判厅的内部建制、审判组织、管辖权限等内容。内部建制上：高等、地方审判厅均设有长官统管，城谳局并不设长官；高等、地方审判厅均设民事刑事课，分课审判案件，城谳局并不分课；③ 各审判厅内均设检察局，高等、地方审判厅之检察局均设长官

① 沈家本：《审判权限宜先厘定事折》（光绪三十二年十月二十七日），《大清法规大全》，第 1849—1854 页。

② 《大理院审判编制法》原有 45 条，因第 16 条缺失，故仅计有 44 条。

③ 审判人员的分课，类似于现在的合议庭的组成，与合议审判相对应，城谳局系独任审判，无须组成合议庭。

统管，城谳局不设；高等审判厅不设嫌疑犯的羁押场所，地方审判厅和城谳局均设。① 审判组织上：高等审判厅由 5 人组成合议庭，地方审判厅由 3 人组成合议庭，城谳局则由审判人员独任审判。管辖权限上：高等审判厅系纯粹的复审机构；地方审判厅的一审管辖采用的是兜底式立法方式，二审管辖和特殊管辖则有明确的规定；城谳局的管辖则采用罗列式的立法方式。

从上述规定来看，《编制法》不仅仅是一个专门规定审判厅规制的法律，而是具备了近代早期法律法规的特点，即一部法完成多项任务。因为当时西方式的各部门法都还很不完备，但一启动司法程序，各项规定又不得不同时启动，出于有法可依的需要，《编制法》把相关审判厅编制和审判程序的法律条文等，都混杂在一起。②

《编制法》以法律条文的形式写下了司法审判独立的法理规定，把这一规定以法律的形式固定下来，为后来的司法审判改革起了示范作用。另一特点是在法律语言的使用上有着明显的日本司法的痕迹，诸如在各审判厅分设科、课等层级，以及对上诉程序的名称控诉、上告。这不仅仅是引用某些名词，而是在引用这个词所代表的一种历史内涵，以及这种内涵所生存的法律制度。作为各国的法律体系来说，经过历年的发展，业已形成一套自足的体系，对其名词的吸纳意味着对该法系的认可和吸取。这为我国的司法体系学习日本奠定了基础。由于各法律体系之间的法言法语有着不同的话语系统，只有在两者之间建立相互的对话系统，方可相互理解通用。《编制法》吸收的立法条款在国际上多成通例，在国内却还都是首开纪录，处于拓荒状态。这为审判厅的建制选择和刑民事诉讼法的制定和实施提供了范本，也为京师各级审判厅创立提供了参考。

---

① 因地方审判厅和城谳局均有第一审权责，而高等审判厅系纯粹的复审机构。

② 光绪三十二年四月，伍廷芳和沈家本组织起草的《大清刑民事诉讼法》，上呈朝廷以后，正处于讨论阶段，没有形成正式法律条文。

**表 4 - 1** 京师各级审判厅简表

| | 京师高等审判厅 | 城内外地方审判厅 | 城谳局 |
|---|---|---|---|
| 长官 | 设厅丞 1 员,指挥厅内一切事务,并监督行政事务 | 设厅长 1 员,指挥厅内一切事务,并监督行政事务 | |
| 内部机构 | 酌设 1 课或 2 课以上之民事刑事课;以 5 人编成 1 课;每课置课长 1 人监督该课事务并分派各事。厅内附设检察局,局置检察长 1 员 | 酌设 1 课或 2 课以上之民事刑事课;以 3 人编成 1 课;各课置课长 1 人,监督该课事务及定其分派各事。厅内设待质所 1 所。厅内附设检察局,局置检长 1 人 | 局内附设检察局,可以指挥管辖地段内的警察。局内附设传问所 |
| 审判组织 | 合议制审判。审问时,由 5 位审判人员组织合议庭,公推 1 人为问长,由该厅长官认许 | 合议制审判。审问时,由 3 位审判人员组织合议庭,公推 1 人为问长,由该厅长官认许 | 独任审判 |
| 管辖 | 纯粹的复审衙署:地方审判厅第一审判决不服之控诉;城谳局判决经过第二审判之上告 | 普通管辖:第一审案件,不属城谳局及大理院专属管辖的案件;第二审案件,对于城谳局已判决不服之控诉。特殊管辖:商民破产事件 | 民事诉讼的管辖:200 两以下之诉讼及 200 两以下之价额物产之诉讼;不论价额而受理的诉讼、田土疆界案件、占据案件、有雇佣关系之案件、旅人客店及饮食店主人间所起之诉讼、旅人与运送人间所起之诉讼。刑事诉讼的管辖:违警罪有不服者;罚金 15 两以下者,枷号者;妇女折赎在 40 两以下者;徒罪无关人命者 |

《编制法》把京师各级审判厅的筹办权纳入大理院的权限之内。光绪三十二年十二月十八日(1907 年 1 月 31 日),法部尚书戴鸿慈针对《编制法》规定明确提出:"凡司法官吏之进退,刑杀判决之执行,厅局辖地

之区分，司直警察之调度，皆系法部专政之事。"并且戴鸿慈主张："法部管理全国民事、刑事、监狱及一切司法行政事务，监督大理院、各省执法司、高等审判厅、地方审判厅、城乡谳局及各厅局附设之司直局调查检察事务。"也就是说，法部掌全国一切司法行政事务，监督各省执法司、大理院及各级审判厅、各厅附设的司直局的具体工作，具体来说包括各司法机构的司法官员的任命和管理以及各审判厅管辖区域的划分等。为此，法部分派由承政厅掌审判厅辖地的划分，调度司直及司法警察事项，由举叙司掌管法部应行监督各衙门厅局请简、请补、升降、各官缺，以及考验法官、书记、律师、法律毕业各生员事项。①

这同《编制法》，由大理院独掌京师各级审判厅的司法行政权，以及"大理院以下之审判厅局其设立裁撤及更移管辖地段须会商法部随时奏闻请旨施行"等规定不相符。创办各级审判厅及审判厅司法人员的任命和管理，从国外的经验上来说，属司法行政事务，沈家本没有为此与法部发生公开争议。

光绪三十三年三月中旬（1907年4月），现审工作交付完毕，法部开始着手"申明权限"的工作。四月初三日（5月14日），提出《司法权限清单》十二条。其第十条规定全国的各级审判厅的建制、创办等工作，以法部为主要掌管机构，大理院只有会奏的权力。京师各级审判厅的创办权自然归在法部的职权下，至于《编制法》所确定的审判厅建制，也只是法部创办京师各级审判厅的参考。十二条引起了沈家本的不满，从而把司法权限之争公开化。但沈家本对十二条的挑战，也仅仅集中在对大理院的人事权和审判权设置的不同意见，对于审判厅的内容，并没有提出异议。京师各级审判厅的分界自然归在了法部的权限之下。

光绪三十三年五月二十七日（1907年7月7日），清廷批准奕劻等制

---

① 奕劻：《覆奏核议法部官制并陈明办法大要折》（光绪三十二年十二月十八日），故宫博物院明清档案部编：《清末筹备立宪档案史料》上册，第491—493页。司直，指后来的检察部门。

定各省的司法改革计划，并选择东三省、直隶、江苏三地先行试办。① 这次试验，法部起到了主要作用，其基本工作是创办京师各级审判厅和总体规划地方各级审判厅。两项工作的进行，法部在时间上有先后。开始时，集中精力创办京师各级审判厅，力谋取得经验，争取办成样板，而后再向各省推广。

地方官制试验改革上谕下达半个月后，光绪三十三年六月十二日（1907 年 7 月 21 日），法部举叙司任官科管股罗叔豫负责起草了京师各级审判厅开办方案。② 该方案参考《大理院审判编制法》等文献和天津试办各级审判厅的经验，对京师各级审判厅做出切实规划。

审判厅开办方案没有采纳初议时对于最低一级的审判厅所定的名称——乡谳局、城谳局，而是依据五月二十七日（1907 年 7 月 7 日）的各省官制草案所用名称，改成初级审判厅。③ 另外京师及各省的审判厅统一名称为高等审判厅、地方审判厅、初级审判厅。为标识不同的审判厅，高等审判厅则在前面加上京师，地方审判厅则在前面加上京师内城、京师外城，初级审判厅则在前面添加京师第一至第五字样。

审判厅开办方案依据四级审判机构的基本原则，规划建设京师初级、地方、高等审判厅。京师初级审判厅拟设 5 个，其中内城暂设 3 厅，外城拟暂设 2 厅。地方审判厅拟设 2 厅，内城设立 1 厅，外城设立 1 厅，每厅各分民刑 2 科，每科暂设 2 庭。因当前经费待筹，京师地方拟先设 1 厅，略增庭数，以实现变通。京师高等审判厅 1 厅。

---

① 奕劻：《续订各直省官制情形折（附清单）》（光绪三十三年五月二十七日），故宫博物院明清档案部编：《清末筹备立宪档案史料》，第 506—510 页；中国第一历史档案馆编：《光绪宣统两朝上谕档》第 33 册，第 91 页下—92 页上。

② 法部：《酌拟京内外各级审判厅职掌事宜及员司名缺折》（光绪三十三年六月十二日），《司法奏底》（稿本），第 9 册，北京大学图书馆藏。罗叔豫，福建侯官人，京师译学馆毕业生，光绪三十四年七月，自费去日本法政大学学习法政，宣统元年六月毕业。参见陈初辑《京师译学馆校友录》，沈云龙《近代中国史料丛刊二编》第 50 辑，文海出版社 1978 年版，第 47 页；程燎原《清末法政人世界》，第 369 页。

③ 奕劻等：《续定各省官制情形折（附清单）》（光绪三十三年五月二十七日），故宫博物院明清档案部编：《清末筹备立宪档案史料》上册，第 510 页。

　　审判厅开办方案对京师各级审判厅的管辖和审判组织作出相应安排。初级审判厅受理民事案件和刑事之轻罪案件的一审，审判组织实行独任制审判，即由一位承审官实施审判行为。地方审判厅受理刑事重罪的初审，以及不服初级审判厅裁判的二审案件。地方审判厅对于一审还是二审案件皆进行合议审判制，组成合议庭。合议庭3名承审官组成，推举1人为长。高等审判厅则是轻罪案件的终审，刑事重罪的第二审，不受理初审案件，在京师只设立1厅，其合议制度及分庭的多寡和地方审判厅相同。至于从地方审判厅起诉，以及不服高等审判厅的裁判者，可以到大理院请求终审。

　　审判厅开办方案认为《法部官制清单》、《大理院官制清单》中所言司直局，制度上和外国的检事局相同，从而改名为检察厅。每级审判厅附设各级检察厅，分掌民刑案内之检察、纠正法官误判等事宜，但检察人员独立于审判人员，不受各级审判厅的监督。不同级别的检察厅之间，各有各的级别，自上而下，层层节制。

　　《编制法》没有给出审判人员的具体名称。大理院官制则把审判人员称为推事，方案将此名称沿用到京师各级审判厅中，另外模仿国外审判人员在名称上并不相区别的惯例，各级审判厅的审判人员一律称推事。但在推事的品级上有所区别，并参照行政官僚的样式，把司法官纳入整个官僚体系中去，而没有另立司法官的系列。这样就不用建立一套新的体系来管理司法官系列，使制度改革的成本降低，同时也固化了司法审判人员的行政色彩，使司法官员一开始就脱不去浓重的行政官僚特质，妨害了司法审判人员的职业群体的迅速形成，因为纳入行政官僚升迁体系就意味着行政官僚和司法官员之间不仅仅是享受相应品级的待遇，也意味着司法审判人员和行政官员之间可以方便地进行人员交流。

表 4 - 2　　　　　　　　　　　京师各级审判厅建置表

| | 京师高等审判厅 | 京师内城、外城地方审判厅 | 京师初级审判厅 |
|---|---|---|---|
| 长官 | 厅丞1人，掌总理全厅事务，调度民刑审判官及典簿以下各官，审定两科各庭拟结谳牍，监督地方以下各审判厅 | 每厅设厅长1员，掌总理全厅事务，调度民刑审判官及典簿以下各官，审定两科各庭拟结谳牍，监督初级审判厅 | |

续表

| | 京师高等审判厅 | 京师内城、外城地方审判厅 | 京师初级审判厅 |
|---|---|---|---|
| 内部机构和人事 | 设民科2庭，每庭推事3人，以1人为之长，掌审理刑事上控案件。设刑科2庭，每庭推事3人，以1人为之长，掌审理刑事上控案件。典簿2人，掌办理文牍会计一切庶务。主簿4人，掌录供叙案承办文牍督同录事缮写文牍。录事6人，掌缮写文牍承办庶务<br>京师高等检察厅：检察长1人，掌总司京师高等审判厅民刑案件检察事务，监督地方以下各检察厅；检察官4人，掌分任检察事务；录事2人，掌缮写文牍承办庶务 | 每厅设刑科2庭，计推事12人，掌审理刑事案件；设民科2庭，计推事12人，掌审理民事案件。以上每科各2庭，每庭6人。另设预审厅，由厅丞于各庭推事中临时派充预审推事，毋庸特设专缺。每厅设典簿所1所，计典簿2人，掌办理文牍会计一切庶务。设主簿四人，掌录供叙案、督同录事缮写文牍。每设看守所1所，计所长1人，掌总司看守所事务；所官2人，掌分任看守所事务。附设检察厅，专司该厅检察事务，并监督看守所。录事10人，掌缮写文牍承办庶务<br>京师内外城检察厅：每厅设检察长1人，掌总司京师地方审判厅民刑案件检察事务，监督所属初级检察厅；检察官4人，掌分任检察事务；录事2人，掌缮写文牍承办庶务 | 设5厅，内城3厅，外城2厅。每厅设推事2人，掌审判理刑事民事案件，总司厅事，录事2人，掌缮写文牍承办庶务<br>京师初级检察厅：每厅设检察官1人，掌京师初级审判厅民刑之检察事务，录事1人，掌缮写文牍承办庶务 |
| 审判组织 | 合议制审判。审问时，由3位审判人员组织合议庭，公推1人为长 | 合议制审判。审问时，由三位审判人员组织合议庭，公推1人为长 | 独任审判。以1人开庭 |
| 管辖 | 高等审判厅，专掌不服地方审判厅之上控案件。如仍不服此厅之判决者，许复上控于大理院为终审。由初级审判厅起诉的案件则以此厅为终审 | 普通管辖：第一审案件，掌除大理院所掌特别案件外，一切重大刑民事案件；第二审案件，不服初级审判厅一审判决的控诉案件 | 普通管辖：凡刑事民事轻微而琐细者案件。特殊管辖：户婚、田土、财产等项呈请立案以杜争讼事件 |

表 4 - 3　　　　　　　　　　　京师各级审判厅职官表

| 品级 | 京师高等审判厅 | 京师高等检察厅 | 京师地方审判厅 | 京师地方检察厅 | 京师初级审判厅 | 京师初级检察厅 | 补缺方式 | 相当品级的行政官 |
|---|---|---|---|---|---|---|---|---|
| 正四品 | 厅丞 | 检察长 | | | | | 请简 | 参议 |
| 从四品 | | | 厅丞 | | | | 请简 | |
| 正五品 | | | | 检察长 | | | 奏补 | 郎中 |
| 从五品 | 推事 | 检察官 | 推事 | | | | 奏补 | 员外郎 |
| 正六品 | | | | 检察官 | | | 奏补 | 主事 |
| 从六品 | | | 所长 | | 推事 | 检察官 | 奏补 | |
| 正七品 | 典簿 | | 典簿 | | | | 奏补 | 七品小京官 |
| 从七品 | 主簿 | | | | | | 奏补 | |
| 正八品 | | | 主簿 | | | | 委用 | 八品录事 |
| 从八品 | | | 所官 | | | | 委用 | |
| 正九品 | 录事 | 录事 | | | | | 委用 | 九品录事 |
| 从九品 | | | 录事 | 录事 | 录事 | 录事 | 委用 | |

　　审判厅开办这个方案吸收、细化了《大理院审判编制法》的许多做法，也改变编制法的一些办法。两相比较，大致有以下一些异同点。

　　在名称上，方案沿用了京师高等、地方审判厅的名目，但对城谳局则没有使用。应该说，城谳局无法从名目上直观看出初、中、高等审判厅的级别和其所从事的工作性质，并非优选名称。而最终采行的审判厅的名称，直观而形成序列，既有总体规划，也有级别差异，并与国际通行的司法审判机构类似对应。

　　在建置上，方案沿用了《编制法》高等、地方两级刑事、民事的分工，并且在此基础上使用的各部官制清单的模式，将京师各级审判厅内所应有的官员、品级、管理方式等内容一次性地筹划完备，更具有实际可操作性。

　　在管辖和审判组织上，方案沿用《编制法》的管辖基本理论，在内容描述上，比及《编制法》要概括。在审判组织上，方案全面吸收《编制法》的规定，只是在高等审判厅的合议庭组织人员上减少成 3 人。《编制法》规定的地方审判厅掌商民破产事件，方案并没有提及，另一方面方案又将户婚、田土、财产等确定人与人之间关系、所有权关系和财产关系的登记事务纳入初级审判厅的管辖范围。

在法律术语上，《编制法》大量使用来自日本的法言法语，方案则在制度安排上更加注意从功能角度来描述司法事务，而不轻易使用外来语。譬如《编制法》所言合议庭的问长以及控诉、上告等程序名词等，方案就没有使用。

在检察机构上，方案沿袭《编制法》的立法经验，将检察机构放到审判机构之内，但同时规定检察官并不隶属审判厅，各级检察厅之间的关系，亦同各级审判厅之间的关系大相径庭。这一点在《编制法》中是没有明确提到的。

这些不同一则是因为审判厅开办方案总结了自《编制法》以来各项司法改革事务的发展，另与部院司法权限之争初步尘埃落定等有关，也和两个文献产生的不同目的相关联。总之，方案是以前的各项司法改革经验的总结，是一个相对集大成的计划，一个全面指导京师及各省各级审判厅创办的纲领性文件。[①]

光绪三十三年七月初二日（1907 年 8 月 10 日），法部又在京师各级审判厅人员中增加司法警察官数十人，警兵、庭丁、承发检验吏等约 200 多人。[②]

## 二　筹措开办经费

改革事项，无钱不行。规划完京师各级审判厅的建制，法部首要的就是为审判厅的创办筹措经费。经筹议，光绪三十三年七月初二日（1907

---

① 方案中对于各省各级审判厅的规划将在下文中详细论述。

② 法部：《筹设京师各级审判预算经费折（附清单一件）》（光绪三十三年七月初二日），《司法奏底》（稿本）第 9 册，北京大学图书馆藏。折文上奏时间参见《谕折汇存》（三十三年七月）第 5 册，政治馆事由，第 2 页。

年 8 月 10 日），法部向朝廷提交了经费细目表，奏请拨放。① 法部预计京师高等审判厅、京师内城和外城地方审判厅和京师 5 个初级审判厅总计 8 厅，有员缺 100 多人和司法警察官数十人，统计有职官 233 人，② 其余警兵、庭丁、承发检验吏等 277 人，常年薪金、饭食以及一切杂支费用预算每年费用达 21 万多两。因"百端待举，物力艰难"，法部拟定官吏薪金暂按五成发给，等以后筹款充足再行办理，警兵、吏役等人，因原定薪水不多，为鼓励实心当差，拟定按十成发放，据此，每年 8 厅额支经费最少须 12 万两，遇闰年还得增加 1 万两。另外，8 厅修造衙署、调查书籍、购置器用等一次性的开办费用，共约银 8 万两。法部奏请拨发初办费用 20 万两，此后每年拨款 12 万两，得到清廷的许可。

当天，法部将原奏折抄录知照度支部。七月二十五日（9 月 2 日），度支部决定将法部奏请拨发的审判厅经费内 8 厅修造衙署、购置器用图书等非常项开支共约 8 万两，由度支部的部库给发，其余常年经费 12 万两从考察政治费中支出。③ 于此，京师各级审判厅的开办经费和常年经费都有了确实的着落。光绪三十四年（1908），度支部拨发法部京师各级审判厅的开办经费 3 万两，京师各级审判厅常支经费 12 万两。④ 宣统元年（1909），度支部拨发法部京师各级审判厅常支经费 13 万两。⑤

---

① 法部：《筹设京师各级审判预算经费折（附清单一件）》（光绪三十三年七月初二日），《司法奏底》（稿本）第 9 册，北京大学图书馆藏。折文上奏时间参见《谕折汇存》（三十三年七月）第 5 册，政治馆事由，第 2 页。

② 奏折中统计是 221 人，奏折所附的职官等津贴表统计是 233 人，此处数据来自津贴表。

③ 度支部：《新加各衙门办公及法部审判经费拟由考察政治经费项下匀支片》（光绪三十三年七月二十五日），《谕折汇存》（三十三年八月）第 6 册，政务处，第 18a—19b 页。考察政治经费是光绪三十一年八月间，度支部会同外务部筹议，由各省通共认筹，专门用于考察政治的经费，总计每年有 80 多万两。

④ 法部：《法部第二次统计表》，1909 年铅印本，《本部收支各审判厅检察厅经费表》（总第 226 表），第 299 页。

⑤ 法部：《法部第三次统计表》，1910 年铅印本，《本部收支经费表》（总第 781 表），第 1124—1125 页。

表4－4  八厅常支经费预算总表① （单位：两）

| | | | 品级 | 人数 | 每人月薪 | 总数 |
|---|---|---|---|---|---|---|
| 八厅各级官等津贴表 | 高等审判厅 | 厅丞 | 正四品 | 1 | 240 | 2880 |
| | | 庭长 | | 4 | 150 | 7200 |
| | | 推事 | 从五品 | 8 | 100 | 9600 |
| | | 检察长 | 正四品 | 1 | 240 | 2880 |
| | | 检察官 | 从五品 | 4 | 150 | 7200 |
| | | 典簿 | 正七品 | 2 | 70 | 1680 |
| | | 主簿 | 从七品 | 4 | 50 | 2400 |
| | | 录事 | 正九品 | 8 | 20 | 1920 |
| | 地方审判厅 | 厅丞 | 从四品 | 2 | 240 | 5760 |
| | | 庭长 | | 8 | 150 | 14400 |
| | | 推事 | 从五品 | 40 | 100 | 48000 |
| | | 检察长 | 正五品 | 2 | 150 | 3600 |
| | | 检察官 | 正六品 | 8 | 100 | 9600 |
| | | 典簿 | 正七品 | 4 | 60 | 2880 |
| | | 主簿 | 正八品 | 8 | 40 | 3840 |
| | 初级审判厅 | 所长 | 从六品 | 2 | 70 | 1680 |
| | | 所官 | 从八品 | 4 | 40 | 1920 |
| | | 录事 | 从九品 | 24 | 15 | 4320 |
| | | 推事 | 从六品 | 10 | 70 | 8400 |
| | | 行走推事 | | 10 | 30 | 3600 |
| | | 检察官 | 从六品 | 5 | 70 | 4200 |
| | | 录事 | 从九品 | 15 | 15 | 2700 |
| 各厅兼差职官津贴表 | 司法警察官 | | | 49 | 40 | 23520 |
| | 翻译官 | | | 8 | 60 | 5760 |
| | 医官 | | | 2 | 40 | 960 |

---

① 表中附有8厅的饭食预算费和各项杂支费的常年经费数额。

续表

| 总数 | | | | 品级 | 人数 | 每人月薪 |
|---|---|---|---|---|---|---|
| 各厅警兵吏役工食表 | | 承发吏 | | 17 | 10 | 2040 |
| | | 值庭警兵 | | 34 | 5 | 2040 |
| | | 看守所警兵 | | 68 | 5 | 4080 |
| | | 庭丁 | | 34 | 5 | 2040 |
| | | 刑皂 | | 24 | 5 | 1440 |
| | | 仵作 | | 14 | 7 | 1176 |
| | | 稳婆 | | 6 | 2 | 144 |
| 8厅饭食预算费 | | | | | | 5790 |
| 8厅各项杂支费 | | | | | | 约6000 |
| 总计 | | | | | | 199650 |

## 三 制定审判程序

要使审判工作真正展开，还需要一系列与之配套的审判程序。光绪三十二年（1906）四月，修订法律馆制定的《民事刑事诉讼法》，因众督抚大员的反对，没有通过。《大理院审判编制法》在规划大理院及京师各级审判厅建置时提到过简单的诉讼程序。光绪三十三年八月初二日（1907年9月9日），修订法律馆起草的《法院编制法》，借鉴日本诉讼法，对审判厅的审判程序作了全面的厘定和规划，但并没有马上通过。[①] 即将开办的京师各级审判厅依然处在无法可依的状态。为此，光绪三十三年十月二十九日（1907年12月4日），法部奏准《京师高等以下各级审判厅试办章程》（以下简称《章程》）以解决困境。[②] 该《章程》是在参考直隶

---

① 故宫博物院明清档案部编：《清末筹备立宪档案史料》下册，第842—845页。

② 法部：《酌拟高等以下各级审判厅试办章程折（并章程）》（光绪三十三年十月二十九日），《京师高等以下各级审判厅试办章程》，京师京华印书局1907年铅印本，第1—19页。《京师高等以下各级审判厅试办章程》即清代法律汇编文献所言《各级审判厅试办章程》。参见《各级审判厅试办章程》（光绪三十三年十月二十九日奉旨），《大清新法律汇编》，麟章书局1910年版，第261—284页。

总督袁世凯奏订的《天津府属审判厅试办章程》和《法院编制法》草案的基础上，经法部司员历数月之时编成。因京师审判厅等已经成立，《章程》并没有对审判厅的建置太多置词，而是把主要篇幅用来解决审判程序的问题。

《章程》分为5章，计总纲、审判通则、诉讼通则、检察通则、附则各一章。

总纲开宗明义把刑事、民事案件分开。刑事案件是"因诉讼而审定罪之有无"的案件，民事案件则是"因诉讼而审定理之曲直"的案件。这使得新式审判机构审理案件之时有了较为准确的划分民刑的依据，从而使中国自古以来民刑不分的法系有了近代法系的特征。审判通则确立四级三审终审制及各项具体诉讼制度，例如案件管辖、诉讼参加人参加诉讼和回避、起诉等制度，此外还确定了厅票、预审、公判、判决执行、各审检厅之间的协助、审判用语、判决书的制作式样等制度。诉讼通则规定各式诉讼程序的启动等制度，譬如对刑事诉讼诸程序的启动提出严格的条件，一改以前行政解决司法问题的方法，无论何类案件，只要在徒罪以上的案件，均须层层覆勘的旧制。此外，此章详定诉讼费收费细目和金额等内容，使得诉讼费的收取有明确章法可循，尽量杜绝审判厅的官员或是办事人员乱收费行为。检察通则章建立了较为完备的检察官制度，规定各级检察厅虽附属于各级审判厅设置，但检察官统属于法部，受法部长官直接节制，对于审判厅则独立行使其检查权。附则章补充章程施行的时间。

《章程》是一部刑事民事诉讼法的简明试行章程，在诉讼程序上引进审判、检察机构，新式的回避制度、起诉制度等的具体运作也在程序中实现，为京师各级审判厅的开办提供了详细的诉讼程序依据，为中国有史以来的第一批近代意义的新式审判机构的创办奠定了法律基础，其所采行的诸多法律制度也为后世所效仿承继，至今仍有影响。从整体上看，清末各机构制定的审判厅建置及审判程序上的相关法律法规，有一个层累渐进的过程，反映出对外国司法制度的了解越来越深入，也说明国内的司法改革具体方式方法的探讨也处在一个快速深化的过程。《章程》系一过渡性的法条，在正式法律编订之前起替代作用，其中的行政干预性因素颇大，但也吸收了各方面的成果，为即刻开办的审判厅审判程序的启动进行了准备。

同日，法部附片对大理院审判权限及《章程》都没有明确规定的宗室诉讼案管辖另行建言：

> 向来宗室与民人涉讼案件均系由部派员赴府会审，觉罗案件则由府派员赴部会审。此外步军统领及各衙门奏交之案，凡奉旨交部审讯者，皆由刑部承审，实以行政而兼任司法之事。自厘定官制以来，臣部即经停止审判，所有以上各案均改归大理院办理。惟核之，此次修律大臣所定《法院编制法》草案，其于宗室等民事案件及步军统领奏交各案应归何处审判并无规定，明文即大理院从前奏定审判权限亦系略分等级尚未奏请实行。现在京师各级审判厅渐当成立，若按各国法律言之，宗室民事应以高等审判厅为始审。惟会府及奏交之例本为各国所无，是高等审判厅既无会府之权，地方审判厅又非奏交之地，值兹司法独立方始萌芽，全国裁判尚未能一律普变，若将宗室及奏交各案遽行分送各级审判厅承审，深恐职司太微不足以昭慎重。拟请将宗室觉罗民刑诉讼仍归臣院特别裁判。其步军统领衙门及各衙门奏交之案，暂由臣院审判以固法权而归画一，俟将来《法院编制法》实行时，再行查照编制法办理。[1]

附片中陈明司法审判过渡的困境，为保各项传统审判的体统、宗室觉罗的法律特权，法部和大理院共同奏请将宗室觉罗案暂行归大理院特别裁判。

光绪三十三年十一月初三日（1907年12月7日），在高等及地方审判厅即将开办之时，法部基本依据属地管辖的原则将京师各级审判厅的地域管辖作了详细规定。[2] 民政部所分内城26区外城20区内有民刑控诉事件悉隶归5个初级审判厅管辖。没有设初级审判厅的营汛分辖地面，如果旗人和民人到该管行政衙门呈递诉讼，笞杖由该衙门拟结，徒流以上罪名，送交地方审判厅讯办。至顺天府辖境，凡在民政部所分区

---

① 法部：《奏宗室诉讼仍由大理院裁判片》（光绪三十三年十月二十九日），《京师高等以下各级审判厅试办章程》，京师京华印书局1907年铅印本，第20页。

② 朱寿朋编：《光绪朝东华录》第5册，中华书局1958年版，第5787页。

内涉讼，无论民刑各事，全部归新设各审判厅办理，大兴、宛平两县全部停止审判。此外两县所辖四乡地方与顺属该管州县，应当设审判厅之处，由顺天府会同直隶总督随时咨商法部核办。在审判厅设立之前，应由顺天府尹于大宛辖地不在内外城区内者，先行酌派审判官专门审理诉讼。

对于不属巡警厅管辖以及有未设审判厅之地，光绪三十三年十二月二十四日（1908 年 1 月 27 日），法部特别制定《营翼地方办事章程》，规范新设审判厅在这些区域的司法管辖权。① 凡不属巡警厅管辖，设有审判厅的地段，步军统领衙门对于各项词讼一概不许接收。该地段的治安案件，由营翼官自行处理，涉及刑事犯罪的，则录取大概供词，解送相关检察厅办理。该地段的检验、逮捕、解送人犯、搜查证据等事项仿照司法警察职务办理。京营中未设审判厅地面，笞杖一级的罪名由营翼官办理，流徒以上罪名送交地方审判厅办理，拟结案件每两个月汇总咨行法部一次。其办理司法事务的功过，由步军统领衙门查照缉捕赏罚旧例办理。各省已由臬司或高等审判厅办结案件不服而上控案件由大理院受理，其余未经判结而到京控告的案件，一概依照旧章办理。步军统领衙门未结之案应行移交者，依据法部制定的接收豫审厅办法分期交代。步军统领衙门奏交各案，仍送大理院审办。宗室犯罪不论轻重及宗室与平民涉讼之民事案件，由步军统领衙门咨送大理院会同宗人府讯办。特旨交办案件遵照廷寄谕旨要求办理。

这一系列的办法、章程厘清京师各级审判厅地域管辖的基本问题，为审判厅办理新式审判提供了管辖权保障。

西方各国为了便利民众诉讼，均有规定格式的诉讼文书。清代各问刑衙门也均有呈状的格式，但全部自为风气，参差不齐，导致各地讼师舞文，代书状纸的人员与吏差勾结需索，形成诉讼人深受其害，整个审判过程也是受累颇深。《章程》第 49 条规定："凡诉讼概有诉状，但有特别规定者不在此限"，又于 50、51、64 等条款对诉状内容做了详细要求。② 光

---

① 　法部：《营翼地方办事章程》（光绪三十三年十二月二十四日），《华制存考》（宣统元年一月）第 4 册，政务，第 51b—53a 页。

② 　《大清新法令汇编》，第 270—271、273—274 页。

绪三十三年十月二十六日（1907 年 12 月 1 日），在京师各级审判厅开办之时，法部模仿西方各国使用规定诉讼文书的制度，制定《诉讼状纸简明章程》，规范诉讼文书的格式，使民众便利诉讼，提高司法审判工作效率，同时也减少诉讼的中间环节。[①]

诉讼状纸先从京师办起，无论旗、汉、官、民关于民事诉讼刑事诉讼在各审判厅具呈者，一律遵用。自《章程》奏准之日起，所有京城旧式状纸一律停止，诉讼人自行使用其他纸张撰写的诉状，各级审判厅概不受理。刑事案件由检察官、司法警察官、营汛兵弁和地方官发觉，全部由检察官起诉，不用状纸。诉状纸如需在各省推广，应由法部体察情形酌定详细章程另行奏明办理。诉讼状纸分为五种：刑事诉状，凡刑事原告于第一审审判厅起诉时使用；民事诉状，凡民事原告于第一审审判厅起诉时使用；辩诉状，凡民事被告、刑事被告于各审判厅答辩时用之；上诉状，民事刑事控诉上告或抗告时使用；委任状。民事刑事案件人委任报告者（即代理人）时，附在诉状外使用。诉讼状纸由法部指定的官设印刷局所印刷，而后分交大理院及各审判厅发行。各审判官署在发行诉讼状纸时，皆须加盖各该官署发行处所戳记，以备稽核。无论何种诉状，每纸定价当十铜元 10 枚。凡于状纸定价外任意需索者，照受赃律计赃论罪。凡未经法部允准而擅行仿造状纸及私自销售者，总计其所造纸数，科以 1 两以上20 两以下之罚金。各审判官署每月应将发行各项状纸情形咨报申报法部，并将售得款项的八成解送法部。

京师的治安一般由五城御史、步军统领衙门维护，本没有警察组织。自五大臣出洋遇袭后，清政府设立巡警部专门管理京师治安。丙午官制改革，把巡警部改为民政部，由民政部的巡警厅掌管以前巡警部的工作。京师各级审判厅建立，京师各级检察厅接管了辖区内各项刑事案件的侦讯和起诉，这都需要司法警察的协助。《章程》第 100 条规定："检察厅之补助机关如左：司法警察，营翼兵弁，地方印佐各员。"[②] 司法警察属于民政部管辖，为协调检察厅与其关系，光绪三十三年十二月二十四日

---

① 法部：《试办诉讼状纸折（单一件）》（光绪三十三年十月二十六日），《大清法规大全》，第 1854—1856 页。

② 《大清新法令汇编》，第 281 页。

（1908 年 1 月 27 日），法部制定《司法警察职务章程》。①《章程》8 节 24 条，分为总纲、司法警察职务、附则 3 个部分。

在法警的人员组成及调度上，司法警察人员包括巡官、巡长、巡警三类，有协助检察厅执行检察事务的责任。检察厅长官和巡警厅长官于检察事务，有同等调度司法警察的权力，若是"检察厅所及办者"，检察官有优先调度权。检察厅不能直接调用司法警察，只能将所办之事知照巡警厅，由厅转饬办理。

据章程，法警有如下职责。逮捕人犯：司法警察当据审判厅衙门印票执行逮捕人犯。对于现行犯，司法警察有权径行逮捕，并先行讯问，若是违警及犯部厅所定各项罚则，则自行处理，其余则送交检察厅办理；若现行犯是宗室觉罗、职官、外国人、军人，司法警察当立即告知检察厅办理。搜查证据：审判厅要调查证据时，由检察官和司法警察会同办理。检验尸伤：除情形急迫，司法警察可以"先行录取生供"外，检验尸伤须候检察官到场会同办理。接收呈词：司法警察可接收辖区内的人命、盗窃、伤害等案件的呈词，并移送检察厅办理，不得受理民事诉讼。另还包括护送人犯、取保传人等。

因京师地面治安并不全归民政部巡警厅管辖，还有些归步军统领衙门、顺天府管辖，章程规定如果案件是其他衙门送交审判厅，则案件的搜查、逮捕、护送、取保等事项则由原送衙门自行办理。

审判厅创办初期，因经费问题，没能设置大量检察官，也没有审判厅专管的司法警察，只能调度把民政部所辖的治安警察来完成刑事案件的诉讼过程。这使整个章程在程序设置上比较复杂。

要从旧制度中的权力管辖中把司法审判权独立出来，并配以相应的审判管辖和审判程序等一整套司法制度，是一个非常复杂的工程，不得不面临各项机构、制度不完善的困境，其间不得不因为各项外部条件的限制而出台大量的过渡性政策。这些过渡政策使得京师各级审判厅诉讼的顺利开展有了制度保障，也为审判厅在全国的推广积累宝贵经验。

---

① 法部：《司法警察职务章程》（光绪三十三年十二月二十四日），《大清新法律汇编》，第 505—510 页。

## 第二节　开办与审判

　　讨论、规划是一回事，而真正开办和运行起来，又是另一回事。毕竟，审判厅需要懂中国传统法和法部出台的各项规章的法政人才，而这种人才在部里面也是稀缺的。要维持新增加的审判厅的运转，并使之成为王朝新式审判的样板，同样是困难重重。

### 一　各级审判厅开办

　　对于一个学习他国经验的后起国家来说，遴选合适的人选贯彻新制，并不比制定新制来得容易。光绪三十三年七月二十二日（1907 年 8 月 30 日），法部仿丞参官员的简任方式，将预保京师高等、地方审判厅四品以上的官员开单记名。① 其中预保高等审判厅厅丞的是：掌江苏道监察御史史履晋，法部都事司郎中奎绵（承政厅会办），法部审录司郎中魏联奎（承政厅会办）。预保高等检察厅检察长的是：法部承政厅参事麦鸿钧，军机处存记道陆军部郎中李焜瀛，军机处存记道严璨。预保地方审判厅厅丞的是：法部举叙司郎中续昶（承政厅会办），给事中王金镕，法部宥恤司郎中成允（参议厅会办），法部承政厅参事徐谦，法部制勘司郎中刘嘉斌（承政厅会办），法部典狱司郎中连培型（参议厅会办）。

　　预保人员中有 2 名是法部承政厅的参事，6 名是法部各司的掌印郎中兼承参两厅会办。掌江苏道监察御史史履晋，给事中王金镕，均系刑部司官出身。军机处存记道陆军部郎中李焜瀛，曾随载泽使团出洋考察政治，在使团到达英国时，留在了驻英使馆做随员，在英国时留心考察法政。军

---

　　① 法部：《预保堪任京师高等审判厅厅丞检察厅检察长地方审判厅厅丞人员请旨记名折》（光绪三十三年七月二十二日），中国第一历史档案馆藏：军机处录副奏折 3—5485—029；法部：《呈予保堪任京师高等审判厅厅丞高等检查厅检查长地方审判厅厅丞人员出具切实考语清单》（光绪三十三年七月二十二日），军机处录副奏折 3—5485—030。

机处存记道严璩，是严复的长子，因外语好，也随载泽使团出洋考察，于西学有心得。12 人中有 10 位现居或曾在法部当差，在法部当差的人员中亦皆部内的精英人选。没有在法部当过差的官员，也都有过出洋经历，对于西学、法政有着相当的造诣。从预保的人选中，可见法部对于创办京师各级审判厅用心之至。

朝廷接到折单后并没有立即简任，而是把折单一并留中，并送交军机处存记。① 八月初二日（1907 年 9 月 9 日），法部再次奏请朝廷简任法部奏请人选，法部还向朝廷保证将"督同该厅丞等于择地、用人各节悉心区划"，并承诺"统限两月内一律实行"。② 同日，清廷发布上谕任命奎绵为京师高等审判厅厅丞、徐谦为京师地方审判厅厅丞、李焜瀛京师高等检察厅检察长。③ 但开办工作比预期的要繁重和困难，两月限期将到，法部只得于十月初三日（11 月 8 日），向朝廷请求展限一个月。④ 十一月初，京师高等地方审判厅的各项筹办事务大致完成，计划在十一月初五日（12 月 9 日）一律开办。法部对民政部预审厅等机构暂时管辖的现审案件的移交，各级审判厅的地域管辖和法官遴选等做出了规划。

京师自裁撤五城御史后，凡民事诉讼及刑事稍轻的案件均改归内、外城预审厅审办。现今京师各级审判厅即将开办，所有预审厅尚未审结的案件，应当一并分期接收。法部主张由民政部札行各预审厅所有承审案件容易审结的从速厘清，不能速结的案件，无论民刑事件均由预审厅事先将卷宗检齐、开明案由、合并造册送交地方审判厅接收。地方审判厅接到案卷后，核明民事刑事应当归哪一审判厅收审，然后转送各该厅逐起分期行文提收，并由预审厅点验人犯和证据，出具清单分别交代。全部案件限于十一月底一律接收完毕。大兴、宛平两县发生在内、外城区之内的现审案件，也依据上列的方法移交给各级审判厅办理。大理院承办之案件不用移

① 《清实录》第 59 册，《德宗景皇帝实录》卷 576，第 633 页下—634 页上。

② 法部：《奏为请旨简放审判厅丞及检察长各员折》（光绪三十三年八月初二日），中国第一历史档案馆藏：军机处录副奏折 03—5486—026。

③ 中国第一历史档案馆编：《光绪宣统两朝上谕档》第 33 册，第 183 页。上谕档中把李焜瀛的名字误做李混瀛，今据前引档案正之。

④ 朱寿朋编：《光绪朝东华录》第 5 册，第 5787—5788 页。

交。自十一月初六日（12月10日）起，所有京城所属的民刑诉讼事件均归初级、地方各厅受理审办。

因创办伊始，经费待筹，京师外城地方审判厅并没有按期开办，其余七厅均如期开办。光绪三十三年十一月初（1907年12月），法部发布设立各级审判厅检察厅告示：

> 法部为出示晓谕事照得司法之制与行政攸殊，审判之权与警察亦异，此法治之本原，不容紊者也。方今朝庭预备立宪，凡所以通达民隐保卫民生者，无不力求规划之完备。有立法之基础，尤贵有司法之专官。本部堂掌理全国司法上行政事务，膺改良审判之责。兹经奏准设立京师高等以下各审判厅，合大理院最高审判衙门为四级三审之制。事权分属而等级相衔，讯鞫周详而机关独立，务使情无冤抑，责有攸归，上以巩国家之法权，下以增间阎之幸福，是则本部堂所愿与尔居民人等共谋治安者也。惟是庶狱殷繁，情伪百出，听断者势不能烛照靡遗，故于审判衙门内各附设检察一厅，以检察官为审判上补助，而又以司法警察、营汛各官为检察上之辅佐，专以有罪必发为宗旨，而人民赴诉之途，证据调查之实，咸于是赖，此又司法上之设备所亟应组织者也。所有以上审判检察各厅将次开办为此示。仰京师内城外城居民人等知悉，嗣后尔等如有诉讼事件均准用本部奏定状纸，遵照各厅揭示专条，分别审级呈诉。各厅审判刑事民事案件悉遵《大清律例》及本部所定试办章程办理。我国家勤求上理，不惜巨款，设立各级审判衙门，无非为确实保障人民身体财产起见。尔等亦宜仰体朝廷德意，激发天良，毋诈毋虞，是信是实，本部堂有厚望焉。

告示以政府部门的口气向民众讲述整个国家司法体制的转变，并将巩固法权、增进人民幸福等近代国家理念行之于文。告示将审判厅、检察厅建立的原委和功能，审判程序和实体法的根本依据以国家司法机构权威的身份明确告知民众，也是将清末的律改成果进行公示。

告示还广而告之了各级审判厅的地点：高等审判厅设立于刑部街南头路西，京师内城地方审判厅在灯市中大街中间路南，第一初级审判厅在地安门内黄花门路南，第二初级审判厅在东单牌楼栖凤楼路南，第三初级审判厅在西单牌楼报子衚东口路南，第四初级审判厅在崇文门外清华寺街中间路南，第五初级审判厅在骡马市大街迤南潘家河沿南头路西，总检察厅在大理院内（即原来的工部衙署），各级检察厅设立在各级审判厅内。①

京师高等审判厅不接受一审词讼，故而没有告示。京师内城地方审判厅告示，定于十一月初五日（12 月 9 日）开庭"审理内城地面民事刑事各项案件，其外城地面该管案件并归本厅兼理，嗣后内城外城居民人等，凡有诉讼事项属本厅管理者，应赴本厅附设之地方检察厅呈诉"，并陈明"本厅为保卫人民身体财产而设"。最后，告示开列地方审判厅的受案范围：徒以上刑事诉讼案件；债负买卖等项限项逾二百两以上民事诉讼案件；由初级检察厅申请地方检察厅移送之控诉案件；破产案件。② 此外京师内城地方审判厅还发布牌示告知诉讼人诉讼状纸和简略的诉讼程序。③ 京师各初级审判厅遵照地方审判厅办法告知民众其具体管辖范围。④

京师地方、初级审判厅的告示均明确标举把保卫人民身体和财产作为开办宗旨，这和旧有的把决狱断讼作为维护统治秩序的目的追求有质的区别。告示所言新式审判的程序，对于引导民众参加诉讼，而一改以前由行政官一体主导诉讼的方式。这些都是京师各级审判厅开办带来的新气象。

宣统元年闰二月初二日（1909 年 3 月 23 日），因地方审判厅事务"有日不暇给之势"，法部奏准在京师内城地方审判厅内增设民、刑各庭，每庭设推事 3 人，以 1 人为长，承审民刑事案件，每庭设录事 2 人以缮写

---

① 法部：《设立各级审判厅检察厅告示》（光绪三十三年十一月），《政治官报》光绪三十三年十一月初七日，总第 47 号，第 18—19 页。

② 《京师内城地方审判厅告示》（光绪三十三年十一月），《政治官报》光绪三十三年十一月初七日，总第 47 号，第 19—20 页。

③ 《京师内城地方审判厅牌示》（光绪三十三年十一月），《政治官报》光绪三十三年十一月初八日，总第 48 号，第 19—20 页。

④ 《京师各初级审判厅告示》（光绪三十三年十一月），《政治官报》光绪三十三年十一月初七日，总第 47 号，第 20 页。

法律文书。地方检察厅内亦设检察官 1 员负责出庭监察事务。① 因事务多，又增加人手，原本就是借用民房办公的京师内城地方审判厅办公和审判条件更显窄迫。法部就四处为地方审判厅找新办公场所，后来就和内务府达成共识，于宣统元年三月十八日（1909 年 5 月 7 日），共同奏请将内务府西长安门外的一所制造府拨给法部，作为新建地方审判厅的地方。得到朝廷允准后，法部派人接收该库，并据实际情形，计划建围墙、法庭、办公室、看守所、接待外人处所等地，共计大小房屋 270 多间，总计需银 7 万两。光绪三十四年（1908）节存开办审判厅经费和罚金共计 4.7 万两，除去 7 千两拨给内务府添盖库房外，余 4 万两。宣统元年十一月二十一日（1910 年 1 月 2 日），法部奏请拨付 3 万两筹筑地方审判厅新衙署。② 同日，朝廷同意了法部的请求。③ 不过直至清朝覆亡，京师地方审判厅新办公场所都没有竣工。

## 二 审判厅司法官

审判工作不仅需要制度、办公条件，更需要人才。实现三权分立，实施司法独立，各方面司法人才的缺乏是突出问题。此前比较正式的法官，有袁世凯在天津创办审判厅时任命的审判官，再就是大理院各科推事。法部创办京师各级审判厅遇到同样的问题。法部认为司法机关与人民之利害安危关系最重，任用法官较之别项人才倍宜审慎，主张遴选熟谙新旧法律及于审判事理确有经验者充任。具体方式是：法部从各司中选择素称得力品秩相当的司员分派各审判厅，或在京内外实缺及候补、候选官员中传见甄择，然后由部奏补、咨调、札委等方式"量能器使"，先行调派各厅委任；当差各员行走一个月后，由部考核，若是"勤慎尽职"，再行开列衔名奏请试署，并咨明吏部立案。光绪三十三年十一月二十七日（1907 年

---

① 法部：《地方审判厅内增设民刑两庭折》（宣统元年闰二月初二日），《华制存考》（宣统元年闰二月）第 5 册，政务，第 59—60 页。

② 法部：《奏筹筑京城地方审判厅公署现款不敷请饬部添拨兴造折》（宣统元年十一月十一日），《政治官报》宣统元年十一月二十六日，总第 791 号，第 7—8 页。

③ 中国第一历史档案馆编：《光绪宣统两朝上谕档》第 35 册，第 466 页上。

12 月 25 日），法部调用了 205 人到京师各级审判厅当差，其中拣派法部司官 86 员（6 人为兼差），咨调京内外各官 46 员（4 人为兼差），札委京内外各官 73 员。[①] 其中法部司官占去近 42%。因一些官员并未实际到差，京师各级审判检察厅司法官情况，兹借助宣统元年（1909）京察的履历册进行统计分析。

表 4－5　　　　　　　　京师各级审判检察厅司法官分析表[②]

| 机构 | 官职 | 人数 | 出身 | | | 法学背景 | | |
|---|---|---|---|---|---|---|---|---|
| | | | 进士 | 举贡监生 | 其他 | 法部官员 | 其他 | 无 |
| 总检察厅 | 检察官 | 6 | 1 | 5 | | 5 | 1 | |
| | 书记官 | 4 | | 4 | | | | 4 |
| 高等审判厅 | 推事 | 11 | 3 | 8 | | 8 | 2 | 1 |
| | 书记官 | 10 | | 8 | 2 | 3 | 2 | 5 |
| 高等检察厅 | 检察官 | 5 | 2 | 3 | | 1 | 3 | 1 |
| | 书记官 | 2 | | 2 | | | 1 | 1 |
| 地方审判厅 | 推事 | 18 | 9 | 9 | | 14 | 2 | 2 |
| | 书记官 | 16 | | 14 | 2 | 1 | 2 | 13 |
| 地方检察厅 | 检察官 | 5 | 1 | 4 | | 2 | 1 | 2 |
| | 书记官 | 2 | | 1 | 1 | | | 2 |
| 初级审判厅 | 推事 | 8 | | 8 | | 1 | 3 | 4 |
| | 书记官 | 9 | | 7 | 2 | | | 9 |
| 初级检察厅 | 检察官 | 3 | | 3 | | 1 | 1 | 1 |
| | 书记官 | 4 | | 3 | 1 | | | 4 |
| 总计 | | 103 | 16 | 79 | 8 | 36 | 22 | 45 |

---

① 法部：《呈为酌调各级审判检察厅人员清单》（光绪三十三年十一月二十七日），中国第一历史档案馆藏：军机处录副奏折 03—5493—069。

② 参见《京察总检察厅官员履历册》、《京察各厅推事检察官所长履历册》、《京察各厅录事履历册》、《京察各厅主簿典簿所官履历册》等各册，《京察部厅官员履历册》，宣统年间抄本，北京大学图书馆藏。其他出身主要是指俊秀、笔帖式、供事等。其他法学背景主要是指在法政学堂学习过，或在民政部巡警厅、大理院当过差。

宣统元年京察时，京师各级审判检察厅计实缺司法官 103 名，15% 为进士出身，近 77% 为举人、贡生、监生、生员出身，其中 55% 强有法律方面的背景。推事和检察官计 56 名，近 29% 为进士出身，其余均为举贡监生，有法律相关背景则接近 84%。京师各级审判厅司法官文化修养和专业素质在当时来说是不错的，尤其是高等、地方审判厅的推事、检察官队伍。

## 三 审判厅审判

京师各级审判厅司法官对京师司法审判的影响如何呢？江庸尝言："清代自光绪三十二年（1906）改刑部为法部专司司法行政，设大理院以下各级审判厅。三十三年（1907）颁行《法院编制法》，宣统元年颁布《各省城商埠各级审判检察厅编制大纲》是为司法与行政分立之始。然京师以外，未即推行。即以京师法院而论，当创办伊始，法官多用旧人，供勘则纯取旧式，刑讯方法，实未革除，律师制度尚未采用，虽规模初具，亦徒有其名而已。"① 江氏所言京师各级审判厅多用旧人是不错的，不过评价其"徒有其名"，还是略有偏颇。

自光绪三十一年三月二十一日（1905 年 4 月 25 日）起，清廷屡下谕令禁止各问刑衙门滥用刑讯。② 光绪三十四年六月初四日（1908 年 7 月 2 日），御史俾寿对京师各级审判厅审办方式提出异议："寻常案件以不能笞责而用跪锁掌责等刑。"八月二十二日（9 月 17 日），法部辩称："夫跪锁掌责等刑本与笞杖相等，现在笞杖既经废止，则此项刑责其不得滥用可知。查奏定章程，罪犯应死证据已确不肯供认者准其刑讯等语，系指命盗重案而言，而徒流以下罪名则一概不准以免冤滥，立法何等森严。各该庭员具有天良，孰敢不恪为遵守，若以寻常案件不能笞责之故，仍复压力横施，该员等纵不自顾考成亦岂不虑显挠法纪。况京师耳目较近，法庭指视尤多，果有违章滥责等情，何至无人告发。……（法部）两月以来选

---

① 申报馆编：《最近之五十年——申报馆五十周年纪念》，申报馆 1923 年印刷。

② 中国第一历史档案馆编：《光绪宣统两朝上谕档》第 31 册，第 45—46、57 页。

与该厅丞等接见查询，似尚无前项情弊。"即便如此，法部还是严申禁止刑讯的法令，责令各厅实力奉行，对于不依靠刑讯审案的司法官由法部直接酌奖，"倘有徇情滥刑之员，一经查出应即随时参办，以示惩儆"。① 宣统三年正月二十六日（1911 年 2 月 24 日），法部总结禁止刑讯实施情形，结论是京师各级审判厅尚能遵守。②

京师各级审判厅审断案件依然避免不了一些旧式请托习气。上引俾寿奏折便指控："请讬徇情施用压力仍不能免"。法部辩解："请托徇情一节，臣等亦未尝不力为防范，但现在审判办法系采取东西各国合议之制，每庭各置三员，复有检察官莅庭听审。若谓监督一人受讬，未必全庭咸与扶同，全庭有私，未必检察亦为徇隐，层层钳制，立法不为不周至。"为示慎重，法部特别进行了两个多月的调查，认为没有此等事情。③

京师各级审判厅开办，虽经法部遴选官员入厅当差，但还是出现司法官审断能力不足的问题。光绪三十四年六月初四日（1908 年 7 月 2 日），俾寿奏称："各级审判厅遇有控诉彼此推诿不收，及至无可推诿始行准理。该员等于审判未尽谙习又复支离讯断，多有传为笑谈者。"八月二十二日（9 月 17 日），法部称依据新章各级审判厅各有管辖受理的案件范围，"审级本自分明，特改章之初，愚民未及周悉，其有应赴下级起诉而径投上级者，有应在上级起诉而误投下级者。迭经各该厅员先期晓谕并随呈批示，指陈似亦事所或有言者不察，辄以推诿加之，当系传闻之误。至问刑各员颇难其选，臣等先尽本部资深明练者奏请补署，间有调员襄助，亦必详加甄择方得派充差使。举凡徒流等罪均须缮稿送部，并令将刑民各事按旬册报逐一稽核。臣等于其合者准之，不合者仍驳饬详审，而死罪并由大理院覆判，期无枉纵，无任其支离讯断之事。第京城讼狱繁多、机变百出，直者悦服于心，曲者妄腾其口，指摘之来，必不能免"。为此，法

① 法部：《奏酌核御史俾寿奏请停止刑讯折》（光绪三十四年八月二十二日），《谕折汇存》（光绪三十四年八月）第 5 册，政治馆，第 177—180 页。

② 法部：《奏为停止刑讯各省多未实行拟请重申诰诫严饬遵守事》（宣统三年正月二十六日），中国第一历史档案馆藏：军机处录副奏折 3—7579—024。

③ 法部：《奏酌核御史俾寿奏请停止刑讯折》（光绪三十四年八月二十二日），《谕折汇存》（光绪三十四年八月）第 5 册，政治馆，第 177—180 页。

部"严札各厅于旬报册内详列某庭某员承审之案摘要注明,其未结者均随时知照该员来部谘问,以凭考验",并饬令审录司京畿科详细复核各厅拟结案件,"期归允当"。①

法部对于京师各级审判厅的案件的复核,显然并不是仅在奏折中空口言说,法部左侍郎绍昌在给吉同钧所写的《审判要略序》中称:"京师自奏设各级审判厅以来,案如猬集,所有专报旬报汇报各稿到部后。凡所录之供、所科之罪所引之或律或例或章程,每逐细检核准驳常互用焉,岂好劳哉,审判为民命生死,民情向背所由系,不得不如此详慎也。"② 作为复核京师各级审判厅送拟结案件的审录司掌印兼京几科主稿吉同钧,将自己久居刑曹所积累的现审经验总结成《审判要略》30则,在用于律学馆教学的同时,也用以指导各厅的实际审判。③ 此要略颇类似现在的审判工作指南,详述审判中的具体注意事项。兹录两则以供参考:

一、凡审理案件,先问原告,次问被告。原被不符,令其彼此驳诘,然后参以证佐所言,当可十得八九。讯问之时,总须和容悦色,任其自行供吐,不可骤用威吓,一用威吓,则怯懦者畏惧而不敢言,强梗者反得肆其诬执矣。若再三开导之后,实系理屈词穷,仍复狡执,不妨掌责以儆其顽。若再坚不承认,则不能不用熬审之法,以逸待劳,日久未有不吐实情者。如果犯人不服咆哮,只可申饬,不可骂詈,非但有伤体统,万一回骂,杀之而不能,辩之而受其辱,岂非自取哉。

一、审案之时,理宜整齐,严肃书差在旁供录,断不可任令多言,亦不可与彼谈论案之曲直。缘若辈善体察问官之意,一有不慎,

---

① 法部:《奏酌核御史倬寿奏请停止刑讯折》(光绪三十四年八月二十二日),《谕折汇存》(光绪三十四年八月)第5册,政治馆,第177—180页。

② 吉同钧:《审判要略·序》,法部律学馆1910年石印本,第1页。

③ 吉同钧:《审判要略》,法部律学馆,1910年石印本。吉同钧这部作品,在光绪三十四年三月即由法部律学馆油印发行。(吉同钧:《审判要略》,法部律学馆1908年油印本,藏国家图书馆。)其影响颇大,除了京师各厅以之为参考外,上海政学社编辑的《法官须知》全文收录这部作品。(参见上海政学社《法官须知》,上海政学社1911年铅印本。)

必致借势生情，招摇撞骗，弊窦丛生。总要使若辈不知我先问何人，人犯不恻我先问何事，乘其不备，出其不意，则真情立现，庶几无所用其捏饰矣。①

《审判要略》注重判案中如何和原被告等斗智斗巧，以寻出案件实情。可见在当时要完全废除刑讯的情况下，审判事项得借助更符合法理的技巧。

在法部支持下，京师各级审判厅的工作有了长足进展。这可以从各厅审结案件总量来一窥其成效。光绪三十四年（1908），京师各厅审结刑事民事案件计 7824 件，宣统元年则比上年多出 1000 多件，达到 8848 件。

表 4 - 6　　　　　　　京师各级审判厅审办案件简表②

| 审判厅 | 审级和案件类型 | 光绪三十四年 | | | | 宣统元年 | | | |
|---|---|---|---|---|---|---|---|---|---|
| | | 刑事 | | 民事 | | 刑事 | | 民事 | |
| | | 已结 | 未结 | 已结 | 未结 | 已结 | 未结 | 已结 | 未结 |
| 高等 | 终审③ | 16 | 2 | 88 | 17 | 4 | 1 | 42 | 8 |
| | 二审 | 0 | 0 | 0 | 0 | 25 | 4 | 73 | 19 |
| 地方 | 二审 | 28 | 6 | 73 | 11 | 73 | 1 | 155 | 8 |
| | 一审 | 1139 | 65 | 670 | 36 | 739 | 61 | 677 | 27 |
| | 涉外案件 | 7 | 1 | 5 | 4 | 11 | 0 | 6 | 1 |
| 初级 | 一审 | 3650 | 74 | 2148 | 78 | 4508 | 26 | 2535 | 18 |
| 总计 | | 4840 | 148 | 2984 | 146 | 5360 | 93 | 3488 | 81 |

---

① 吉同钧：《审判要略》，法部律学馆 1910 年石印本，第 1 页。

② 法部：《法部第二次统计表》，1909 年铅印本。《京师高等审判厅刑事诉讼案件表》，第 303 页；《京师高等审判厅民事诉讼案件表》，第 303—304 页；《京师地方审判厅刑事诉讼第一审案件表》，第 305—307 页；《京师地方审判厅刑事诉讼第二审案件表》，第 307—308 页；《京师地方审判厅民事诉讼第一审案件表》，第 308 页；《京师地方审判厅民事诉讼第二审案件表》，第 308—309 页；《京师地方审判厅民事诉讼第一审案件表》，第 308 页；《京师地方审判厅审理外人民事诉讼表》，第 311 页；《京师初级审判五厅刑事诉讼表》，第 312—315 页；《京师初级审判五厅民事诉讼表》，第 315—317 页。

③ 《法部第二次统计表》没有分二审和终审，此处一律视为终审。

宣统三年（1911），顺天府属人命、贼盗案归京师高等审判厅招解勘覆，其审判事务陡然增加。法部调派候补主事魏元旷等人入厅办差。① 京师一带除大理院专属案件外，其余案件无论各部奏交、札开或是巡警厅送交，均由各厅管辖审断，然后报送法部奏请朝廷。

宣统三年三月二十一日（1911 年 4 月 19 日），步军统领衙门拿获瑞星桥（即瑞洸）奏交地方检察厅审办，并检察官莅庭按照步军统领衙门所奏各节审办。原奏称："瑞星桥冒充洋医，党羽极众，尤以挑词架讼为能，交结司法官员，设局愚弄，朋比为奸，鱼肉平民，恶声在道。"瑞星桥即瑞洸，年 36 岁，正白旗满洲长寿佐领下人，由从九品报捐县丞。先在屈臣氏药房当伙行医为生，宣统三年（1911）正月借买药为名欺骗奉天人刘姓银 17 两，引起讼案。地方审判厅认为："原奏谓其冒充洋医、挑词架讼、设局愚弄或即指此。惟讯以如何交结司法官员，朋比为奸，鱼肉平民等事，该犯供称捐有官职并未当差，不能鱼肉平民，至司法官员均不认识，来往朋友亦无与伊狼狈为奸之人。查据该旗佐领出具图片，派拨骁骑校玉麟到案，认称瑞洸从前并无过犯，似未便过事苛求。"最后，地方审判厅定拟："瑞星桥以捐纳县丞辄藉知医代人买药诳银十七两共用，准窃盗论计赃在一两以上亦应按律科断。瑞星桥即瑞洸，合依诳骗人财物者计赃准窃盗论，窃盗得财一两以上至十两工作四个月律，拟工作四个月，系职官行止卑污应从重，分咨内阁、度支部按例除名免其工作，仍交旗严加管束。"② 法部于闰六月初三日（1911 年 7 月 28 日）将此案汇奏朝廷，当日谕下依议。③ 地方审判厅审断案件，重证据轻听闻，依据证据所显示出来的事实为据，依照现行刑律定拟罪名，这一具体案件审理过程从一个侧面反映了司法改革从实体、程序和理念上的某些变化。

有了大理院和天津地区审判厅的开办经验和《法院编制法》草案，为法部制定京师高等以下各级审判厅的建置奠定了参考文本和实践依据，

---

① 魏元旷：《审判稿》，《潜园二十四种》第 12 册。

② 法部：《奏京师地方审判厅审明交拿人犯按律定拟折》（宣统三年闰六月初三日），《政治官报》宣统三年闰六月初五日，总第 1346 号，第 7—14 页。

③ 中国第一历史档案馆编：《光绪宣统两朝上谕档》第 37 册，第 180 页上。

同时法部筹办经营京师高等以下各级审判厅的各项措施反过来推动了整个司法体系的变革，例如各项法律用语的规范化、创办地方各级审判厅所要遵循的规则。诚如吉同钧所言："京师自奏设审判厅各级以来，百度维新，一洗官吏旧日延迟勒索之弊，可谓改厥良矣。"① 京师高等以下各级审判厅的开办也为地方各级审判厅的开办提供了经验，树立了典型。京师高等以下各级审判厅司法官，有些直接调派到各省审判厅当差，协助创办地方各级审判厅，为地方司法审判机构开办预备了人才。②

---

① 吉同钧：《审判要略·自序》，法部律学馆 1910 年石印本，第 5 页。

② 参见第五章第二节《宣统二年（1910）各省高等审判检察厅厅丞检察长表》。

# 第五章

# 推进地方司法改革

作为中央部门，法部自然地负有统领地方各省司法改革的职责。法部在创办京师审判厅的同时，也在规划地方审判厅事宜。于此，作为中央司法行政机构，法部工作主要在制度建设层面，诸如确定地方司法行政机构，规划地方审判厅建制和管辖区域，考核司法人才等，至于具体筹办，则交给地方官员。

## 第一节　提法使

将各省的提刑按察使改设成提法使，将其原有的实施地方司法审判的功能剥离出来，增加其司法行政的各项职责，是地方司法行政机构改革的第一步。而这一步，东三省开了先河，为法部的整体改革方案提供了范本。

### 一　提法使官制

司法行政官制和审判厅开办在制度设计上是同步规划，在后来的创办实践中则有分途。因司法行政官从体制和人员上是一个从旧到新的过程，而审判厅则是一个从无到有的过程。端戴官制改革折提出各省设执法司，兼一省裁判官，掌"一省之裁判所及监狱"，暂时隶属于地方督抚，等司法权独立之后直隶法部。① 载泽方案则规定每省设一执法司为全省之司法部门，直隶法部，并受督抚节制，管理全省司法行政事务，监督本省各审判厅和检察局，但"其（各级审判厅）审理事宜一任之审判官，不能干涉其审判权"。② 端戴官制改革折和载泽方案均提出要建立新式司法机构——执法司来掌管一省之司法行政事务。

　　光绪三十三年四月十一日（1907 年 5 月 22 日），东三省总督徐世昌拟定东三省职司官制，"于三省各设提法使一员，秩正三品，专管司法行政兼理裁判事务，别为一署暂受督抚考核节制，应设高等裁判以下各官由臣等到任后督同新简提法使妥为筹议奏明办理"。东三省在建省之初，就把司法改革放在一个重要的位置，并称由督抚督同提法使议定提法使官制及各级裁判机构的建置。此时，中央的地方官制改革方案还正在讨论之中，东三省就率先以明确的态度支持各省官制改革，这同徐世昌本身在预备立宪改革中的主张相一致，也使东三省司法改革的步伐走在各省前列。徐世昌等人的建议被朝廷采纳。③ 四月十五日（5 月 26 日），经东三省总督徐世昌奏调，清廷任命京畿道监察御史吴钫署任奉天提法使，直隶候补道吴焘署任吉林提法使。④ 五月二十七日（7 月 7 日），奕劻等制定各省官制改革方案，沿用提法使名称，规定各省"设提法使一员（秩正三品，即以原设提刑按察司改设），受本管督抚节制，管理该省司法上行政事

---

　　① 故宫博物院明清档案部编：《清末筹备立宪档案史料》上册，第 377 页，并参见官制折所附清单，《端忠敏公奏稿》，第 6 卷。

　　② 《宪政初纲·官制草案》，第 31 页。

　　③ 万福麟、张伯英：《黑龙江志稿》（卷 45 "职官志"）第 6 册，李毓澍主编：《中国边疆丛书第一辑》第 3 种，文海出版社 1965 年版，第 3921 页。

　　④ 中国第一历史档案馆编：《光绪宣统两朝上谕档》第 33 册，第 56 页。吴钫，江西宜黄人，壬辰科（光绪十八年）进士，签分刑部。二十一年浙江司主稿兼司务厅覆看秋审。二十四年九月拣派热河都统衙门理刑司办事司员。二十八年七月回京销差。十月补授刑部福建司员外郎，充浙江司正主稿，总办秋审。二十九年调云南司正主稿，八月奉旨记名以御史用。三十一年三月补广东司郎中。三十二年四月，补江南道监察御史。十一月协理京几道事务。十二月补授京几道监察御史。因在官制改革中屡屡上折，要求司法改革，为徐世昌所赏识。秦国经主编：《清代官员履历档案全编》第 7 册，第 691 页。

务，监督各审判厅，并调度检察事务（各省于审判制度未经更改以前，应暂仍按察使旧制，惟从前所管驿传事务，毋庸兼管）"。各省提法使应设属员以及原设按察使司所属经历、知事、照磨、司狱等官，由法部拟定职掌，酌量改设。① 同日，清廷下谕东三省、直隶、江苏择地先行试办提法使。②

光绪三十三年八月二十六日（1907 年 10 月 3 日），没等法部拟定提法使的相关规定，东三省总督徐世昌即督饬吴钫等人拟定奉天省提法司衙门官制，上奏朝廷。③ 官制规定："提法司掌全省司法上之行政事务，监督本省各级审判厅、检察厅，提法司总理全司事务，监督佥事以下各员，为一司之长。"提法司下设总务、刑事、民事、典狱四科，每科设佥事、一、二、三等各科员，并设正副司书等官，分掌省内各项司法事务。④

光绪三十三年十二月二十四日（1908 年 1 月 27 日），法部参考东三省的规则起草《提法使章程》。《提法使章程》规定提法司下设总务、刑事、民事、典狱四科，每科设佥事等员，对各科的执掌做了规定。旧有提刑按察司属官，可改补典簿、主簿及初级推事、检察、所官、录事等职。司法官晋升的路径，则包括书记官则可直升审判检察厅品级相当之官等。⑤ 法部制定的章程并没有立即通过，而是被送到了宪政编查馆复议。故此，该章程最终未能生效，致使各省提法司的改设没有确定的章程可循。

光绪三十四年八月初一日（1908 年 8 月 27 日），宪政编查馆拟定的

---

① 奕劻等：《续定各省官制情形折（附清单）》（光绪三十三年五月二十七日），故宫博物院明清档案部编：《清末筹备立宪档案史料》上册，第 507 页。

② 中国第一历史档案馆编：《光绪宣统两朝上谕档》第 33 册，第 91 页下—92 页上。

③ 东三省总督徐世昌：《拟定提法司各级审判检察厅职掌折》（光绪三十三年八月二十六日），徐世昌等编纂：《东三省政略》卷 5，吉林文史出版社 1989 年版，第 845—846 页。

④ 东三省总督徐世昌：《提法司衙门官制职掌员缺品位清单》（光绪三十三年八月二十六日），《政治官报》光绪三十三年九月初八日，总第 8 号，第 20—21 页。

⑤ 宪政编查馆：《考核提法使官制折》（宣统元年十月十四日），《华制存考》（宣统元年十月）第 6 册，政务，第 91a—96b 页。

《逐年筹备事宜清单》计划在宣统二年（1910）厘定各省官制。提法使是地方官制中的要职，关系到整个预备立宪司法独立大局的职官。宣统元年闰二月二十七日（1909 年 4 月 17 日），法部的宪政筹备事宜清单，把提法使官制的通行和简放各省提法使放在宣统二年（1910）应办事宜之首。① 法部制定的《提法使章程》草案，迁延时日，直到宣统元年十月十四日（1909 年 11 月 26 日），宪政编查馆复核的提法使官制才终于出台。② 其对法部起草的《提法使章程》草案进行了若干修改。

其一，合并民事科和刑事科。宪政编查馆认为，与以前的提刑按察使不同，不必对案件全行勘转，只是编辑诉讼统计，加之民事案件刚刚开始，原本就不多，所以就把刑事和民事科合并成刑民科。

其二，改设科长科员制。法部主张厘正各科佥事并删除科员司书等官。宪政编查馆认为现在"各科职守较繁"，"仅置佥事一人深虑不敷任使"，拟暂时仿照新设官署科长科员之制，将佥事改为科长，并于科长以下酌情设置一、二等科员数人以分担各项事务。科长科员暂不作为实官，而是实职。而且，科长科员的任命均需通过考试。

其三，关于原有官员的安排。按察使要改成提法使，其原有下属经历、知事、照磨、司狱等官必然要有出路。法部主张将这些官员改补典簿、主簿及初级推事、检察、所官、录事。宪政编查馆则认为这些官员"旧本闲曹"，与主簿、典簿、所官、录事对调是可以的，但因推事、检察则系"人民生命财产之所寄"，选任应当慎重，不主张与按察使旧有属官对调。

其四，关于司法官登进。法部主张书记可以径升审判检察厅相当之官。宪政编查馆认为中外司法体系对司法官（指推事、检察官）的资格要求都非常严格，而书记仅为储养法律人才的地方，以之直接升任司法官，与中外规则都不相符合，应当由宪政编查馆另定《司法官登用章程》

① 法部：《本管事宜以九年应有办法清单》（宣统元年闰二月二十七日），中国第一历史档案馆藏：朱批奏折 04—01—30—0110—016。档案编目是所定时间为光绪三十四年，据上谕档，此清单应当于宣统元年闰二月二十七日完成。参见中国第一历史档案馆编：《光绪宣统两朝上谕档》第 35 册，第 130 页下。

② 宪政编查馆：《考核提法使官制折》（宣统元年十月十四日），《华制存考》（宣统元年十月）第 6 册，政务，第 91a—96b 页。

来专门调整这一关系。

其五，关于监狱官吏职掌。限于篇幅，法部原章程中对于监狱官吏职掌仅用几条。宪政编查馆则认为监狱官吏职掌繁重，加之又在当前改良监狱时期，几条例文是不能全部说明的，要求把监狱官吏专门析出，另行由法部会同修订法律大臣详考核各国现成法律法规，辑成监狱法，送交宪政编查馆考核请旨颁行。

据此，宪政编查馆重新修订《各省提法使官制》并拟定《考用提法司属官章程》与之配套。《各省提法使官制》计18条，规定以原设提刑按察使司改为提法使司，设提法使一员，承法部及本省督抚之命，管理全省司法之行政事务，并监督各级审判厅检察厅及监狱。提法司分设总务、刑民、典狱共三科。每科设科长1员，视事务繁简设一等科员1员、二等科员1—4员，书记5员以内。科长秩视五品、一等科员秩视六品、二等科员秩视七品，① 全部以谙习法政人员照章考试合格者，由提法使详呈督抚咨达法部奏补。书记官秩视八、九品，由提法使以照章考试合格者，详请督抚酌量署补，并咨明法部存案。补缺的官员均保留原有品秩。所有原设按察司属官，一律作为裁缺，应当照章考试才可以任用。《考用提法司属官章程》计10条，规定科长、科员、书记等官职的考试资格、考试科目、考试过程、任命程序、日常管理等内容，为提法司属官的考充和管理提供相对详细的规定。自此按察使改设提法使有可资参详的文件。

修订提法使官制吸收法部建议中分科治事，并于科下设几等佐理科员的方式，一改按察使仅设经历、照磨、司狱等官员的方式，使地方司法行政事务，由政府部门中的专设职业官员所掌，而不是和以往一样依靠私幕、书吏，推动了地方政府改幕为职的进程。法部的大致分科方式及其于近代司法行政衙门职能相关的权限也得以保留，以新的司法理念构建提法司内部机构，使清末司法改革各项措施的实现有相应的部门掌管，做到事有专官。按察使属官也没有如法部所言直接改补司法官，而是规定经历、司狱等均作为裁缺，依据新章考试入职。这一方面是对司法官专业队伍建设的重视，另一方面也是对提法使属员的专门化的要求。从机构、人员、

---

① 如前所述科长、科员、书记并不是实官，只是实职，没有品级，所以这里用"秩视"。

职能上，提法使司都显示出较按察使更加适合近代司法行政衙门的特征。

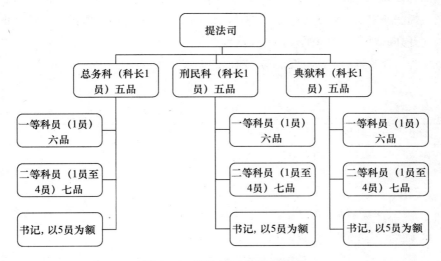

**图 5 - 1　提法使司官制示意图**

## 二　提法使任命及提法使司管理

宣统元年十二月二十三日（1909 年 1 月 14 日），法部在来年应行筹备事宜中决定将宪政编查馆复核的提法使官制通咨各省：各省的提法使员缺，在京师由法部在司法官内遴选应当升转的人员，在外由各督抚在实缺道员内选择深明法律人员开具履历咨行法部，由法部统一考核开具清单预先保用，而后咨明军机处连同各省现任按察使一并奏请简放。①

宣统二年七月二十一日（1910 年 8 月 25 日），法部奏请改现任按察使为提法使。② 应法部奏请，清廷任命各省提法使。

除东三省新设，各省的提法使均由按察使改任而来，以旧人担任新职，并不考虑官员的法律专业知识，七月二十二、二十三日（8 月 26、27 日）陆续有刘谷孙、文炳升任提法使，也均由相应品级的官员升任，并不考虑

---

① 法部：《预拟宣统二年应行筹备事宜折》（宣统元年十二月二十三日），《华制存考》（宣统二年一月）第 3 册，政务，第 45—46 页。

② 中国第一历史档案馆编：《光绪宣统两朝上谕档》第 36 册，第 270 页。

官员的法律知识背景，即从地方司法行政衙门来说，因涉及因袭旧制，并没能在改设提法使司，选择人选时遵循法部选任一些专业人士担当的原初意图。提法使中专业较强很具开拓性的吴钫成为提法使中的佼佼者，在各省审判厅开办成效中，除京师外，奉天是走在前列的，其所制定实施的各项制度，也成为法部政策制定的重要蓝本，前面的提法使官制就是很好的一例。

表 5 - 1　　　　　　　　　宣统二年（1910）各省提法使表

| 省份 | 提法使 | 原官职 | 任命时间① |
|------|--------|--------|-----------|
| 奉天 | 吴钫 | 京畿道监察御史 | 光绪三十三年四月十五日 |
| 吉林 | 吴焘 | 直隶候补道 | 光绪三十三年四月十五日 |
| 黑龙江 | 秋豫桐② | | 宣统元年闰二月十九日 |
| 直隶 | 齐耀琳 | 按察使 | 宣统二年七月二十一日 |
| 江苏 | 左孝同 | 按察使 | 宣统二年七月二十一日 |
| 安徽 | 吴品珩 | 按察使 | 宣统二年七月二十一日 |
| 山东 | 胡建枢 | 按察使 | 宣统二年七月二十一日 |
| 山西 | 王庆平 | 按察使 | 宣统二年七月二十一日 |
| 河南 | 惠森③ | 按察使 | 宣统二年七月二十一日 |
| 陕西 | 锡桐 | 按察使 | 宣统二年七月二十一日 |
| 甘肃 | 刘谷孙 | 军机处三品章京 | 宣统二年七月二十二日④ |
| 新疆⑤ | | 镇迪道兼按察使衔 | 宣统二年七月二十一日 |

---

　　① 应法部之请，清廷在宣统二年七月二十一日（1901 年 8 月 25 日），将各省按察使及兼按察使衔的官员一律改任各该省的提法使。中国第一历史档案馆编：《光绪宣统两朝上谕档》第 36 册，第 270 页。

　　② 宣统元年闰二月十九日（1909 年 4 月 9 日），秋桐豫补授黑龙江提法使。中国第一历史档案馆编：《光绪宣统两朝上谕档》第 35 册，第 116 页上。

　　③ 宣统二年九月初六日（1910 年 10 月 8 日），开缺四川按察使和尔赓额补授为河南提法使。中国第一历史档案馆编：《光绪宣统两朝上谕档》第 36 册，第 347 页上。

　　④ 宣统二年七月二十一日（1901 年 8 月 25 日），朝廷将甘肃省按察使陈灿改任甘肃省提法使。次日，陈灿升任甘肃省布政使，由军机处三品章京刘谷孙改任甘肃省提法使。参见中国第一历史档案馆编《光绪宣统两朝上谕档》第 36 册，第 272 页上。

　　⑤ 新疆省按察使向由镇迪道兼，今按察使统一改成按察使，仍由镇迪道兼按察使衔。

续表

| 省份 | 提法使 | 原官职 | 任命时间 |
|------|--------|--------|----------|
| 福建 | 鹿学良 | 按察使 | 宣统二年七月二十一日 |
| 浙江 | 李传元 | 按察使 | 宣统二年七月二十一日 |
| 江西 | 文炳 | 江西广饶九南道 | 宣统二年七月二十三日① |
| 湖北 | 马吉樟 | 按察使 | 宣统二年六月二十三日 |
| 湖南 | 周儒臣 | 按察使 | 宣统二年七月二十一日 |
| 四川 | 江毓昌 | 按察使 | 宣统二年七月二十一日 |
| 广东 | 俞钟颖 | 按察使 | 宣统二年七月二十一日 |
| 广西 | 王芝祥 | 按察使 | 宣统二年七月二十一日 |
| 云南 | 秦树声 | 按察使 | 宣统二年七月二十一日 |
| 贵州 | 文徵 | 按察使 | 宣统二年七月二十一日 |

　　提法使在七月二十一日（8月25日）全部改任完毕，但提法使司的真正改设，不是一纸任命就可以完成。为指导任命后的地方官职掌的转变，十一月二十一日（12月22日），法部奏请提法使所掌驿站传递事务移归劝业道管理，没有设劝业道的山西、江苏、甘肃、新疆、黑龙江等省，该事务仍由该省提法使或兼提法使衔的道员暂行管理。② 各省从按察使往提法使的改制有着不同进度。宣统二年（1910），湖广总督瑞澂督饬按察使统一布置改设事宜。四月十五日（5月23日），湖北提法司分设总务、刑民、典狱三科一律成立，其属员亦依照《考用提法使属员章程》考核官员，据考试成绩、原有官阶和出身分别派署司内各官。按察使旧掌驿传事宜交付劝业道，其属员经历、司狱作为裁缺另行调用，书吏一律裁汰，杂役则酌情留下几名当差。按察使司署内的积案、统计、筹办审判厅三局一律并入前设三科。原设管理解勘翻供和审办重要案件的发审局，在审判厅还没有普遍改设之前改为督审处，由提法使司督导其审理尚未设立

────────

　　①　宣统二年七月二十一日（1910年8月25日），朝廷任命江西省按察使陶大均为提法使。七月二十三日，升任江西广饶九南道文炳为江西按察使。参见中国第一历史档案馆编《光绪宣统两朝上谕档》第36册，第273页上。

　　②　法部：《各省驿传事务应由各省提法使移归劝业道管理等片》（宣统二年十一月二十一日），《华制存考》（宣统二年十二月）第5册，政务，第93页。

审判厅各州厅县应当发审的案件。① 在提法使任命以后，江苏、直隶、云南、安徽、贵州、山西、福建、江西、山东、湖南等省相继遵循湖北改设办法，依据本省实际情形略加调整实现按察使司向提法使司的转变。②

宣统三年二月二十六日（1911 年 3 月 26 日），法部依据京师各级审判厅开办预算表的方式，拟定各省提法司衙门及各级审判厅统一经费暂行简章，划定地方各司法机构的人员薪金及运行经费。③ 其中规定科长、一等科员、二等科员、书记员分别月支银元 180 元、120 元、80 元、34 元，各科书记生仅有 16 元，各项丁役为 6 元，可见各当差人员收入差距较大。整个提法司署年经费为银币 36000 元，连闰合计为 39000 元。这一规划，不仅是为了规范地方司法行政衙门的经费使用行为，也是为了保证地方司法经费在地方财政中占有固定的份额，保证机构最基本的运转经费。为细

---

① 湖广总督瑞澂：《改设湖北提法使并属官折》（宣统二年六月二十三日），《华制存考》（宣统二年六月）第 3 册，宣统二年六月二十三日，第 1—3 页。

② 江苏巡抚程德全：《江苏改设提法使设立属官办事等折》（宣统二年十月二十三日），《华制存考》（宣统二年十月）第 3 册，宣统二年十月二十三日，第 8—11 页；直隶总督陈夔龙：《提法司改设属官拟订分科办事细则》（宣统二年十二月二十五日），《华制存考》（宣统二年十二月）第 3 册，宣统二年十二月二十五日，第 17—19 页；云贵总督李经羲：《奏提法使公所成立开办片》（宣统三年正月十八日），《政治官报》宣统三年正月二十二日，总第 1186 号，第 12 页；安徽巡抚朱家宝：《奏提法司考用属官分科治事等折》（宣统三年二月初二日），《政治官报》宣统三年二月初五日，总第 1199 号，第 13—14 页；贵州巡抚庞鸿书：《奏提法公所遵章成立折》（宣统三年二月初五日），《政治官报》宣统三年二月初九日，总第 1203 号，第 12—13 页；山西巡抚丁宝铨：《奏提法司改设属官分科治事折》（宣统三年三月初八日），《政治官报》宣统三年三月十三日，总第 1236 号，第 11—12 页；闽浙总督松寿：《奏提法使署设立公所片》（宣统三年三月十四日），《政治官报》宣统三年三月十七日，总第 1240 号，第 13 页；江西巡抚：《奏提法司考用属官分科治事折》（宣统三年四月十五日），《政治官报》宣统三年四月十八日，总第 1271 号，第 5—6 页；山东巡抚：《奏设立提法司属官分科治事等片》（宣统三年五月十九日），《政治官报》宣统三年五月二十三日，总第 1305 号，第 6 页；湖南巡抚杨文鼎：《奏提法司司署改设属官分科治事折》（宣统三年六月二十四日），《政治官报》宣统三年六月二十七日，总第 1338 号，第 10—13 页。

③ 汪庆祺编：《各省审判厅判牍》，第 431—432 页。

化地方司法行政机构提法司的管理，宣统三年三月初七日（1911 年 4 月 5 日），法部编订《提法使司办事画一章程》。① 章程总纲申明，在省内各级审判厅设立后，提法使可酌将刑民科析为刑事、民事两课，反映此时朝野对刑、民分立的关注。此外对科长、科员、书记以及书记员在各科的职掌、日常办公流程等做了规范。其他各章明定总务科、刑民科、典狱科掌管的具体事务。附则规定未设审判厅地方，除本章程规定外，参照按察使旧制分隶各科，但已经划归其他衙门管理者不在此限。

宣统三年四月初七日（1911 年 5 月 5 日），法部制定各省提法使属官奖励办法，以激励属官实心任事。各省提法司衙门（奉天除外）属官任职届满三年，由提法使查验成绩，出具考语，呈请督抚咨达法部，如果属于始终勤奋成绩卓著的人员，允许按照寻常保举加衔，无职人员参酌定章咨明吏部给予六七品职衔，如供职又至五年之久，不论有无官职，一律照异常劳绩请奖。②

法部在提法使新职能的转变中起了领导机构的职能，为按察使向提法使的过渡提供了改革方案，所定章程办法进一步完善了地方提法使管理制度，为新型地方司法行政部门的改制作出切实规划。提法使司是地方司法改革的关键机构，其职掌的专门化、人员的专业化，系清末司法体系变革的成果，也为中国各省司法行政管理的近代化提供了条件。

## 第二节　推动地方审判厅建立

在促进地方司法改革中，法部把更多精力放在推动地方各级审判厅的建立上。毕竟独立的审判机构是一个从无到有的事物，其建置、开办经费、人员配备、管辖内容、审判程序等都要针对清末具体情形制定相应对策。这些对策一方面要保证其能够在经费匮乏和人才缺乏的条件下得以成立，另一方面要保证其建立能够实现独立的司法审判。这两项保证在清末预备立宪的大背景下都不是容易的事情。法部所推动的地方各级审判厅的

---

① 法部：《奏编定提法使办事画一章程折》（宣统三年三月初七日），《政治官报》宣统三年三月二十七日，总第 1250 号，第 4—10 页。

② 《大清宣统新法令》第 33 册，商务印书馆 1911 年版，第 12—13 页。

开办大致以光绪三十四年八月初一日（1908 年 8 月 27 日）为界分为两段，前一段是试点开办，后一段则是由点及面全面铺开，直到清朝覆亡这一工作仍然没有完成。

## 一　规划建制

建立地方审判厅清末宪政改革的重要组成。最初规划要追溯到丙午官制改革。光绪三十三年五月二十七日（1907 年 7 月 7 日），奕劻等奏准各省官制改革方案，从司法行政和司法审判两个方面对新的地方司法系统作了规划，总体上是模仿了中央法部和大理院之间的权限关系，把司法行政机关放置在主导一切司法事务的地位上。① 各省设提法司，置提法使管理司法行政，监督各级审判厅调度检察事务，并把地方上的各级审判厅的创办权列入其职权名下。在审判厅的名称上，方案把中央官制改革草案中城、乡谳局改为初级审判厅，最终确立高等、地方、初级三级审判厅的正式名称。同时，清廷还注意到了地方差异，并没有立即要求所有省份一齐推行，而是要求各地方督抚对改革方案进行签注研读，并有选择地进行试点改革，以积累经验，减少失误。在试点的地区选择上，清廷决定在新改制的东三省进行，并在直隶、江苏择地先行试办提法使与各级审判厅。其他各省均以十五年为限实行。②

选择东三省搞试验，主要是因为东三省从原来的特区制改为行省制，本身就有体制转变的要求，如何建立新机制先在东三省试验是再好不过了。在直隶、江苏两地择地试验，则主要基于两方面的考虑。

天津、上海两地租界地最多，租界的势力也最庞大，这也使得两个地方相对来说风气和基础都优于其他各省，在知识阶层对于领事裁判权有过或多或少接触的人较多，开办新式审判机构更加容易一些。在列强势力强的地方，开办新式审判，对收回领事裁判权有很好的示范作用。

---

① 故宫博物院明清档案部编：《清末筹备立宪档案史料》上册，第 506—510 页。

② 中国第一历史档案馆编：《光绪宣统两朝上谕档》第 33 册，第 91 页下—92 页上。

直隶和江苏有人才和经济优势。创办新政，最缺的就是各项有着新式知识体系的人才。直隶是京畿所在地，江苏又掌握着最大的通商口岸，两地都是新式知识人才荟萃的地方，其经济现状均名列各省之前。两省的督抚也是有一定经验或是新知储备。五大臣出洋回国后，力倡实施宪政改革的人中，戴鸿慈担任了法部尚书，端方则安排在两江总督任上；而积极倡导立宪改革的袁世凯为直隶总督。作为宪政改革重要组成部分的地方官制改革，要求端方在江苏一省择地改革，也当是对其所力主改革的回应。直隶总督袁世凯在诸总督中位列首位，也是政府中力倡改革的代表，并且其已经在天津各地开始搞起了审判厅，已积累相当经验，改革只是进一步推广，实施起来后，易见成效，故而，让本为先行的直隶充任试点，也是顺理成章的事。另则直隶试验田的示范影响效应也是不可小觑的。

光绪三十三年六月十二日（1907 年 7 月 21 日），法部在规划京师审判厅的同时，对地方审判厅的建制也提出具体方案。[①] 法部把地方各级审判厅的统一名称定为高等审判厅、地方审判厅、初级审判厅，并规定在不同级别的审判厅前面加上所辖的地理名称以示区分。高等审判厅则在前面加上各省名称，地方审判厅，则在前面添加所在厅州县字样，初级审判厅则在前面添加所在州县第一至第几字样，以示识别。这为地方各级审判厅提供了一整套有规可循、简易明了的命名方法。法部还规定地方各级审判厅的受案管辖和审判组织，统一使用京师各级审判厅的规则。法部又参照京师办法确定了地方各级审判厅职官，对于地方各级审判厅的地域管辖、具体职掌、员缺等项，则由各省督抚和法部咨商决定。

法部的方案为建立地方审判厅提供了粗线条规范。不过，全国创办各级审判厅的高潮并没有到来，而且地方各级审判厅许多建置细节还有待进一步完善。在这一完善过程中，法部规定起着重要的承前启后作用。

光绪三十三年八月初二日（1907 年 9 月 8 日），沈家本主持的修订法律馆把起草好的《法院编制法》奏交朝廷。[②]《法院编制法》草案共分 15

---

① 法部：《酌拟京内外各级审判厅职掌事宜及员司名缺折》（光绪三十三年六月十二日），《司法奏底》（稿本）第 9 册，北京大学图书馆藏。

② 故宫博物院明清档案部编：《清末筹备立宪档案史料》下册，第 842—845页。

章，计140条。其总结了《大理院审判编制法》、法部和大理院官制清
单以及法部在此前奏准的各项司法制度，立足于整个清末司法审判体系
的改革，对全国的各级审判厅建置和审判程序等做了全面的厘定和规
划。其沿用了法部对各级审判厅的命名方法及高等审判厅合议厅以三人
组成等意见，同时认为地方审判厅的审判组织应当用折中制，即初审案
件以推事一人审判，经过预审或再审案件，则以3人审判。同日，清廷
将沈家本的折单一起交抄宪政编查馆复核，但不料，这一覆核就是两
年多。①

表 5 - 2 　　　　　　　　　各省各级审判厅职官表

| 品级 | 各省高等审判厅 | 各省高等检察厅 | 各省地方审判厅 | 各省地方检察厅 | 各省初级审判厅 | 各省地方检察厅 | 补授方式 | 相当品级的行政官员 |
|---|---|---|---|---|---|---|---|---|
| 正四品 | | | | | | | 请简 | 参议 |
| 从四品 | 厅丞 | 检察长 | | | | | 请简 | |
| 正五品 | | | | | | | 奏补 | 郎中 |
| 从五品 | | 检察官 | 推事长 | 检察长 | | | 奏补 | 员外郎 |
| 正六品 | 推事 | | | | | | 奏补 | 主事 |
| 从六品 | | | 推事 | 检察官 | | | 奏补 | |
| 正七品 | 典簿 | | 典簿 | | 推事 | 检察官 | 奏补 | 七品小京官 |
| 从七品 | | | | | | | 奏补 | |
| 正八品 | 主簿 | | | | | | 委用 | 八品录事 |
| 从八品 | | | 主簿 | | | | 委用 | |
| 正九品 | | | | | | | 委用 | 九品录事 |
| 从九品 | 录事 | 录事 | 录事 | 录事 | | | 委用 | |

光绪三十三年八月二十六日（1907年10月3日），东三省总督徐世
昌依据法部上列折片制定《各级审判检察厅官制员缺》，对法部的规定提
出变通意见。法部原定各省地方审判厅于直隶厅州及散厅州县所辖地方，
各设1厅，设推事长1员，品级定为从五，内地府治皆有县令同城。奉天

──────────

① 中国第一历史档案编：《光绪宣统两朝上谕档》第33册，第184页上。

省除奉天、锦州两府设县外，其余皆没有附郭的县城。这些县的地方审判厅推事长品秩，奉天省拟依照各该地方官品级分别定为四品、五品或是六品。法部原定京师地方审判厅豫审推事由厅丞于各厅推事中临时派充，不设专缺。奉天省地方审判厅推事少，兼差恐导致民刑庭人数不够，奉天省拟另设豫审推事专办重罪豫审事件。法部原定地方各级审判厅推事没有五品，不容易升转。奉天省各府地方审判厅拟改升厅丞为从四品，在高等审判厅推事及各府地方审判厅推事中各设刑科长民科长 1 员品级升为从五品，以便升转。法部原奏中没有提及设置东三省高等审判厅分厅之事，奉天省拟于省城先设一处，俟体察情形再行酌量分设，以便就近审理上控诉讼。① 九月初八日（10 月 14 日），清廷依例把徐世昌的建议抄交法部复议。

　　法部忙于京师审判厅的开办，直至十二月二十一日（1908 年 1 月 24 日），法部才对东三省总督的意见做出答复，不同意奉天省的变通意见。② 法部认为各省原设之府厅州县系是就行政而言，法部奏设之地方厅制系是就司法而言，两者性质并不相同，品位不相统属。厅州县只不过是为了划区域，并没有崇卑高下之分，若府治没有县令同城，则可用府名给地方审判厅命名。法部引用京师地方审判厅的厅丞体制外省不得援以为例之规定，认为"厅丞体制较崇固，未便以府无附县遂可滥设也"。于专设预审厅推事，法部认为"预审系专理疑难及情罪重大之狱"，这些案件本来就不多，预审终结后就无所事事，不如仍由各推事中临时派充，避免冗滥。对于奉天省地方审判厅人员缺少、分派无人的情况，法部建议可以在各庭中酌情加派两三名候补人员来解决。于推事品级，法部认为原定各省地方审判厅系属从五品，即为各该推事升转之阶，而且每厅州县各设一员，总计人数业已不少，"即选擢谅亦无难"。如果如奉天省所要求在高等及各府地方推事中添设刑民科长一员，品级升为从五品，则会造成"职司层叠，转有壅滞之虞"，而且司法独立刚开始筹划，一时也很难找到这么多的合格人才担任这些职务。于增设高等审判厅分厅，法部认为《法院编

---

　　① 东三省总督徐世昌：《拟定提法司各级审判检察厅职掌折》（光绪三十三年八月二十六日），徐世昌等编纂：《东三省政略》卷 5，第 845—846 页。

　　② 朱寿朋编：《光绪朝东华录》第 5 册，第 5828—5829 页。

制法》草案有地方审判厅内设高等分厅的条款，待该法颁行后，再由东三省总督等体察情形咨商法部办理。法部所以全部否决东三省总督徐世昌所提的变通意见，除了确定既定方案的权威性，主要还是为了维护法部在司法改革中的主导权。

光绪三十四年八月一日（1908 年 8 月 27 日），宪政编查馆与资政院奏呈《宪法大纲》、《议院法要领》和《逐年筹备事宜清单》等，请求以九年为限完成各项筹备立宪事宜。[①] 清廷批准了整个计划，并责成内外大臣按照清单依照期限举办，每六个月汇报一次筹办成绩。[②]《逐年筹备事宜清单》规定由法部和各省督抚会同分年创办地方各级审判厅，其计划从省城商埠等政治、经济中心向府厅州县城治、乡镇等地方逐级展开筹办。审判厅于七年筹办时间一律成立。自此，地方各级审判厅开办全面铺开。

表 5 - 3 　　　　　　　　地方各级审判厅预备开办时间表

| 时间 | 省城及商埠等处各级审判厅（高等以下） | 府厅州县城治各级审判厅（地方以下） | 乡镇初级审判厅 |
|---|---|---|---|
| 光绪三十五年（第二年） | 筹办 | | |
| 光绪三十六年（第三年） | 一律成立 | | |
| 光绪三十七年（第四年） | | 筹办 | |
| 光绪三十八年（第五年） | | 粗具规模 | |
| 光绪三十九年（第六年） | | 一律成立 | 筹办 |
| 光绪四十年（第七年） | | | 粗具规模 |
| 光绪四十一年（第八年） | | | 一律成立 |

---

① 故宫博物院明清档案部编：《清末筹备立宪档案史料》上册，第 54—61 页。

② 中国第一历史档案馆编：《光绪宣统两朝上谕档》第 34 册，第 172 页上—173 页上。

宣统元年闰二月二十七日（1909 年 4 月 17 日），法部依据《逐年筹备事宜清单》制定了本部门的分期筹办清单。宣统元年，法部已经拟定《各省审判厅试办章程》，并在京师试行，等候宪政编查馆的复议。于是，省城及商埠等处各级审判厅的开办并没有专门的文件依据。地方督抚只得在筹办审判厅时，以《法院编制法》草案和《京师高等以下各级审判厅试办章程》等为参考。

为解决《法院编制法》迟迟不能批复出台，而省城商埠各级审判厅的筹办又已限定时间表不容稍缓的左右为难，为给地方提供创办操作依据，宣统元年七月初十日（1909 年 8 月 25 日），法部制定地方审判厅编制大纲，对各省省城、商埠应设审判厅的职官额缺作出规定。①

法部依据原定《京外各级审判厅官制》和《法院编制法》草案，再次斟酌各省城商埠情形，制定《各省城商埠各级审判厅检察厅编制大纲》，对各省省城商埠厅数、庭数、员数作出简要规定：省城和商埠同在一个地方，仅设高等审判厅 1 所，下属首县均设地方审判厅 1 所，初级审判厅 1 所或 2 所。省城和商埠不在同一地方，则省城设高等以下各厅，商埠不设高等审判厅，其余各厅设置和省城相同。事繁或距省城过远的大商埠，可酌情添设高等审判分厅，由厅丞于推事中保任 1 人为推事长代行厅丞职务，仍由厅丞随时指挥监督。高等审判厅、地方审判厅均设民科、刑科各一庭，每庭设合议推事 3 人。各级审判厅均于厅内设同级别的检察厅。《编制大纲》还对各级审判厅员数规定了如表 5 - 4 所列最简单的限额，各省可以根据实际情况增加厅数、庭数或员数，只需奏咨法部立案即可。各厅可设不超过定员总额的候补人员，其中候补推事可办理预审和代理回避推事的职务，不过办理预审时没有判决权。各厅应有的承发吏、庭厅人员由地方自行办理。

---

① 法部：《筹办外省省城商埠各级审判厅补订章程办法》（宣统元年七月十日），《华制存考》（宣统元年七月）第 5 册，政务，第 163a—171a 页。

表 5 - 4　　　　　　地方省城商埠地方各级审判厅员数表　　　　（单位：人）

| | 高等审判厅 | 高等检察厅 | 高等审判分厅 | 高等检察分厅 | 地方审判厅 | 地方检察厅 | 初级审判厅 | 初级检察厅 |
|---|---|---|---|---|---|---|---|---|
| 厅丞 | 1 | | | | | | | |
| 检察长 | | 1 | | | | 0—1 | | |
| 推事长 | | | 1 | | 1 | | | |
| 推事 | 6 | | 5 | | 6 | | 1—2 | |
| 检察官 | | 1 | | 1 | | 1 | | 1 |
| 典簿 | 1 | | | | 1 | | | |
| 主簿 | 2 | | 2 | | 0—2 | | | |
| 所官 | | | | | 1 | | | |
| 录事 | 4—6 | 2 | 4—6 | 1—2 | 4—8 | 1—2 | | |
| 书记生 | | | | | | | 1—2 | 1—2 |
| 总计 | 14—16 | 4 | 13—15 | 2—3 | 13—19 | 2—4 | 2—4 | 2—3 |

《大纲》本身是法部制定的地方各级审判厅职官、职掌规定的细化，为各地方审判厅的开办建立了简略框架，各省可以依据这个框架来筹办本省的审判厅。

宣统元年十二月二十八日（1910 年 2 月 7 日），宪政编查馆经过两年多的覆定，通过了《法院编制法》。其基本沿袭草案原文，对四级审判机构及检察厅都做了粗线条的设计。①《编制法》规定"（审判厅）推事员缺由法部奏定"，使法部制定的《各省城商埠各级审判厅检察厅编制大纲》再次获得法律认可。其另外指出"审判衙门之设立、废止及管辖，区域之分划或其变更事宜，以法律定之"，而实际上当时根本法律规定各省的审判厅数及分布，各省审判厅创办具体所依照的仍然是法部在前述《编制大纲》中规定的若干原则。

据《逐年筹备事宜清单》，宣统二年（1910）各省省城、商埠各级审判厅须一律开办，各省在开办经费、审判人才上都遇到很大的困难。为此，各省督抚提出若干变通办法，其中以山东巡抚袁树勋和四川总督

①　宪政编查馆：《奏为遵旨核订法院编制法另拟各项暂行章程折》（宣统元年十二月二十八日），《华制存考》（宣统二年一月）第 5 册，政务，第 165—196 页。

赵尔巽的建议为代表。宣统元年六月初十日（1909 年 7 月 26 日），袁树勋提议在府、直隶州设立地方审判厅一所，在有辖地的府及厅州县设立初级审判厅一两所，将初级审判厅管辖权限民事案件从 200 两提高到 5000 元，刑事案件从监禁 1 年罚金 100 元以下提高到 10 年以下监禁，可以节省九成的开办经费，人才缺乏的问题也得到缓解，司法独立得以进一步贯彻。① 同年十月初一日（1909 年 11 月 13 日），赵尔巽建议在县治所在地的初级审判厅内酌量增加推事，以管辖县治全境诉讼，减少审判厅开办总量和所需司法官数量，节省开支。②

宣统二年五月初十日（1910 年 6 月 16 日），宪政编查馆于袁、赵二人的建议均没有采纳，而是奏请饬下法部"迅将直省应设高等以下各审判检察厅及分厅、各应酌设推事检察官书记官等各若干员，通盘筹划"，以供各省创办各级审判厅遵行。③ 接到上谕后，法部即致电各督抚大员相商。历时半年，宣统二年十一月二十一日（1910 年 12 月 22 日），法部依据《各省城商埠各级审判厅检察厅编制大纲》的原则制定各省城、商埠审判检察厅厅数、员额的详细规划。各省城、商埠高等以下各级审判厅及分厅共应设 173 厅并附同样厅数的检察厅，其推事、检查、书记各官共设 2149 员。④ 其厅数、员额如表 5 - 5 所示。

法部的计划更加细致地规定了各省省城、商埠各级审判厅的区域分布，对于审判厅的分层次、分级别做了具体可靠的计划，也为创办审判厅提供了切实的要求和依据。地方各级审判厅的筹办建立一直缺乏一个统筹规划的具体计划，法部各项章程措施伴随着全国宪政筹备工作的逐渐展开不断出台，一直坚持以司法独立为原则，灵活的应时策略为方法推动地方各级审判厅的建置一步步前行。

---

① 山东巡抚袁树勋：《山东筹办审判厅并请变通府县审判厅办法及初级审判厅权限折》（宣统元年六月十日），故宫博物院明清档案部编：《清末筹备立宪档案史料》下册，第 873—876 页。

② 四川总督赵尔巽：《奏请改定地方审判厅区域折》（宣统元年十月初一日），《华制存考》（宣统元年十月）第 1 册，宣统元年十月初一日，第 1—2 页。

③ 宪政编查馆：《遵旨酌议变通府厅州县地方审判厅办法折》（宣统二年五月十日），《华制存考》（宣统二年五月）第 6 册，政务，第 108 页。

④ 法部：《酌定直省省城商埠审判检察厅厅数员额分别列表折》（宣统二年十一月二十一日），《华制存考》（宣统二年十二月）第 5 册，政务，第 91a—92b 页。

表 5 - 5　　　　　　　各省省城商埠各级审判厅厅数、员额简表①

| 省份 | 高等审判厅 | | 地方审判厅 | | 初级审判厅 | |
|---|---|---|---|---|---|---|
| | 厅数（个） | 员额（人） | 厅数（个） | 员额（人） | 厅数（个） | 员额（人） |
| 直隶 | 1 分厅 2 | 60 | 3 分厅 1 | 83 | 7 | 37 |
| 吉林 | 1 | 21 | 8 | 179 | 15 | 77 |
| 奉天 | 1 | 22 | 6 分厅 1 | 158 | 9 | 45 |
| 江苏 | 1 | 21 | 4 | 90 | 7 | 35 |
| 新疆 | 1 | 21 | 4 | 84 | 4 | 20 |
| 湖北 | 1 | 21 | 4 | 84 | 4 | 24 |
| 广东 | 1 | 24 | 4 分厅 2 | 124 | 7 | 35 |
| 浙江 | 1 | 21 | 3 | 63 | 5 | 30 |
| 安徽 | 1 | 21 | 2 | 42 | 2 | 12 |
| 山东 | 1 | 21 | 2 | 42 | 3 | 16 |
| 福建 | 1 | 21 | 2 分厅 1 | 62 | 4 | 20 |
| 江西 | 1 | 21 | 2 | 42 | 3 | 15 |
| 四川 | 1 | 21 | 2 | 42 | 3 | 18 |
| 广西 | 1 | 21 | 2 | 42 | 3 | 18 |
| 黑龙江 | 1 | 21 | 1 | 21 | 1 | 5 |
| 山西 | 1 | 23 | 1 | 21 | 1 | 6 |
| 河南 | 1 | 21 | 1 | 21 | 1 | 6 |
| 陕西 | 1 | 21 | 1 | 21 | 2 | 12 |
| 甘肃 | 1 | 21 | 1 | 21 | 2 | 10 |
| 湖南 | 1 | 21 | 1 | 21 | 2 | 10 |
| 云南 | 1 | 21 | 1 | 22 | 1 | 6 |
| 贵州 | 1 | 21 | 1 | 21 | 2 | 10 |
| 总计 | 24 | 507 | 61 | 1306 | 88 | 467 |

————————

①　简表据《直省省城商埠各级厅厅数表》、《直省高等审判检察厅员额表》、《直省省城商埠地方审判检察厅员额表》、《直省省城商埠初级审判检察厅员额表》制作，参见汪庆祺编《各省审判厅判牍》，第 442—448 页。检察厅皆附设于审判厅内，故表仅列审判厅厅数，表中所列员额包括审判厅和检察厅的员额。根据上列表格所统计的总员额为 2280，与原折文中数据有出入。

## 二　制定诉讼规则

光绪三十三年十二月（1908 年 1 月），除天津、京师以外，奉天的地方审判厅已经开办。可是除了天津和京师的专用审判章程之外，全国没有通用的审判厅审办案件的诉讼程序法规。这给各省筹办审判厅带来许多不便。为解决这一问题，宣统元年七月十日（1909 年 8 月 25 日），法部将指导京师各级审判厅实施审判的《京师高等以下各级审判厅试办章程》，针对各省的实际情况补订 8 条，编成《补订高等以下各级审判厅试办章程》，拟定《直省省城商埠各级审判厅筹办事宜》4 款，以供开办各省省城、商埠各级审判厅参照援用。①《补订章程》和《筹办事宜》就各省审判厅诉讼管辖、外国人参加的诉讼、诉讼费用、诉讼状纸等问题对原《章程》进行变通规定。

法部主张各省城高等审判厅管辖全省诉讼，各府厅州县地方审判厅管辖全境诉讼。在各乡镇初级审判厅、各府厅州县地方审判厅还没有普遍开设之时，法部暂时拟定诉讼管辖权限。省城、商埠初级审判厅的辖地不必以城垣商场为限，应当考虑具体形势和户口分部，若附近地方的确是审判厅力所能及并且形势上也比较适宜该厅兼管的地界，都划定为该厅管辖。凡界内诉讼事件（原被告有一方为界内的人，或是诉讼事件发生在界内），地方官不得受理。其界外案件仍暂归府厅州县官照常收受审理。地方审判厅辖境内的乡镇案件，虽暂归地方官受理，有不服判决时，仍可到地方审判厅上诉。收受案件的检察厅，视各级审判厅管辖权办理。若是以地方审判厅为二审的，则照章办理；以高等审判厅为二审的，民事令当事人自己到高等审判厅上诉，刑事则移交高等检察厅办理。没有设地方审判厅的府厅州县，依法递控到省一级的案件，或是以往归臬司或发审局审理的案件，全部都得向省城高等审判厅起诉，由该厅按照管辖权区别对待。若是以高等审判厅为二审的案件，判决之后允许其到大理院上诉，若是高等审判厅终审，则在判决时做出终审宣告。

①　法部：《筹办外省省城商埠各级审判厅补订章程办法》（宣统元年七月十日），《华制存考》（宣统元年七月）第 5 册，政务，第 163a—171a 页。

送交高等审判厅的案件必须由地方官判断有案且没有超过上诉期限。不照新定章程上诉到大理院而被发回原省的京控案件，由该省高等审判厅区别二审或是终审加以判决，然后呈明督抚及按察使或提法使分别奏咨结案。

有外国人参加的诉讼，各省各级审判厅应当视诉讼事务多少、经费盈绌，临时雇用翻译或设置专门的翻译人员，只要能传达诉讼审判的本意即可。雇用翻译的费用应由当事人自理。案件的录供、叙案等仍用汉文，只是遇有必须严密慎重的案件，其供词证据可在汉文之外附上外文。中外交涉案件，各省各级审判厅只需知照驻在该省的外国领事即可，可由审判厅申请督抚移知海关或道台就近直接知照外国领事。与外国使馆交涉的案件，审判厅须申详到法部。诉讼状纸依据法部即将颁行的《诉讼状纸章程》办理。各省刑事案件的上诉期限为 10 日，民事案件为 20 日，若遇天灾和意外事件逾限仍可以上诉的案件，须在呈文中做出说明。未设初级审判厅和地方审判厅的地区，上诉期限应当把在途中的日期除去。原《章程》规定的各项诉讼费用，各省可以斟酌情形进行增减，但增减之数不得超过原有数额的五成，还须先将酌定的数目咨行法部考核，并悬示费用列表，让诉讼当事人知悉。

《补订章程》实际上是对光绪三十三年十月（1907 年 11 月）奏准的京师办法加以法定推广的文件，为地方各级审判厅开办提供了诉讼程序依据。其于诉讼地域管辖的规定也成为司法审判从旧体系往新旧兼有体系转变的切实可行的方案。

宣统元年十二月二十八日（1910 年 2 月 7 日），《法院编制法》中审判衙门、初级审判厅、地方审判厅、高等审判厅、大理院、司法年度及分配事务、法庭之开闭及秩序、审判衙门之用语、判断之评议及决议、检察厅、法律上之辅助等部分对于全国各级审判厅的级别管辖、审判组织、审判程序等作出简要规定。不过其因内容杂糅，并没有完全替代此前法部颁行的《京师高等以下各级审判厅试办章程》和《补订章程》。为切实推动各省地方各级审判厅的开办，宪政编查馆参考法部此前出台的各项制度制定了《司法区域分划暂行章程》、《初级暨地方审判厅管辖案件暂行章程》。① 《司法区域划分暂行章程》分别规定大理院及全国高等、地方、初级审判厅的地域管辖权限。《初级暨地方审判厅管辖案件暂行章程》对各级审判厅刑民事案件的级别管辖订立了规范。

诉讼文书的规范化是新式审判推广的重要部分。法部在创办京师各级审判厅时即已经制定过诉讼状纸的相关章程，并声明，在京师试办成功，即将所定格式在各省颁行推广，以收司法统一成效。光绪三十四年（1908），法部规定次年推广诉讼状纸。随着直隶和东三省地方各级审判厅的开办，所用的诉讼状纸格式均为自定，出现命名和格式不统一、价钱太贵、印刷粗糙等诸多问题，不利于诉讼的顺利开展，问题急待解决。宣统元年七月十日（1909 年 8 月 25 日），法部决定制定统一的诉讼状纸章程，在各级审判厅中应用。宣统元年十二月二十三日（1910 年 2 月 2日），法部制定《推广诉讼状纸通行章程》。② 此章程是京师各级审判厅所用诉状的样式革新，规制也更加周全。章程规定诉状由状面和状纸组成。状面，由法部制造颁发全国开办审判厅的地方出售。状纸，京师各级审判厅仍旧由法部颁发，各省审判厅由法部拟定统一格式，各省督抚督饬提法使或按察使遵照刊印，纸张的大小须与状面一样。凡刑民事案件均应照审判章程使用诉状。刑事由检察官或司法警察官营汛兵弁及地方行政官发觉之案由检察官起诉，及商埠外国人民与本国民交涉之民刑诉讼，由各国领事官文送者，不用状纸。章程将诉状分为 12 类：刑事诉状，刑事辩诉状，刑事上诉状，刑事委任状，民事诉状，民事辩诉状，民事上诉状，民事委任状，限状，交状，领状，和解状。③ 章程还明确规定了诉状的售价、发售机关、售价分成。刑事类诉状每套售价当十铜元 16 枚，民事类诉状每套当十铜元 20 枚，限状、交状每套当十铜元 10 枚，领状、和解状每套当

---

① 宪政编查馆：《奏为遵旨核订法院编制法另拟各项暂行章程折》（宣统元年十二月二十八日），《华制存考》（宣统二年一月）第 5 册，政务，第 193—196 页。

② 法部：《奏筹订状纸通行格式章程折（并单）》（宣统元年十二月二十三日），《华制存考》（宣统二年一月）第 5 册，政务，第 89—94 页。

③ 限状，审判官签发的确定期限的诉讼文书。交状，审判官签发的交付案内财产、物件、人畜等的诉讼文书。领状，审判官签发的领取案内财产、物件、人畜及一切赃物的诉讼文书。

十铜元 20 枚。状面和状纸应粘连合为一套发售，由各级检察厅派员经理。诉状售得经额，京师则留两成供各级审判厅支配，八成解送法部，各省则留五成为司法行政费用，提五成作为各衙门及法部的制作成本。如出现在诉状定价之外任意索要者，照官吏受财律计赃论罪。伪造法部状面及私售的，应照伪造邮票章程分别办理。伪造状纸及私行售卖之人，计其状纸数量，判以一两以上 20 两以下之罚金。章程自奏准之日起，京师各厅以一个月，已设审判厅的省城商埠以 3 个月内，现在筹设之审判各厅，以该厅成立开庭日，为实行之期。章程施行后，所有京外各审判厅官署现行之状纸印纸和法部以前制定的诉状章程均一律作废。经过对其他国家的诉讼文书的研究和已经开办各级审判厅的实践，法部制定了这一改定章程来规范诉讼文书，为全国司法审判的转型提供了良好条件。

在诉讼规则中，检察官享有刑事案件的侦察权、起诉权等。这些权力的实现都需要警察的协助。如同京师审判厅开办时一样，在各省也存在这个问题。《法院编制法》第 104 条规定："检察厅调度司法警察章程由法部、民政部会同奏定通行。"① 实际上，宣统元年，法部就奏陈将详定司法警察职务章程安排在当年。不过直到宣统二年四月初四日（1910 年 5 月 12 日），法部才起草完《检察厅调度司法警察章程》，并奏准颁行。② 原计划的名称是《司法警察职务章程》，但因检察官与司法警察之间合作的必然性，检察官的调度权和司法警察的职务，两者均不能偏废，故而法部觉得原来的名称有以偏概全的问题。后因《法院编制法》直接称检察厅调度司法警察章程，法部就将名称改定。章程规定了司法警察的人员组成及调度规则。司法警察人员包括区长、区员、警务长、巡官、巡长、巡警三类，有协助检察厅执行检察事务的责任。检察厅长官和巡警厅长官于检察事务，有同等调度司法警察的权力。检察厅不能直接调用司法警察，只能将所办之事知照巡警厅，由厅转饬办理。若临时调度来不及行文知照，检察厅可以用电话或专函代替知照；若在路途中若是仓促调度得用法部执照指示办理，但须事后行文知照存案。预审推事遇有须调度司法警察

---

① 《大清新法律汇编》，第 234 页。

② 法部：《详订检察厅调度司法警察章程折（单一件）》（宣统二年四月初四日），《华制存考》（宣统二年四月）第 7 册，政务，第 166a—177a 页。

时，其权仿检察官。司法警察在执行公务时必须明确标识身份，遵循回避、保密的原则，不得滥用公权和侵害他人隐私。检察厅因调度便宜可移请巡警官于司法警察人员内派拨若干名驻厅以供差遣，其名额由检察厅酌定。这些司法警察的薪水由检察厅支付，功过赏罚则由检察厅核定后汇送其巡警官照警章一律办理。于司法警察的职务，《章程》规定司法警察当据检察厅印票或审判厅印票执行逮捕人犯。对于现行犯，司法警察有权径行逮捕，并交该管管长先行讯问，违警及各官署所定各项行政处分者，则自行处理，其余则送交检察厅办理。若现行犯是宗室觉罗、职官则送交该管检察厅。若是外国人，系警署逮捕则解送所属国该管官署，系检察厅调度逮捕则交由检察厅加仓量。若是军人，则送交检察厅并知照该管官。此外，章程规定了司法警察护送人犯、取保传人、检验尸伤、接受呈词等权限做了详细规范。

这一章程无论是内容的涉及面还是条款的可操作性都远在丁未章程之上。其内容增加司法警察可以入检察厅办事，把行政处分和刑事处罚明确分开，检察和审判衙门均可调度司法警察，司法警察执行公务时的一系列原则等，都显示出法部在起草章程时对于检察厅调度司法警察实务具体工作认识的深化，也是整个司法界对于当前各项司法资源相互优化组合以适应立宪需求的认识的进步。章程细化了司法警察的工作，其细化中所蕴含的各项近代法基本理念也为近代性的司法观念的推广起了助益作用。

随着各地方审判厅、检察厅先后建立并开展工作，为了解决久已存在且民间甚为反感的诉讼费收取问题，宣统二年十二月二十四日（1911 年 1 月 24 日），法部分别制定《民事讼费暂行章程》和《刑事讼费暂行章程》来规范讼费名目和数额。①

法部总结来自京师和地方各级审判厅开办经验，不断制定各项诉讼规则相关章程指导新式司法审判的顺利进行。

---

① 《大清宣统新法令》第 28 册，第 11—17 页。

## 三 经费筹措

预备立宪各项改革的措施都离不开钱，它也是地方各级审判厅开办的重要阻碍。地方督抚不可能像法部一样直接奏请中央拨给审判厅开办和日常经费，只能靠自行筹款。为此，一些督抚才会提出审判厅建置的诸般变通办法。法部对此当然十分明了，也积极地为地方督抚筹划开办地方各级审判厅的经费。宣统元年七月十日（1909 年 8 月 25 日），法部拟定《各省城商埠各级审判厅筹办事宜》4 款，其中第一款就是关于经费。① 法部指出在度支部统一财政实施之前，审判厅筹办经费筹措由督抚督同藩司或度支司办理。其常年经费来源：旧有审判经费的移支，省城商埠旧设的发审局、清讼局历年支取各款，各问刑衙门的刑幕束修、招解公费及其他因审理词讼而产生的费用；办公经费，预备立宪后，地方政府改革，各省开始在地方开支中做办公经费的预算，各级审判厅经费可以从此中酌提；诉讼费用，除依据旧章应当提交法部之外各项照章收取的诉讼费及各项罚金；各司筹划，如若前项费用都不够用的话，地方督抚就当督促各所属各司筹划。法庭和办公场所最好是新建，若是财力的确不足可就各项闲置或废弃衙署改建，但不能与各行政官署混合。这主要是为地方审判厅开办经费的专款专用做保障。

审判厅除开办经费外，还需要日常开支。为保证这一部分经费，宣统二年（1910），在各省审判厅相继开庭之时，法部行文各督抚，要求其依据该省审判厅开办情形及所需经费分别列好表格，并咨回法部。法部把这些表格进行汇总考核，然后提交给资政院讨论通过，争取用立法的方式保证司法经费的来源。② 宣统三年二月二十六日（1911 年 3 月 26 日），法部奏准了各省审判厅经费划一办法，将各审判厅的官俸、杂役开支、审判经费、日常运作费用等做了详细的罗列，为地方司法经费的具体预算提供依

---

① 法部：《筹办外省省城商埠各级审判厅补订章程办法》（宣统元年七月十日），《华制存考》（宣统元年七月）第 5 册，政务，第 163a—171a 页。

② 法部：《遵旨筹划各级审判厅提前办法并预拟本年实行筹备事宜折》（宣统三年二月十六日），《政治官报》宣统三年二月二十五日，总第 1219 号，第 7 页。

据，同时也是给予切实保障。① 宣统三年（1911）六月，法部咨行度支部及各省督抚和提法使，要求各省依据划一办法分别制作司法经费的表册，上报法部复核，以作为宣统四年的各地的司法预算。② 同月，法部又再次通行各省要求整顿司法收入：罚金须全部归公；诉讼费必须照章收取，纳入公家收入；状纸费则除工料费和解送法部费用外，一律归入地方司法费用。③ 法部力图从收支两条线对地方审判厅的开办和日常运作经费做出规划，为保障司法审判所需要的经费进行努力。

经过法部和地方督抚共同努力，各省省城、商埠各级审判厅的开办经费基本得到保障。到宣统二年（1910）年底，绝大多数省份的审判厅开办任务还是完成了。

## 四 各省审判厅的开办

光绪三十三年（1907）起，各地审判厅陆续开办。各省高等审判厅厅丞负责总理全厅事务，调度民事、刑事审判官及典簿以下各官员，审定刑、民各庭拟结的判决，监督全省下级各审判厅工作。高等检察厅检察长负责高等检察厅民刑事案件检察事务，监督地方以下各检察厅。两者均秩正四品，相当于法部左右参议，统管各省审判检察厅审判和检察工作，对各省开办新式审判的影响非常大。宣统元年七月初十日（1909 年 8 月 25日），法部制定的《各省城商埠各级审判厅筹办事宜》规定各省高等审判厅厅丞、高等检察厅检察长由法部选择人员预先保举随时奏请简任，各督抚也可以就近遴选或指调法部司员先行咨部派署，但不得直接自行奏请简

---

① 《政治官报》宣统三年二月二十七日，总第 1221 号，第 2 页；汪庆祺编：《各省审判厅判牍》，第 432—442 页。

② 法部：《咨度支部并通行各省审判厅费应照预算奏案开支文》（宣统三年六月），《政治官报》宣统三年六月二十二日，总第 1333 号，第 12—13 页。

③ 法部：《通行各省将司法收入各费切实整顿文》（宣统三年六月），《政治官报》宣统三年六月二十二日，总第 1333 号，第 13—14 页。

任。① 这一方面是出于对两个职位专业化的要求,另一方面也是想限制督抚对司法审判人员的控制权。宣统二年(1910)是各省省城、商埠一律开庭的年份。各地督抚开始奏保高等审判厅厅丞和高等检察厅检察长。

宣统二年五月初一日(1910年6月7日),贵州巡抚庞鸿书预保朱兴汾为厅丞或检察长于法部存记,俟开庭时由法部奏请简任。② 五月五日(6月11日),山西巡抚丁宝铨预保谢恒武、王祖仁分任厅丞和检察长。③ 六月二十六日(8月1日),河南巡抚宝棻预保怡龄、李瀚昌、俞纪瑞、赵基年于法部记名等候奏简。④ 八月,清末第一次法官考试先后在京师、云南、新疆等地进行,各地审判厅开办所需推事可以任命。各省督抚预保高等审判厅厅丞和高等检察厅检察长的工作进入高峰。八月二十二日(9月25日),黑龙江巡抚周树模奏请以赵俨葳试署高等审判厅厅丞,周贞亮试署高等检案厅检察长。⑤ 九月二十六日(10月28日),江西巡抚冯汝骙预保江峰青、吴庆焘、袁励忠、吴增翰等人记名等候法部奏简。⑥ 九月二十八日(10月30日),山东巡抚孙宝琦预保龚积炳、刘先登、陈业、

① 法部:《筹办外省省城商埠各级审判厅补订章程办法》(宣统元年七月十日),《华制存考》(宣统元年七月)第5册,政务,第169页。

② 贵州巡抚庞鸿书:《奏预保审判检察厅人员请饬部存记折》(宣统二年五月初一日),《政治官报》宣统二年五月初六日,总第940号,第10页。

③ 山西巡抚丁宝铨:《遴选审判检察厅丞长饬部存记折》(宣统二年五月初五日),《政治官报》宣统二年五月初八日,总第942号,第8—11页。

④ 河南巡抚宝棻:《奏预保怡候补守怡龄等充审判厅丞各缺片》(宣统二年六月二十六日),《政治官报》宣统二年六月二十九日,总第993号,第18页。

⑤ 黑龙江巡抚周树模:《奏请以赵俨葳试署高等审判厅厅丞周贞亮试署高等检案厅检察长事》(宣统二年八月二十二日),中国第一历史档案馆藏:军机处录副奏折03—7444—002。

⑥ 江西巡抚冯汝骙:《奏为预保江峰青吴庆焘堪胜审判检察厅丞长请饬部存记简用事》(宣统二年九月二十六日),中国第一历史档案馆藏:军机处录副奏折03—7446—063。

沈瑞祺等人记名候简。① 九月二十九日（10 月 31 日），陕西巡抚恩寿预保徐德修和赵乃普分别试署厅丞和检察长。② 十月初二日（11 月 3 日），浙江巡抚增韫遴选章樾、辛汉试署。③ 地方督抚有些是直接指名预保，有些是提出几个候选人的名单记名试署。这些名单一律抄交法部存记。

　　十一月二十一日（12 月 22 日），法部陈明对各省督抚预保存奏请记人员进行考核的结果，又挑选部内及各衙门中"通晓新旧法律而又实地经验有素者"奏请简放，试署各省高等审判厅厅丞和高等检察厅检察长。④ 同日，清廷发布上谕，任命除奉天、湖南及吉林高等检察厅检察长之外的各省高等审判厅厅丞和高等检察厅检察长。⑤

表 5 - 6　　宣统二年（1910）各省高等审判检察厅厅丞检察长表⑥

| 省份 | 厅丞 | 相关经历 | 检察长 | 相关经历 |
|------|------|----------|--------|----------|
| 奉天 | 许世英 | 日本法政速成科 | 汪世杰 | 法部制勘司员外郎 |
| 吉林 | 钱宗昌 | 法政学堂监督 | 史菡 | 花翎二品衔候补道 |

---

　　① 山东巡抚孙宝琦：《奏为预保补用道龚积炳等员堪膺高等审判检察厅丞长请饬部分别存记简用试署事》（宣统二年九月二十八日），中国第一历史档案馆藏：军机处录副奏折 03—7445—088。

　　② 陕西巡抚恩寿：《奏请以徐德修试署高等审判厅丞赵乃普试署检察厅长事》（宣统二年九月二十九日），中国第一历史档案馆藏：军机处录副奏折 03—7445—105。

　　③ 浙江巡抚增韫：《奏为遴选章樾试署高等审判厅厅丞主事辛汉试署高等检察厅检察长请饬部存记事》（宣统二年十月初二日），中国第一历史档案馆藏：军机处录副奏折 03—7446—118。

　　④ 法部尚书廷杰等：《奏为遵章预保堪任直省高等审判厅厅丞高等检察厅检察长各员事》（宣统二年十一月十一日），中国第一历史档案馆藏：军机处录副奏折 03—7591—020。

　　⑤ 中国第一历史档案馆编：《光绪宣统两朝上谕档》第 36 册，第 482—483 页。奉天高等审判厅厅丞许世英、检察厅检察长汪世杰、吉林高等检察厅检察长钱宗昌均已任命，湖南因遇灾害暂缓开庭。

　　⑥ 名单和相关经历，参考上列奏折上谕。参考程燎原《清末法政人世界》，第 242—251 页。

续表

| 省份 | 厅丞 | 相关经历 | 检察长 | 相关经历 |
|---|---|---|---|---|
| 黑龙江 | 赵俨葳 | 日本东京法政大学肄业，筹办山西各级审判厅 | 周贞亮 | 刑部主事，日本法政大学法律科毕业，回国考列最优等，任法部候补主事 |
| 直隶 | 俞纪琦 | 天津高等审判分厅厅丞 | 刘思鉴 | |
| 江苏 | 郑言 | 法部主事、日本法政大学速成科毕业，京师地方审判厅推事 | 陆懋勋 | 戊戌科进士，翰林院庶吉士授翰林院编修。江苏候补府现过班道员。① |
| 安徽 | 沈金鉴 | 京师地方审判厅推事 | 郭振镛 | |
| 山东 | 龚积炳 | 山东法政学堂审判厅夜班毕业，考列最优等 | 陈业 | 曾任京师第五初级审判厅民科推事行走，京师地方审判厅刑科二庭行走 |
| 山西 | 谢恒武 | 日本法政大学肄业，太原地方审判厅推事 | 王祖仁 | 京师高等检察厅帮办 |
| 河南 | 怡龄 | 候补知府，曾在刑曹当过差，精通法律 | 李瀚昌 | 曾充任河南巡警学堂监督 |
| 陕西 | 徐德修 | 卸署凤翔府知府 | 赵乃普 | 卸署延安府知府 |
| 甘肃 | 何奏簾 | 法部典狱司员外郎 | 王国镛 | 法部典狱司郎中 |
| 新疆 | 郭鹏 | 候补知府，原在按察司署总核全省刑名 | 张培恺 | 日本早稻田大学法律系毕业，法部候补主事 |
| 福建 | 梁冠澄 | 曾在香港跟从英国律师学习，福建省调查局法制科科长② | 李钟骏 | |
| 浙江 | 章樾 | 办理浙江省调查局事务，宪政编查馆谘议员 | 辛汉 | 日本东京帝国大学法政科毕业，宣统元年法政科举人 |

---

① 江苏巡抚程德全：《奏为候补主事杨年等员谙习法律请调赴江苏审判检察厅分任调度事》（宣统二年十月二十三日），中国第一历史档案馆藏：军机处录副奏折 03—7446—119。

② 秦国经主编：《清代官员履历档案全编》第 8 册，第 339 页。

续表

| 省份 | 厅丞 | 相关经历 | 检察长 | 相关经历 |
|------|------|---------|--------|---------|
| 江西 | 江峰青 | 曾在浙江嘉善等县审理刑民案件 | 袁励忠 | 曾查办要案 |
| 湖北 | 梅光羲 | 日本早稻田大学法政科 | 黄庆澜 | 湖北高等检察见习所检察长 |
| 四川 | 武瀛 | 乙丑科进士，刑部司官，累迁至江西司郎中① | 陶思曾 | 日本法律学校毕业，公立第一法政学堂教员 |
| 广东 | 史绪任 | 法部候补主事，大理院刑科推事 | 文霈 | 刑部员外郎降选主事，大理院刑科推事 |
| 广西 | 俞树棠 | 法部主事，进士馆游学毕业生 | 朱文劭 | 日本法政大学速成科，法部主事，京师地方审判厅推事 |
| 云南 | 王耒 | 日本法政大学，法部主事，京师地方审判厅推事 | 张一鹏 | 日本法政大学速成科，天津高等审判厅推事，法部主事，京师地方检察厅检察长 |
| 贵州 | 朱兴汾 | 京师法律馆供差 | 贺廷桂 | 北京外城巡警厅员、行政司法各科科长，贵州审检厅筹办处提调 |

　　以上各省审判厅厅丞和检察长，绝大多数拥有专门的法律教育经历或实践工作经验，这为即将开庭的各省省城、商埠各级审判厅顺利实施司法审判提供了良好的基础。

　　各省地方各级审判厅的建立自光绪三十三年（1907）开始。最先是袁世凯在天津试办，并且制定了一套章程。接着是光绪三十三年十二月初一日（1908 年 1 月 4 日），奉天高等审判厅、奉天府地方审判厅、承德和兴仁县 6 个初级审判厅的开办。其中高等审判厅系由宗人府两翼的公所改设，地方审判厅由奉天发审局改设，6 个初级审判厅则附设于各巡警局。②

---

　　① 秦国经主编：《清代官员履历档案全编》第 7 册，第 52—53 页。

　　② 东三省总督徐世昌：《奏开办各级审判厅情形折》（光绪三十三年十二月二十四日），《政治官报》光绪三十三年十二月二十七日，总第 97 号，第 11—14 页。

光绪三十四年（1908），奉天提法使吴钫、奉天高等审判厅厅丞许世英、高等检察厅检察长汪守珍经调查集议决定，建立抚顺地方审判厅一所，改设奉天第二初级审判厅为抚顺第一初级审判厅，于十二月初一日（1908年12月23日）一律开庭。① 宣统元年（1909）三月，奉天省营口、新民两个商埠地方、初级审判厅一律开庭。② 这一时期，依据新章程创办开庭的审判厅集中在奉天省，这同徐世昌力倡改革，吴钫、许世英、汪守珍等人精通新旧律例实心任事密不可分。

宣统二年（1910），省城商埠各级审判厅进入开庭高峰。至年底，各省省城、商埠各级审判厅基本如期开庭。③ 随着各审判厅的建立，各省纷纷起草审判检察厅办事细则以指导两厅的工作。统一全国司法审判机构的各项行政事务，使之合乎司法独立的原则，宣统三年四月二十一日（1911年5月19日），法部制定《京外各级审判厅及检察厅办事章程》，对审判厅和检察厅的各项日常运作事务、权责分配和职员管理作了详细规定，为审判厅和检察厅的运作提供了的规范。④

对于广袤的中国大地来说，全国各重要城市这不到170所的审判厅数量实在是太少。但却为后来审判厅的开办提供了样式，为近代司法审判体系和司法独立在地方的落实奠定了基础。

---

① 东三省总督徐世昌：《奏设抚顺审判检察厅暨开办情形折》（宣统元年正月初六日），徐世昌等编纂：《东三省政略》卷5，第851页。

② 东三省总督徐世昌：《奏设营口新民各级审判检察厅折》（宣统元年三月二十日），徐世昌等编纂：《东三省政略》卷5，第852页。

③ 法部：《续陈第三年第二届筹办成绩折》（宣统三年三月初七日），《政治官报》宣统三年三月十七日，总第1240号，第5—7号。

④ 《大清宣统新法令》第33册，第17—21页。章程分为十三节：总则、职权、事务之分配及代理、服务之时限、关于厅员进退之申报、会议、召集、巡视、出境勘验、出差、表簿之设备、文书之设备、附则。

# 第六章

# 推动法学教育与狱政改革

## 第一节　法部与法学教育

晚清面临千年未有之变局，推陈出新急剧演化，使得新人才极度缺乏，故成立专门机构来培养人才，洋务运动时期同文馆、广方言馆之类为其始。清末，新政的全面推开，人才缺乏的现象更为突出，大量新式学堂以至专业学堂蔚然兴起，许多部门为官员队伍的职业化和人才培养的专业化开办了专门学堂。清末司法改革，在许多内容上继承性较少，而创新性较多，有些甚至具有全新的含义，所以，对新人才的需求尤显急迫，原有人员接受新法律再教育的任务格外繁重，由此而来，法部在经营各项法律教育事业上也用力颇多。

### 一　京师法律学堂

#### （一）学堂管理权

京师法律学堂由修订法律大臣伍廷芳、沈家本等创办。光绪三十一年三月十日（1905 年 4 月 14 日），伍廷芳、沈家本奏请"在京师专设法律学堂，考取各部属员入堂肄业，毕业后派往各省佐理新政"。七月初三日（1905 年 8 月 3 日），经学务大臣复议通过，只是在以后专科毕业生较多时，应当归并以节省经费而符合定章。① 经过一年多的筹备，光绪三十二

---

① 《清实录》第 59 册，《德宗景皇帝实录》卷 543，第 217 页。

年九月十一日（1906 年 10 月 18 日）正式开学。学制三年，另有一年半制的速成班，学生由各署人员中招考 240 名，加上练兵处汇送军官 15 名附入速成班肄业，共计 255 名。① 沈家本是学堂的管学大臣，京师法律学堂一直由其筹办、管理。

光绪三十三年四月十二日（1907 年 5 月 25 日），沈家本调任法部右侍郎，学堂名义上归入法部。调任后的沈家本一直很消沉，五月十八日（6 月 28 日），他奏准将京师法律学堂改学部管理，并声明在"一个月内将一切事宜料理清楚，并将收支数目开单奏销以便交代"。② 京师法律学堂改归学部引来学堂学生的不满。③ 六月初七日（7 月 16 日），学部认为"沈家本所设法律学堂须大学专科毕业后方议归并，现在大学专科尚未成立"，接管法律学堂的条件不成熟，另外"学堂之弊莫大于纷更，若管理屡易其人，成效无时可睹"，要求将学堂仍归沈家本管理，等学生三年毕业时，学部再考验当时情形，"如大学专科毕业有人，再议归并"。④ 此后，京师法律学堂一直由沈家本一手主持。

## （二）毕业生改官

京师法律学堂经费、人事、日常教学皆由沈家本经管，法部对其管理主要体现于对毕业生改官政策的制定，给予他们有利的发展空间，同时也增强新式学堂教育对司法队伍建设的影响力。

宣统元年（1909）十一月，学堂招收的第一批三年制（甲班）学员毕业，学部会同学堂对学生进行了考试分等，参照《仕学馆章程》均给予副贡出身等奖励。宣统二年（1910）年底，学堂招收的第二批三年制学生（乙班）即将毕业。这年五月十七日（1910 年 6 月 23 日），学部奏

---

① 修订法律大臣沈家本：《奏法律学堂招考学员开学折》（光绪三十二年九月十七日），《谕折汇存》（光绪三十二年十月）第 5 册，政务处，第 16 页。

② 修订法律大臣沈家本：《奏法律学堂拟请改归学部管理片》（光绪三十三年五月十八日），《谕折汇存》（光绪三十三年五月）第 6 册，政治馆，第 90b 页。

③ 关晓红：《晚清学部研究》，广东教育出版社 2000 年版，第 240—241 页。

④ 学部：《奏为请将法律学堂仍交原办大臣管理折》（光绪三十三年六月初七日），《谕折汇存》（光绪三十三年六月）第 6 册，政治馆，第 65a—66b 页。

准法律学堂乙班及以后毕业生除考列中等以上者奖给副贡出身外，其余不再按照原官请奖，全部参照《法院编制法》第 107 条参加法官第一次考试办理。①

宣统二年八月初五日（1910 年 9 月 8 日），法部听取学部建议，针对京师法律学堂甲班毕业生，制定《京师法律学堂毕业学员改用法官办法》。② 京师法律学堂甲班毕业生考试合格可以直接被任命为法官，具体分发由法部视不同情形分别办理。京师法律学堂毕业学员改官分发不受《法院编制法》第 108 条之限制，京师自大理院以下、各省自高等审判厅以下均一体分发。③ 各员分发到署、到省后作为候补，其本班补缺先后，除借补各员应尽先补用外，其余则依考试名次为先后。原系京官者，仍以京师各级审判衙门品级相当之法官分别改用。中书科中书改作正七品推事检察官，俟候补三年期满转候补从六品推事检察官后，以相当之缺补用。员外郎自愿改大理院从五品虚级推事以及主事自愿改大理院正六品虚级推事者听从其意愿。原系京官，自愿改外放者，照法部分发章程发往，就各该省所有品级相当之法官加一级改用。郎中、员外郎暂行借补从五品推检官，仍留原官原衔；郎中俟补缺满二年后，员外郎满三年后，若是才能卓著，由法部奏请以各省高等审判厅厅丞、高等检察厅检察长在任候补。主事以从五品推检改用，中书科中书以正七品推检改用，如主事愿就本级改用者听从之。原系外官自愿改内者，各就京师所有品级相当之法官降一级改用。直隶州州同、散州州同、知县全部作为正七品推检官，俟候补三年期满转候补从六品推检后，以相当之缺补用。府经县丞作为从七品推检

---

① 学部：《奏京师法律学堂毕业各生酌拟奖励折》、《奏法律学堂乙班学堂将来毕业办法片》（宣统二年五月十七日），《华制存考》（宣统二年五月）第 6 册，政务，第 159a—166a 页。《法院编制法》107 条："凡在法政法律学堂三年以上领有毕业文凭者，得应第一次考试。其在京师大学毕业及在外国法政大学或法政专门学堂毕业经学部考试给予进士举人出身者，以经第一次考试合格论。"参见《大清新法律汇编》，第 234 页。

② 法部：《奏酌拟京师法律学堂毕业学员改用法官办法折（附清单）》（宣统二年八月初五日），《华制存考》（宣统二年八月）第 6 册，政务，第 100b—104b 页。

③ 《法院编制法》108 条："第一次考试合格者分发地方以下审判厅检察厅学习以二年为期满。"参见《大清新法律汇编》，第 234 页。

官，俟候补三年期满转候补正七品推检，再三年期满转候补从六品推检后以相当之缺补用。原系外官者照法部分发章程发往，以各该省所有品级相当之法官分别改用。知府、直隶州知州改官仿郎中、员外郎外用办法。知县则依考列等级改用，此次考列最优等、优等者以从六品推检官改用，考列中等者仍以正七品推检官改用。府经历、县丞改作从七品推检官，俟候补三年期满转正七品推检后以相当之缺补用。司法官不必议改，如自愿呈请外用得照原京官外用例各按原品加一级改用，若原系五品推事则援用郎中员外郎改外例办理。①

同时，对于学部新规定，法部提出"乙班学生，其肄业之学科，毕业之期限，原有之底官，出身之给奖，无一不与甲班相等，乃甲班改用法官并免第二次考试，而乙班毕业并不得免第一次考试，两相比较，相去悬殊"。法部还拟定："乙班学生毕业之时，由学部及臣部派员会同该学堂考试，凡考列中等以上给有副贡出身者按照《法院编制法》第一百七条二项一律以经第一次考试合格论"，"嗣后该学堂续行开班各生及他项同级之学堂均不得援以为例"。②

宣统二年十二月（1911年1月），各省省城商埠审判厅相继开办，第一次法官考试通过的人员不敷分配。十二月初一日（1911年1月1日），法部奏准遴选京师法律学堂乙班毕业生分往各省补充地方各级审判厅司法官缺办法。十二月中旬，学部主持的学堂毕业生考试结束。③ 十二月二十四日（1月24日），管理法律学堂大臣沈家本奏请将乙班毕业生免去法官第二次考试，参考法部制定的甲班毕业生分发办法改用各级审判检察厅司法官。④ 沈家本的提议被交给学部和法部议覆。学部会同法部都没有同意沈家本的提议，仅拟定原官在七品以上考列最优等、优等乙班毕业生经第

---

① 此处司法官系指由吏部分发到大理院的官员。

② 法部：《奏京师法律学堂乙班毕业考试办法片》（宣统二年八月初五日），《华制存考》（宣统元年八月）第6册，政务，第104b—105b页。

③ 《华制存考》（宣统二年十二月）第4册，政务事由单，第1a、7b页。

④ 修订法律大臣沈家本：《奏请饬部核议法律学堂乙班学生毕业届期酌拟改官办法事》（宣统二年十二月二十四日），中国第一历史档案馆藏：军机处录副奏折03—7572—111。

二次考试合格后，准其以比原官升一级之法官补用，其余全部仿照宣统二年八月初五日（1910年9月8日）法部附奏乙班毕业办法办理。① 宣统三年闰六月初三日（1911年7月28日），法部奏请将京师法律学堂乙班毕业生费有俊、周茂松等呈请以法官分发京内外各级审判厅的128名毕业生均以正七品推事检察官分发京内外各级审判厅学习，文职在七品以上者仍留原官，等第二次考试合格后再行分别办理。② 闰六月十一日（8月5日），学部奏请给予三四月参考的26名京师法律学堂民班毕业生26名学生中考列中等以上的16名副贡出身并免第一次法官考试。③

京师法律学堂招收政府机构中现任、候补官员为学员，聘请的教师多为一时之选，且具明显的尊西崇外的色彩，例如日本法学博士志田钾太郎、冈田朝太郎、小河滋二郎等人，教学计划是三年专修法律，学员对近代法律知识的掌握程度大有提高。学堂甲乙二班毕业之时，正逢各省省城商埠各级审判厅开办之时，各地都缺乏可用的法律人才，法部不失时机地给予学堂毕业生以法官等优遇厚待，使学员毕业即得专业发展平台，能够在全国司法审判衙门中占据了各紧要审判位置，为司法体系的近代转化出力。④

---

① 学部、法部：《议覆法律大臣奏法律学堂乙班学员改官办法折》（宣统三年三月十五日），《大清宣统新法令》第32册，第17—19页。

② 法部：《奏京师法律学堂乙班毕业各员请以七品推检分发仍留原官折》（宣统三年闰六月初三日），《政治官报》宣统三年闰六月初八日，总第1349号，第16—17页。

③ 学部：《奏补考京师法律学堂乙班毕业各员请奖折》（宣统三年闰六月十一日），《政治官报》宣统三年闰六月二十二日，总第1363号，第10—11页。26人中，优等2名、中等14名、下等6名、最下等4名。

④ 大理院推事王克忠、李诜、李在瀛、沈铨、陈经等人均系京师法律学堂毕业生，其余京师、地方各级审判厅中推事、检察官兹不列举。参见程燎原制作的《清末大理院法政教育出身人员名录》和《清末各省各级审判厅和检察厅法政人员名录》。程燎原：《清末法政人的世界》，第233—234、242—251页。京师法律学堂毕业生的待遇受到其他法政学堂的眼红，内阁侍读学士延昌曾上奏要求京师法政学堂别科毕业生援用律学堂乙科毕业生例请免法官第一次考试，遭到法部驳斥。法部：《遵议京师法政学堂别科毕业请免法官第一次考试折》（宣统三年五月初四日），《大清宣统新法令》第34册，第1页。

### （三）监狱学专修科

狱政黑暗历来为世所诟，监狱学在传统法学中自然没有专门讲求的可能，有的只是一些存于文本的恤囚措施等。西方列强来华后对中国司法最直接的感触就是审问中的刑讯和羁押场所的黑暗，屡加攻击，并提出改革狱政为其放弃在华治外法权的先决条件。故而清政府要收回法权，狱政改革首当其冲。光绪三十二年（1906）十月，京师法律学堂刚开学一个月，沈家本即奏准在学堂内"附设监狱一科，另招学生专行肄习"。十二月份，沈家本将大理院公开招考录事送入监狱科学习。① 光绪三十三年（1907）十一月，又把监狱科改设成监狱学专修科，学制二年，由法部大理院遴选司员入堂学习，毕业后专门分发管理监狱。光绪三十四年（1908）五月专修科开学，宣统二年（1910）五月毕业。除经考试不及格外，计取最优等 5 名，优等 14 名，中等 24 名，下等 26 名，均给予文凭。经修订法律大臣沈家本奏准将这些毕业生一律由法部分别录用，京师凡有监狱筹划改良和实行管理均自学员中取才，亦可分交给各省提法使、按察使酌量委任。②

宣统二年九月初八日（1910 年 10 月 10 日），法部奏准《监狱专修科毕业学员委用详细章程》，对于学员考列最优等、优等、中等者给出了酌量委用的条款，对于考列下等的学员则令其等候相当之缺再行委用。③ 章程按学员的不同来源和职官给予不同的委用方案：法部郎中、员外郎、主事等，若现在并无乌布的，可呈请改派典狱司当差，到司后果能得力再以相当乌布派充；审判厅候补推事等，若愿补行政官者，遇有对品所长缺出，由厅丞酌量呈请录用；审判厅录事等，由厅丞考验得力以所官酌署；审判厅候补录事，俟补缺后也由厅丞以所官酌署；原系各衙门候补人员，可呈明札派各厅当差，俟考验得力再行奏留；已分省候补之考列中等、又

① 大理院正卿沈家本：《奏考取录事拟送法律学堂肄习》（光绪三十二年十二月八日），《谕折汇存》（光绪三十二年十二月）第 6 册，政治馆，第 88a—89a 页。

② 法部：《奏酌拟监狱专修科毕业员生分别委用办法折》（宣统二年九月初八日），《华制存考》（宣统二年九月）第 6 册，政务，第 150a—150b 页。

③ 同上书，第 151a—152a 页。

未分省之考列最优等和优等的学员均可自行呈明，愿在京师就职者，札派各厅当差，俟考验得力再行奏留，愿到各省当差者由法部咨行各省督抚转饬提法使分别以原官办理监狱看守事宜；原无官阶仅有拔贡、附生出身者，可呈明札派各厅以录事候补，俟考验得力补缺后，再行酌派看守之差。以上学员愿在京师就职者可酌派到模范监狱当差，并全部按照原有考核名次先后委用。

京师法律学堂培养的这一批监狱专修科毕业学员，是中国历史上正式毕业的第一批监狱学专门人才。但由于当时正在进行的监狱改革并没有被提高到足够的重视程度，新式监狱管理的各项规范有待于建构和完善，所以，这批学员遭受到重视程度远不及三年制的法律专科。

## 二　法学专门教育

法部从全国总体规划司法人才培养的角度制定各项鼓励教育的政策。光绪三十三年七月初二日（1907 年 8 月 10 日），法部奏请朝廷饬下学部于京内、外法政学堂一律增设监狱学专科，选法政高等学生入学进行专门研习，对于已设新监狱的地方，由该督抚酌量妥办附设监狱学堂。① 此外，法部还制定办法为各式法学人才提供奖励和职位，鼓励学员专心向学。

### （一）检验吏培训

传统司法体系中，把检验事务一律交给各问刑衙门的仵作。检验作为专门之学一般也只有仵作、刑书之间父子师徒相互传授，以及极少数留心刑案的官员研习。清末要建立近代司法体系，检验作为一门学科，同时面临学科的专业化以及人员的高素质化与学科和人才为世人所轻的困局。东三省作为地方开办审判厅较早的省份，于光绪三十四年九月初四日（1908 年 9 月 28 日）向清廷提出在高等审判厅内附设检验学习所研究检验之学以及培养检验人才，并奏请将原来仵作改名为检验吏，一体给予出

---

① 法部：《议覆实行改良监狱折》（光绪三十三年七月初二日），《司法奏底》（稿本）第 12 册，北京大学图书馆藏。

身。法部借东三省的提议对全国的检验之学和学员出身做了一番规划。宣统元年二月二十二日（1909 年 3 月 13 日），法部充分肯定了东三省的提议，并建议责成高等检察厅检察长亲自经理检验学习所，仿师范初级简易科办法把学习时间从一年延长到一年半，在学业结束时严加考核，合格者派拨各州县承充，不及格者留所继续深造。法部进一步奏请设有审判厅的省份应附设检验学习所，调取各属识字仵作并招考本省二十岁以上聪颖子弟若干入所肄习。学习课程融合中西：一方面，学员各给《洗冤录》一部，派员讲解；另一方面，讲授简单的生理解剖等课程，并陈列骨殖模型标本藉资考证。学制一年半，毕业发给文凭，分派各州县专司检验等事。至于未设立审判各厅的省份，则在法政学堂内添设检验学科，由督抚等体察情形办理。

对于改仵作为检验吏并给予刑科吏员出身的提议，法部会同吏部议定具体办法。其于检验学习所毕业时由该管衙门造具籍贯名册注明毕业等第报法部备案，即以充役之日作著役日期。扣足五年役满，当差勤慎无过的检验吏参照各省吏攒考职例一体考试，将录取者分为二等，以从九品未入流两项送部注册选用，并随案饬取文凭缴纳到法部以杜绝重役。①

法部的措施，把法医这门历来被人们低瞧师徒相授的不规范职业转入到近代学科体系，引入了近代的科学培养程式，并成为全国各高级别的审判厅必须开设的学科，法政学校必设的课目，这对此后法医学科的发展以及法医人才培养的制度化起了重大的推动作用。同时，法部把清代司法人员中的一个很大的群体——仵作从以前贱民身份中解脱出来，使古老的身份制得到突破，虽则检验吏依然被视为一种役，据新规定只能服役五年。不过这种役已经是经过新的专门机构培训过的役，不论这种培训是不是达到了起初设定它的目标，但终究是有过这么一种教育经历，这种教育经历对于仵作最终根本上脱离贱民身份有着不可低估的作用，也使在以后的刑事诉讼程序中，刷新过的检验吏所扮演的角色更为近代社会所接受。

由于身份的改变，法部设立的京师检验传习所招生时居然吸引不少八九品职官和生员、监生报考。在第一届检验学习所学员毕业考试之时，宣

① 法部：《会奏议覆东督奏吉省拟设检验学习所折》（宣统元年二月二十二日），《华制存考》（宣统元年二月）第 5 册，政务，第 194b—198b 页。

统二年十一月二十一日（1910 年 12 月 22 日），法部认为"若以年半之学期、五年之义务，仅博一从九未入流之微职，则奖励过轻"，从而更定奖励方案。检验传习所之毕业生除考试不及格者不给予奖励外，其考列最优等学生，有职官者给予分省补用字样，无职官者予以从九品实职，考列中等学生，有职官者给予分发字样，无职官者予以未入流实职，分别填入毕业文凭，一律发往各审判厅服务三年。期满勤慎当差而无过错的人员，得到分省补用及分发字样者可以直接分发，得到实职者可以送法部注册选用。若有借端规避、奉公怠惰或不服检察官监督的人员，分别追缴文凭注销奖励。若有借检验以营私舞弊者，除注销原得奖励外，仍按律例严加惩办。此次奖励办法的更定，使得原来的仵作从原有的吏员身份待遇又提高了不少，法部认为原来检验吏的名称容易与旧有的吏员混淆起来，主张把检验吏改名为检验员。宣统二年（1910）九月，吉林检验传习所第一班32 人毕业，分别分发到吉林省各厅当差。宣统三年（1911）吉林省又续招了第二班 60 人，并将他们并入司法养成所。① 宣统二年（1910），热河检验传习所也毕业了 24 名检验员。② 同年，贵州检验传习所也已开办。③宣统三年（1911）五月，四川检验传习所的第一批学员毕业。④

　　在一年半的时间里，法部不仅对因袭千年的仵作的名称、身份、地位作了根本性的改变，而且依照近代学科范式构建了法医学，建立了中国近代的法医培养体系。可见制度变迁引导着整个社会风气的变化，反过来又大大影响司法制度本身变迁的速度，整场改革体现了多方面因素的互动。

### （二）临时法官养成所

　　清末创办各级审判厅，一直都遇到人才缺乏的困境。《法院编制法》

---

　　① 吉林巡抚陈昭常：《奏检验学习所二班毕业生按日增加学课片》（宣统三年三月十二日），《政治官报》宣统三年三月十六日，总第 1239 号，第 7—8 页。

　　② 热河都统诚勋：《奏热河第五届筹备宪政情形折》（宣统三年三月二十一日），《政治官报》宣统三年三月二十五日，总第 1248 号，第 12 页。

　　③ 开缺贵州巡抚庞鸿书、贵州巡抚沈瑜：《会奏交替宪政筹备事宜折》（宣统三年六月三十日），《政治官报》宣统三年闰六月初三日，总第 1344 号，第 7 页。

　　④ 四川总督赵尔巽：《致法部电文》（宣统三年五月九日），《政治官报》宣统三年五月二十一日，总第 1330 号，第 5 页。

又对法官的任命提出历经两次考试的要求,使法官门槛提高,可任命之才更少。宣统二年(1910),法部组织法官第一次考试,通过的人员不够分发。宣统二年十月初三日(1910年11月4日),清廷发布上谕,缩改于宣统五年开设议院。① 十二月十七日(1911年1月17日),宪政编查馆修正宪政逐年筹备事宜,将各项宪政筹备事项提前,规定宣统四年各省府厅州县城治各级审判厅一律成立。② 宣统三年二月十六日(1911年3月16日),法部据此筹划各级审判厅提前办法,因合格的法官缺乏,要求各省设立临时法官养成所,以尽快速成法官。三月初七日(4月5日),法部制定并奏准临时法官养成所章程,用以指导各省的开办工作。③ 临时法官养成所以养成法官为宗旨,由法部会同各省督抚督饬提法使筹设。该所设监督一人,由各该省提法使充任,教务长一人及兼充教员若干。中学堂以上毕业生、京外候补候选人员不论品级拥有实官者、生员以上出身者、旧充及现充刑幕者,这四类年在二十五岁以上,品德端正即可报告该所。学员须经包含国文、历史地理、算数等内容的考试方可录取。教授内容以现行各项法律及司法实践为主,并包括一些法学理论。主要科目有法学总论、宪法、刑法、民法、刑事诉讼法、民事诉讼法、行政法、国际公法、诉讼实习等。开学后,由监督制作学员履历清单申报法部。学制一年半。考试计分办法按照学部章程办理。毕业学员由监督给予文凭并造册申报法部,准予参加法官第一次考试。学员每月须缴纳3元学费,以及伙食费等。对此应急的培训机构,在各级审判厅成立后,由法部酌量裁撤。

同时,法部还推出《监狱专修科章程》,除行政管理、招生、教学管理上参照法官养成所相关规定办理外,其学习时间、内容和所受待遇另有规定。监狱专修科附设于法官养成所,教授内容为法学通论、刑民法、刑民事诉讼法及监狱相关法等,学制仅1年,毕业领有文凭者得应监狱官

---

① 故官博物院明清档案部编:《清末筹备立宪档案史料》上册,第78—79页。

② 宪政编查馆大臣奕劻等:《拟呈修正宪政逐年筹备事宜折(附清单)》(宣统二年十二月十七日),故官博物院明清档案部编:《清末筹备立宪档案史料》上册,第88—92页。

③ 法部:《奏酌拟临时法官养成所暨附设监狱专修科各项章程折》(宣统三年三月初七日),《政治官报》宣统三年三月十七日,第1240号,第7—11页。

考试。

章程得到朝廷许可后，法部将其咨行各省，要求在当年五月前临时法官养成所一律开学。一些省份因经费困难请求免办。① 许多民间办学力量却觉得这是一次很好的机会，纷纷提请开办，呈请法部核议批准。为补充各省官方办学经费存在的问题，规范民间办学的质量，宣统三年五月十四日（1911 年 6 月 10 日），法部奏准《考核私立临时法官养成所暨附设监狱专修科章程》。② 私家筹款设立的临时法官养成所暨附设监狱专修科必须在名称前面加上私立字样，其设立地点仅限于京师省会及繁盛商埠之地。开办私立所，京师必须呈候法部批准，各省须呈候提法司批准，再报法部立案备查。其呈文必须详列：遵照奏准章程；创办人姓名；处所；简章；经费；开办年月日；招生额数；学费数目。私立机构须要求学生呈交印结、图片或切结，等录取后呈送法部或提法司查核。招生录取的卷子须呈请法部或提法使派员复核，若遇滥行录取数超过录取半数者，即将整个录取案撤销。开办后须将职员履历清册，教员履历清册（教员资格须在法政法律学堂毕业者）、学员履历清册（学员资格须合乎法部奏准的章程）、学员总额和班数及详细课程表、每学期考卷讲义课本等内容，均须呈报法部或提法使查核，若有变动，须随时呈明核定。学员退学或请假超出 1 个月者，亦应呈报除名。毕业考试，须呈请法部或提法司派员监考。法部及提法司可随时派员分赴私立临时法官养成所暨附设的监狱专修科，按照章程各条款考核，若发现有不合格者，则可要求限期更正，若不改正，则撤销其办学资格。章程将事关教学质量和学生的日常考核几乎所有内容都考虑到，都要求提交相关材料以供查核，意在加强对私立培训机构的督导，也是对主管的各省提法使的要求，使政府在培训中能起到充分作用。

从招考的学生来说，法官养成所比《法院编制法》规定的考生资格降低不少。学员肄业获得文凭后即可参加宣统四年冬季举行的法官考试，

---

① 广东提法使：《详请免办临时法官养成所暨附设监狱专修科呈督院文》，汪庆祺编：《各省审判厅判牍》，第 264—266 页。

② 法部：《奏考核私立临时法官养成所暨附设监狱专修科章程（并单）》（宣统三年五月十四日），《大清宣统新法令》第 34 册，第 8—9 页。

可见当时整个教育体系中出来的新教育人才之少；而对私立法律教育机构的地区限制，除为了保证教学质量外，也意味着整个司法队伍的素质会有较大的地区差异，越偏离政治经济中心的地区，其人员素质可能会越低。由于政府办学支绌，民间办学力量直接介入政府未来各级审判厅推事和检察官的考前培训，这也意味着民间力量对于政府事务的承担，以及民间力量对清末司法改革的参预，同时也说明法官职业本身的吸引力，使得法官考试的考前培训成了一项有利可图的事业。

法部对于法学专门教育的管理和提倡，从整体上促进整个清末新式法学教育的兴盛和地区间的相对平衡发展，同时为清末的司法改革提供各方面的实用人才。

# 第二节　狱政改革

传统狱政存在问题由来已久，也是众目共睹的事实，而"监狱与裁判互相表里"，"日本收回治外法权首以改良监狱为张本"，[①] 所以自清末新政以来，改革狱政的建议就一直没有停过。法部作为司法行政改革的领导机构，在狱官职务设定、开办审判厅内的看守所、鼓励监狱学专门人才的培养、建造模范监狱、制定各种狱政改革措施等方面都做出相应的努力。

## 一　改革措施

光绪二十七年六月初四日（1901 年 7 月 19 日），刘坤一、张之洞联名上奏《整顿中法十二条折》[②]，其中的"恤刑狱"提出"禁讼累、省文法、省刑责、重众证、修监羁、教工艺、恤相验、改罚援和派专官"等主张。而修监羁、教工艺和派专官三项直接针对监狱改革。刘、张二人的

---

① 法部：《议覆实行改良监狱折》（光绪三十三年七月初二日），《司法奏底》（稿本）第 12 册，北京大学图书馆藏。

② 张之洞：《张之洞全集》第 2 册，苑书义等编辑，河北人民出版社 1998 年版，第 1407—1427 页。

折子被清廷采纳，清末狱政改革进入新阶段。

## （一）改造南北两监

戴鸿慈久居翰林，先后督学云南、山东及福建，虽曾担任很短一段时间刑部、户部侍郎，于各部事务并不熟悉，于狱政改革之道更不用说。正因为此，也加强了其新奇学习之念。戴鸿慈出洋考察政治，曾专门参观美国和德国的监狱。参观美国监狱时，戴鸿慈觉得国外的监狱并非折磨犯人的地方，而是限制犯人自由并强制工作，促使犯人改过自新的场所，点出当时清朝在狱政指导思想上与西方的差别。① 美国的轻罪和青少年监狱则被戴鸿慈戏称为"顽童学堂"，对国外监狱的人道管理感触颇深。② 对于德国监狱制度，犯人出入时戴有面具，还延请牧师教习等予以指导等善法，戴鸿慈也是称赞不已。③ 两国监狱齐全的设施、整洁的环境、有序的管理，也给戴鸿慈留下深刻印象。就任法部尚书后，作为分内之事，戴鸿慈一直关注改造国内监狱的问题，毕竟国外善法绝非一朝一夕所成，在国内的情形之下，如何制定有效措施逐步推动，戴氏注意听取国内专家的意见。光绪三十三年四月十二日（1907 年 5 月 23 日），沈家本调任法部右侍郎，再次与戴鸿慈同署办公。戴鸿慈询及京师监狱改良的具体方案。沈家本致函戴鸿慈，建议别购一地建造模范监狱为上策，斥资改造既有的京师北监为中策。④ 戴鸿慈完全采纳沈家本的建议，于五月二十八日（7 月8 日）奏请特支经费以备在北监添建讲堂和习艺所，并参用西方的方法改造监狱建筑，使其能够环境清洁，空气流通，另外打算购置地基建立模范监狱。⑤ 清廷批准戴鸿慈的请款要求，拨付 3 万两供其改造衙署、改良监

---

①　蔡尔康、戴鸿慈、载泽：《李鸿章历聘欧美记·出使九国日记·考察政治日记》（钟书河主编：《走向世界丛书》），张玄浩、张英宇、陈四益、吴德铎校点，岳麓书社 1986 年版，第 344 页。

②　同上书，第 363—364 页。

③　同上书，第 390—391 页。

④　沈家本：《与戴尚书论监狱书》，《寄簃文存》卷 5，参见沈家本《历代刑法考》第 4 册，第 2196—2197 页。

⑤　法部：《部务重要请赏特支要需折》（光绪三十三年五月二十八日），《谕折汇存》（光绪三十三年六月）第 6 册，政务，第 35—39 页。

狱。利用这笔经费，法部对南北两监进行修缮，于其中设数间习艺所，使轻罪犯人学习手工，并添建讲善堂，派人员逐日宣讲。① 这一改造措施，大大提高了监狱环境，改造监所犯人的新式方法得以实行，以实际制度的改变来影响官员们旧有的狱政观念。

### （二）规划改革

清末的监狱改革，从职权上来说，是法部的分内之事，不过其出台的各项具体政策，多由其他官员提出相关改革建议后，法部进行通盘考虑具体情况后制定出相应的改革措施。其进行全方位的监狱改革是在沈家本提出改革监狱一揽子规划之后。光绪三十三年四月十一日（1907 年 5 月 22日），沈家本提出监狱改良四条，改建新式监狱，养成监狱官吏，颁布监狱规制，编辑监狱统计。② 沈家本关注监狱改革多年，又曾派数位官员到日本考察司法制度，尤其是监狱制度，创办京师法律学堂之时，又将日本监狱学家小河滋二郎请入学堂授课以及辅助修订法律馆制定各项法律改革措施，所以沈家本提出的几条监狱改革措施，直接都针对当时监狱制度存在的问题以及解决办法，为此后清末的狱政改革提出了方略，法部的各项改革也是围绕着这几条展开。

七月初二日（8 月 10 日），法部对沈家本的四项建议逐条进行答复，并提出相应的改革措施，时任法部右侍郎的沈家本就没有参与署名。③ 法部接受原折把习艺所和监狱分开的主张，习艺所是专门收留无业贫民的场所应当归民政部监督。因法部已经奏准各省罪犯习艺所专为收容犯人而设，加之原折所称慈善性质的习艺所在各省多未设立，有待善会发达以后渐行推广。故拟定过渡办法："凡拘置罪人者，名曰罪犯习艺所，归臣部监督；拘置浮浪穷乏者，名曰民人习艺所，归民政部监督。"对于原折改

---

① 法部：《核销特支款项并拟将余款拨充模范监狱经费折》（光绪三十四年十二月初十日），《华制存考》（光绪三十四年十二月）第 7 册，政务，第 161 页。

② 修订法律大臣沈家本：《奏实行改良监狱宜注意四事折》（光绪三十三年四月十一日），故宫博物院明清档案部编：《清末筹备立宪档案史料》下册，第 831—833 页。

③ 法部：《议覆实行改良监狱折》（光绪三十三年七月初二日），《司法奏底》（稿本），北京大学图书馆藏。

造监狱的具体办法，法部也略加变通，定于天津、上海、汉口、奉天、江浙闽广等处，或繁盛大都，或通商巨镇，一切规模应当参酌东西洋样式改造，以表示国家于诸国中的文明，为日后撤去领事裁判权及抵制租界监狱做准备。各腹地财力稍逊的区域和府县，则"各量物力之丰歉、人格之高下、罪犯之多寡、地段之广狭"，由按察使实力筹办，分年修改，每到年终将改良成绩造册报到法部以备考核。对狱官的品级，法部主张在各大监狱额设正典狱官一员秩正五品，副典狱官一员秩从六品，其余各官及医官、书记等员由督抚酌量增置，奏咨报部。其余狱官暂仍旧制，由法部在制定提法使官制时另定。法部完全接受沈家本的意见，计划编纂、颁行各项监狱法规章程以达到统一狱政的目的。法部编订监狱统计格式颁发各省，通饬所属按式分年报告，再由法部汇订成册，为累年比较作预备，以供监狱进步做参考。

　　沈家本的狱政改良计划在法部的综合考虑和安排下转化成了清末监狱改革的几条纲领，指导全国各处的监狱改革渐次进行。宣统元年闰二月二十七日（1909年4月17日），法部制定的《本管事宜以九年应有办法》中相关监狱改革的事项也是围绕着其中改造监狱、监狱管理和监狱官吏制度展开：第二年（宣统元年，1909年），筹办京师模范监狱，编订监狱规则监狱官吏惩罚规则；第三年（宣统二年，1910年），通行提法司衙门官制，奏请颁布监狱规则监狱官吏惩罚规。①

　　宣统元年六月二十七日（1909年8月12日），原刑部司官出身，曾被沈家本派往日本考察司法和监狱制度，现任都察院御史的麦秩严从具体的监狱建造、管理、监狱学专科毕业生的前途等提出四项措施，八月初六日（1909年9月19日），法部对其建议一一做了复议。②

---

　　①　中国第一历史档案馆藏：军机处录副奏折04—01—30—0110—016。
　　②　法部：《奏核议御史麦秩严奏改监狱亟宜整饬》（宣统元年八月初六日），《华制存考》（宣统元年八月）第5册，政务，第92页。麦秩严，系广东南海县人。由戊戌科进士奉旨以部属用签分刑部。光绪二十四年五月到部。是年六月，在四川报捐员外郎衔。除告假日期不计外，扣至三十年十二月学习期满奏留。三十二年四月，赴日本考察裁判监狱事宜。三十三年七月补授典狱司主事。是年十二月经吏部带领引见奉旨记名以御史用。三十四年七月，升补典狱司员外郎。

原折认为监狱监禁犯人丛杂,奏请区分罪质、年龄、身份、犯数等项配置监狱房以防止相互濡染。法部同意麦的建议把监狱分成三区:重罪及犯罪四次以上者为一区;轻罪及犯罪三次以下者为一区;年龄在二十五岁以下及犯轻罪一次者为一区。法部还奏请饬下各省督抚饬令属下因地制宜于新造的监狱中仿行这种分区之制,旧有的监狱亦当"量为分配,先立基址",然后再慢慢扩充。原折提出将罪犯从事的各种工艺比照受负业、混同业、官司业等类进行销售。法部比较了三种督导罪犯从事工作从而达到改造目的的模式:受负者系由他人承担一切监狱费用,监狱中的囚徒也听其役使从事各项工艺工作,"其弊在失权";混同业者系受他人委托命令囚徒代为制造货物,由对方支付货物价值,"其弊在纷扰";官司业则承揽政府各机构中所需物品,由监狱自行筹办,"措手较易,为益较多"。对于习艺所来说,则是刚刚开始创办,各项生产技术落后,希望其能立即满足官业需求并无把握,而且集资、购料、办物、制器,都需要大量的款项,容易导致不能赢利反而亏本。三者相较应当将官司业在各省逐渐推广。法部奏请饬下学部、陆军部,凡军营、学堂一切用品,先由管狱官体察情形酌量立约承造,此外各项地方工艺亦可以选择合宜者,由监狱制造。原奏要求区分已决和未决人员不同羁押场所。法部接受了麦氏的建议,下令京师各级审判厅设立看守所由各该管官认真经理,并奏请各省督抚所有地方听讼衙门一律设立看守所,用以羁押被起诉候审但尚未定罪的人犯,不准有丝毫虐待行为,所有从前的外羁差馆等项立即裁撤。原奏声称各省监狱委任各项管理人员并非专业人士,要求以监狱毕业生充补典狱和看守长。法部奏准法律学堂监狱专科学员一到毕业期满,立即进行考列等第,分派到京内外各地方衙门酌量委用;① 各省模范监狱正在提倡,用人尚不多,等各府厅州县监狱均能成立,则各处监狱学毕业生也相继毕业,如果仍不敷颁布,则法政学堂之毕业生亦可参用。

法部接受了麦氏的全部意见,使得清末的狱政改革更加细化深入。宣统元年九月,法部再次奏准各省建筑模范监狱统限宣统三年(1911)以前一律告竣,府厅州县旧有监狱以各省新筑监狱为模范,于推广审判厅年

---

① 如前所述,宣统二年九月初八日,法部制定了京师法律学堂监狱专修科毕业生委用详细章程。

限内一并改筑，并绘图贴说预算报部，督导各省的狱政改革。"模范监狱"从此成为中国近代监狱改革史上的范例。①

### （三）东三省变通办法

光绪三十三年（1907）三月，东三省改制建省，原有的监狱条件较差，狱政改革的难度较大。宣统二年正月十八日（1910 年 2 月 27 日），东三省总督锡良奏请狱政改革变通办法：规定饬建监狱地点；扩充看守所范围；规范管狱；筹划经费；造就狱官。② 六月二十九日（8 月 4 日），法部基本同意东三省的办法，但对扩充看守所一项陈述了不同意见。原折主张各州县各设看守所，收管本境民刑事未决犯，以及刑期在一年以内暨警局违警罪人犯，其建筑从俭，凡旧有的监狱、封房、习艺所、看守所、待质所等均可改设，且不必隶属审判厅，以后各级审判厅成立之时，不用附设看守所，并将通行的奉天高等以下各审判厅全部把看守所裁撤。法部认为，原定仅地方审判厅设看守所，亦仅收管未决人犯，至于要收管原折所言人犯，肯定是容纳不下，而且以看守所的名义收管各式人犯，于原定章程不合，"于司法行政分划难清"。法部建议东三省将扩充的州县看守所改名为分监，然后在前面加上州县的名称加以识别，监房分成已决监和未决监，其改筑方法、卫生管理等都相应作出区别。③

法部在充分吸取各方改革建议，制定一系列狱政改革的措施，从根本上推进了整个狱政改革的步伐。

### （四）禁革官媒

官媒是地方政府办理有关女犯羁押等事务的女性衙役。据清例妇女有犯奸盗人命等重情及别案牵连，除正犯仍要提审外，其余小事牵连，只需提子侄兄弟代审；妇女除实犯死罪例应收禁者另设女监羁禁外，其余非实

---

① 法部：《奏遵议东督奏奉省狱政变通举办折》（宣统二年六月二十九日），《华制存考》（宣统二年七月）第 7 册，政务，第 99a 页。

② 《清实录》第 60 册，《大清宣统政纪》卷 30，第 542 页上。

③ 法部：《奏遵议东督奏奉省狱政变通举办折》（宣统二年六月二十九日），《华制存考》（宣统二年七月）第 7 册，政务，第 99—102 页。

犯死罪，承审官拘提录供后即交亲属保领，听候发落，并不一概羁禁。妇女犯斩绞等重罪应当解勘者，于经过地方须派拨官媒伴送，并没有规定妇女可以随意受到官媒的羁押。实际上却是在各省府州县地方诉讼中，妇女涉讼到堂以及讯问未结者，即被交由官媒收押，听候讯问的审断。官媒则"居间百出其计相蹂躏，富者百般敲诈，贫者资无所出，甚至以非礼相逼"，可谓弊陋丛生。①

光绪三十四年七月十二日（1908 年 8 月 8 日），御史王履康上奏直指此弊政，要求将官媒永远禁革而改设妇女待质所。九月二十三日（10 月 17 日），法部议覆同意禁革官媒的说法，但于改设妇女待质所提出不同意见。② 待质所由贵州巡抚黎培敬奏准通行，一开始专供臬司提审使用。不久，各州县相继仿行，凌虐勒索，百害丛生，御史杨福臻奏陈：待质所"与仓铺所店同为丛弊之地"。即使改设妇女待质所，其看管人也得用妇女，良善妇女不肯应募，一些狡黠之辈又混入管理人员，其害处不亚于官媒。因此，法部奏准各省州县凡妇女参加诉讼，若实际触犯奸盗人命及一切死罪例应收禁的，即仿照法部、大理院及各审判厅办法设立女看守所，另行羁禁，若不是上述罪行以及因案件牵连需要质询的，承审官拘提录供后即交由亲属保领听候发落，对于质询结束的，也一律交保候讯。若没有亲属保领的，即由地方官视具体情形职具妥善保证，让该妇女等候审理。解审斩绞重罪妇女，应由地方官另雇年老、沉稳、老练的妇女派拨伴送，不准再用官媒。

## 二 参加万国刑律监狱改良会

为促进整个狱政改革，法部在注重不断加强自身队伍专门知识建设的同时，还注意走向世界，向外域同行学习。光绪三十三年八月二十二日（1907 年 9 月 29 日），戴鸿慈奏派法部参事麦鸿钧出洋考察司法制

---

① 法部：《议覆御史王履康奏官媒禁革拟设妇女待质所折》（光绪三十四年九月二十三日），《华制存考》（光绪三十四年九月）第 5 册，政务，第 202a—203a 页。

② 同上书，第 202a—204b 页。

度并监狱事宜。① 宣统二年（1910），又单独派员参加万国监狱讨论会。②

　　万国刑律监狱改良会，又叫国际监狱会议，是起源于欧洲的各国讨论刑律和改良监狱事宜的国际性会议，同治十一年（1872），由美国倡议，得到欧洲各国的欢迎，"其宗旨系对于各种刑事罪犯力求阻止防范与感化，保护之法，务使人格日趋高尚，世界日进于文明"。宣统二年八月二十九日（1910 年 10 月 2 日），万国刑律监狱改良会第八次会议在华盛顿召开，主要议题是刑法、监狱、预防犯罪、保护青少年。③

　　宣统二年正月初九日（1910 年 2 月 18 日），外务部把美方的邀请函及所附会议日程咨行法部和大理院。正月二十六日（3 月 7 日），法部遴选京师高等检察厅检察长徐谦、奉天高等审判厅厅丞许世英赴会，并令二人在赴会之前依据会议的主题将本国调查事项编成报告，寄给会议作为参考，另趁赴会之便先后分赴东西各国对司法制度进行切实考察，撰写报告，以供日后各项司法改革参考，期待一次与会行为能收到最大效果。④ 二月初七日（3 月 17 日），大理院奏派大理院刑科第三庭推事金绍城、大理院候补从五品推事李方赴会。⑤ 五月初九日（6 月 15

----

　　① 《谕折汇存》（光绪三十三年八月）第 6 册，政务处事由，第 23 页。

　　② 宣统二年的万国监狱讨论会，大理院和法部都分别派员参加，并且走了不同的考察路线。

　　③ 法部：《遴员赴美国万国刑律监狱改良会折》（宣统二年一月二十六日），《华制存考》（宣统二年二月）第 6 册，政务，第 106 页。

　　④ 同上书，第 107a—108a 页。许世英，原系法部主事，历充直隶司主稿、总办秋审处差使，后由巡警部调补外城巡警厅行政处佥事，后经东三省总督徐世昌奏调赴奉天筹办新设审判厅事宜，后由法部奏请简任奉天高等审判厅厅丞。宣统元年冬季，因病请假两月，到京师就医，现正处于假期要结束的时候。法部拟由管凤龢继续署任奉天高等审判厅厅丞，留许世英在法部参议上行走。

　　⑤ 大理院：《美国举行万国刑律监狱改良会派员赴会折》（宣统二年二月初七日），《华制存考》（宣统二年二月）第 7 册，政务，第 204a—205b 页。金绍成，候选知府，兼充修订法律馆的纂修，曾在英国英皇大学毕业。李方，法科进士，兼充修订法律馆的纂修，曾在英国甘别立大学毕业。

日），徐谦、许世英业已将本国关于刑法监狱审判与慈善事业等项的历史、现在情形和未来的希望均做了逐细编纂，作为与会报告。五月十四日（6月20日），徐、许一行人起程先赴欧洲调查司法制度，然后赴美国开会，开完会后继续考察。① 七月十六日（8月20日），大理院派出的与会人员金绍成、李方亦由日本到美国赴会。②

宣统二年八月二十九日（1910年10月2日），第八次万国改良监狱会在美国华盛顿举行，中国代表团也做了有关监狱制度的主题发言。大会通过不定期刑、外国裁判之效力等一系列决议案。③ 宣统二年十一月二十一日（1910年12月22日），法部把徐、许等人编撰的《第八次万国监狱会议的报告书》向朝廷做了代奏。报告书共分六节：万国监狱改良之缘起；万国监狱会的沿革；第八次万国监狱会概况以及所通过的刑罚改良；监狱改良；预防犯罪制度；幼年保护制度等项议案。

宣统三年四月十九日（1911年5月17日），徐、许等编撰完成《考察司法制度报告书》，奏报朝廷。报告书分为法部制度、审判制度、监狱制度、感化制度和司法警察制度五个部分。④ 在每部分后都附有编者按语，对照国外的司法行政、审判、监狱等制度，指出本国司法体系中的弊端及改革方向。法部在代奏折中称，"方今世界法制固已趋于大同，彼行之欧美无不宜者，或不致行之中国而不宜，况我国因条约之关系，于法权之行使本多障碍，尤当亟亟改良，始望有修正条约一日"，奏请饬宪政编查馆、民政部等相关机构将各国制度分别切实采用，以期望有助于司法前途。此后，法部将报告书分别咨行中央各相关衙门和各地方督抚衙

---

① 法部：《万国刑律监狱会会员赴美起程日期折》（宣统二年五月初九日），《华制存考》（宣统二年五月）第6册，政务，第129页。

② 大理院：《美国举行万国刑律监狱改良会派定会员起程日期折》（宣统二年七月初十日），《华制存考》（宣统二年七月）第7册，政务，第145页。

③ 法部：《派赴美第八次万国监狱会会员报告书》，《政治官报》宣统二年十二月十二日（总第1154号）—十九日（总第1161号）连载。

④ 法部：《代奏会员徐谦等考察各国司法制度报告书折（并单）》（宣统三年四月十九日），《政治官报》宣统三年六月初十日，总第1321号，第3—19页。

门参详，以使考察成果成为司法制度改革的参考及为各相关部门所同享。①

参加第八次万国监狱改良会，是清末司法改革走向世界的一次尝试，清政府派遣两支精英队伍参加，与各先进国家交流，学习国外经验。此时正值中国在进行大规模的司法改革，并且业已取得了一些经验和教训，在此机缘下的域外学习，有着更加明确的目的和更高层次的追求。另外，法部提交的关于中国司法制度改革的回顾和展望，也使世界各国政府及法学界专家对中国司法的进步有了更深入和更切实的了解。会议对国际司法界了解中国，中国以新的高度和起点来进一步了解国际司法界，都有着互促作用。还有与会人员回国后编撰的报告书，对于让国人睁开双目，看清距离，加快司法体系改革的步伐，争取早日收回领事裁判权等，均有帮助。

## 三　创办京师模范监狱

光绪三十三年四月十一日（1907 年 5 月 22 日），沈家本提出先在各省省会和通商口岸建造模范监狱的主张。改建新式监狱。② 五月二十八日（7 月 8 日），法部奏请拟购置地基建立模范监狱。③ 六月十四日（7 月 23 日），湖广总督张之洞制定有关模范监狱详细章程，计划在省城新建模范监狱。④ 七月初二日（8 月 10 日），法部主张各省参照各国办法在

---

① 《督院张准法部咨本部据奏前派会员考察各国司法制度呈递报告书据情代奏一折奉旨依议缘由行东提法司查照文（附件二）》，《两广官报》第 8 期，沈云龙：《近代中国史料丛刊三编》第 50 辑，宣统三年六月，文海出版社 1989 年版，第 1493—1495 页。

② 沈家本：《实行改革监狱宜注意四事折》（光绪三十三年四月十一日），故宫博物院明清档案部编：《清末筹备立宪档案史料》下册，第 832 页。

③ 法部：《部务重要请赏特支要需折》（光绪三十三年五月二十八日），《谕折汇存》（光绪三十三年六月）第 6 册，政务，第 35—39 页。

④ 《清实录》第 59 册，《德宗景皇帝实录》卷 575，第 609 页上。

各通商口岸改建或新建模范监狱。① 自此，各省改建、新建模范监狱陆续展开。

戴鸿慈听从沈家本的建议，并没有在经费短缺情形下急于建筑京师模范监狱，以免导致"速而未尽善"的恶果。此后，戴鸿慈一直筹划足额的动工款项。光绪三十四年（1908）十一月，广东在籍职员花翎二品衔江西试用道苏秉枢报效粤洋十万元（合京平足银70000两），盐运使衔南洋槟榔屿事领事戴春荣报效粤洋三万元（合京平足银21000两），帮助法部筹建模范监狱。② 这9万多两白银已远远超出沈家本给戴鸿慈信函中所说的"五六万金"的数额，③ 戴鸿慈立即启动模范监狱的筹备工作。十二月初十日（1909年1月1日），特支经费三万两余有3578.57两，法部奏请将此项余额作为新建模范监狱的费用。同日，法部奏请将瑞洵案内的赃罚银科平银45246两拨归建筑京师模范监狱经费。④ 这些要求都得到清廷同意。

宣统元年闰二月初十日（1909年3月31日），法部奏准拨给右安门内往东的一段厢蓝旗操场空地，以供建造京师模范监狱。⑤ 闰二月二十七

---

① 法部：《议覆实行改良监狱折》（光绪三十三年七月初二日），《司法奏底》（稿本），北京大学图书馆藏。

② 法部：《道员报效巨款助建模范监狱恳破格奖励折》（光绪三十四年十二月初四日），《华制存考》（光绪三十四年十二月）第5册，政务，第47—48页。法部：《槟榔屿副领事捐助模范监狱请奖片》（光绪三十四年十二月初四日），《华制存考》（光绪三十四年十二月）第5册，政务，第48—49页。

③ 沈家本：《与戴尚书论监狱书》，《寄簃文存》卷5，参见沈家本《历代刑法考》第4册，第2197页。

④ 法部：《核销特支款项并拟将余款拨充模范监狱经费折》（光绪三十四年十二月初十日），《华制存考》（光绪三十四年十二月）第7册，政务，第161—162页。法部：《请拨赃罚银两充建筑监狱经费折》（光绪三十四年十二月初十日），《华制存考》（光绪三十四年十二月）第7册，政务，第176b—177b页。

⑤ 法部：《拟建京师模范监狱恳请拨地以资兴筑折》（宣统元年闰二月初十日），《华制存考》（宣统元年闰二月）第6册，政务，第159页。这块地东西九十一丈，南北一百丈，在面积上超出沈家本提出的见方六七十丈的要求。参见沈家本《与戴尚书论监狱书》，《寄簃文存》卷5，参见沈家本《历代刑法考》第4册，第2197页。

日（4 月 17 日），法部的宪政筹备事宜清单即将筹办京师模范监狱定成宣统元年（1909）的任务。① 法部特意邀请日本监狱学名家小河滋二郎依据法部选定这块地做监狱总体设计。十一月十一日（12 月 23 日），筹办的最后期限即将到来之时，法部向清廷陈明京师模范监狱的整体规划。② 监狱占地东西 91 丈，南北 100 丈，自西向东分为前中后三区。前区中为大门，门内中为甬路，左为品物陈列室、右为看守教诲所，其两旁各为看守们的宿舍。前区的北边是病监，有杂居和分房病室两种，其中设有诊室药房等室，外面设有浴室、停尸间。前区的南边是幼年监房，为十字形，东西为昼夜分房，南为杂居分房，北为夜间分房，中间是看守所，其东南为工场。中区包括中央事务所、典狱室、会议室、课员室、戒具室、书籍室、阅览室、囚犯接见室、仓库等。后区是正式监房分布区，分南北平列，各为扇形五道，有夜间和昼夜分房，以及八人、十五人杂居分房。在扇式两柄处各有圆式大楼房，上部是瞭望楼，中部是教诲堂，下部是惩罚室、看守室、书信室等。监狱的西南、西北及正西的扇口处，共为三个工场。正西工场后面以炊事场为主，设有浴场、仓库、石炭等库、水井、水槽、消毒室等。此外还设有食堂、运动场、汽楼、走廊、更衣所等不一而足。

京师模范监狱总体建筑图式借鉴了当时欧美及日本最新的监狱建造成果，其设计在全世界来说都是领先的。近代监狱的设计理念必然会影响到监狱管理体制乃至整个监狱制度的近代转型。

宣统元年十一月十一日（1909 年 12 月 23 日），法部在同一奏折中核计京师模范监狱的建筑费用，并奏请添拨建筑经费。③ 监狱有房屋 780 多间，共需工料银 231200 多两，此外工程之工所处、巡警更夫在墙外的住所、监工的薪水和伙食、书役的纸张笔墨油烛津贴以及两年的工期，又约需银 2 万两，共计约需银 251200 两。现筹计报效银 91000 两，特

---

① 法部：《本管事宜以九年应有办法清单》（宣统元年闰二月二十七日），中国第一历史档案馆藏：军机处录副奏折 04—01—30—0110—016。

② 法部：《建筑京城模范监狱筹款不敷请饬部拨款兴修折》（宣统元年十一月十一日），《华制存考》（宣统元年十二月）第 5 册，政务，第 5b—7a 页。

③ 同上书，第 7a—8b 页。

支项下余银 3500 多两，瑞洵案内银 45200 多两，尚不敷 111500 两。法部将幼年监先留地缓建，省银 3 万两，另向清廷奏拨 8 万两以供建造监狱之用。同日附片，法部奏请简派御史麦秩严、江苏试用道凌盛熺为监督，法部典狱司署郎中何奏簋为提调主持建造京师模范监狱。① 三个人都是经过精心挑选：麦秩严专门到日本考察过监狱，何奏簋担任过刑部提牢厅主事，凌盛熺则是领导建筑工程方面的专家。宣统二年一月十八日（1910 年 2 月 27 日），又改派都事司郎中普庚接充提调、都事司员外郎寿福和举叙司候补郎中韩兆蕃为帮提调。② 其中韩兆蕃专门自备经费到日本考察过监狱。宣统二年（1910）四月，京师模范监狱正式动工，武昌起义后，因经费中断而草草完竣。其建筑实需银 19 余万两，实际支付 17 余万两，尚不足银 2.8 万余两，所以甬道、沟渠及官吏厕所均没有建成。③

直至清朝覆亡，京师模范监狱都没有完全建好，却为民国的监狱建设提供了很好的基础和样板。民初北京政府接收了京师模范监狱，继续进行建设。1912 年 8 月改名为北京监狱。1912 年秋季全部竣工，10 月 10 日开办接收犯人。④ 1914 年改为京师第一监狱。⑤

---

① 法部：《筑造模范监狱拟派监督等员片》（宣统元年十一月十一日），《华制存考》（宣统元年十二月）第 5 册，政务，第 9b—10a 页。凌盛熺曾在南方省份多次主持建筑，于工程极有研究，此前已由刑部咨调来京，在部行走。何奏簋，浙江临海县人。由乙酉科拔贡奉旨以七品小京官用签分刑部。光绪十二年七月到部。二十三年五月，以额外主事用。二十三年丁酉科顺天乡试中式举人。三十二年八月补授提牢。三十三年七月补授典狱司员外郎。参见《京察满汉官员履历册》，《京察部厅官员履历册》，宣统年间抄本，北京大学图书馆藏。

② 普庚，系厢黄旗满洲成铎佐领下人，由监生报捐笔帖式，光绪十年十月选授刑部笔帖式。二十四年八月题升主事。二十七年六月调补堂主事。二十八年三月，题升员外郎。三十一年七月题升郎中。三十三年三月改补都事司郎中。参见《京察满汉官员履历册》，《京察部厅官员履历册》，宣统年间抄本，北京大学图书馆藏。

③ 王元增编：《北京监狱纪实》，北京监狱 1913 年印刷，第一编，第 4 页。

④ 王文豹编：《京外改良各监狱报告录要》，司法部监狱司 1919 年印刷，《京师第一监狱》附图。第 3 页。

⑤ 同上书，第 1 页。

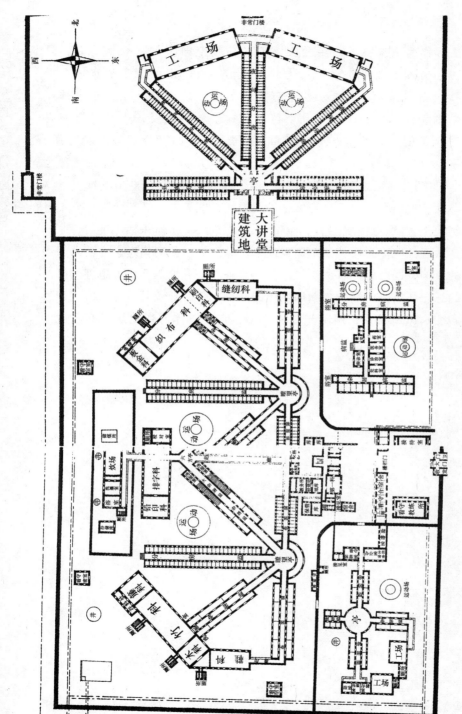

图6-1 京师模范监狱全图①

①王文豹编：《京外改良各监狱报告录要》，司法部监狱司1919年印刷，《京师第一监狱》附图。

　　法部作为清末狱政改革的实施者，在整个司法体制变革的大背景下吸纳各方面的改革意见，转化成各项切实可行的政策，从实际上推动着整个新旧体制的转变。法部着力倡导的模范监狱，尤其是京师模范监狱的设计理念，不仅推动了整个监狱改革的发展，而且对清末思想界产生了触动。《清朝续文献通考》尝言："监狱为羁禁罪犯之所，束其身体，节其饮食，隘其居处，无非多方折磨，启其悔罪迁善之心"，"现在仿外囚之制，名曰模范监狱，高大其房屋，丰美其饮食，亭台、楼院、玻璃、汽屋，一切器具均用洋式，即衙署、学校、神祠亦不过如此阔大"，"竭穷民之脂膏，给罪囚之颐养，人亦何乐而不犯罪乎？"①其观感从一个侧面说明了清末监狱改革所导入的新型刑罚理念在清末知识人中的影响，同时意味着法制改革、司法独立、人权尊严、人道理念等对人们的思想所发生的影响。新旧体制的转变，势必导致其所伴生的意识形态的转变。体用关系，用不光是一个用，它会对体的变化最终产生质的影响。

---

①　刘锦藻编：《清朝续文献通考》（万有文库第二集，十通第十种）第 3 册，商务印书馆 1936 年版，第考 9928 页下至考 9929 页上。

# 第七章

# 加强司法人员管理与推进新式审判

大理院与各级审判厅的开办，其外观上将以前行政机关兼理的司法审判事务剥离出来，其实质是将司法审判权从行政权的掌控中独立出来，与行政权形成抗衡的态势。因此，对具体实施司法审判的司法人员的管理自然不同于对行政官僚的管理，而这一切在清末司法改革中却是在摸索中前行。少量的新式审判机构与大量地方行政官员兼掌司法审判的情形，形成清末司法审判的过渡形态，开始逐渐瓦解传统司法审判体系。

## 第一节　司法人员管理

办新事需要掌握新知识的人，在新陈代谢的进程中，此项尤为缺乏。如何在既有官僚体系和人才现状之中，寻找、培训、任用、管理合格的近代司法审判人才，是清末司法体系改革的一个重点。

### 一　司法官独立

司法官独立是司法独立的重要内容和题中应有之义，在西方久已行之，但在清末还是全新课题。随着法律改革的进行，司法官的独立问题亦随之提出。端戴方案指出："其（审判厅）官制不与行政各官同，其升转事权分析，两无牵涉。"[①] 载泽方案规定："惟法部及执法司只能监督裁判

---

① 端戴的意见，参见故宫博物院明清档案部编《清末筹备立宪档案史料》上册，第379—380页。

处理其司法上之行政事务。其审理事宜一任之审判官，不能干涉其审判权"，"如此则司法官可保其独立之性质，行政官仍不失其监督之权，至裁判所官制及审判官任用章程，当别定法院编制法及法官任用条例为法令"。① 两个方案都提到了司法审判独立引申出的司法官独立的原则，端戴方案还明确主张要将司法官另定与行政官不同的官制，载泽方案主张另立法官任用条例以重司法官独立，不过没有明确提出司法官和行政官不同管理序列的要求。光绪三十二年十月二十七日（1906 年 12 月 12 日）出台的《大理院审判编制法》规定司法裁判不受行政衙门干涉，对于司法官独立没有涉及。

光绪三十三年十月初三日（1907 年 11 月 8 日），在大理院的第一批推事业已任命，京师各级审判厅推事正在选任的情况下，江苏道监察御史赵炳麟上奏片要求把法部、大理院及各裁判所的司法人员定为终身官按次升转。② 同日，赵炳麟的折片被抄交宪政编查馆和会议政务处议奏。③ 十一月十一日（11 月 8 日），会议政务处的议覆折表面上肯定了赵炳麟的主张，但却认为，是时法政专门学堂毕业学生较少，相关的配套政策也有待于建立，实施司法官的终身制为时尚早。④

宣统元年闰二月二十七日（1909 年 4 月 17 日），法部制定了未来几年计划，拟在宣统七年制定《法官进级章程》和《法官补缺轮次表》，确定法官的终身制方案在宣统八年正式施行。⑤

## 二 司法官任命

司法官的任命条件随着各级审判厅的建立而不断变化，一开始由主管

---

① 参见《宪政初纲·官制草案》，第 29—31 页。

② 赵炳麟：《奏请将法部大理院及裁判所人员查照各国司法官通例议定终身官不得改任事》（光绪三十三年十月初三日），中国第一历史档案馆藏：军机处录副奏折 3—5095—050。

③ 中国第一历史档案馆编：《光绪宣统两朝上谕档》第 33 册，第 253 页下。

④ 朱寿朋编：《光绪朝东华录》第 5 册，第 5799—5800 页。

⑤ 法部：《本管事宜以九年应有办法清单》（宣统元年闰二月二十七日），中国第一历史档案馆藏：朱批奏折 04—01—30—0110—016。

部门于各行政官员中直接遴选，自《法院编制法》颁布后，始规定所有法官须经过考试方可得到任命。

## （一）直接遴选期

丙午年间设立了中国第一个初具近代意义的最高司法审判机构大理院。大理院内审判官的任命权成为焦点。起初，《大理院官制》草案中于此没有明确规定，院内各临时佐理官员皆由大理院正卿奏调入院。光绪三十二年十二月二十八日（1907年2月10日），法部官制清单主张"凡司法官吏之进退"，"系法部专政之事"。① 光绪三十三年四月初三日（1907年5月14日），法部尚书戴鸿慈起草的司法权限清单进一步确定，大理院推丞、推事、总检察和检察，京内、外各级审判厅员缺，皆由法部会同大理院请简、奏补。② 戴鸿慈所主法部掌大理院官员的任命权等内容，引发部院之争。争执的结果是大理院推事以下各官，由大理院会法部奏补，推丞、总检察厅检察长、检察官均由法部会大理院请简、奏补。③

光绪三十三年五月初八日（1907年6月18日），中国历史上首批最高法院法官，由大理院会同法部奏补，计民刑科推事20人，其中有法部实缺郎中4人：乐善、顾绍钧、联惠、荣宽，实缺员外郎6人：王仪通、唐烜、王景澐、梁秉鑫、治良、蔡桐昌，法部实缺主事6人：许受衡、余和壎、周绍昌、李传治、蒋德椿、姚大荣，法部候补主事2人：史绪任、汪忠杰，前刑部员外郎降选主事文需、留学英国大学校毕业生候选知府金绍城。④ 其中95%的人员系法部资深司官出身，通晓律例，其余5%有国外留学背景。王仪通曾于光绪三十二年（1906）游历日本考察司法制度。

① 故宫博物院明清档案部编：《清末筹备立宪档案史料》上册，第491—492页。

② 故宫博物院明清档案部编：《清末筹备立宪档案史料》下册，第827页。

③ 法部、大理院：《遵旨和衷妥议部院权限折（附清单）》（光绪三十三年四月二十日），《大清法规大全》，第1814—1815页。

④ 法部、大理院会奏：《呈臣院调用人员拟请升补暨由候补改为实缺均先作为试署各员清单》（光绪三十三年五月初八日），中国第一历史档案馆藏：军机处录副奏折03—5481—70。法部、大理院会奏：《本院员缺分别实授试署折》（光绪三十三年五月初八日），《谕折汇存》（三十三年六月）第5册，政治馆，第11—12页。

其与许受衡、周绍昌均系京师法律学堂提调，姚大荣系京师法律学堂教员，① 在当时情形下都是精通旧律兼习新律的难得之才，法部、大理院对于司法审判人才遴选要求之严可见一斑，其于司法审判近代化的影响不言易明。

法部创办京师各级审判厅，主张遴选熟谙新旧法律及于审判事理确有经验者充任。光绪三十三年十一月二十七日（1907 年 12 月 31 日），法部调用了 205 人到京师各级审判厅当差，其中拣派"素称得力，品秩相当"的法部司员 86 员，奏调、札委京内外实缺及候补、候选各官 119 员。② 这些官员先在各厅行走一月后，由法部考核合格，再行开列衔名奏请试署，并咨明吏部立案。③ 十二月二十一日（1908 年 1 月 24 日），法部议覆东三省各级审判检察厅官制折时又再次声明，地方各级审判厅法官请简、请补各事，应由开办审判厅各省随时开单咨达法部，由法部奏明请旨依法升降。④

光绪三十四年八月初一日（1908 年 8 月 27 日），宪政编查馆的九年筹备清单下达，各省须于宣统二年（1910）把省城商埠各级审判厅一律开办。宣统元年，各省纷纷筹办。在筹办过程中，困难最大的是人才遴选，此前除各省审判厅法官任命须经法部请简奏补外，并无详细章法可循。宣统元年四月初四日（1909 年 5 月 22 日），广西巡抚张鸣岐指出，朝廷既已确定省城商埠审判厅成立期限，但需用的法律人才却难以解决，而包含司法官的文官任用章程的推出计划却是在宣统三年（1911），缓不济急，故而请求宪政编查馆在此前暂定《司法官属暂行章程》，以供遵照。⑤ 广西因地处相对偏远，新式法政人才相对更少，想在各省筹办之前，把司法官定下来，这样就能把人才留下来。《司法官属暂行章程》并

① 李贵连：《沈家本传》，北京大学出版社 2000 年版，第 378 页。

② 法部：《呈为酌调各级审判检察厅人员清单》（光绪三十三年十一月二十七日），中国第一历史档案藏：军机处录副奏折 03—5493—069。

③ 朱寿朋编：《光绪朝东华录》第 5 册，第 5787—5788 页。

④ 同上书，第 5829 页。

⑤ 广西巡抚张鸣岐：《奏请先定任用司法官属章程片》（宣统元年四月初四日），《华制存考》（宣统元年四月）第 1 册，四月初四日，第 5 页。

没有立即出台。宣统元年七月初十日（1909 年 8 月 25 日），法部为解决当前的制度空白，制定《各省城商埠各级审判厅筹办事宜》，对于地方各级审判厅的法官任命提出了过渡措施。地方各级审判厅司法官的请简、奏补、委任原则上都由法部掌握，法部对此做了某些变通：

> 高等审判厅厅丞、高等检察厅检察长由法部择员预保临时请简，各督抚亦可就近遴选或指调法部司员先行咨部派署，但不得径行请简；推事、检察官各员由督抚督同按察使或提法使认真遴选后派员充当，或品秩相当，或专门法政毕业，或原系司法部门出身，或曾任正印各官，或曾多年充任刑幕，或法部司员，全部都咨行法部先行派署；典簿、主簿、所官、录事各员由督抚督饬按察使或提法使组织考试，就现任候补各员及刑幕人等拔取资格程度相当的人员分别咨部派署委用。以上司法官员除需请简由法部奏请简用外，凡明年成立的省城、商埠审判检察各厅一切应行奏补员缺，在《法官考试任用章程》未实行之前均应作为署任，俟该章程奏明实行后，再行分别奏补。①

经过近两年的运作，京师各级审判厅的厅员逐渐补齐，为使其司法官员任用制度化，宣统元年九月十八日（1909 年 10 月 31 日），法部制定《京师审判检察各厅员缺任用暂行章程》，规定以后各厅人员如不敷用，法部可随时奏调京内外谙习法律人员及法律毕业生到各厅当差。法部调用人员遵照宪政编查馆、学部、吏部奏准按品改用的新章，以各厅推事、检察官、所长、所官、典簿、主簿等官分别改用。调派入各厅当差的司法官，若系法部实缺主事由进士拔贡分部主事已有法政毕业文凭者，可变通以五六品推事检察官补用，正途出身或有法律专长的内阁中书、知县则准以六品推事、检察官补用者可酌量变通，随时奏明办理，其他捐纳、佐杂各员仍旧遵循宪政编查馆和吏部按品改用的主张。凡调用人员，若原来是实缺候补者则照章录用，若原系学习试用则应当扣足年限，若原系候选则应当差一年方可奏留。如遇有增庭或增初级审判厅时不能老是悬缺，则由

① 法部：《筹办外省省城商埠各级审判厅补订章程办法》（宣统元年七月十日），《华制存考》（宣统元年七月）第 5 册，政务，第 169 页。

法部专事专办，声明酌加改补。奏调法律毕业学生之时，如在高等法律学堂以上毕业奏调到差后扣足年限，由法部察看，确系学识优长，则分别保以初级推事检察官及所长所官典簿主簿学习行走。其学习期限如在增庭或增初级审判厅之时，亦当由法部根据规定酌加改补。①

直至宣统元年十二月二十八日（1910 年 2 月 7 日）《法院编制法》正式颁布，京师、天津、奉天开办的各级审判厅均系由行政官员、各项法政专门毕业生及刑幕等中直接遴选、奏调试署，由法部请旨简任或奏补，遴选人员的专业知识的掌握情形由开办部门自行甄别。

### （二）法官考试

《法院编制法》规定："推事及检察官，应照法官考试任用章程，经二次考试合格，才始准任用。"② 自此，各级审判厅司法官的任命进入统一考试时期。宪政编查馆奏明颁布的《法官考试任用暂行章程》，对考试的主管部门、形式、考生、科目、合格人员的分发作了简明扼要的规定，其详细的施行细则由法部制定。③ 此规定刚颁布不久，宣统二年正月二十四日（1910 年 3 月 5 日），法部奏请："大理院为最高审判衙门，其推事各官，非精通法律，经练有得者，不能胜任。查吏部每次京官分发时，有签分大理院之员。此项人员，并未经过法官考试，遽行分院，于任用章程，殊有不合。拟请嗣后无论何项出身人员，均毋庸再行签分大理院，统俟臣部详订考试任用细则，奏明请旨施行。如该院有需用审判人才之时，应随时咨商臣部，照章办理，俾归画一。此后凡全国司法行政事务，如任用法官等项，均归臣部总理主持。"④ 清廷同意法部的建议，取消签分大理院官员的旧例，并将全国任用法官等司法行政事务统交法部。

---

① 法部：《酌拟京师审判检察各厅员缺任用暂行章程折》（宣统元年九月十八日），《华制存考》（宣统元年九月）第 5 册，政务，第 188b—191b 页。

② 《大清新法律汇编》，第 234 页。

③ 宪政编查馆：《奏为遵旨核订法院编制法另拟各项暂行章程折》（宣统元年十二月二十八日），《华制存考》（宣统二年一月）第 5 册，政务，第 190—193 页。

④ 《清实录》，第 60 册，《大清宣统政纪》卷 30，第 548 页上。

司法官须考试合格，而法官考试又不能马上展开，使各省筹备审判厅处于两难境地。不久，广西巡抚张鸣岐为司法官任命事咨行法部，声明广西业已奏明宣统二年（1910）三月起即依次开办各级审判厅，若所有法官均须考试后方能委用恐来不及，要求依照法部于宣统元年七月（1909 年 8 月）颁发的《筹办事宜》用人规条选择官员派署。法部接到咨文后，初步议定当尊重新定规章，要求各省将开办时间往后推到法官考试结束，则定章、定期都同时实现。法部将此建议咨行宪政编查馆。宪政编查馆则督促法部迅速制定法官考试实施细则，京外法官考试可以次第举行，一些已筹办就绪的省份，则由督抚咨报法部提前奏派人员前往会考，没有筹办就绪的，由法部行文督催，一律在考试后再行开庭。①

宣统二年二月二十七日（1910 年 4 月 6 日），法部奏折提出法官考试即使从速办理，也得等秋后才能举行，并表示当立即详定考试细则。对于广西这样开办在即的省份，则"提前奏请简员，前往该省会考"，其他尚未筹备就绪的省份，无论有没有奏报成立期限，均一律在秋后法官考试结束后方准开庭。至于各省的高等审判厅厅丞和高等检察厅检察长乃是请简之员，仍由法部"择员预保临时请简"，各督抚也可以在该省品秩相当的官员中遴选，并出具切实考语咨部考核，临时一同简放，并坚持各厅的推事、检察官须一律经过考试才可以任用。②

三月十七日（1910 年 4 月 26 日），法部奏准《法官考试任用暂行章程施行细则》，对于前定《法官考试任用暂行章程》规定的职掌、参考资格、第一次考试、授职、学习等进一步细化，对于《章程》没有涉及的关防、报考、考期、核定分数、经费等进行补订。③ 具体内容如下：

其一，法官考试均由法部主持。考场分六处，轮船铁路可通的省份均赴北京考试，距京较远的四川、广西、云南、贵州各一处，新疆和甘肃为一处。京师考官由法部奏请钦派并请于法部堂官内钦派一员会同考

① 《东方杂志》第 7 卷第 4 期（宣统二年四月），《论说·宪政编》，第 129 页。

② 同上书，第 130—131 页。

③ 法部：《酌拟法官考试任用施行细则折》（宣统二年三月十七日），《华制存考》（宣统二年四月）第 6 册，政务，第 100a—109a 页。

试，外省考场由法部遴选京员五品以上人员出具考语开单奏请简派，会同各该省提法使主持。京师考场视参考人数多少临时酌定，外省考场则设襄校官两员，若不够用，则由监临官挑选人员电咨法部奏请添派。另设监临官、监试官、提调官、内外收掌官、弥封官、庶务官等员参预考试。

其二，参加法官考试人员须年龄在二十岁以上六十岁以下，且须具备下列条件之一项：在法政法律学堂学习三年以上毕业者；举人及副拔优贡；文职七品实官；曾历充五年以上且现仍充刑幕的人员。因褫夺公权丧失官吏之资格、曾处三年以上之徒刑或监禁、破产未偿债务及有触犯禁烟条款的人员一律不准参加考试。

其三，考试每届定于八月初旬举行。考试分笔试和口试。笔试分两场：第一场包括奏准宪法纲要一题，现行刑律二题，现行各项法律及暂行章程二题；第二场包括各国民法商法刑法及诉讼法各一题（由各人于报告时呈明就其所学种类，至少认作二题），国际法一题，主要科论说一题。口试一场，仅于考试的主要科目现行刑律、现行各项法律及暂行章程及各国民法商法刑法及诉讼法中分别考问。

其四，考试的笔试分数由襄校官按科分拟，呈由考官公同核定；口试分数由考官或襄校官考问详注名册，再由考官公同核定。分数实施百分制，满80分以上为最优等，满70分以上为优等，满60分以上为中等，不满60分不录。

其五，京外第一次考试录取人员以正七品推事或检察官用，分发到各厅学习。文职七品以上人员暂以原官分厅学习，俟第二次考试合格再以品级相当之推事、检察官奏留候补。各省审判厅开办之初，考试成绩最优者或通过第一次考试的筹办审判厅得力人员，均由提法使暂行委署，并报法部及督抚衙门备案。

其六，考试一应经费预计的实数，在京由法部奏明行文度支部支领，各省由提法使报告督抚办理，经法部核定，由地方财政奏销，并分咨度支部和法部备案。四川等省考官及襄校官津贴、路费由法部酌定奏明由度支部支发。

最后规定，《细则》仅适用于法官的第一次考试，法官的第二次考试施行细则届时由法部另行奏准。广西一省的法官第一次法官考试，提前由法部奏派人员前往会考。京师及东三省各审判衙门应归甄别的人员，则由法部另定办法择期举行。

法部制定的《细则》为第一次法官考试做了相对缜密而具可操作性的规划，为第一次法官考试的实施提供了依据。自筹备立宪以来，清廷通过了大量法律章程等，为防止考生泛泛涉猎，与司法有关的规定浅尝辄止，致使考试成了一般性的科考，故规定考官命题必须遵用法律文本作为依据。宣统二年四月初四日（1910 年 5 月 12 日），法部奏准《考试法官主要科应用法律章程》，① 将考试主要科目所据法律分为现行和暂行两类：

> 一现行各项法律。法院编制法，大清商律，违警律，结社集会律，国籍条例，禁烟条例（附件），宪政编查馆会奏汇案会议禁革买卖人口旧习酌拟办法折并单，宪政编查馆奏核议法部奏酌拟死罪施行详细办法折。二暂行各项章程。法官考试任用暂行章程，司法区域分划暂行章程，初级及地方审判厅管辖案件暂行章程，高等以下各级审判厅试办章程，筹办外省省城商埠各级审判厅补订试办章程、编制大纲、筹办事宜，司法警察职务章程，营翼地方办事章程。

此一考试参阅文本的开列颇有意致，其并未开列《大清律例》等旧律，所列者，皆是近年来新制定的法律规条，反映出法官考试的趋新特点。其中的国籍条例、禁烟条例更与此间中国和西方各国正在热议的法条相关；而禁革买卖人口旧习，酌拟死罪施行详细办法等则以清廷正在进行的法律改革有关。司法考试的参考文本可以说是相当"新式"。法部定准的法律法规目录从繁复的律例中选择出考试用的主要文本，也有降低考试难度，使通过率相应提高，以解决继续的法官人才的考虑在内，另则也是对司法从业人员的一次业务知识培训。

法部在组织全国法官考试时，遇到具体情形又随机进行政策调整。宣

---

① 法部：《考试法官指定主要各科应用法律章程折》（宣统二年四月初四日），《华制存考》（宣统二年四月）第 6 册，政务，第 136b 页。

统二年，新式学堂开办不久，毕业生有限，各式旧功名出身的人员又不通新律，导致各省法官报考人员严重不足。面对这种情形，宣统二年四月十三日（1910 年 5 月 21 日），浙江巡抚增韫奏请将审判研究所毕业学员一体与试。六月初九日（7 月 15 日），法部的议覆没有同意增韫的请求，而是奏准将该所符合法定资格的学员咨送京师考试，其余不满 3 年的佐贰杂职或生员监生尽行等毕业时，若成绩优等，可照章派充典簿、主簿、所官、录事等职。① 法部答复浙抚奏折后不久，贵州巡抚庞鸿书又电咨法部：

> 法官考试其在八月举行，黔省应考人员合格者无多，将来恐不敷考选。查有法政毕业人员有二年以上程度者，又留学日本法政速成毕业在本省充当法政教学三年者，此数项可否通融准其一律与考。

对于难题的一再提出，法部难下决断，于是咨商宪政编查馆。宪政编查馆覆称：

> 法官考试，事属创举，黔省地处偏僻，风气未开，自应暂准。该省凡留学外国法政速成毕业，在本省充当法政教员三年以上者，及本省法政二年以上毕业领有优等文凭者，均与第一次考试。仍仅以此次为限，将来仍照定章办理。

宪政编查馆的意见同意并拓宽了贵州省参预法官考试人员的资格。收到宪政编查馆的咨文后，又鉴于各省普遍存在报考人少的困境，七月二十日（8 月 24 日），法部奏请将宪政编查馆批准的贵州专门办法推广到全国，"将京外凡留学外国法政速成毕业在本省充当法政教员三年以上者及本省法政二年以上毕业领有优等文凭者，均暂准其于此次收考"。同时，法部修订了对浙江考生的限制规定，"凡在该省审判研究所接续二年程度毕业领有优等文凭者，本届亦准其与第一次考试"，并将修订过的规则在

---

① 法部：《议覆浙抚奏考试法官请将审判研究所毕业学员一体试折》（宣统二年六月初九日），《华制存考》（宣统二年六月）第 5 册，政务，第 96—98 页。

各省一律适用。最后，法部声明，这些放宽条件的规定，只限于这一次法官考试。①

法官分发，在前定暂行章程中并不具体，而马上要举行的法官考试又需要规范化的操作指导。宣统二年五月初七日（1910 年 6 月 13 日），宪政编查馆和法部会同奏准各省法官变通回避办法：各省地方、初级等厅仅令本省人员回避本管府州及本籍三百里以内范围，此外与其他人员一体任用；各省高等审判检察厅分厅及提法司属官，仍照旧制不用本省人员；书记官以下，准本省人员分别任用。② 七月二十六日 （8 月 30 日），法部奏准《法官分发章程》，为法官考试录取人员、《法院编制法》规定之免考人员以及应当分发到京内外各审判检察厅学习候补的人员制定了分发办法。③京师人员不论籍贯，只要熟悉官话即可。分发本省的人员，由其自行呈请，以地方以下各厅为限。分发近省人员的具体方法，由法部仿照吏部直州同以下各员专归近省分发的事例办理。原有服官省份人员呈请仍留原省者和愿就现在流寓省份者，须呈请法部考验分发。此外还有分发各司法官到审判厅报到的期限、是否须引见等规定。为法官的考选任用提供了详细可据的方案。

法官考试制度大致确定，法官考试开始。五月，广西进行了第一次法官考试。八月，贵州、甘肃、四川、云南举行了法官考试。九月，京师法官考试，录取最优等 83 人、优等 193 人、中等 285 名，总 561 名。同月

---

① 法部：《本届举行法官考试暂拟推广与考资格折》（宣统二年七月二十日），《华制存考》（宣统二年七月）第 7 册，政务，第 174—175 页。

② 宪政编查馆、法部：《会奏酌拟各省法官变通回避办法折》（宣统二年五月初七日），《华制存考》（宣统二年五月）第 6 册，政务，第 87b—89a 页。

③ 法部：《酌拟法官分发章程折》（宣统二年七月二十六日），《华制存考》（宣统二年八月）第 5 册，政务，第 59—62 页。《法院编制法》第 107 条："凡在法政法律学堂三年以上领有毕业文凭者得应第一次考试。其在京师大学毕业及在外国法政大学或法政专门学堂毕业，经学部考试给予进士举人出身者，以经第一次考试合格论。"第 112 条："领有第一百七条所载之文凭充京师及各省法政学堂教习或律师历三年以上者得免考试，作为候补推事、候补检察官。"参见《大清新法律汇编》，第 234—235 页。

新疆组织法官考试。①

据《法官考试任用暂行章程施行细则》第38条，在京考取人员于考试完后由法部带领引见，外省考场录取人员等第二次考试合格再由法部带领引见，因人数众多，而各省省城商埠审判厅成立在即，"悬事待人，为期甚迫"，于是法部在十月初一日（11月2日）奏请此次法官任用改为奏请，由朝廷简派王大臣验放派考省份，以节省时间，等第二次考试合格后再行由法部带领引见。②

最高审判衙门大理院的司法官已从旧有的奏补、签分制过渡到新式的考试任用制，新任命司法官一律须经资格考试，旧任的司法官当然不能游离于法官考试制度之外。宣统二年十二月初一日（1911年1月1日），法部制定的不参加这次法官考试的京内外已设各审判检察厅人员的补行考验方案出台，把京师和地方司法考核分开进行。③ 京师各审判检察厅实缺候

---

① 法部：《广西考试法官请派监临考官折》（宣统二年五月十三日），《华制存考》（宣统二年五月）第6册，政务，第144—145页。法部：《将广西考试法官录取人员任用折》（宣统二年八月初二日），《华制存考》（宣统二年八月）第5册，政务，第70—72页。法官考试录取最优等9名，优等6名，中等17名，总计32名。贵州巡抚庞鸿书：《贵州考试法官事竣折》（宣统二年八月十八日），中国第一历史档案馆藏：军机处录副奏折03—7571—003。法官考试录取42名。陕甘总督长庚：《甘肃考试法官事竣折》（宣统二年八月二十八日），中国第一历史档案馆藏：军机处录副奏折03—7571—003。法官考试录取最优等11名，优等8名，中等23名，总计42名。四川总督赵尔巽：《考试法官事竣折》（宣统二年九月十二日），中国第一历史档案馆藏：军机处录副奏折03—7571—004。法官考试录取最优等5名，优等40名，中等85名，总计130名。云贵总督李经羲：《为法官考试事竣事折》（宣统二年十一月二十五日），中国第一历史档案馆藏：军机处录副奏折03—7447—162。录取26名。《考试法官最优等名单》，《申报》（宣统二年九月二十七日）1910年10月29日第1张第5版，上海书店1986年版，第108—931页。开缺新疆巡抚联魁：《奏陈筹备第三年第二届宪政成绩折》（宣统三年四月十六日），《政治官报》（宣统三年四月十九日），总1272号，第8页。录取8名。对于法官考试的经过及题目分析李启成相关作品曾有过比较详细的叙述，参见本文绪论研究状况部分。

② 法部：《本届京师录取法官拟变通办法改为验放折》（宣统二年十月初一日），《华制存考》（宣统二年十月）第4册，政务，第50b—51a页。

③ 《华制存考》（宣统二年十二月）第5册，政务，第77a—79a页。

补推事和检察官分成两类：一免考类，由部调用通计历资十年以上者，法政科举人以上出身者，在京师法科大学法政法律学堂或各省官立法政学堂充当教习或曾充教习者，在京师法科大学法律各学堂正科毕业，在外国法政大学或法政专门学堂毕业得有文凭者，进士出身者，以举人而曾习法政毕业者；二参加第二次考试类，没有上列情形的各员照第二次考试之法办理。京师各审判检察厅调用而尚未奏留人员照章应补行考验者，应作为第一次考试，仍旧法部开单请派通晓法律大员一员会同法部堂官秉公考验。其经费等考验完成后，到度支部核实奏销。同时，法部拟定自十二月初十日（1911 年 1 月 10 日）起在法部律学馆分场举行京师司法官考验。外省已开办的各级审判厅主要是东三省和天津。其司法官考验仿照广西法官考试办法，由法部奏派官员到各该省会同督抚、提法使考验各司法官。其考验方法是将参加考试的人员平时办事成绩和考试各门总分数平均计算来确定各员考验总分。其经费由各该督抚核实筹办。宣统二年十二月初十日起，法部于律学馆内分场考验大理院及京师各级审判厅须参加考试的法官。考试分笔试、口试，然后结合品行及当差勤惰好坏计算出一个平均分。按分数把考试结果分成最优等（80 分及以上）、优等（70 分及以上）、中等（60 分及以上），凡 60 分以下为不合格。考验分成两次，第一次合格有 22 人，第二次合格有 102 人。① 宣统三年三月二十日（1911 年 4 月 18 日）起，法部又补行考验天津各级审判厅人员，也分两次考验，第一次考验录取 10 名，第二次考验录取了 49 名。②

## （三）变通办法

宣统二年法官考试录取 800 多人，即使加上免考的人员，在各省审判厅陆续开办过程中，录取各员不够分配的情况还是很严重。法部不得不想方设法将各式法政人员变通任用，以解决各地司法官缺乏的困境。宣统二年十二月初一日（1911 年 1 月 1 日），法部奏准将律学馆的毕业学员随时

① 法部：《补行考验大理院及各厅法官录取各员分数等第折（并单）》（宣统三年二月初六日），《政治官报》宣统三年二月二十一日，总第 1215 号，第 4—9 页。

② 法部：《天津各级审检衙门人员实行考验等第分数折（并单）》（宣统三年六月二十二日），《政治官报》宣统三年六月三十日，总第 1341 号，第 4—7 页。

派往各法庭练习，以备候补。① 同日，法部附片奏准将京师各厅员考验合格者遴选数名分往各省派充厅长、监督、推事及庭长各缺。②

新疆第一次法官考试录取 8 名，加上免考 4 名，共计只有 12 人有担任司法官合格。宣统二年十二月（1911 年 1 月），新疆只能仅开办省城高等、地方、初级 3 个审判厅，其余 6 厅根本无法开庭。经新疆巡抚联魁的多次电商，法部只好拿出宣统元年七月初十日（1909 年 8 月 25 日）《各省城商埠各级审判厅筹办事宜》用人的办法，奏准暂就该省候补人员中选取品秩相当，或专门法政毕业并曾任正印或历充刑幕的人员酌量派用，并命令他们先在省城各厅见习几个月再发往其他 6 厅当差，一年后由新疆巡抚比照宣统二年（1910）京内外补行考验各厅法官办法进行考核甄别，决定去留。法部又再次声明这一变通办法仅适用新疆一省，其他省份一概不许援用。③ 宣统三年四月二十九日（1911 年 5 月 27 日），法部会同内阁、学部奏请援照京师法律学堂甲班毕业生例，经法部考试后又参加一次廷试的游学毕业生愿改任法官的话，可免去第二次法官考试。④

法部这些变通办法在一定程度上增加了充补司法官的人员，因变通办法所限区域和特殊群体，并没有从大局上导致法官充任资格降低。

清末司法改革，在短短的一年之内，司法官由自由甄选到必须参加统一的法官考试方可派任，乃至对现任大理院及各级审判检察厅的推事、检察官亦要进行一次类同的考验。这在司法官任命体制上是一个重大的迈进，对于司法官的整体法律水平的提高也是一次促进，为民国法官考试任命提供良好制度遗产，加速司法审判队伍的近代化。

## （四）书记官

书法官是各审判厅职掌录供、编案、会计、文牍及一切庶务的官员。

---

① 法部：《厅员考验后拟遴选数员分派各省充厅长各缺等片》（宣统二年十二月初一日），《华制存考》（宣统二年十二月）第 5 册，政务，第 79 页。

② 同上。

③ 法部：《奏请新疆开办各厅变通任用法官片》（宣统三年二月十六日），《大清宣统新法令》第 30 册，第 50 页。

④ 内阁、学部、法部：《会奏廷试法政科各生改就法官办法折》（宣统三年四月二十九日），《政治官报》宣统三年五月初五日，总第 1287 号，第 5—6 页。

它包括：初级审判厅置录事，地方及高等审判厅的典簿、主簿、录事，大
理院的都典簿、典簿、主簿、录事。他们不属于直接审断案件的法官，但
对于司法审判的顺利进行和司法机构的运作却起着重要作用。除地方审判
厅主簿外，大理院及各级审判厅的都典簿、典簿、主簿均为奏补官，录事
为委任官。在各审判厅开办之初，除大理院外，各书记官均由法部奏调、
奏派或札委到京师各级审判厅当差。各地方审判厅书记官由各省督抚、提
法使拟定人选报法部备案。

　　《法院编制法》第 139 条规定："书记官以考试合格者录用之，考试
任用书记官章程由法部奏准之。"① 宣统二年（1910），法部忙于制定法官
考试规则和主持法官第一次考试。直至该年十二月二十四日（1911 年 1
月 24 日），法部才奏准《书记官考试任用暂行章程》规范书记官的考试
及任用办法，规定书记官也须如司法官一样经考试录取方可任用，在京师
由法部各省由提法司主持考试。② 参考书记官人员须 20 岁以上在中学堂
以上毕业获得文凭者，当前考试刚刚开始，暂时允许法政学堂讲习科或外
国法政学堂一年半以上毕业获得文凭者、生员以上出身者、文职九品以上
者，以及旧充刑幕品端学裕者等人员参加考试。考试的科目有各项现行法
律及暂行章程大要、民刑诉讼律中有关书记官职务大要、国文及公文程
式、口授速记、算术、簿记 6 科，若前 3 科有分数不及格者，不能录取。
考试形式为笔试。考试合格的人员由法部和提法司颁发文凭，均于法部备
案，统一管理。

　　考试合格的人员须到初级审判检察厅学习，学习期至少 6 个月，各级
审判厅开办初期暂可以将考试最优等人员派往地方以上审判检察厅学习。
学习期满，由学习该厅的长官、推事、检察官等监督官酌情给出成绩和品
行性格方面的考语，或呈法部、或由提法司转呈法部核定。法部核定后，
学习人员一律作为候补书记官先补初级审判检察厅录事，在地方以上各级
审判检察厅学习人员可直接补地方以上各级审判检察厅录事，另外学习成
绩最优及没有被监督官申诫过的人员也可以被委以地方以上审判检察厅奏
补官。在法政学堂学习 3 年以上获得文凭人员，如果愿意充任书记官，可

---

① 《大清新法律汇编》，第 242 页。
② 《大清宣统新法令》第 28 册，第 7—9 页。

以不参加考试，直接分到各厅学习 6 个月，期满候补照考试人员一样分别任用。大理院奏补书记官须咨由法部办理，其咨补、委任书记官亦须咨部备案。京师各级审判检察厅奏补、咨补书记官统由高等审判检察厅呈明法部办理。各省由提法司申报法部办理。京师于次年举行书记官考试。四川、湖北、广东、甘肃等省在开办审判厅之时，都进行了书记官的考试。①

从报考资格上，书记官比起法官、检察官降低了不少门槛，更加注重的是接受过普通教育即可，并兼括拥有科举功名人员。从考试内容上，书记官注重的是日常工作技能的测试，对于律文、法理等只要知道大概也就可以了。录取和统一任用采取各厅自行监督、考核和法部统一管理相结合的方式，为书记官考试任用制定了切实可行的实施章程，有助于从整体上提高书记官业务水平，从而提高司法人员的道德品质和专业素质方面，以试图杜绝以前刑书等引发的需索、滥讼行为。

## 三 司法官管理

司法官掌握司法审判权，与行政官员不同。这在一开始要筹办独立的司法审判机构之初业已确定。它的惩戒、晋升等当与行政官员不同。清末的司法体系本身又处在一个将审判权逐渐从行政权中剥离出去的过程，其司法官的管理也难免存在过渡的特质。

---

① 中国第一历史档案馆藏：法部档案 31424—31429。书记官考试最优等和优等考生的试卷。四川总督赵尔巽：《奏委雅州守武瀛署高等审判厅厅丞等片》（宣统二年十一月三十日），《政治官报》宣统二年十二月初三日，总第 1145 号，第 14 页。湖广总督瑞澂：《奏第五届筹备宪政情形折》（宣统三年三月二十三日），《政治官报》宣统三年三月三十日，总第 1253 号，第 11 页。两广总督张鸣岐：《奏广东省城高等以下审判各厅成立日期折》（宣统三年四月十六日），《政治官报》宣统三年四月十九日，总第 1272 号，第 12 页。陕甘总督长庚：《奏陈第三年第二届筹备宪政成绩折》（宣统三年五月初二日），《政治官报》宣统三年五月初七日，总第 1289 号，第 6 页。

**（一）考核与惩戒**

任何机构中的人员，都必须有考核，以此来评估人员的履职行为，决定该员等所要接受惩戒或是奖励的待遇。清末司法官从无到有，其规范也是逐步形成。

清末第一批正式法官，当是袁世凯在天津试办审判厅时任命。然后就是光绪三十三年五月初八日（1907年6月18日），大理院奏补的各科推事，同时奏准各推事"一切京察保送截取及俸给等项，俱各按品级仿照部院旧制办理"，即将各推事依据官品纳入行政官员管理体系。① 宣统元年（1909），丙午官制改革后新一届的京察又要进行。吏部于光绪三十四年八月（1908年9月）就开始制定京察变通规则。② 十月初三日（10月27日），法部奏请其所掌总检察厅及京师各级审判厅官员的京察具体办法。总检察厅暨京师各级审判检察等厅所有推事及检察官比照部院五六品官的制度一体举行京察，其典簿以下各官，亦视同部院七、八、九品官，遵例纳入考核之列。不过，因各审判厅均系开办不久，并不依据吏部新章6员准保1员的规定，而是先尽由法部实缺人员调往各该厅补授的人员，计俸量能保荐一等，其余由法部候补人员暨各衙门实缺候补调升各项人员，于本届均列入二等。③ 十月二十一日（11月14日），吏部同意法部京察保荐一等之员应当先尽法部实缺调厅补授之员的办法，但于保荐的额数，则主张依据该部议定的额缺6员保1员的原则。④ 宣统元年九月十八日（1909年10月31日），法部于京察结束后奏准的《京师审判检察各厅员缺任用升补章程》对于京师各级审判厅司法官的京察作出了新的修订。

---

① 大理院、法部：《本院员缺分别实授试署折》（光绪三十三年五月初八日），《谕折汇存》（三十三年六月）第5册，政务处，第10—12页。

② 吏部：《奏酌拟变通京察事宜折（并清单）》（光绪三十四年八月十七日），《大清法规大全》，第610页。

③ 法部：《总检察各厅人员举行京察限制折》（光绪三十四年十月初三日），《华制存考》（光绪三十四年十月）第4册，政务，第68a—69b页。

④ 吏部：《法部民政部各厅京察一等员数片》（光绪三十四年十月二十一日），《大清法规大全》，第613页。

新订章程规定总检察厅检察官、地方检察厅检察长秩正五品，高等审判厅推事、高等检察厅检察官、地方审判厅推事秩从五品，地方检察厅检察官秩正六品，各按俸次照郎中主事例分别以知府、直隶州知州截取保送。初级审判厅推事和初级检察厅检察官秩从六品，若历俸3年才堪外任，准照主事例以直隶州知州截取。地方审判厅看守所所长、所官事繁责重，果系劳绩卓著者由厅丞出具考语申部，所长照主事例以直隶州知州截取，所官以所长升用以示奖励。

光绪三十三年十一月初三日（1907年12月7日），法部在筹办京师各级审判厅时，提出审判工作的特殊性，认为不同级别审判厅不同的判决结果并不说明下级审判机构的渎职，奏请京师各级审判厅的推事暂予宽免6个月公罪处分，待以后法部详定《法官惩戒章程》规范审判行为。① 宣统元年闰二月二十七日（1909年4月17日），法部自行制定的九年筹备清单中规定：光绪三十四年（1908）编写法官惩戒章程；次年奏请京师实行法官惩戒章程；宣统二年（1910）奏请各省实行法官惩戒章程。② 嗣后，宪政编查馆因法部所拟惩戒章程和吏部增删《承审事件处分则例》相同，要求法部和吏部会同办理。因吏部《承审事件处分则例》计划宣统四年才删定，所以法部的惩戒章程迟迟未能正式推出。为此筹备清单中未完成事件，法部曾上奏片说明缘由，结果是直至清朝覆亡，《法官惩戒章程》都没有出台。③ 宣统三年三月二十九日（1911年4月27日），宪政编查馆奏准如法官违法，即由该省提法司查明，报由法部复核，暂照现行处分则例，分别奏明请旨办理。④

## （二）升补

清末司法官升补参考行政官的方式，先在京师试行，然后推向全国。

---

① 朱寿朋编：《光绪朝东华录》第5册，第5788页。

② 法部：《本管事宜以九年应有办法清单》（宣统元年闰二月二十七日），中国第一历史档案馆藏：朱批奏折04—01—30—0110—016。

③ 法部：《奏法官惩戒章程等应俟会商妥协分别具奏片》（宣统元年十二月二十三日），《华制存考》（宣统二年一月）第4册，政务，第48页。

④ 《清实录》第60册，《大清宣统政纪》卷51，第920页。

大理院和京师审判厅开办时，都把各级审判厅的推事、检察官纳入九品十八级的官僚级别之中，再进行奏调后的简任、奏补等工作，把司法官纳入纯粹的行政官任命体系。毕竟，在旧有的行政官晋升体系中没有司法官的名目和序列，而司法官作为各司法审判衙门常任官必然要纳入到晋升体系中。这在各审判衙门开办之初并不迫切，而在它们运行之后，这个问题就日益重要。

　　宣统元年（1909）九月，京师各级审判厅开办将近两年，"各厅员缺逐渐补齐，而一切任用之方、升补之法尚无成格可循"。九月十八日（10月31日），法部奏准《京师审判检察各厅员缺任用升补章程》。① 京师审判检察各厅员升补基本原则：除先经奏署人员仍照此前办法办理外，此后凡有缺出，先于候补人员中酌补一次，再以下级实缺人员较资升补一次，轮流间补；审判厅、检察厅若有缺出，先准本厅及其下级人员升补，若是实在相当人才，才准声明互相升转，归入酌补班补用；总检察厅员缺与各级检察厅一起办理。而后章程详细规定了司法官的升补及各司法官与行政官之间的相互酌补具体办法：京师各级审判检察厅员缺，可与法部司员相互升用，只是需要出具考语，归入酌补班奏明办理；法部司员若长于审判，或谙习检察者，实缺员外郎以高审厅推事高检厅检察官、地方检察厅检察长请升，实缺主事以高等审判厅推事、高等检察厅检察官、地方审判厅推事请升，实缺小京官以地方检察厅检察官、初检厅检察官、初级审判厅推事、初级检察厅检察官、地方审判厅所长请升；审判厅检察厅实缺各员如有历俸三年熟悉法部事务者，高等审判厅推事、高等检察厅检察官、地方审判厅推事以各司郎中请升，地方检察厅检察官以各司员外郎请升，初级审判厅推事、初级检察厅检察官以各司主事请升，地方审判厅所长拟准以典狱司主事请升；各厅典簿在职三年勤慎尽职者，以法部各司七品小京官转补，或以初级推事检察官请升；各厅主簿三年俸满后准其以典簿请升；各厅录事补缺满三年后当差得力者，从九品录事准以正九品录事请升，正九品录事以法部八品录事请升，或以各厅主簿请升。

---

　　① 法部：《酌拟京师审判检察各厅员缺任用暂行章程折》（宣统元年九月十八日），《华制存考》（宣统元年九月）第 5 册，政务，第 189a 页。任用办法前文已经述及，兹不重复。

上述京察和升补新章，使京师各级审判厅司法官管理业已附着到整个行政官员晋升体系之中。在司法官的管理体系建立起来之前，将其晋升办法纳入行政官员体系，不失为一种方便有效的过渡性方法，也有利于吸纳才学之士进入司法审判序列。但毕竟与司法独立的精神有悖，不利于法官独立人格的形成。

宣统元年十二月初二日（1910 年 1 月 12 日），法部奏准《各级审判检察厅职官补缺轮次表式》，仿照法部司员升补章程将《京师审判检察各厅员缺任用升补章程》第 4 条、第 10 条、第 11 条再加规定：所有推事、检察、所长、典簿、主簿、所官员缺各拟分为一酌补一序补，不计俸只论资劳，遇酌补之缺以候补暨实缺人员择优拟定正陪请补，遇序补之缺以下级实缺人员较资请升；各厅九品录事官则俟补缺后，当差两年，不分正从，均以应升之阶归入酌序轮次请升。①

表 7 - 1　　　　京师各级审判检察厅职官补缺轮次表式

| 职官 | 品级 | 缺额 | 第一缺酌补 | 第二缺序补 |
|---|---|---|---|---|
| 总检厅检察官 | 正五品 | 6 | 以候补人员暨实缺从五品推事检察官择优请补 | 以实缺从五品推事检察官补缺先后较资请升 |
| 地方检察厅检察长 | 正五品 | 1 | 同上 | 同上 |
| 高等审判厅推事 | 从五品 | 12 | 以候补人员暨初级推事所长择优请补 | 以初级推事及所长补缺，先后较资请升 |

① 法部：《酌拟各级审判检察厅人员升补轮次片（附表）》（宣统元年十二月初二日），《华制存考》（宣统元年十二月），第 6 册，政务，第 141b—144a 页。《京师审判检察各厅员缺任用升补章程》第四条："各项员缺在开办时均系序补，见在成立各厅自此次奉旨以后，除先经奏署之员仍照前办理外，凡有缺出先于候补人员中酌补一次再以下级实缺人员较资升补一次，轮流间补以昭平允。"第十条："各厅典簿在职三年勤慎尽职者由厅丞出具考语，准以臣部各司七品小京官转补，或以初级推事检察官请升。至各厅主簿三年俸满后准其以典簿请升。"第十一条："各厅录事补缺满三年后当差得力者由厅丞切实考验，从九品录事准以正九品录事请升，正九品录事准以臣部八品录事请升。其才具可用者准由厅丞出具考语申部以各厅主簿请升。"参见法部《酌拟京师审判检察各厅员缺任用暂行章程折》（宣统元年九月十八日），《华制存考》（宣统元年九月）第 5 册，政务，第 190—191 页。

续表

| 职官 | 品级 | 缺额 | 第一缺酌补 | 第二缺序补 |
|---|---|---|---|---|
| 地方审判厅推事 | 从五品 | 30 | 同上 | 同上 |
| 高等检察厅检察官 | 从五品 | 4 | 以候补人员及地方厅检察官择优请补 | 以地方检察官补缺，先后较资请升 |
| 地方检察厅检察官 | 正六品 | 6 | 以候补人员及初级检察官择优请补 | 以初级检察官补缺，先后较资请升 |
| 初级审判厅推事 | 从六品 | 10 | 以候补人员择优请补 | 以高等地方两厅典簿与总检察厅主簿内补缺，先后较资请升 |
| 初级检察厅检察官 | 从六品 | 5 | 同上 | 同上 |
| 地方审判厅所长 | 从六品 | 1 | 同上 | 同上 |
| 高等审判厅典簿 | 正七品 | 2 | 以候补人员择优请补，如无相当人员以高等暨地方两厅主簿择优请升 | 以高等厅主簿补缺，先后较资请升 |
| 地方审判厅典簿 | 正七品 | 2 | 同上 | 同上 |
| 总检察厅主簿 | 正七品 | 1 | 同上 | 同上 |
| 高等审判厅主簿 | 从七品 | 4 | 以候补人员择优请补，如无相当人员以地方审判厅主簿择优请升 | 以地方厅主簿及所官补缺，先后较资请升 |
| 地方审判厅主簿 | 正八品 | 4 | 以候补人员择优请补 | 以各厅九品录事无分正从补缺，先后较资请升 |
| 地方审判厅所官 | 从八品 | 2 | 同上 | 同上 |
| 总检察厅录事① | 正九品 | 4 | | |
| 高等审判厅录事 | 正九品 | 6 | | |

---

① 京师各审判检察厅（含总检察厅）录事共43缺据《京师审判检察各厅员缺任用升补章程》第十一条办理。

| 职官 | 品级 | 缺额 | 第一缺酌补 | 第二缺序补 |
|---|---|---|---|---|
| 高等检察厅录事 | 正九品 | 2 | | |
| 地方审判厅录事 | 从九品 | 14 | | |
| 地方检察厅录事 | 从九品 | 2 | | |
| 初级审判厅录事 | 从九品 | 10 | | |
| 初级检察厅录事 | 从九品 | 5 | | |

表7—1虽然只是对京师各级审判检察厅奏补委任各员的实缺轮次作出规定，但也为京师司法官内部之晋升，乃至全国司法官之晋升轮次提供了参考规则。

## 四 其他司法人员管理

除司法官员外，司法审判还需要大量辅助人员的参与。承发吏、庭丁等人员的考选、管理依然是各司法衙门的重要工作。光绪三十三年八月初二日（1907年9月9日），《法院编制法》草案对于庭丁、承发吏皆设有专章加以规定。在没有专门的正式章程颁布之前，这些专章成了天津、京师、东三省各级审判厅开办的重要参考。宣统元年十二月二十八日（1910年2月7日），《法院编制法》正式颁布时，两章均予保留。

### （一）承发吏

承发吏是审判厅最低级别的文职人员，从事发送文书、执行判决、没收物产及经当事人申请实行通知催传等事务。其没有品级，不属于司法官员系列。光绪三十三年（1907）各级审判厅开办以来，一直由各审判厅自行招募，入厅当差。光绪三十三年十月十八日（1907年11月23日），奉天提法使司为奉天各审判厅开庭发布告示招考承发吏。其告示云：

为招考事照得本省遵奉法部奏定章程开办各级审判厅，所有需用承发吏一项，自应出示招考以凭录取。其工资照书记生一律发给。凡投考者仰即遵照后开各条于十月二十日（11 月 25 日）起至十一月初十日（12 月 14 日）止，到署报名听候示期考试，毋得观望自误。须至牌示者：一身家清白，一文理通顺，一品行端谨，一不染嗜好，一年四十以内二十以外者，一报名时须按上开五项到署填写请愿书，一报名时须按上开五项取具妥保随时到署填写保证书，一录取后须缴纳保证金三十两，将来察系办公勤慎，量予升途，仍行给还，其有并非误公而因事告退者，亦一并给还。①

《法院编制法》对于承发吏职掌、任命、管理作了简要规定："承发吏须经始准录用，考试任用承发吏章程由法部奏准之。"② 宣统二年十二月二十四日（1911 年 1 月 24 日），连同书记官的考试章程，法部奏准《承发吏考试任用章程》规定承发吏考试方法和任用规则。③ 承发吏须经过考试方可派充，其考试由京师及各省高等审判厅厅丞，或酌委地方审判厅厅长主持。报考者年龄在 25 岁以上 50 岁以下，须身体健全、品行端谨、家计殷实、文理通顺。考试的科目有：民事和刑事诉讼律中与承发吏职务相关的内容，承发吏职务章程，算术，读写。录取者由考试官员发给文凭，其名单须送交法部备案。录取人员由主试官厅的长官分配到该管地方以下审判厅学习。6 个月学习期满依录取名次派充承发吏。若中学堂毕业生及法部法政学堂毕业生获得文凭者愿意认充承发吏者，无须考试，直接实地学习即可派充。地方以下审判厅的候补书记官愿充承发吏者，不必考试学习即可派充。承发吏分一、二、三等，认充时一等须缴纳 300 元、二等 150 元、三等 70 元保证金，辞职发还，因案则没收。一到三等分别享受每月 50 元、40 元、25 元的津贴，以及各厅的奖励。《章程》规定承

----

① 　奉天提法使司：《奉天提法使司招考承发吏告示》（光绪三十三年十月十八日），上海政学社编：《法官须知》内文《法官考试任用》，第 24 页。因对后来承发吏管理规定有较大影响，故全文录之。

② 　《大清新法律汇编》，第 243 页。

③ 　《大清宣统新法令》第 28 册，第 9—11 页。

发吏的认充条件，规范派充程序，加强日常管理、奖励和惩戒，从制度上极力杜绝旧有司法审判中上下需索的陋规。宣统三年，京师高等审判厅举行承发吏考试，录取最优等 6 名，优等 52 名，中等 119 名。① 湖北、广东等省也举行了承发吏考试。②

宣统二年九月初一日（1910 年 10 月 3 日），法部即将《承发吏章程》奏交资政院议决。③ 后来经过几稿修订，于宣统三年三月初七日（1911 年 4 月 5 日）奏准《修正承发吏章程》，详细规定承发吏的职责、日常事务及奖惩条款。④ 承发吏受各该厅长官之监督、承审推事或检察官的命令及该管书记官的指示从事法令所规定的职务，其职务分三类。第一类是承审判检察厅命令发送的事件：发送传票；通知质讯日期；送付判词；发送一切诉讼文书副本；恢复原状登记及其他非讼事件之文件。第二类是承审判检察厅命令执行的事件：执行民事搜查票；执行押交押迁；查封物产、拍卖产；征收罚金，没收物产；发交物品；执行判决后之损害赔偿事件；征收讼费。第三类是受当事人申请办理的事件：通知；催传。承发吏在执行公务时遵循回避的原则。其有病故、免役、斥革等时，须将所存盖印的簿籍、经管的物品及有关职务的文件一律呈缴。办公勤慎的承发吏可在其所办事务的诉讼费中提出 20% 作为奖励金，若是违背职务操守，则除没收保证金外，还得由该厅长官视情节轻重加以惩戒。

---

① 《承发吏考试揭晓》，《大公报》宣统三年七月初六日（1911 年 8 月 29 日），第 3 张，第 3 版，人民出版社 1982 年版，第 15 册，第 723 页。

② 湖广总督瑞澂：《奏第五届筹备宪政情形折》（宣统三年三月二十三日），《政治官报》宣统三年三月三十日，总第 1253 号，第 11 页。陕甘总督长庚：《奏陈第三年第二届筹备宪政成绩折》（宣统三年五月初二日），《政治官报》宣统三年五月初七日，总第 1289 号，第 6 页。

③ 法部尚书廷杰：《奏为厘定承发吏职务章程请交资政院决议事》、《呈酌拟承发吏职务章程清单》（宣统二年九月初一日），中国第一历史档案馆藏：军机处录副奏折 03—7579—002、03—7579—003。

④ 法部：《修正承发吏章程折（并单）》（宣统三年三月初七日），《大清宣统新法令》第 31 册，第 25—27 页。

**（二）庭丁**

庭丁是各审判衙门自行雇用的杂役。《法院编制法》规定庭丁的职务主要是法庭开审及预审时引导案件关系人听审、维持法庭秩序等。[1] 宣统三年（1911）法部颁行《庭丁职务章程》10 条，规定庭丁的雇佣资格、职务和日常工作。[2] 各审判衙门依事务繁简可雇用一定数额庭丁。庭丁须年龄在 20—40 岁，略识文义，具有确保。其职责包括：负责法庭开闭前后的洒扫；法庭开审时，受审判长或独任推事的命令，传引诉讼关系人；办理预审时，受预审推事的命令，照料来庭旁听的人，并维护秩序；开审及预审时，供庭上一切指挥。庭丁须勤慎履行规定职务，有怠惰过失，则由该管长官随时酌情训诫或撤换。

清末司法人员的管理，顾及对审判机构中的各式人员的规范，因新制改革后所历时间较短，各种管理制度和方法或正在制定，或新定后施行不久，尚乏完善，所以有比较明显的较粗糙的过渡性的特点，譬如将司法官纳入司法行政管理序列进行管理、监狱官制一直尚未出台等。但是，其改革成效也是卓著的，譬如在很短的时间内就将自大理院、京师及地方各级审判厅法官、检察官均纳入统一考试方能任用阶段，法官、检察官的任免权亦纳入司法行政衙门专管之事，比起预备立宪计划实施统一文官考核任用的进程要快上好多。中国近代司法人员的管理进程中多属开篇之作，不但基本保证了清末司法改革的人事需求和运作，而且，相当多的制度规范被后来所依循。

## 第二节　新式审判的困境及审判体系的变迁

新式审判的建立，将面临何种困境？其对于清代旧有的司法审判体系又形成多大影响？这都是法部主持司法改革，力争与各国看齐所关注的问题，也是我们回顾这段旧事时的焦点。

---

[1] 《大清新法律汇编》，第 229 页。

[2] 《大清宣统新法令》第 35 册，第 42 页。

## 一 新式审判的困境

新式审判机构的纷纷建立，其成效如何？江庸曾认为地方各级审判厅未及推行，这是不符合实际的。[①] 截至宣统元年（1909）三月，奉天省已开办各审判厅就已经结7000多起，而且"商民称便"。[②] 不过，除去经费和人才之外，新开办的司法审判机构，还面临许多困境，有些来自机构外部，有些来自机构内部。

独立的司法审判首先面临的是来自行政机构的影响。保证司法审判机构独立实施审判，不受行政部门的干预，这在光绪三十三年（1907）以来的章程、办法、法规等中都有规定。《大理院审判编制法》第6条就规定"司法裁判权不受行政衙门干涉"。[③]《法院编制法》第16章专门规定司法行政机构对监督权的范围，并于第163条重申"本章所载各条，不得限制审判上所执事务及审判官之审判权"。[④] 宣统元年十二月二十八日（1910年2月7日），清廷允准《法院编制法》的同时谕令："各审判衙门朝廷既予以独立执法之权，行政各官即不准违法干涉。"[⑤] 上述法令下达不久，法部即向各督抚咨行《行政官不得侵越司法权限文》，要求各省督抚督饬地方行政机构，凡是属于司法行政监督权限事务，一律依《法院编制法》规定为准，"不得互相侵越"，如有故意违反者，由法部查明，"据实纠参，请旨办理"。[⑥] 一系列保证司法审判独立的规定不可谓不明确，但实际操作起来并不容易。虽则，从制度上说，司法官由法部统一管理奏补，但是其具体遴选仍然部分掌握在地方行政长官的手中。宣统三年（1911），奉天高等审判检察两厅就因用人问题和奉天提法使发生冲突。

---

① 申报馆编：《最近之五十年——申报馆五十周年纪念》，申报馆1923年印刷。

② 东三省总督徐世昌：《奏设营口新民各级审判检察厅折》（宣统元年三月二十日），徐世昌等编纂：《东三省政略》卷5，第852页。

③ 《大清新法律汇编》，第199—200页。

④ 同上书，第244—247页。

⑤ 中国第一历史档案馆编：《光绪宣统两朝上谕档》第36册，第538页。

⑥ 《大清宣统新法令》第17册，第56—57页。

依据法部厘定《京外各级审判检察厅办事章程》，各厅司员须由各该厅长官层层上递并附加详细考语然后呈请任命，① 而提法使并不遵照新章，仅根据自己的意思升调人员。②

地方各级审判厅诸事新创，其工作开展还遇到来自民众的不解，各项检察审判工作也离不开地方行政部门的通力配合。对于审判厅的这种需要，各地方行政官员的不配合，甚而出面干预的现象时而有之。两江总督张人骏就因为江宁县民对新律不解，便饬令上元、江宁两县县衙门仍旧受理讼案，以辅助审判厅审判，使得新旧并行，时所称奇。③ 宁波审检两厅所遇方得胜案，更使两厅司法官全体提出辞呈。姑录两厅呈文如下：

> 案于宣统三年五月初一日（1911 年 5 月 28 日）上午十时，据鄞县城内巡警第一区解送拿获现行白昼抢夺犯方得胜到厅。旋据事主新德顺钱店主盛善香诉称：本日早晨，伊店正在总换银角，被该犯方得胜等三人入店抢夺银洋八十七角；当经邻右鲍仁宝等守拿，被方得胜用刀戳伤鲍仁宝左乳、右手背、右手腕；与余犯一并逃逸，被邻右岗警等将方得胜追获，凶刀及赃洋五十六角，请予验办等情。当经本检察厅验明伤痕饬医调治，一面口头起诉。本审判厅刑庭预审，该犯方得胜供认，光绪三十年间，曾充营勇，嗣因回籍销差，本日起意纠同逸犯叶福表、范老总抢夺是案，得赃戳伤鲍仁宝不讳。旋经开庭公判，该犯并非现充营兵照律拟绞立决。讵该犯解厅之时，即有游手好闲之徒跟踪而至，要求即行正法。本厅以方得胜虽系游勇，并未啸聚

---

① 《京外各级审判检察厅办事章程》（宣统三年四月二十一日）第 23 条："各厅员有补职、派署、加俸、退职等事，应由该厅长官出具切实考语开单具文，经由该监督上官层递出考，申请法部或提法使核办。"第 24 条："总检察厅高等审判检察各厅长官于该厅书记官之进级，得按各该厅预算定额，照书记官俸给进级章程以法部或提法使之名义代行之，但事后仍应分报法部或提法使。"《政治官报》宣统三年五月十四日，总第 1296 号，第 8 页。

② 《奉天提法使与高等审检两厅冲突》，《法政杂志》1911 年第 7 期（宣统三年八月），《记事·本国之部》，第 56 页。

③ 《江宁上元两县仍收词讼》，《法政杂志》1911 年第 3 期（宣统三年四月），《记事·本国之部》，第 20—21 页。

薮泽、抗拒官兵，照章不能就地正法，业已按例判决，应候核覆执行，切实劝谕开导。乃非惟不听理喻，反敢任意滋闹。经本检察厅一再催商巡防队调兵弹压，初次只派到八名，二次又派八名，复不能实力弹压，致人数愈聚愈众，竟将本厅大门内揭示场、二门检察厅收状处、录事室、巡官室、检察长检察官室门窗什物并大小轿四乘一律捣毁。本厅以无可理禁，电禀请示办法，将该犯照章送寄县监。该人众等蜂拥而去。到县后，始行散去。复经续电禀报，嗣宁波府邓守来厅，本检察长面请转防营拨兵驻守。邓守允诺而去迄未实行。讵初二日（5月29日）上午八点钟，忽闻宁绍台道桑道会督宁波府邓府、鄞县郑令、左路防营常统领，将该犯提讯立予正法。本检察厅立即亲诣县署向诘。郑令称由桑道电请，但未奉到宪示。又经本厅两次电禀在案。伏查宪政编查馆咨覆法部通行章程内开：各省实系土匪、马贼、会匪、游勇啸聚薮泽、抗拒官兵，形同叛逆者，暂准就地正法；若非啸聚薮泽、抗拒官兵，无论犯情轻重，但案经审判衙门判决，即应钦遵刑律办理，按照奏定新章，专案报部请旨行刑，不得率予就地正法等因。此项通行章程，行政官厅亦经奉到，并非不知法律之人民可比，固不待烦言。至本厅被毁原因，由于人民无礼要求。其实案内事主邻右均各安分守法，其捣毁滋闹之人，率系短衣无赖，一呼百应，并非事干切己。本检察厅司法警察人数无多，保持不力，固属咎无可辞。在本郡行政官厅巡防队理应共同保护，而本厅一再商调营兵，先后仅来十余名，又复任情坐视。桑道闭门不理，城内警务长刘采亮直至人散后始来，当时仅有郑令来厅弹压，致本厅二门、检察厅门窗什物等一概被毁。此而不能保卫，设地方再紧急事件更甚于此，行政官厅将何以资震慑而保治安。无怪该莠民等散出后，即往县前将穗和等米店捣抢甚巨也。本审判厅成立至今，判决死罪盗犯不少，人民不知照章必待核覆后始可执行，致反对者率以罪止罚金为言，众口铄金，几成铁铸。本检察官每次莅庭切实解释，终未信用。此次该犯方得胜绞立决，系属按律议罪，郑令在厅，见闻已确，乃忽于次早未奉宪示，又不知照本厅，遽由道会营，督同府县，将该犯正法。似此违法侵权，毁弃判决，至司法权不能实行，无论坚人民之反对，将置国家特设审检两厅于何地。本厅各员皆惊骇惶惑，不知适从，除已电请全体辞职并将本审判检察长速予撤差惩戒外，合再肃溯禀请，仰祈宪台核示，准予饬司遴委接替，以便重新组织而重司法实权，不胜待命之至。

浙江巡抚增韫电饬宁绍台道等官员，只言及其没有知照审判厅之过，并饬令捉拿其余各犯弹压地面，同时挽留宁波地方审判检察两厅司法官员。① 地方行政官厅为维护地方治安，逾规执法，竟然得到抚臣认可，即便是接到审判检察厅司法官的辞呈，抚臣也没有责怪地方官，可见在大多数地方官员眼中，维护治安才是地方司法审判工作的关键所在。

宣统三年（1911）八月，新疆巡抚袁大化以审判人员多不及格导致积案难断为由，提请"遇有各审判厅不能审结之案，准由提法使就近提审"。② 其于审判出现的相关问题，不是说是从增加审判投入，提高审判人员素质入手，而是直接地行政参与。旧式审判只是政府解决纠纷的一个工具，其核心是息讼，重视以行政官权威快速有效处理问题。这种审判观念深深地扎根在各地方督抚的主政思路之中，使得清末短短不到一年的司法审判不可能不受到行政权的强力干预。

司法制度本身还不完善。司法独立所要求的审判程序、司法机构的管理体制和司法官的专门管理制度等，是一个相互契合的制度。作为清末改革又不得不面对当时的社会条件而左支右绌，例如对于司法官的惩戒一直没有出台相关的实体和程序规则，其升补暂用行政官的管理办法而且相互升用等。司法官的惩处可由督抚自行申饬、参革，审判厅的经费仰赖行政衙门给放。宣统三年（1911），奉天各司法官就受到和行政官大不一样的待遇。依据法部新定司法划一经费表，奉天、吉林、黑龙江等省生活程度较高，得依照现定经费数目酌加五成，奉天提法司则将司内官员加足五

---

① 《宁波审检两厅呈巡抚文》、《巡行覆行政官电》、《巡行复审检两厅电》，《法政杂志》1911 年第 5 期（宣统三年六月），《记事·本国之部》，第 37—39 页。

② 新疆巡抚袁大化：《奏审判厅不能审结之案请准由提法使审片》（宣统三年八月十三日），《内阁官报》宣统三年八月十九日，总第 48 号，第 11 页。

成，对于各级审判厅推事、检察官、书记官等则是随意减少。① 这些都不利于司法审判独立地进行。

新建审判机构的权威和公信力也有待于加强。宣统二年（1910）年底，各省审判厅纷纷开庭，虽则每遇各地开庭，地方督抚都饬令要求设立审判厅地方的官员禁止接收诉讼，并在该区域招贴公告，告知民众到审判机构办理诉讼。但行政官的传统权威一直对新式审判构成挑战，民众也不习惯或者不愿意向审判厅提起诉讼。譬如河南审判厅自设立以来，当地民众并不信任审判厅，大多仍前往县衙门起诉案件。县衙依据新规定不收取诉讼，结果有些执拗的民众甚至"隐忍息讼"，坚持不去审判厅诉讼。为此，检察长又特张贴白话告示，详细解释诉讼程序，向民众告知各项诉讼定章。② 各级检察厅作为新式审判的公诉机关，负责刑事案件的侦察，而其侦察须得到警察的协助，故而法部、民政部共同制定检察厅调度司法警察章程。但检察官侦察权的实现，不可能事无巨细一律著于法律、法规，即使确有定章，其为办事人员知晓并遵守仍需过程。江苏审判厅建立后，江宁县的监狱死了一个犯人，检察官前去勘验，根本没人准备，命令也多不被听从。若没有县署的办差条子，扛夫不肯将尸体抬送到善堂。善堂要求有县署戳记，否则不肯付给收据。③ 种种现象，无不说明司法官在地方民众和旧有办差人眼中权威的缺乏。

旧法律观念还阻挠新式审判的展开，审判厅的司法官多须经过新法律的学习，而这些新法应用在审判案件中却遭受民众的不理解。江苏省江宁审判厅"于新律上应行罚款事件，每为舆论所讹议，尤于奸情案内，议罚奸夫一切为本夫所不服"。④ 这种新法适用的阻力不是一时所能化解。

————————————

① 《奉天提法使与高等审检两厅冲突》，《法政杂志》1911 年第 7 期（宣统三年八月），《记事·本国之部》，第 56 页。

② 《河南司法一席话》，《法政杂志》1911 年第 3 期（宣统三年四月），《记事·本国之部》，第 19—20 页。

③ 《江宁上元两县仍收词讼》，《法政杂志》1911 年第 3 期（宣统三年四月），《记事·本国之部》，第 21 页。

④ 同上书，第 20—21 页。

再加上司法官的素质也使新式审判的效率大打折扣。司法官是清末官员的另一登进途径。清末审判厅开办急需司法官，只要通过了法官考试或具相应法律教育背景，就可以分发到新开办的审判厅审案，使得司法官队伍中的多数缺乏历练，而在案件厘清审定中，经验的积累是很重要的。掌管京师各级审判厅案件审核的法部审录司掌印郎中兼京几科主稿的吉同钧曾曰："自各省设审判厅而以未经历练之法官审断命盗大案，既无刑幕佐理，又不经上司复审，不知冤死几多良民矣。"① 某些新司法官的办法能力，也难于胜任。新疆因司法官断案能力弱，而导致积案累累，新疆巡抚袁大化每每出门回署，都会遇到数十起拦轿控告者。② 地方审判厅的刑讯之事也没真正杜绝。不同级别审判厅在案件处理上不一致又导致其官员之间的冲突。江苏省高等审判厅因凤池庵狱及严办茶房恃势诈赃两个案件与地方审判厅大起冲突，为此高等审判厅厅丞郑言纠举地方审判厅厅长杨元勋。而江苏巡抚程德全则"以命案旁证请求用刑任意妄为等词"将承办案件的刑科庭长姚生范撤去差事，将民科庭长杨年记过，还"严札申饬"厅丞郑言。③

人们，无论是执法者和守法者，都习惯于在一个权威下生活，现在要出现另外一个权威，对旧权威形成制衡，这在制度和思想观念上都是重大的突破。从制度上完全实现原本不易，加上其受到的思想观念上的禁锢更是致命。种种困境使新式审判的推进步履蹒跚。要实现司法独立，以独立的审判权与行政权抗衡，保护相对人的权利是一个漫长过程，不过这已然开始。

## 二 审判体系变迁

审判厅开办使清朝各衙门兼掌司法的功能渐归审判机构，清代审判机

---

① 吉同钧：《乐素堂文集》卷5，《律学馆第五集课艺序》，第17页。

② 新疆巡抚袁大化：《奏审判厅不能审结之案请准由提法使审片》（宣统三年八月十三日），《内阁官报》宣统三年八月十九日，总第48号，第11页。

③ 《江苏高等审判厅近事》，《法政杂志》1911年第5期（宣统三年六月），《记事·本国之部》，第35页。

制亦随之出现变化。

### (一) 诉讼程序变迁

审判厅建立，立刻面临已设和未设审判厅区域不同类型的案件的管辖问题。光绪三十三年十二月（1908 年 1 月），奉天省开办审判厅时规定：

> 已设审判厅之处自应照章定级，未设审判厅之处，则凡上控各案已经该地方官讯结及应提审者，概归高等审理，未经讯结及不应提审者由提法司分别批令该地方官讯断。地方审判厅（奉天府地方审判厅）只审理承德、兴仁两首县地面民刑诉讼之不属初级者。初级六厅（承德、兴仁两县开办的六个初级审判厅）各按本区域内管理该厅应管之事。自各厅成立之日起奉天府，承德兴仁两县，即不收管诉讼。其未结旧案在两县呈诉者，在奉天府上控，系两县界内者均归地方接收，其不属两县者概归高等接收。遇有招解勘转等件系审判厅之案即由各该厅径行解司解院，系各州县之案仍照旧例办理。①

宣统元年七月初十日（1909 年 8 月 25 日），法部将奉天办法推广全国。② 宣统元年十二月二十八日（1910 年 2 月 7 日），宪政编查馆奏准凡各省城已经开办高等审判厅的，所有从前省城行政各衙门掌管的审勘等事宜一律划归高等审判厅办理，不再由院司审勘，以前开设的发审局等机构一律裁撤。③ 宣统二年三月十六日（1910 年 4 月 25 日），宪政编查馆奏准停止外省秋审由督抚、布政使会审的制度。④ 宣统二年（1910）九月，法

---

① 东三省总督徐世昌：《奏开办各级审判厅情形折》（光绪三十三年十二月二十四日），《政治官报》光绪三十三年十二月二十七日，总第 97 号，第 11—14 页。

② 法部：《筹办外省省城商埠各级审判厅补订章程办法》（宣统元年七月十日），《华制存考》（宣统元年七月）第 5 册，政务，第 163a—171a 页。

③ 宪政编查馆：《奏为遵旨核订法院编制法另拟各项暂行章程折》（宣统元年十二月二十八日），《华制存考》（宣统二年正月）第 5 册，政务，第 165—172 页。

④ 宪政编查馆：《核覆修订法律馆奏变通秋审复核旧制折》（宣统二年三月十六日），《华制存考》（宣统二年四月）第 5 册，政务，第 2—3 页。

部在咨行山东巡抚孙宝琦、吉林提法使吴焘的行文中："未设审判厅地方已结案件如果查有情节可疑，罪名未协者，应由（臬）司行令该管检察厅，分别提起非常上告或再审，均归高等审判厅审理。其寻常招解到省之案，不论翻供与否，应归该厅勘转，报司分别照章办理。"① 这一系列制度上的变更，使得地方督抚等渐渐淡出地方司法审判。

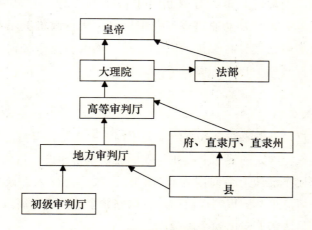

**图 7 - 1　清末司法审判简单示意图**

### （二）商事诉讼办法

各省审判厅的建立，给商事案件提供了更多的救济机会。宣统三年（1911），山东劝业道为此特别电呈农工商部称："省城商埠所设审判厅正月成立，商事诉讼自应一概归并。惟各府州县尚未遍设，遇有债务讼案，是否概不收理，抑或暂仍旧贯。"农工商部将电文咨行法部会商。法部覆称："司法独立，民刑分庭，凡属债务讼案，均为民事裁判所范围。其已设审判厅地方之商事诉讼，自应如原咨所称一概归并。其未设审判厅地方之债务讼案，若令远诉于省城商埠之审判厅，不免重滋烦扰，应暂仍旧贯，由府州县受理。惟四级三审，成规备在，已设审判厅地方商事诉讼，得以按级上诉，未设审判厅地方债务案件之欲行上诉者，不予以遵循之准，转恐无呼吁之门。大凡从前不服府州县判决而上

---

① 《大清宣统新法令》第 29 册，第 49 页。

诉之债务讼案，每归劝业道复讯。此项案件，既可远赴省城，上诉于劝业道，即可转而上诉于高等审判厅复审。嗣后不服府州县判决而上诉之债务案，应归高等审判厅复审，劝业道毋庸受理。"农工商部接到法部的咨文后，即于宣统三年二月二十六日（1911 年 3 月 26 日）咨行各省："商事诉讼既未别设审判厅，自应归并民事办理。嗣后遇有商人争讼，凡省城、商埠应赴审判厅呈诉，未设审判厅地方应仍赴府州县呈诉，上控案件，本部及劝业道概不受理，庶司法行政机关不致混淆。惟以前未结之商事讼案，自文到后限三个月，仍由劝业道转饬各府州县从速讯结，报部核销，以清积案。"①

### （三）涉外审判②

收回法权，是清末法制改革的重要原因。要在全国开办各级审判厅实现司法独立，在国人的观念上，亦与收回法权紧密相连。自然在审判厅的人员配备、程序设计上会向国外看齐，并为收受外国人诉讼作出相应安排。不过如何处理本国审判厅的属地管辖和领事裁判权的属人管辖之间的冲突，一直是法部面对的棘手难题。

地方审判厅成立最早的是天津。直督袁世凯试图以此解决中外争讼，进而挽回法权。审判厅开办之初，袁世凯奏称：

> 向例外国商民控告华人事件，类皆先赴领事衙门投禀，再由领事转交关道，或由关道自行讯断，或发交县署判决。开厅以来，由县署移交暨关道发交以及洋商径自来厅呈控者，已断结十余起。外人于过堂时则脱帽致敬，于结案时则照缴讼费，悉遵该厅定章。亦有不先赴

---

① 《江苏提法使为转知受理商事诉讼办法移苏商总会文》（宣统三年三月二十日），《苏商总会移各分会文》（宣统三年三月二十七日），华中师范大学历史研究所、苏州市档案馆：《苏州商会档案丛编（1905 年—1911 年）》（第一辑），华中师范大学出版社 1991 年版，第 528—529 页。

② 参考李启成《晚清各级审判厅研究》第 6 章第 2 节《领事裁判权与各级审判厅的运作》，第 183—185 页。

该国领事投禀而径赴该厅起诉者，实为将来撤回领事裁判权之嚆矢。①

　　而审判实际却与初衷相去甚远："天津自设立审判厅以来，其损失国权之处甚多，如外国领事不过在旁观审，因审判官放弃权利，遂亦讯问被告，调查证据，一如审判官之所为。"为此，法部尚书戴鸿慈严咨直隶总督申明定章，把外国领事座席移到审判官的后面，不允许其干涉裁判事务。直隶总督通牒领事团，请求照办。各国领事纷纷援引光绪六年（1880）《中美续补条约》第4条的但书相抵制，不愿放弃所获干涉审判厅审判的既得权力，纠葛蔓延不绝。② 针对外国人参加诉讼，法部也曾制定政策，不直接涉及对外国人诉讼的管辖，而把外国人诉讼视为外交事件办理。③ 为

---

　　① 袁世凯：《奏报天津地方试办审判情形折》（光绪三十三年六月十三日），袁世凯：《袁世凯奏议》，天津图书馆、天津社会科学院历史研究所编，廖一中、罗真容整理，下册，天津古籍出版社1987年版，第1494页。

　　② 《天津审判厅之外国领事》，《法政杂志》1911年第3期（宣统三年四月），《记事·本国之部》，第19页。《中美续补条约》第4款："倘遇有中国人与美国人因事相争，两国官员应行审定，中国与美国允，此等案件被告系何国人，即归其本国官员审定。原告之官员于审定时，可以前往观审，承审官应以观审之礼相待。该原告之官员，如欲添传证见，或查讯、驳讯案中作证之人，可以再行传讯。倘观审之员以为办理不公，亦可逐细辩论，并详报上宪。所有案件，各审定之员均系各按本国律法办理。"该条约于光绪六年十月十五日订立（1880年11月17日）于北京，光绪七年六月十六日（1881年7月11日），奉旨依议钦此。王铁崖：《中外旧约章汇编》第1册，生活·读书·新知三联书店1957年版，第380—381页。

　　③ 光绪三十三年十月二十九日（1907年12月4日），法部为京师各级审判厅制定的《京师高等以下各级审判厅试办章程》第45条规定："遇有交涉案件及于外国管辖区域内逮捕及搜查或照第四十一条办理者，由本厅申部行文外交官知照外国公署办理。"（《大清新法律汇编》，第270页）宣统元年七月十日（1909年8月25日），法部指导各省省城、商埠各级审判厅开办制定的《补订高等以下各级审判厅试办章程》第3条："原章第四十五条遇有交涉案件由本厅申部行文外交官知照外国公署。外省审判厅遇有此等案件，其只须知照驻在该省之外国领事者可，由该厅申请督抚或移知关道就近直接知照。其应与外国公使馆交涉之件仍申部办理。"（《大清新法律汇编》，第285页）

此，宣统二年三月十一日（1910 年 4 月 20 日），直隶总督陈夔龙致外务部电云：

> 天津洋人控告华人案件向归审判厅讯断，惟准领事或派员观审，
> 系照约载被告为何国之人即赴何国官员处控告，原告为何国之人，其
> 本国官员只可赴承审官员处观审之条办理。前年秋间，驻津各国领事
> 会同见面，递节略极言审判厅办理华洋各案之不善，请设会审公堂，
> 经杨前大臣力拒。其后面晤或函牍时以为言，均未承认。本年二月，
> 领袖日本总领事照会复申前请，并引咸丰八年（1858）法约第三十
> 五款、英约第十七款为会审之据，[①] 开具说帖前来。当经援据光绪二
> 年（1876）英国烟台条约第二端、[②] 光绪六年（1880）美国续补条约
> 第四款驳覆在案。兹准宪政编查馆咨行司法统计表式解说一本，表内
> 凡言直省会审者五，一若会审公廨各直省均所固有，且解说内并有准
> 设会审公廨会同讯断等语，句句著实。查会审公廨惟上海一埠有之，
> 系于同治七年（1868）设立。自有光绪二年（1876）烟台条约、光
> 绪六年（1880）美国续约以后，各直省并未再设。天津因此事辩论
> 两年，屡言屡驳，相持甚坚。现闻各领事仍时会议并有订期面商之

---

① 《中法天津条约》第 35 款："凡大法国人有怀怨挟嫌中国人者，应先呈明领
事官，覆加详核，竭力调停。如有中国人怀怨大法国人者，领事官亦虚心详核，为之
调停。倘遇有争讼，领事官不能为之调停，即移请中国官协力办理，查核明白秉公完
结。"该条约签于咸丰八年五月十七日（1858 年 6 月 27 日）。王铁崖：《中外旧约章
汇编》第 1 册，第 111 页。

② 《中英烟台条约》第 2 端："第二端、优待往来各节此端即指驻京大臣等及各
口领事官等与中国官员彼此往来之礼以及两国审办案件各官交涉事宜。……一、凡遇
内地各省地方或通商口岸有关系英人命盗案件，议由英国大臣派员前往该处观审。此
事应先声叙明白，庶免日后彼此另有异辞，威大臣即将前情备文照会，请由总理衙门
照覆，以将来照办缘由声明备案。至中国各口断交涉案件，两国法律既有不同，只
能视被告者为何国之人，即赴何国官员处控告；原告为何国之人，其本国官员只可赴
承审官员处观审。倘观审之员以为办理未妥，可以逐细辩论，庶保各无向隔，各按本
国法律审断。"该条约签于光绪二年七月二十六日（1876 年 9 月 13 日）。王铁崖：
《中外旧约章汇编》第 1 册，第 248 页。

说，倘以此项表式相质，意谓政府业已承认会审，殊难置答。今年为各省会及商埠审判厅成立之期，关系不只天津一处，究应如何应付之处，乞赐电复俾有遵循。①

为解决各国领事要求建立会审公廨事宜，宣统二年（1910）六月，法部会同外务部咨行各省要求维护审判厅的司法审判权。其文曰：

今年系各省会及商埠审判厅成立之期，则凡从前行政官审理华洋互控之案，自不能不预为解决。近日谈外交者大都以光绪二年中英烟台会议第二端、六年中美续补条约第四款两次观审之说为拒绝会审之计。不知观审约内明明许其有逐细辩论之权，又许有查讯驳讯案中人之权，有此二权，名曰观审，与会审何异。我国司法独立现始创办，法官程度本不能齐，若移观审之制于审判厅，万一口实辩论，彼优我绌，其流弊必至名为观审，实为承审。此处失败，他处仿行，其流毒何可胜言。本部之意，不惟拒绝会审，且欲设法不令于审判厅行观审之事。盖改良审判，非独为内治之所关，而与领事裁判权尤有密切之关系。造端伊始，若不将利害熟思详较，窃恐利未至而害已深。本部现拟各省城与商埠审判厅对待华洋互控案件办法。凡已设审判厅之处，无论东西各国商民，如有来厅诉讼者，均照我审判厅新章办理，一切审判方法俱极文明，与待我国人民无异。其愿来厅旁听者，亦准其入厅旁听，但得坐于普通旁听席内，不得援观审之制。如外国人不愿来厅诉讼，则暂由行政官厅照观审条例办理。……各省督抚如有领事要求会审公廨者，当援照烟台条约及中美续补条约严词拒绝，毋稍迁就。②

法部咨文提出观审的危害及其对新式审判的威胁，要求各省督抚拒绝

---

① 故宫博物院编：《清宣统朝中日交涉史料》卷4，北平故宫博物院1933年印刷，第25页。

② 法部：《法部通咨各省维系审判厅法权文》（宣统二年六月），《大清宣统新法令》第21册，第49页。

各国领事建立会审公廨的无理要求。为保审判厅的独立审判，又不承担对违反条约的指责，法部采取避开战术。把外事案件交行政机构审断，与审判厅开办的初衷相去甚远，与司法独立之说亦有妨害，不过在当时有约在先的情形之下，亦不失为维护审判厅法权的权宜之计。

法部意见在执行时仍出现修改。湖北提法司以原被告人均在各国租界者的案件，审判中的传唤和拘留，均须先照会各国领事签字，与司法独立相背，从而拟定暂行章程规定，各国租界上发生的案件作为特别审判办理，仍由各地方行政衙门审判，并先由该衙门禀请提法司照会各国领事签字转饬行政衙门，传拘诉讼当事人到案。其提案由总督电达法部，得法部批准。这一特别办法规定，租界上发生的案件，不论是华洋之间或华华之间或洋洋之间，无论愿不愿到各级审判厅诉讼，一律由地方行政衙门审断，无疑是对定章的又一有利于中方的变通。①

即便法部不愿接受涉外案件一律交给行政衙门依据观审办法审理，但这是对中国司法审判权的侵夺，于是就有法官群体要求由审判厅自行审办涉外案件的呼声。重庆地方初级审判检察各厅司法官就因卜内门一案的管辖分致函电护理四川总督王人文和四川提法使常裕，呈请法部拒绝英国领事的请求，将案件交给审判厅审办。虽经力请，法部和外务部仍然电饬遵照条约，将案件移送地方官审理。四川提法使只好饬令重庆审判厅遵照办理，将案件移送巴县审讯。②

为协调审判厅独立审判和条约的观审之制，法部选择关门策略，坚持不让观审之制在审判厅中实施，所以大多涉外案件还是被移交地方官参照观审条例办理。清廷原本想在省城、商埠这些对外交涉多的地区先开办审判厅，实施接近西式的审判，以期得到外人的尊重，为收回法权做预备。由于列强多引用对己有利的条约款项保护既得特权，清廷的这一策略对收回法权来说并不太成功。1911 年 11 月，司法部在处理涉外诉讼上依然沿

① 《湖北之特别审判》，《法政杂志》1911 年第 3 期（宣统三年四月），《记事·本国之部》，第 19 页。

② 《重庆法官尊重法权》，《法政杂志》1911 年第 4 期（宣统三年五月），《记事·本国之部》，第 26 页。卜内门，系汉口租界上的英国洋行。

用法部办法。①

### （四）招解制度的变通

招解制度（或谓逐级审转复核制度）是徒及其以上罪行的审断方法。② 其法费时、费力、费地方行政的成本，早已成为不争的事实。光绪三十四年（1908），护理四川总督赵尔巽曾咨商法部提议："秋审新事人犯无论实缓定例均应解勘，原所以重人命。但查各犯俱系层次勘审明确，始定爰书，以故历届秋审从无翻异，解勘已等具文。且当解勘之时不惟往返提解耗费不赀，而跋涉长途尤复疏脱可虑，新章经决人犯既可免解勘之劳省虚糜之费，其新事情实等项人犯似可仿照旧事办法饬属造册由司核勘汇转，免予解勘，省繁文而归画一。"不过法部回咨中没有同意他的意见。③

宣统二年六月二十八日（1910 年 8 月 3 日），江西巡抚冯汝骙于《请变通距省鸾远州县招解死罪人犯折》中提及：

> 江西南安、赣州、宁都三府州属皆距省千数百里，死罪人犯向例解省勘办。每犯原解护解兵丁、夫役十余名，往返必经数月，川资费用动成巨款，且越岭渡河、冒险跋涉，途次防范难周。设经疏脱，则签差不慎之州县有降革之处分，失慎兵役有须照犯罪减等问拟。若到省后犯供翻异，则行提人证，经年累月，又复拖累无辜，以致各牧令相率因循，辄藉口犯供狡展，证佐未齐，饰词延宕，或民犯逃请咨通缉海捕了事。遂至正凶漏网，死者含冤。当此穷变通久之进庶政更

---

① 《司法部令各省法司华洋诉讼权宜办法文》（1912 年 11 月），姚之鹤编：《华洋诉讼例案汇编》上册，商务印书馆 1915 年版，第 357—358 页。其文曰："如洋人赴各级法院起诉一律受理，若坚求会审则将原案撤销，依旧归地方官受理。外人观审仪式，亦照前清光绪二年中英烟台条约、六年中美续约办理。"

② 郑秦对于逐级审转复核制有专门的介绍。参见郑秦《清代司法审判制度》，湖南教育出版社 1988 年版，第 153—155 页。

③ 法部：《咨覆川督并通行各省秋审办法文》（光绪三十四年九月），《大清新法规大全》，第 1800 页。经决人犯，系指缓决人犯不再进入秋审。

新，命盗各案尤关紧要，似应量予变通办理。……拟请嗣后江西南安、赣州、宁都三府州县属寻常人命抢窃杂案一切死罪人犯，援照秋审暨盗案就近解由巡道提勘确切，分别录供，缮具招册，移司核明详办。倘有情节重大、案多疑窦者，仍由院司随时酌核，提省审办，以昭慎重而免枉纵。①

赵、冯二人提出的是清代招解制度一直存在的问题。就在冯汝骙提出变通之前，宣统二年二月二十九日（1910 年 3 月 20 日），宪政编查馆已经奏准京内外高等、地方审判各厅定拟的死罪案件，不再复核解勘。其判决确定后，由各该检察长或监督检察官逐起将全案供勘呈报提法使申报法部，无须督抚奏咨。② 宣统二年三月十六日（1910 年 4 月 25 日），宪政编查馆复议沈家本奏请于招解制度出台新章程，重申已设审判厅地方死罪人犯不用复核解勘，未设审判厅之处秋审人犯一律毋庸解送省城审勘。③

循旧制，解省覆勘的不只是秋审案件，其余徒以上的案件也一同赴省审勘。宪政编查馆新章一出，各省也纷纷于其余解省案件提出变通要求。山东巡抚孙宝琦电商宪政编查馆："现奉新章变通秋审办法人犯不必解省，由此推之，凡向章解省勘转之命盗案犯似亦可分别情罪轻重斟酌变通。军流及人命拟徒人犯，情罪较轻，既经该管府州覆勘，自无冤滥，不必解司。其斩绞人犯，情罪虽重，然解司覆勘，已经三审，足昭慎重，似经司勘转，即行发回，不必解院，以省文牍之烦，羁留之苦。"安徽巡抚朱家宝电请："各州县距省及该管道其程途之远近固各不同，即水路之交

---

① 江西巡抚冯汝骙：《请变通距省窎远州县招解死罪人犯折》（宣统二年六月二十八日），《华制存考》（宣统二年六月）第 3 册，宣统二年六月二十八日，第 11—13 页。据清律窎远府厅州所属之各厅州县，除命案内之遣流人犯仍各解省复审外，其寻常之遣流徒及命案拟徒人犯均毋庸解省，另距省窎远之府州所属秋审人犯均免其解省，独独死刑人犯仍须直接解省覆勘，故冯汝骙专折奏请变更。参见薛允升《读例存疑点注》，胡星桥、邓又天主编，中国人民公安大学出版社 1994 年版，第 852—854 页。

② 《清实录》第 60 册，《大清宣统政纪》卷 32，第 572 页。

③ 宪政编查馆：《核覆修订法律馆奏变通秋审复核旧制折》（宣统二年三月十六日），《华制存考》（宣统二年四月）第 5 册，政务，第 3 页。

通亦不能一致，所有各府所属各州县盗案应请一律解府覆勘为止。"两广总督袁树勋请求变通招解办法："近州县及清乡营员获盗讯系寻常盗案，即发州县详讯供词，按拟解府覆勘。其边远州县解勘为难，准由府委员或邻封覆勘，汇录犯供详司。除近县盗犯仍解司勘审，远者由司委员覆勘，自司勘之后，即汇录详细供招，奏交大理院覆判。"①

各省督抚的意见先后送交宪政编查馆和法部共同复议。招解新章尤其是前述宣统二年（1910）九月法部咨行山东巡抚孙宝琦文，引起东三省总督锡良不满。十一月初三日（12 月 4 日），锡良奏称宪政编查馆解释法令议论分歧，并指出改订招解办法在东三省推行窒碍八项，声称碍难遵从，奏请未设审判厅地方的死罪案件，仍照以前章程办理。② 锡良奏折依然被抄送宪政编查馆和法部议覆。两部门并没有立即理会锡良的不满，而是于十二月二十四日（1911 年 1 月 24 日），由法部主稿会同宪政编查馆对旧章做了扩大性的解释：

> 各府厅州县未设审判厅地方，所有各州县问拟徒流遣罪寻常命盗并一切死罪人犯均解本管府及直隶州覆审。距府直隶厅州窎远者，由府及直隶厅州遴委妥员前往覆审，如覆审无异，即录供定谳详司核办。其由府初审及直隶厅州案件解该管道覆审，距道窎远者，由道委员前往覆审，如覆审无异，详司核办。倘有鸣冤翻异及案情实有可疑者，仍准由司行令高等检察厅分别提省移送高等审判厅办理。此项提审案件即作为该厅二审案件。③

----

① 法部：《会奏议覆赣抚等奏咨变通州县招解死罪人犯折》（宣统二年十二月二十四日），《政治官报》宣统三年二月初三日，总第 1197 号，第 3—5 页。

② 《清实录》第 60 册，《大清宣统政纪》卷 44，第 793—794 页。

③ 法部：《会奏议覆赣抚等奏咨变通州县招解死罪人犯折》（宣统二年十二月二十四日），《政治官报》宣统三年二月初三日，总第 1197 号，第 6—7 页。法部原折认为此项招解变通办法于宣统元年十二月二十八日即已有明文规定，实际上宣统元年的折文并没有提到徒流遣犯的招解办法，各少督抚的奏折、电文也是一个明证，故此处将该办法定为原有章程的扩大性解释。

待新的招解章程确定之后，宣统三年三月二十九日（1911 年 4 月 27 日），宪政编查馆对东三省总督锡良的窒碍八项方予以答复，最终决定东三省招解人犯依照新章办理。①

随着审判厅的建立，旧式招解办法的变更成为必然，地方督抚在变更中其审判权限亦不断剥离。对于这种剥离，多数督抚表理解态度，坚持旧制的官员并不多。自此，渐形独立的司法审判权在地方权力体系中势力渐长，层递解勘的旧司法审判模式开始解体，地方督抚逐步从司法审判中解脱，原先由行政一权独大的国家体制开始转变。

---

① 宪政编查馆：《奏议覆东督奏解释法令分歧具实直陈折》（宣统三年三月二十九日），《政治官报》宣统三年四月初二日，总第 1255 号，第 5—12 页。

# 结　论

　　中国的封建法制体系，从先秦到晚清，经历了两千多年的历史。但近代以来，旧法系不能适应新时代的种种问题也日渐显露，法制改革的呼声渐高。到预备立宪时期，法部成立。其成立反映出预备立宪时期三权分立、司法独立的趋向。清末各项改革均有突破传统的一面，也有继承传统的一面，司法独立却是自古所无，并与传统有严重冲突。司法独立是一种新制度，要从旧有的行政主导一切的体制中，以及一切围绕行政权组建运作起来的制度中，让司法独立的运作占一席之地，并非易事，也不是一朝一夕的事。晚清司法改革在这方面并未完成，只是迈出了一小步，但这一小步却又是奠基性和决定性的。此前，中国政刑不分，地方知县、督抚，中央刑部、大理寺、都察院都享有审判权。光绪三十二年（1906），中央体制改革，确立三权分立的国家体制改革方向，把原来掌管审判的刑部改为主要负责司法行政的法部，而将行政与司法逐步分离，原则上规定其他部门和官员不再享有审判权，审判权专门归属于司法部门，其他部门和官员不得干预。是时出台的《大理院审判编制法》明确揭出：司法裁判不受行政衙门干涉。光绪三十三年（1907），又在京师、东三省、直隶创设相对独立的审判厅。中国司法与行政的分立从此开始。宣统元年十二月（1910 年 2 月），清廷重申，审判机构独立执法，任何行政官员不准违法干涉。

　　司法独立不仅仅体现在立法、行政、司法的三权分立上，还体现在司法体系内部各机构的相对独立和监督制约上。预备立宪时的官制改革，刑部改为法部，职掌也从过去的掌管审判改为主要负责司法行政，而将原来掌管复核的大理寺改名大理院，作为全国最高审判机关，并负责解释法令，使法部和大理院在司法功能上予以区分。自此，大理院从各部门接收现审工作，同时，法部享有各省重案的复核权等，相互间又形成监督关系。宣统元年十二月（1910年2月），《法院编制法》颁布，规定全国审判机关分为初级、地方、高等审判厅和大理院四级，完整地形成了由低到高循序递进的近代审判体系；同时，各级审判机关配置独立的检察机关，即初级、地方、高等检察厅和总检察厅。由此一来，独立的审判机制外，又配以相应的检查机制，以形成监督复查关系，此乃近代司法机制的必备。至此，中国近代型的与世界各发达国家趋同的司法体系架构基本搭建。随着大理院、京师各级审判厅、各省省城商埠各级审判厅的陆续建立，司法审判的独立越来越显明，法部所旧掌的司法审判功能渐被剥离，最后变成司法行政管理的专门机构。此时的法部还规定了公审、预审、回避、起诉、执刑等项制度，使得中国法系近代转型的大要初备。

法部成立后，其官员在删改旧法、制定新法中也起到至关重要的作用。20世纪以前，清朝的成文法典主要是以刑法为主要内容的《大清律例》，至清末时已多年没有修订。新政的修律方针是修改旧律与制定新律同时并举，于是在清末就产生了两部刑法。一为《现行刑律》，根据《大清律例》删改而成，宣统二年四月初七日（1910年5月15日）颁布，这是一部新旧并用具有过渡性质的法典，它删改了一些不合时宜的旧条文，如酷刑、禁止同姓为婚和良贱为婚等，同时也增加了一些应因时势的新罪名，如破坏铁路和电讯罪等。二为《大清新刑律》，宣统二年十二月（1911年1月）朝廷批准，是一部具近代性质的刑律。它取消了某些法律特权（未能全部取消，此间还完成了《宗室觉罗诉讼章程》等，皇室仍享有若干特权），采取了罪刑法定主义，规定了罪与非罪，遂与未遂，诉讼和执刑时效等界限，还有近代刑法中通行的缓刑和假释制度等。这部法典提出的许多概念名称至今仍在沿用。另外，修律工作中十分重要的内容之一便是改革传统法律结构。自古以来，中国实行"诸法合体"，无刑法、民法的区别，民法与商法、实体法与程序法不分。法制改革首先将商法独立出来，陆续出台《奖励公司章程》、《公司律》、《破产律》等。其次，将诉讼法单列，光绪三十二年（1906）起草了独立的诉讼法典《刑事民事诉讼法》。最后，将民法独立，宣统三年完成《大清民律草案》，虽未及颁行，但影响自在。法部还制定颁行了《各省审判厅试办章程》，分立出近代审判的程序法。

法部成立后，其举措体现了向近代法制转轨的特质。

为了贯彻司法独立和司法机构内部权力制约的原则，法部筹划成立了各级司法行政机构和各级审判厅、检察厅，并进行司法区域的划分，遴选和任命了中国历史上第一批最高法院的法官。并改革了秋朝审制度、地方审判制度、招解制度和案件复核制度等。

为了司法机构较有成效的运作，法部制定了一系列的规章制度，实行了新的司法官员层级体系，采用了若干国际法律界通行的司法人员的等级称谓。法部还制定了新的统一的格式化的诉讼文书，新建了司法警察，颁行了《民事讼费暂行章程》和《刑事讼费暂行章程》，试图对中国自古以来民怨不休的讼费问题进行规范。并对因袭千年的"仵作"的名称、身份、地位和养成模式作了根本性改变，此举不仅仅开始形成了中国最早的法医队伍，而且，对仵作"贱民"身份的改变体现了近代人权的理念和法律面前人人平等的新法律观。

为了培养改革急需的大量新兴司法人才，法部着力推行新式法律教育，推动成立了一批新式法学教育机构。改设律学馆作为专业教育机构培训司法官员，提高司法队伍的专业化知识水平。支持开办京师法律学堂和各地的法政学堂，批量培养法律人才，并不失时机地给予学堂毕业生于较好的分发待遇，稳定人才队伍。法部还支持创建了某些中国自古所无的法律新学科，诸如监狱学专修科和检验学科，依照近代学科范式开创了中国的监狱学和法医学，建立了中国近代的监狱学和法医学的培养体系。法部还破天荒地主持了中国历史上第一次法官考试，确定法官考试实施的各项细则，并将考试合格人员分发各级司法部门，实现了司法官员的出任由长官甄选到参加统考的转变，使司法官员的出身有了专业化和知识化的门槛，有了较为公平的选拔制度，这在司法官任命体制上是一个重大的迈进，对于司法官的整体法律水平的提高是一个促进。

法部督促各省建立模范监狱，并亲自规划、筹建京师模范监狱，有力地促进了中国近代监狱改革。法部还采取了禁革官媒等项措施，改革监狱弊政，提高监管人员的素质。特别值得一提的是，法部还积极参与了第八次万国刑律监狱改良会（国际监狱会议），登上大型国际会议的大雅之堂，就刑法、监狱管理、预防犯罪、保护青少年等议题与国际同行交换意见。这不仅是清代最秘不示人的单位机构——司法部门和监狱走向世界的尝试，而且意在刷新国内外人士对清朝司法和监狱的观感。

当然，晚清法部明显带有从传统到近代的过渡转型性质，既日渐趋新，又新旧并存。法部的人员组成主要还是由刑部转过来的旧人，法部的主持戴鸿慈、廷杰、绍昌辈，也不能说是新进者。因当时新式法律人才的缺乏，这也是无奈。以旧人来办新事，自然颇多不适和障碍。法部主持的各项改革也具有"新旧兼营"的特点，它既是从旧刑部继承而来，自然有许多旧制的依循，突出者如法部对大理院审判职能的干预，其审录、制勘、编置、宥恤四司下设各科仍旧坚持旧式的地域分工，法部到清廷覆亡之时仍旧掌握秋审等事务；另如把法官升迁纳入行政官体制并与行政官相互迁转，也与近代法制体系中的法官职业化和专门化的精神相悖。再如，晚清的司法审判仍受到行政权的强力干预，审判厅的经费仍仰赖地方行政衙门给放，司法官仍可由督抚自行申饬、参革；又加上民众对新式司法部门权威和公信力的疑虑，都使司法独立步履维艰。凡此种种，均未能尽符法部专责司法行政的近代理念。法部的新旧并存是新旧转承时代机构变迁的必然，也是在当时的情势下最可能的制度变迁形式，但毕竟它只是一个过渡的类型。

应该承认，因为近代司法体系源于西方，清末司法改革的部分动因又是为了回应列强，以尽快实现收回治外法权之目的。所以，清末的司法改革有一个向外国学习乃至模仿的过程，其间，日本的影响特别大。但无论怎样，法部的工作仍为民国的司法体制奠定了基础，确定了基调。清末法制改革的某些成果甚而影响到我们今天司法的某些经轨制度，例如四级法院和检察院制、法官考试制、罪行及身制、诉讼和执刑时效制等。

# 参考文献

## 一　档案及档案汇编

中国第一历史档案馆藏：

档案号：刑部—法部档案 475—16—29（22876—23002）：刑部司务厅
　　档案。

档案号：刑部—法部档案 475—16—30（23153—23182）：法部承政厅、
　　参议厅、审录司档案。

档案号：刑部—法部档案 475—16—37（31671—31730，31880—32048）：
　　法部举叙司、典狱司、会计司、收发所档案。

军机处录副相关法部、审判厅等档案。

《司法奏底》（稿本），北京大学图书馆藏。

故宫博物院明清档案部编：《清末筹备立宪档案史料》（上、下册），中华
　　书局 1979 年版。

顾廷龙主编：《清代朱卷集成》，台北：成文出版社有限公司 1992 年版。

秦国经主编：《清代官员履历档案全编》，华东师范大学出版社 1997
　　年版。

中国第一历史档案馆编：《光绪朝朱批奏折》（法律卷），中华书局 1996
　　年版。

中国第一历史档案馆编：《光绪宣统两朝上谕档》（第 32—37 册），广西
　　师范大学出版社 1996 年版。

《国家图书馆藏清代孤本内阁六部档案续编》（第 1 册、第 16 册），北京
　　图书馆出版社 2005 年版。

## 二　文献汇编

《谕折汇存》（光绪三十二年至光绪三十三年）。

《华制存考》（光绪三十四年至宣统二年）。

北京内阁官报社主办：《内阁官报》（宣统三年七月至十二月）。

北京政治官报局编辑：《政治官报》（光绪三十三年九月二十三日至宣统
　　三年闰六月）。

司法部编：《司法公报》（1912 年）。

《大清缙绅全书》（1900—1911），京都荣录堂刻本，北京大学图书馆藏。

《大清新法规大全》，高雄：考正出版社 1972 年版。

《大清新法律汇编》，麟章书局 1910 年版。

《法律学堂讲义》，1908 油印本，北京大学图书馆藏。

《庚戌科第一次考试法官同年录（宣统二年）》，宣统年间石印本。

《光绪戊申春夏两季爵秩全览》，沈云龙：《近代中国史料丛刊一编》第
　　38 辑，台北：文海出版社 1969 年版。

《京察部厅官员履历册》，宣统年间抄本，北京大学图书馆藏。

《吏部铨选则例》，光绪十二年（1886）刻本。

《两广官报》，沈云龙：《近代中国史料丛刊三编》第 50 辑，台北：文海
　　出版社 1989 年版。

《钦定大清现行律例》，《续修四库全书》编纂委员会编：《续修四库全
　　书》第 864—865 册，上海古籍出版社 2002 年版。

《钦定户部则例（嘉庆朝）》，嘉庆七年（1802）刻本。

《清会典（光绪朝）》，中华书局 1991 年版。

《清季预备立宪奏牍汇钞》，清抄本，北京大学图书馆藏。

《清实录》（59 册、60 册），中华书局 1987 年版。

《秋审款式》，清抄本，北京大学图书馆藏。

《西曹秋审汇案》，清抄本，北京大学图书馆藏。

《增修法部奏定新章》，京都荣录堂 1908 年版。

北京敷文社编：《最近官绅履历汇录》（第 1 集），北京敷文社 1920 年版。

陈初辑：《京师译学馆校友录》，沈云龙：《近代中国史料丛刊二编》第

50 辑，台北：文海出版社 1978 年版。

度支部编：《度支部试办宣统三年预算案总表》，1911 年石印本，北京大学图书馆藏。

度支部编：《宣统三年试办预算表》，1910 年抄本，北京大学图书馆藏。

法部：《法部奏议章程》，宣统年间石印本，北京大学图书馆藏。计收录章程 8 种：《法部拟设各省提法使原奏》、《法部为筹备各级审判厅事宜原奏》、《法部奏定法官考试任用暂行章程施行细则》、《法部奏派充乌布人员变通办理章程》、《法部奏派员管理监狱酌加奖叙章程》、《法部会奏库伦添设理刑司员仿照热河司员章程》、《法部奏内城地方审判厅增设民刑两庭章程》、《法部奏酌改裁缺分部人员补缺轮次章程》。

法部编：《京师高等以下各级审判厅试办章程》，京华印书局 1907 年版。

法部编：《法部第二次统计表》，1909 年铅印本。

法部编：《法部第三次统计表》，1910 年铅印本。

法部编：《法部审定法制汇编》，法部律学馆，宣统间石印本。

法部编：《法部奏准法官分发章程》，1910 年铅印本。

法部编：《增修法部奏准新章（清道光十八年至光绪三十三年）》，京都荣录堂，1907 年刻本。

故宫博物院编：《清宣统朝中日交涉史料》，北平故宫博物院 1933 年版。

刘锦藻编：《清朝续文献通考》（万有文库第二集，十通第十种），商务印书馆 1936 年版。

南洋公学译学院译：《新译日本法规大全》（第一、第二、第三、第六卷），何佳馨等点校，商务印书馆 2007—2008 年版。

内阁印铸局编：《宣统三年冬季职官录》，沈云龙：《近代中国史料丛刊一编》第 29 辑，（台北）文海出版社 1968 年版。

商务印书馆编译所编：《大清光绪新法令》（总计 20 册），商务印书馆 1912 年版。

商务印书馆编译所编：《大清宣统新法令》（总计 35 册），商务印书馆 1911 年版。

上海商务印书馆编：《〈点校本〉大清新法令 1901—1911》（第 1—11 卷），商务印书馆 2010 年、2011 年版。

上海政学社编：《法官须知》，上海政学社 1911 年版。

沈家本、俞廉三等：《大清现行刑律》（36卷，卷首1卷，附《禁烟条例》、《秋审条款》各一卷），1910年排印本。

王铁崖编：《中外旧约章汇编》第1册，生活·读书·新知三联书店1957年版。

王铁崖编：《中外旧约章汇编》第2册，生活·读书·新知三联书店1959年版。

王彦威纂辑、王亮编：《清季外交史料》，书目文献出版社1987年版。

西北政法学院法制史教研室：《中国近代法制史资料选辑》（第1—3册），西北政法学院法制史教研室1985年版。

宪政编查馆：《行政纲目》，1910年铅印本。

宪政编查馆：《钦定行政纲目》，1910年铅印本。

宪政编查馆编：《清末民初宪政史料辑刊》（第1—11册），北京图书馆出版社影印室辑，北京图书馆出版社2006年版。

刑部总办秋审处纂：《秋审事宜》，同治年间刻本，北京大学图书馆藏。

学部总务司编：《学部奏咨辑要》，沈云龙：《近代中国史料丛刊三编》第10辑，台北：文海出版社1986年版。

姚之鹤编：《华洋诉讼例案汇编》，商务印书馆1915年版。

奕劻等：《厘定官制参考折件汇存》，宣统年间铅印本，国家图书馆藏。

俞纪琦纂：《法官考试应用法律章程汇编》，直隶法律学堂排印处1910年版。

中国史学会主编：《辛亥革命》（第4册），《中国近代史资料丛刊》，上海人民出版社1957年版。

朱寿朋编：《光绪朝东华录》（第4册、第5册），张静庐等校注，中华书局1958年版。

朱有瓛、高时良主编：《中国近代学制史料》（第1—4辑），华东师范大学出版社1983—1993年版。

## 三 文集、日记、报纸、杂志

《大公报》（1906—1912年）。

《东方杂志》（1906—1912年）。

《法政杂志》（1911 年）。

《申报》（1906—1912 年）。

《宪政初纲》（《东方杂志》临时增刊），商务印书馆 1906 年版。

《岑督春煊奏议》，北京大学图书馆藏抄本。

蔡尔康、戴鸿慈、载泽：《李鸿章历聘欧美记·出使九国日记·考察政治日记》；钟书河主编：《走向世界丛书》，张玄浩、张英宇、陈四益、吴德铎校点，岳麓书社 1986 年版。

曹汝霖：《曹汝霖一生之回忆》（传记文学丛刊之十五），台北：传记文学出版社 1970 年版。

崇彝：《道咸以来朝野杂记》，北京古籍出版社 1982 年版，第 4 页。

戴鸿慈、端方：《考察各国政治条陈折稿》，国家图书馆藏。

戴鸿慈、端方：《欧美政治要义》，商务印书馆 1908 年版。

董康：《董康法学文集》，何勤华、魏琼编，中国政法大学出版社 2005 年版。

端方：《端忠敏公奏稿》，1918 年铅印本。

韩兆蕃：《考查监狱记》，商务印书馆 1907 年版。

何刚德、沈太侔：《话梦集·春明梦录·东华琐录》，北京古籍出版社 1995 年版。

华中师范大学历史研究所、苏州市档案馆：《苏州商会档案丛编（1905 — 1911 年）》第 1 辑，《中国近代经济史资料丛刊》，华中师范大学出版社 1991 年版。

吉同钧：《大清律例讲义》，法部律学馆 1908 年铅印本。

吉同钧：《大清现行刑律讲义》，法部律学馆 1910 年石印本。

吉同钧：《乐素堂文集》，中华印书局 1932 年版。

吉同钧：《秋审条款讲义》，法部律学馆 1911 年石印本。

吉同钧：《审判要略》，法部律学馆 1908 年油印本、1910 年石印本。

康继祖：《预备立宪意见书》，教育品物公司 1906 年印制。

那桐：《那桐日记（1890—1925 年）》，北京市档案馆编，新华出版社 2006 年版。

钱实甫编：《清代职官年表》（第 1—4 册），中华书局 1980 年版。

荣庆：《荣庆日记：一个晚清重臣的生活实录》，谢兴尧整理，西北大学出版社 1986 年版。

商鸿逵、刘景宪、季永海、徐凯编：《清史满语辞典》，上海古籍出版社
1990 年版。

尚秉和：《辛壬春秋》，四库未收书辑刊编纂委员会编：《四库未收书辑
刊》第 5 辑第 6 册，北京出版社 2000 年版。

沈家本：《历代刑法考》（第 4 册），邓经元、骈宇骞点校，中华书局 1985
年版。

沈家本：《沈家本未刻书集纂》，刘海年等整理，中国社会科学出版社
1996 年版。

沈家本：《沈家本未刻书集纂补编》，韩延龙、刘海年、沈厚铎等整理，
中国社会科学出版社 2006 年版。

孙宝瑄：《忘山庐日记》（上、下），上海古籍出版社 1983 年版。

廷杰：《廷杰奏稿》，民国年间抄本，藏北京大学图书馆。

万福麟、张伯英：《黑龙江志稿》，李毓澍主编：《中国边疆丛书第一辑》
第 3 种，台北：文海出版社 1965 年版。

汪庆祺编：　《各省审判厅判牍》，李启成点校，北京大学出版社 2007
年版。

王文豹编：《京外改良各监狱报告录要》，司法部监狱司 1919 年版。

王元增编：《北京监狱纪实》，北京监狱 1913 年版。

魏元旷：《审判稿》，《潜园二十四种》第 8、第 12 册，万载辛述轩 1926
年版。

吴坛：《大清律例通考校注》，马建石、杨育裳等编注，中国政法大学出
版社 1992 年版。

伍廷芳：《伍廷芳集》（上、下册），丁贤俊、喻作风编，中华书局 1993
年版。

徐世昌等编纂：《东三省政略》，吉林文史出版社 1989 年版。

薛允升：《读例存疑点注》，胡星桥、邓又天主编，中国人民公安大学出
版社 1994 年版。

杨度：《杨度集》，刘晴波等编，湖南人民出版社 1986 年版。

杨度：《杨度日记（1896—1900）》，北京市档案馆徐俊德等编，新华出版
社 2001 年版。

袁世凯：《袁世凯奏议》，天津图书馆、天津社会科学院历史研究所编，
　廖一中、罗真容整理，天津古籍出版社 1987 年版。

张之洞：《张之洞全集》（第 1—12 册），苑书义等编，河北人民出版社
　1998 年版。

赵尔巽等撰：《清史稿》（第 114 卷、第 119 卷），中华书局 1985 年版。

## 四　研究论著

［德］马克思、恩格斯：《马克思恩格斯选集》（第 1—4 册），人民出版社
　1995 年版。

［德］马克斯·韦伯：《儒教与道教》，王容芬译，商务印书馆 1995 年版。

［德］马克斯·韦伯：《支配社会学》，康乐、简惠美译，广西师范大学出
　版社 2004 年版。

［法］皮埃尔·布迪厄、［美］华康德：《实践与反思——反思社会学导
　引》，李猛、李康译，邓正来校，中央编译出版社 1998 年版。

［法］魏丕信：《18 世纪中国的官僚制度与荒政》，徐建青译，江苏人民
　出版社 2003 年版。

［法］夏尔·德巴什：《行政科学》，葛智强、施雪华译，上海译文出版社
　2000 年版。

［美］D. 布迪、C. 莫里斯：《中华帝国的法律》，朱勇译，江苏人民出版
　社 1993 年版。

［美］安东尼·唐斯：《官僚制内幕》，郭小聪等译，中国人民大学出版社
　2006 年版。

［美］高道蕴、高鸿钧、贺卫方等编：《美国学者论中国法律传统》，清华
　大学出版社 2004 年版。

［美］费正清主编：《剑桥中国晚清史》（上、下），中国社会科学院历史
　研究所编译室译，中国社会科学出版社 1985 年版。

［美］任达：《新政革命与日本、中国，1898—1912》，李仲贤译，江苏人
　民出版社 1998 年版。

［日］秦郁彦：《日本官僚制研究》，梁鸿飞、王健译，生活·读书·新知
　三联书店 1991 年版。

［日］辻清明：《日本官僚制研究》，王仲涛译，商务印书馆 2008 年版。

［日］织田万：《清国行政法》，李秀清、王沛点校，中国政法大学出版社 2003 年版。

［英］S. 斯普林克尔：《清代法制导论——从社会学角度加以分析》，张守东译，中国政法大学出版社 2000 年版。

艾永明：《清朝文官制度》，商务印书馆 2003 年版。

白钢主编：《中国政治制度史》，社会科学文献出版社 2007 年版。

卞修全：《立宪思潮与清末法制改革》，中国社会科学出版社 2003 年版。

陈承泽：《法院编制法讲义》，商务印书馆 1911 年版。

陈顾远：《中国法制史》，商务印书馆 1935 年版。

陈光中、沈国峰：《中国古代司法制度》，群众出版社 1984 年版。

陈刚主编：《中国民事诉讼法制百年进程（清末时期）》第 1—2 卷，中国法制出版社 2004 年版。

陈煜：《清末新政中的修订法律馆》，中国政法大学出版社 2009 年版。

程树德：《中国法制史》，华通书局 1931 年版。

迟云飞：《清末预备立宪研究》，中国社会科学出版社 2013 年版。

丁元普：《中国法制史》，法学编译社 1937 年版。

关晓红：《晚清学部研究》，广东教育出版社 2000 年版。

郭明：《中国监狱学史纲——清末以来的中国监狱学术述论》，中国方正出版社 2005 年版。

韩秀桃：《司法独立与近代中国》，清华大学出版社 2003 年版。

侯宜杰：《二十世纪初中国政治改革风潮》，人民出版社 1993 年版。

李春雷：《中国近代刑事诉讼制度变革研究（1895—1928）》，北京大学出版社 2004 年版。

李贵连：《近代中国法制与法学》，北京大学出版社 2002 年版。

李贵连：《沈家本传》，法律出版社 2000 年版。

李鹏年等：《清代中央国家机关概述》，黑龙江人民出版社 1983 年版。

李启成：《晚清各级审判厅研究》，北京大学出版社 2004 年版。

李曙光：《晚清职官法研究》，中国政法大学出版社 2000 年版。

李细珠：《张之洞与清末新政研究》，上海书店出版社 2003 年版。

刘子杨：《清代地方官制考》，紫禁城出版社 1994 年版。

那思陆：《清代中央司法审判制度》，北京大学出版社 2004 年版。

邱远猷：《中国近代法律史论》，安徽大学出版社 2003 年版。

申报馆编：《最近之五十年——申报馆五十周年纪念》，申报馆 1923年版。

苏全有：《清末邮传部研究》，中华书局 2005 年版。

苏亦工主编：《中国法制史考证·甲编·第七卷》（历代法制考·清代法制考），中国社会科学出版社 2003 年版。

孙家红：《清代死刑监候》，社会科学文献出版社 2007 年版。

陶汇曾：《中国司法制度》，商务印书馆 1926 年版。

王健：《中国近代的法律教育》，中国政法大学出版社 2001 年版。

王奎：《清末商部研究》，人民出版社 2008 年版。

王士森：《法院编制法释义》，商务印书馆 1911 年版。

韦庆远、高放、刘文源：《清末宪政史》，中国人民大学出版社 1993年版。

谢俊美：《政治制度与近代中国》（增补本），上海人民出版社 2000 年版。

谢如程：《清末检察制度及其实践》，上海世纪出集团 2008 年版。

谢振民：《中华民国立法史》，中国政法大学出版社 2000 年版。

薛梅卿：《中国监狱史》，群众出版社 1986 年版。

杨鸿烈：《中国法律思想史》（上、下），商务印书馆 1998 年版。

杨鸿烈：《中国法律发达史》（上、下），商务印书馆 1930 年版。

杨幼炯：《中国近代法制史》，（台北）中华文化出版事业社 1958 年版。

尤志安：《清末刑事司法改革研究——以中国刑事诉讼制度近代化为视角》，中国人民公安大学出版社 2004 年版。

曾宪义、郑定编：《中国法律制度史研究通览》，天津教育出版社 1989年版。

展恒举：《中国近代法制史》，（台北）商务印书馆 1973 年版。

张从容：《部院之争——晚清司法改革的交叉路口》，北京大学出版社 2007 年版。

张德泽：《清代国家机关考略》，中国人民大学出版社 1981 年版。

张国华、李贵连编：《沈家本年谱初编》，北京大学出版社 1989 年版。

张海林：《端方与清末新政》，南京大学出版社 2007 年版。

张晋藩主编：《清朝法制史》，法律出版社 1994 年版。

张晋藩主编：《清朝法制史》，中华书局 1998 年版。

张晋藩主编：《中国民事诉讼制度史》，巴蜀书社 1999 年版。

张晋藩主编：《中国百年法制大事纵览》，法律出版社 2001 年版。

张晋藩主编：《中国司法制度史》，人民法院出版社 2004 年版。

张晋藩总主编、朱勇主编：《中国法制通史》第九卷《清末中华民国卷》，法律出版社 1999 年版。

张培田、张华：《近代中国审判检查制度的演变》，中国政法大学出版社 2004 年版。

张培田：《法的历程：中国司法审判制度的演进》，人民出版社 2007 年版。

张伟仁辑：《清代法制研究》（第 1—3 册），（台北）"中研院"历史语言研究所，1983 年。

张友渔主编：《中国法学四十年》，上海人民出版社 1989 年版。

赵晓华：《晚清讼狱制度的社会考察》，中国人民大学出版社 2001 年版。

郑秦：《清代司法审判制度研究》，湖南教育出版社 1988 年版。

中国法律史学会：《法史学刊》（2007 年第 2 卷，总第 11 卷），社会科学文献出版社 2008 年版。

中国政法大学监狱史学研究中心、天津市监狱管理局编：《中国监狱文化的传统与近代文明》，法律出版社 2006 年版。

周育民：《晚清财政与社会变迁》，上海人民出版社 2000 年版。

朱方：《中国法制史》，法政学社 1931 年版。

鲍如：《儒者与法学家：近代夹层中的吉同钧》，硕士学位论文，中国人民大学，2004 年。

蔡晓荣：《清末各级审判厅与华洋诉讼》，《中国矿业大学学报》（社会科学版）2007 年第 2 期。

蔡晓荣：《晚清华洋商事纠纷之研究》，博士学位论文，苏州大学，2005 年。

蔡永明：《论清末新政时期的监狱制度改革——以新式模范监狱为中心的考察》，《厦门大学学报》（哲学社会科学版）2009 年第 4 期。

曹心宝：《清末司法制度改革研究——以审判机关和审判制度改革为主》，

广西师范大学 2006 年硕士学位论文。

曹心宝：《浅析清末司法制度改革的原因》，《遵义师范学院学报》2008
年第 1 期。

柴荣：《浅析清末司法制度之变革》，《内蒙古大学学报》（人文社会科学
版）1999 年第 5 期。

陈丹：《清末考察政治五大臣出洋研究》，博士学位论文，北京大学，
2008 年。

陈丽红：《对清末司法改革的历史审视》，《宿州教育学院学报》2005 年
第 1 期。

陈兆肆：《近三十年清代监狱史研究述评》，《史材》2009 年第 5 期。

成晓军、范铁权：《近 20 年来晚清官制改革研究述评》，《社会科学辑刊》
2000 年第 1 期。

迟云飞：《晚清预备立宪与司法"独立"》，《首都师范大学学报》（社会
科学版）2007 年第 3 期。

董笑寒、孙燕京：《秋审个案与清末司法审判》，《南京社会科学》2013
年第 2 期。

范仲琪：《清末监狱改良的理论与实践》，《郑州航空工业管理学院学报》
（社会科学版）2006 年 8 月第 25 卷第 4 期。

龚春英：《试论清末法官考试任用制度的"名"与"实"》，《哈尔滨学院
学报》2007 年第 4 期。

龚春英：《清末审判制度改革与中国法制近代化》，《哈尔滨学院学报》
2008 年第 12 期。

龚春英：《论清末新政时期监狱管理制度的改良》，《晋中学院学报》2009
年第 4 期。

龚春英：《论清末监狱管理人才的培养》，《泉州师范学院学报》2011 年
第 1 期。

郭志祥：《清末与民国时期的司法独立研究（上）》，《环球法律评论》
2002 年春季号。

韩秀桃：《清末官制改革中的大理院》，《法商研究》2000 年第 6 期。

胡康：《清末上海县商埠筹办审判厅考析》，《消费导刊》2009 年第
24 期。

胡谦：《晚清司法改革实践与反思》，《长沙大学学报》2005 年第 4 期。

胡伟：《清末部院之争：改革与惯性的冲突》，《理论界》2007 年第 8 期。

胡祥雨：《晚清北京地区的司法审判制度》，硕士学位论文，北京大学，2003 年。

黄学荣：《探析清末司法改革中的"部院之争"》，《兰台世界》2013 年第 6 期。

贾孔会：《中国近代司法改革刍议》，《安徽史学》2003 年第 4 期。

蒋刚苗：《论清末新政中的袁世凯》，硕士学位论文，北京大学，1994 年。

金大宝：《清末民初刑讯制度废止问题研究》，硕士学位论文，安徽大学，2005 年。

李超：《清末民初的司法审判独立研究——以法院设置与法官选任为中心》，博士学位论文，中国政法大学，2004 年。

李超：《晚清法制变革中的法官考选制度研究》，《新疆大学学报》（社会科学版）2004 年第 4 期。

李国青：《张之洞与清末法制改革》，《东北大学学报》（社会科学版）2002 年第 3 期。

李俊：《晚清审判制度变革研究》，博士学位论文，中国政法大学，2000 年。

李启成：《晚清司法改革之真实记录——〈各省审判厅判牍〉简介》，《清代法治论衡》第 5 辑，2005 年 1 月。

李启成：《宣统二年的法官考试》，中国法制史学主编：（台湾）《法制史研究》2002 年第 3 期。

李文兰：《浅谈清末官制改革中的"部院之争"》，《中外企业家》2009 年第 16 期。

李燕华：《清代秋审制度探究》，硕士学位论文，山东大学，2008 年。

李媛媛：《关于清末司法改革阶段划分的一点思考》，《宿州教育学院学报》2003 年第 4 期。

李在全：《宣统二年法官考试录取名录考论》，《历史档案》2010 年第 1 期。

林盛：《晚清激烈的"部院之争"》，《浙江人大》2005 年第 4 期。

梁严冰：《袁世凯与清末官制改革》，《河南师范大学学报》（哲学社会科学版）2004 年第 2 期。

刘焕峰、郭丽娟：《清末审判厅设置考略》，《历史档案》2009 年第 2 期。

刘焕峰、周学军：《清末法官的培养、选拔和任用》，《历史档案》2008 年第 1 期。

刘雪毅：《清末新政时期刑律监狱制度改革》，《益阳师专学报》2002 年第 2 期。

柳岳武：《清末地方审判制度改革及实践——以奉天为例》，硕士学位论文，河南大学，2004 年。

柳岳武：《清末地方司法改革中的法官制度》，《天府新论》2005 年第 2 期。

龙山：《浅析清代秋审制度》，《法制与社会》2008 年第 10 期。

陆文前：《浅析清末法制改革的历史地位》，《江汉论坛》2003 年第 8 期。

吕美颐：《论清末官制改革与国家体制近代化》，《河南大学学报》1986 年第 4 期。

马自毅、王长芳：《狱务人员与清末监狱改良》，《社会科学》2009 年第 8 期。

牟东篱：《论清末的官制改革》，《山东大学学报》（哲学社会科学版）1999 年第 3 期。

沈厚铎：《秋审初探》，《政法论坛》（中国政法大学学报）1998 年第 3 期。

史新恒：《清末提法使司的设置及其执掌》，《兰台世界》2009 年第 2 期。

史新恒：《效法西方话语下的自我书写——提法使与清末审判改革》，《历史教学（下半月刊)》2010 年第 5 期。

史新恒：《清末官制改革与各省提法使的设立》，《求索》2010 年第 8 期。

史新恒：《分科改制：提法使官制向近代科层制的演进》，《求索》2011 年第 6 期。

史新恒：《清末提法使衙门的人事变革——以直隶为中心的考察》，《历史教学（下半月刊)》2011 年第 12 期。

王春霞、王颖：《试论清末监狱近代化的法制前提》，《广西社会科学》2002 年第 5 期。

王浩：《清末诉讼模式的演进》，博士学位论文，中国政法大学，2005 年。

王先明：《袁世凯与晚清地方司法体制的转型》，《社会科学研究》2005
　　年第 3 期。

肖军：《清末新政中法官的选用》，《宜宾师范专科学校学报》2001 年第
　　2 期。

肖世杰：《道是无关却有关——清末时期的领事裁判权与晚清监狱改良》，
　　《湖南社会科学》2007 年第 3 期。

肖世杰：《清末监狱改良》，博士学位论文，湘潭大学，2007 年。

肖世杰：《清末监狱改良思想的滥觞与兴起》，《湖湘论坛》2007 年第
　　3 期。

肖世杰：《清末监狱改良思想的现代性》，《河北法学》2007 年第 7 期。

徐军：《试论清末官制改革》，《贵州民族学院学报》1992 年第 9 期。

徐黎明、姜艳艳：《论清末监狱改革之得失》，《辽宁行政学院学报》2008
　　年第 9 期。

许卫权：《秋审考述》，硕士学位论文，中山大学，2003 年。

许章润：《清末对于西方狱制的接触与研究——一项法的历史与文化考
　　察》，《南京大学法律评论》1995 年秋季号。

薛金莲：《清末监狱制度近代化演变浅析》，《山西农业大学学报》（社会
　　科学版）2007 年第 4 期。

薛梅卿：《沈家本的监狱改良思想》，《法制建设》1985 年第 6 期。

严晶：《论清末前后的司法特征》，《苏州大学学报》（哲学社会科学版）
　　2006 年第 7 期。

闫团结：《论清末的官制改革》，《唐都学刊》1997 年第 3 期。

俞江：《清末奉天各级审判厅考论》，《华东政法学院学报》2006 年第
　　1 期。

俞勇嫔：《戴鸿慈研究》，博士学位论文，中山大学，2007 年。

袁亚忠：《丙午官制改革与清末政局》，《山东社会科学》1996 年第 2 期。

张从容：《清末部院之争初探》，《近代法学》2001 年第 6 期。

张从容：《试析 1910 年〈法院编制法〉》，《暨南大学学报》（哲学社会科
　　学版）2003 年第 1 期。

张从容：《晚清官员的司法独立观》，《比较法研究》2003 年第 4 期。

张洪林、曾友祥：《论晚清的司法独立》，《华南理工大学学报》（社会科

学版）2005 年第 10 期。

章惠萍：《清末司法改革述论》，《晋阳学刊》2004 年第 3 期。

张珉：《试论清末与民国时期的司法独立》，《安徽大学学报》（哲学社会科学版）2004 年第 3 期。

张培田：《中国清末诉讼审判机制转变及其曲折》，《国家检察官学院学报》1994 年第 3、第 4 期。

张勤：《清末民初奉天省的司法变革》，《辽宁大学学报》（哲学社会科学版）2006 年第 7 期。

张溪：《清末部院之争和礼法之争的反思》，《人民论坛》2010 年第 2 期。

赵秉忠：《略论清末的官制改革》，《北方论丛》1985 年第 1 期。

赵俊明：《晚清法部的酝酿产生》，《沧桑》2008 年第 6 期。

赵连稳：《论清末监狱改良》，《青海师范大学学报》（哲学社会科学版）2004 年第 6 期。

钟勇华：《清末民初华洋诉讼理案模式演变研究——基于天津的个案考察》，硕士学位论文，湖南师范大学，2008 年。

钟勇华：《清末审判厅理案模式下的华洋诉讼及观审之争》，《兰州学刊》2011 年第 1 期。

周东方：《清末司法改革若干问题研究》，硕士学位论文，华东政法学院，2004 年。

周金恋：《清末法制改革的现代化特征》，《郑州大学学报》（哲学社会科学版）2001 年第 5 期。

周金恋：《清末法制改革的现代化特征》，《郑州大学学报》2001 年第 5 期。

周鹏：《清末狱政改革与南京老虎桥监狱的设立》，《南京晓庄学院学报》2009 年第 2 期。

周小玲、魏琦：《清末官制改革》，《安徽警官职业学院学报》2003 年第 5A 期。

朱德明：《略论清末官制改革的实质》，《历史教学问题》1996 年第 4 期。

朱云平、龚春英：《清末审判制度改革探微》，《宿州师专学报》2002 年第 4 期。

庄梦兰：《试论清末官制改革》，《贵州社会科学》2003 年第 6 期。

## 五 外文资料及论著

北京支那研究会编：《最新支那官绅录》，东京：三秀舍 1918 年版。

东亚同文会调查编纂部编：《宣统三年中国年鉴》，东京：三秀舍 1912 年原版，台北：天一出版社 1973 年影印。

临时台湾旧惯调查会编撰：《临时台湾旧惯调查会第一部报告·清国行政法》（第一卷，《泛论》），金子印刷所明治三十八（1905）五月印刷。

临时台湾旧惯调查会编撰：《临时台湾旧惯调查会第一部报告·清国行政法》（第五卷，《分论司法行政》），东洋印刷株式会社明治四十四年（1911）六月印刷。

熊达云：《近代中国官民の日本视察》，东京：成文堂 1998 年版。

Alison Sau-Chu Yeung, "Fornication in the Late Qing Legal Reforms Moral Teachings and Legal Principles", *Modern China*, Vol. 29, No. 3 (July 2003), pp. 297 – 328.

Bays, Daniel H., *China Enters the Twentieth Century*: *Chang Chihtung and the Issues of a New Age*, 1895 – 1909, Ann Arbor: University of Michigan Press, 1978.

Cameron, Meribeth Elliott, *The Reform Movement in China*, 1898 – 1912, California: Stanford University Press, 1931.

Jérôme Bourgon, "Abolishing 'Cruel Punishments': A Reappraisal of the Chinese Roots and Long-Term Efficiency of the Xinzheng Legal Reforms", *Modern Asian Studies*, Vol. 37, No. 4 (Oct., 2003), pp. 851 – 862.

Joseph Kai Huan Cheng, *Chinese Law in Transition*: *The Late Ching Law Reform*, 1901 – 1911, Ph. D. Dissertation, Brown University, 1976.

Julia C. Strauss, "China Creating 'Virtuous and Talented' Officials for the Twentieth Century: Discourse and Practice in Xinzheng China", *Modern Asian Studies*, Vol. 37, No. 4 (Oct., 2003), pp. 831 – 850.

Luca Gabbiani. "The Redemption of the Rascals': The Xinzheng Reforms and the Transformation of the Status of Lower-Level Central Administration Personnel", *Modern Asian Studies*, Vol. 37, No. 4 (Oct., 2003), pp.

799 – 829.

Metzger, Thomas A, *The Internal Organization of Ch'ing Bureaucracy: Legal, Normative, and Communication Aspects*, Cambridge, Mass: Harvard University Press, 1973.

Park, Nancy Elizabeth, *Corruption and its Recompense: Bribes, Bureaucracy, and the Law in Late Imperial China.* Ph. D. Dissertation, Harvard University, 1993.

Vinacke, Harold Monk, *Modern Constitutional Development in China*, Princeton: Princeton University Press, 1920.

Zhou, Guangyuan, *Beneath the Law: Chinese Local Legal Culture during the Qing Dynasty*, Ph. D. Dissertation, California University, 1995.

# 附录一

# 法部大事记

## 光绪三十二年（1906）

九月二十日（11 月 6 日），清廷宣布厘定京官制谕，将刑部改成法部。

九月二十一日（11 月 7 日），清廷任命戴鸿慈为法部尚书，绍昌为法部左侍郎，张仁黼为法部右侍郎。

九月二十七日（11 月 13 日），法部、大理院会同奏准暂缓现审交代。

十月（11—12 月），戴鸿慈开始进行司官的考核、调换、裁并，各司现审工作停止。

十月二十七日（12 月 12 日），修订法律大臣沈家本奏准《大理院审判编制法》。

十二月十八日（1907 年 1 月 31 日），法部奏准本部官制。

十二月二十四日（1907 年 2 月 6 日），法部奏准简补左右丞和左右参议，以及裁缺司员安置办法。

## 光绪三十三年（1907）

三月初一—十五日（4 月 13 日—4 月 27 日），法部将现审案件移交大理院。

三月十七日（5 月 9 日），法部内部机构改革，建立两厅八司一所，奏准改员补缺办法，奏补新成立各内部机构实缺。

四月初三日（5 月 14 日），法部上奏司法权限折，提出十二条权限划分清单。

四月初九日（5 月 20 日），大理院对法部权限清单中的四条提出修改意见。同日，清廷谕令大理院与法部会同妥议和衷商办，不准各执意见。

四月十一日（5 月 22 日），沈家本条陈改良监狱四条建议。

四月十二日（5 月 23 日），沈家本调任法部右侍郎，张仁黼调任大理院正卿。

四月二十日（5 月 31 日），大理院和法部会同奏准和衷妥议方案。

四月三十日（6 月 10 日），法部与大理院共同制定大理院官制。

五月二十七日（7 月 7 日），地方官制改革方案颁布，清廷谕令各项司法改革在东三省、江苏、直隶等地先行试办。

六月十二日（7 月 21 日），法部拟定京内外各级审判厅职掌、官制、官缺。

七月初二日（8 月 10 日），法部奏准京师各级审判厅一次性开办经费 80000 两及常年经费 120000 两。

八月初二日（9 月 9 日），修订法律大臣沈家本奏呈法院编制法草案，交由宪政编查馆核复。

十月二十六日（12 月 1 日），法部奏准《诉讼状纸简明章程》。

十月二十九日（12 月 4 日），法部奏准《京师高等以下各级审判厅试办章程》。

十一月初三日（12 月 7 日），法部奏准京师各级审判厅的推事暂予宽免六个月公罪处分。

十一月初五日（12 月 9 日），京师地方各级审判厅一律开办。

十一月二十七日（12 月 31 日），法部调用 205 名各式官员到京师高等以下各级审判厅当差。

十二月二十四日（1908 年 1 月 27 日），法部奏准《营翼地方办事章程》和《司法警察职务章程》，拟定《提法使章程》（草案）。

## 光绪三十四年 （1908）

四月初二日（5 月 1 日），清廷谕令将贻谷革职拿问，押解来京交法部审办。

八月一日（8 月 27 日），九年预备立宪《逐年筹备事宜清单》出台。

八月二日（8 月 28 日），贻谷押解到京，送交法部收监。

### 宣统元年（1909）

闰二月二十七日（4月17日），法部奏呈《九年应有办法清单》。

七月初十日（8月25日），法部奏准《补订高等以下各级审判厅试办章程》、《各省城商埠各级审判厅检察厅编制大纲》和《各省城商埠各级审判厅筹办事宜》。

九月十八日（10月31日），法部奏准《京师审判检察各厅员缺任用暂行章程》。

十月十四日，宪政编查馆据《提法使章程》草案制定《各省提法使官制》、《考用提法司属官章程》。

十二月二十三日（1910年2月2日），法部奏准《推广诉讼状纸通行章程》。

十二月二十八日（1910年2月7日），宪政编查馆奏准《法院编制法》、《法官考试任用暂行章程》、《司法区域分划暂行章程》、《初等暨地方审判厅管辖案件暂行章程》。

### 宣统二年（1910）

二月二十七日（4月6日），法部奏准司法官须一律经过考试才可以任用。

二月二十九日（4月8日），宪政编查馆覆准《死罪施行详细办法》。

三月十七日（4月26日），法部奏准《法官考试任用暂行章程施行细则》。

四月初四日（5月12日），法部、民政部会奏《检察厅调度司法警察章程》。法部奏准《考试法官主要科应用法律章程》。

四月初七日（5月15日），法部审明贻谷杀死丹丕尔一家并冤杀丹丕尔本人一案。

五月初七日（6月13日），宪政编查馆和法部共同奏准各省法官分发变通回避办法。

七月二十日（8月24日），法部奏准首届法官考试暂拟推广与考试资格办法。

七月二十六日（8月30日），法部奏准《法官分发章程》。

八月初五日（9月8日），法部奏准《京师法律学堂毕业学员改用法官办法》。

十一月二十一日（12月22日），法部奏准各省省城商埠各级审判厅厅数、员额。

十二月初一日（1911年1月1日），法部奏准京内外已设各审判检察厅人员的考验方案。法部奏准遴选京师法律学堂乙班毕业生分往各省补充地方各级审判厅司法官缺办法。

十二月二十四日（1911年1月24日），法部奏准《书记官考试任用暂行章程》，《承发吏考试任用章程》，《民事讼费暂行章程》、《刑事讼费暂行章程》，变通州县招解死罪犯人办法。

## 宣统三年（1911）

正月二十六日（2月24日），法部审明贻谷垦务款项案。

二月二十六日（3月26日），法部拟定筹各省提法司衙门及各级审判厅画一经费暂行简章。

三月初七日（4月5日），法部制定《提法使司办事画一章程》，奏准《修正承发吏章程》。

四月初七日（5月5日），法部奏准各省提法使属官奖励办法。

四月二十一日（5月19日），法部制定《京外各级审判厅及检察厅办事章程》。

十一月十六日（1912年1月4日），应直隶总督陈夔龙奏请，贻谷被改到易州安置。

本年，法部制定《庭丁职务章程》。

## 1912年

3月15日，法部呈递《酌拟不准除免条款文》。

3月30日，袁世凯任命王宠惠为司法总长。

4月5日，法部呈《核定民刑诉讼律草案管辖各节文》。

5月7—9日，司法部接收法部。

5月9日，法部公布《刑事诉讼律草案（关于管辖各节）》。

7月24日，《司法部官制》颁布。

# 附录二

# 法部官员补缺表[①]

## （光绪三十三年三月）

| 机构 | 官缺 | 奏补官员 | 奏补方式 | 备注 |
|---|---|---|---|---|
| 审录司 | 郎中 | 江西司郎中善佺 | 改补 | |
| | 郎中 | 陕西司郎中魏联奎 | 改补 | |
| | 郎中 | 直隶司员外郎李继沆 | 试署 | |
| | 员外郎 | 奉天司员外郎寿昌 | 改补 | |
| | 员外郎 | 云南司员外郎刘敦谨 | 改补 | |
| | 员外郎 | 堂主事文喜 | 试署 | |
| | 主事 | 候补主事德斌 | 试署 | |
| | 主事 | 候补主事胡裕培 | 试署 | |
| | 主事 | 候补主事朱运新 | 试署 | |
| | 主事 | 候补主事文同书 | 试署 | |
| 制勘司 | 郎中 | 山东司郎中戈炳琦 | 改补 | |
| | 郎中 | 河南司郎中德恒 | 改补 | |
| | 郎中 | 直隶司员外郎刘喜（嘉字误）斌 | 试署 | |
| | 员外郎 | 贵州司员外郎汪世杰 | 改补 | |
| | 员外郎 | 浙江司员外郎长昀 | 改补 | |
| | 员外郎 | 贵州司主事萧之葆 | 试署 | |

---

① 《岑督春煊奏议》第 2 册，月 94 号，北京大学图书馆藏抄本。原抄本据千字文的顺序，每个字下按收文前后顺序编号。

续表

| 机构 | 官缺 | 奏补官员 | 奏补方式 | 备注 |
|---|---|---|---|---|
|  | 员外郎 | 浙江司主事继兴 | 试署 |  |
|  | 主事 | 候补主事王之杰 | 试署 |  |
|  | 主事 | 候补主事吴建三 | 试署 |  |
|  | 主事 | 候补主事欧阳溍 | 试署 |  |
|  | 主事 | 候补主事饶叔光 | 试署 |  |
| 编置司 | 郎中 | 江苏司郎中英勋 | 改补 |  |
|  | 郎中 | 直隶司郎中孙文翰 | 改补 |  |
|  | 郎中 | 广东司郎中石镜潢 | 改补 |  |
|  | 员外郎 | 奉天司员外郎王贻典 | 改补 |  |
|  | 员外郎 | 江苏司员外郎朱仁寿 | 改补 |  |
|  | 员外郎 | 奉天司主事任廷飏 | 试署 |  |
|  | 员外郎 | 候补员外郎续麟 | 试署 |  |
|  | 主事 | 广东司主事平安 | 改补 |  |
|  | 主事 | 贵州司主事齐斌 | 改补 |  |
|  | 主事 | 候补主事谭文蔚 | 试署 |  |
|  | 主事 | 候补主事陈棣堂 | 试署 |  |
| 宥恤司 | 郎中 | 山东司郎中德對 | 改补 |  |
|  | 郎中 | 江苏司员外郎成允 | 试署 |  |
|  | 郎中 | 山西司员外郎张其镃 | 试署 |  |
|  | 员外郎 | 江苏司员外郎张丕基 | 改补 | 丁忧起复 |
|  | 员外郎 | 四川司员外郎鹤年 | 改补 |  |
|  | 员外郎 | 福建司主事陈康瑞 | 试署 |  |
|  | 员外郎 | 浙江司主事李步沆 | 试署 |  |
|  | 主事 | 堂主事恩沛 | 改补 |  |
|  | 主事 | 候补主事王之范 | 试署 |  |
|  | 主事 | 候补主事沈似燫 | 试署 |  |
|  | 主事 | 候补主事黄毓麟 | 试署 |  |
| 举叙司 | 郎中 | 江苏司郎中鲍琪豹 | 改补 | 现供热河差 |
|  | 郎中 | 安徽司员外郎续昶 | 试署 |  |
|  | 郎中 | 山西司员外郎宗彝 | 试署 |  |
|  | 员外郎 | 陕西司员外郎徐孝丰 | 改补 |  |

续表

| 机构 | 官缺 | 奏补官员 | 奏补方式 | 备注 |
|---|---|---|---|---|
|  | 员外郎 | 山东司员外郎赵廷璜 | 改补 |  |
|  | 主事 | 直隶司主事耆年 | 改补 |  |
|  | 主事 | 候补主事方克猷 | 试署 |  |
|  | 主事 | 候补主事何联恩 | 试署 |  |
| 典狱司 | 郎中 | 四川司郎中德隆 | 改补 |  |
|  | 郎中 | 浙江司郎中连培型 | 改补 |  |
|  | 郎中 | 福建司郎中王国镛 | 改补 | 现供仓差 |
|  | 员外郎 | 陕西司员外郎桂连 | 改补 |  |
|  | 员外郎 | 奉天司主事桂堃 | 试署 |  |
|  | 员外郎 | 候补主事何奏篯 | 试署 |  |
|  | 主事 | 陕西司主事觉罗忠喜 | 改补 |  |
|  | 主事 | 候补主事英厚 | 试署 |  |
|  | 主事 | 候补主事麦秩严 | 试署 |  |
| 会计司 | 郎中 | 山西司郎中陈毅 | 改补 |  |
|  | 郎中 | 贵州司郎中袁廷彦 | 改补 |  |
|  | 郎中 | 贵州司员外郎桂恩 | 试署 |  |
|  | 员外郎 | 福建司主事文永 | 试署 |  |
|  | 员外郎 | 候补郎中绍明 | 试署 | 借补 |
|  | 员外郎 | 候补郎中冯汝琪 | 试署 | 借补 |
|  | 主事 | 安徽司主事张权 | 改补 | 现出洋差 |
|  | 主事 | 候补主事张銮衡 | 试署 |  |
| 都事司 | 郎中 | 山西司郎中普庚 | 改补 |  |
|  | 郎中 | 湖广司郎中沈锡珪 | 改补 |  |
|  | 郎中 | 广东司员外郎奎绵 | 试署 |  |
|  | 员外郎 | 直隶司员外郎宗奎 | 改补 |  |
|  | 员外郎 | 堂主事寿福 | 试署 |  |
|  | 员外郎 | 堂主事崇芳 | 试署 |  |
|  | 主事 | 河南司主事霍隆武 | 改补 |  |
|  | 主事 | 帮办堂主事笔帖式荫康 | 试署 |  |
|  | 主事 | 候补主事奎彰 | 试署 |  |
| 收发所 | 员外郎 | 河南司员外郎文泫 | 改补 |  |

续表

| 机构 | 官缺 | 奏补官员 | 奏补方式 | 备注 |
|---|---|---|---|---|
| 收发所 | 员外郎 | 云南司员外郎景晟 | 改补 | |
| | 主事 | 堂主事文龄 | 改补 | |
| | 主事 | 委署堂主事笔帖式定安 | 试署 | |
| 宗室专缺 | 郎中 | 湖广司郎中宗室文良 | 改补 | |
| | 员外郎 | 广西司员外郎宗室溥敦 | 改补 | |
| | 员外郎 | 云南司员外郎宗室溥春 | 改补 | |
| | 主事 | 广西司主事宗室溥阳 | 改补 | |
| | 七品小京官 | 宗室七品笔帖式宗室世奎 | 改补 | |

# 后　记

　　本书稿是在我的博士学位论文的基础上修改出来的。博士毕业后，我到云南大学人文学院历史系工作。工作一年多，我申请进入云南大学人文学院历史系博士后流动站。在导师林文勋教授的指导下，我开始从事晚清民国时期的云南司法制度研究。工作近四载，林老师建议我就论文的部分章节进行梳理出版。

　　本书稿得以完成，我首先要感谢郭师卫东在选题、资料搜集、写作、修改过程的尽心传授。郭师为人宽厚、治学严谨，当为我从事育人和研究工作所本。感谢房德邻老师、徐万民老师、茅海建老师和罗志田老师在百忙中抽出时间参加我的论文预答辩，并于答辩会上对于论文的标题、内容、用词、理论等方面提出宝贵意见，感谢五位匿名评审老师的中肯建议，感谢参加我论文答辩的房德邻老师、徐万民老师、郭世佑老师、魏光奇老师、尚小明老师对论文进一步提高提出的要求，这些意见、建议和要求给书稿的修改和整体品质的提高起了重要作用。感谢北京大学善本室、中国第一历史档案馆的诸位老师不厌其烦地为我"搬运"各种史料，他们深厚的文献功底和无私的奉献精神使我在相对短的时间内掌握大量的相关文献成为可能。

　　周兄红江是我在北京求学时期的同屋，专门研习印度官僚制，在平日争论中，其对于官僚制理论的娴熟深化我对法部内部官僚制运作的理解。程兄鸿彬专功中国现当代文学，于文学理论和写作技巧，无不擅长，谈论中给予我很多启发。于玲玲师妹与我同入郭师门下，学习勤勉，史料和理论基础扎实，在本书的史料搜集方面提供诸多帮助。任兄燕翔是我的师弟，各方面能力都非常强，于文章结构和润色等给予很多建议。同班的穆兄銎臣、赵兄维玺给予文章结构和文字表述上相助良多。爱妻姜晓霞系中文出身，在文本文字表述的精确流畅方面帮助不少。感谢慈父严母、大姐和两位妹妹在我求学和工作期间一直在精神和物质上给予的支持。吴丽平老师就书稿的学术严谨性、结构和相关论述提出许多宝贵的修改意见，我在修改中均一一采纳，有些力所不能及的意见，我也会在此后的研究中不断努力采纳。吴老师的意见对提高书稿的质量帮助良多，对我以后的研究亦有很大督促，谨在此表示谢意。

最后，我想感谢博士后流动站导师林文勋教授。林老师尽管要处理大量事务，但还时时关心我的研究工作，提出书稿修改意见，指导我的出站报告。本书稿能够得以出版，亦得益于林老师的推荐。

谨于此，我要对上述及没有述及的师长和友朋表示深深的谢意。

**谢蔚**

2014 年夏日于春城